영화하는 여자들

영화하는 여자들

2020년 8월 21일 1판 1쇄
2022년 2월 27일 1판 3쇄

지은이 주진숙 이순진
기획 (사)여성영화인모임

편집 이진 이창연   **디자인** 홍경민
마케팅 이병규 양현범 이장열   **홍보** 조민희 강효원   **제작** 박흥기
인쇄 천일문화사   **제본** J&D바인텍

펴낸이 강맑실   **펴낸곳** (주)사계절출판사   **등록** 제406-2003-034호
주소 10881 경기도 파주시 회동길 252
전화 031)955-8558, 8588   **전송** 마케팅부 031)955-8595 편집부 031)955-8596
홈페이지 www.sakyejul.net   **전자우편** skj@sakyejul.com
블로그 skjmail.blog.me   **페이스북** facebook.com/sakyejul   **트위터** twitter.com/sakyejul

ISBN 979-11-6094-677-2 03300

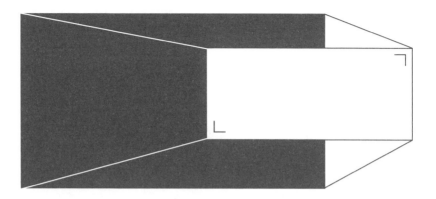

영화하는 여자들

주진숙·이순진 지음 │ (사)여성영화인모임 기획

사□계절

일러두기

1. 이 책에 수록된 인터뷰는 2019년 9월~2020년 2월 사이에 진행되었다.

2. 대화 가운데 일부 외국어와 유행어는 인물의 입말과 영화계의 현장성을 살리기 위해 그대로 두었다.

3. 본문에 사용된 사진은 대부분 이 책에 참여한 영화인들, 그들과 함께 일해온 영화사, 소속사 등에서
   제공했고, 일부는 영화 잡지 『씨네21』에서 구매했다. 영화인 개인이 제공한 사진이 아닌 경우 별도로
   표기했다.

두 번의 30년

영화 〈단종애사〉(1956)를 시작으로 영화 의상 짓는 일에 평생을 바쳐온 이해윤은 "영화가 무엇인지 알게 된 80년대"에 "여자들이 남자들에게 업신여김을 받지 않고 감독 공부를 시켜 남자에게 뒤지지 않도록" 하려고 '영화하는映 여성들姬의 모임會', 즉 영희회映姬會를 만들었다. 이에 1950년대부터 영화 편집에 종사해온 이경자가 제작 현장에서 일하는 여성들을 모았다. 두 선배 여성 영화인의 주도로 탄생한 영희회는 회원 수 불과 10여 명의 단출하고 소박한 조직이었지만, 최초의 여성 영화인 모임이었다.

    이해윤과 이경자가 영화 일을 시작한 1950년대 후반 한국 영화는 폐허 위에 놓여 있었다. 식민지배와 한국전쟁을 겪은 이후 남한과 북한이 각자 자신의 영화 역사를 써내려가기 시작한 시점이었다. 그 무렵 영화계에 투신한 두 사람이 현장에서 보낸 30여 년의 세월 동안 한국 영화는 출발했고 성장했으며 영광과 쇠락을 맛보았다.

    자식이 부모가 되는 시간 30년, 즉 한 세대generation가 지난 1980년대의 한국 영화는 또 다른 세대를 맞기 위한 진통을 겪고 있었다. 민주화운동으로 사회 전체가 들끓던 그 시기에 변화를 위한 한국 영화의 도전도 시작되었다. 제도권 밖에서 영화운동을 하던 젊은이들과 '충무로'라고 불리던 기성 영화계의 일부 영화인들은 제도를 바꾸고 산업을 혁신하기 위해 때로는 각자의 자리에서, 때로는 힘을 합쳐 싸웠다. 어쩌면 그와 같은 변화와 혁신의 한 흐름이었을 영희회는 미약했던 당시 여성 영화인의 존재감을 반영하듯 별다른 주목을 받지 못한 채 잊혀 갔다.

    그 무렵 영희회와는 다른 곳에서 미래를 만들어갈 또 다른 여성 영화인들이 성장하고 있었다. 1987년 서울극장 기획실에 갓 입사한 스물다섯 살의 심재명은 양전흥업의 기획실장 채윤희를 찾아가 만났다. 심재명은 '미스 심'으로, 실장이라는 엄연한 직함이 있던 채윤희 역시 '미스 채'로 불리던 시절이다. 이후 30여 년 동안 각자의 영역에서 분투하며 우정을 쌓아갈 두 사람은 선배 이해윤과 이경자가 그랬듯이 영화하는 여성들의 모임을 만들었다.

심재명, 채윤희, 그리고 150여 명의 여성 영화인이 함께 만든 '여성영화인모임'은 지난 2001년 '올해의 여성영화인상' 공로상 부문의 수상자로 최초의 여성 편집기사 김영희와 함께 이해윤을 선정했다. 같은 해에 이해윤, 이경자, 김영희를 포함하여 1980년대까지 활동했던 여성 영화인의 역사를 담은 『여성영화인사전』(여성문화예술기획·중앙대학교 첨단영상대학원 제작, 주진숙·변재란·장미희 외 지음, 도서출판 소도)이 출간되었다. 여성 영화인의 역사를 기록한 다큐멘터리 〈아름다운 생존〉(임순례 연출, 2001)도 발표되었다. 영희회와 선배 여성 영화인들의 이름은 그렇게 후배들에 의해 역사의 무대로 소환되었다.

여성영화인모임은 창립 20주년(2020년)을 앞두고 영희회 이후 30년 동안 여성 영화인들이 보인 활약과 성취를 기록하기로 했다. 이를 위해 우리 두 사람, 주진숙과 이순진은 다시 만났다. 『여성영화인사전』의 책임 연구원과 기획자로, 〈아름다운 생존〉의 제작자와 기획자로, 또 여성영화인모임의 창립이사와 초대 사무국장으로 함께 일한 지 20년 만이었다. 여성영화인모임의 심재명 이사와 조영정 이사, 이은혜 사무국장까지 다섯이서 머리를 맞대고 논의한 끝에 1990년부터 현재까지 여성 영화인들이 걸어온 길을 '인터뷰'라는 방식으로 엮기로 했다. 무엇보다 어려웠던 것은 과연 누구를 인터뷰할 것인지를 결정하는 일이었다. 지난 30년 동안 수많은 여성들이 영화계에 진출하여 각자의 전문 분야에서 눈부신 성과를 이루었다. 불과 다섯 명의 감독과 몇 십 명의 스태프가 전부였던 첫 번째 30년에 견준다면 괄목할 만한 변화다.

역사 서술에서 누군가의 목소리를 선택하는 것은 피할 수 없는 일이다. 그 선택은 늘 배제를 포함하고 있기 때문에 어떤 기준이나 방법을 취하든 어려운 일일 수밖에 없다. 우리는 두 번째 30년에 대해 우리 나름대로 그림을 그렸고, 그 그림을 함께 그려 보여줄 수 있는 여성 영화인들을 선택했다. 인터뷰를 하고 글을 쓰는 과정 내내 지금 우리가 세상에 내놓는 것이 가능한 여러 역사들 가운데 하나일 뿐임을 늘 상기하려고 했다. 다른 더 많은 여성 영화인의 목소리가 담긴 또 다른 역사도 당연히 쓰일 수 있고, 쓰여야 할 것이다. 우리의 이번 작업이 그 '여럿의 영화사'를 위한 출발점이 되기를 바란다.

'위인 서사/피해자 서사'를 넘어선 여성 영화인의 역사 쓰기

예외적으로 탁월한 능력을 갖춘 인물들이 역사를 이끌어간다는 '위인 이론the

great men theory'은 가장 오래된, 그리고 가장 대중적인 역사 서술 방법이다. 그 위인은 늘 남성men이었고, 여성의 역사는 무시되거나 기껏해야 어느 한 구석에 별도로 존재하는 비주류의 역사로 다루어졌다. 한국 영화사의 고전인 이영일의 『한국영화전사』(초판 1968년 한국영화인협회 출간, 개정판 2002년 도서출판 소도 출간)는 많은 '위대한 남성 감독'과 그들의 작품으로 고난의 한국 영화사를 구성했다. 뒤이은 대부분의 한국 영화사 서술 역시 마찬가지였다.

예술가/작가로서의 영화감독과 그들이 만든 뛰어난 예술작품으로 구성된 한국 영화사의 전체 상은 예술로서의 제도적 위상을 단단히 구축하고 있던 문학의 역사 서술 방식을 준거로 삼은 것이었다. 마치 소설가나 시인처럼, 영화감독은 영화라는 예술작품을 창조하는 과정에서 전권을 쥔 예술가로서 독점적인 위상을 누려왔다. 1950년대 프랑스의 평론가들이 영화에서 창의적인 작가auteur를 발견하고, 영화라는 예술작품 안에서 그들의 인장印章을 찾아내고자 했던 이래로 '작가주의'는 가장 영향력 있는 비평적 태도이자 영화사를 구성하는 기본 틀이 되었다. 이영일의 작가주의는 사회비판 의식의 담지자이자 계몽적 주체로서의 영화감독을 주장한다는 점에서 서구의 그것과는 사뭇 다르지만, 역사를 위인들의 업적을 통해 구성한다는 점에서는 같다.

작가들로 구성된 영화사 안에서 여성은 이중으로 소외되는 존재였다. 여성이 감독이 되는 것을 허용하지 않는 영화 현장의 가부장적 문화와 감독이 아닌 영화인들의 존재를 무시하는 역사 서술이 여성 영화인들을 침묵하게 했다. 2001년에 나온 『여성영화인사전』과 다큐멘터리 〈아름다운 생존〉은 그 침묵을 깨고 한국 영화사에도 여성 영화인이 '생존'하고 있었음을 드러냈다. 『여성영화인사전』은 '사전'이라는 형식을 통해 감독뿐 아니라 스태프와 배우들까지 망라하여 영화감독과 그들의 예술작품을 중심으로 하는 주류 영화사와는 다른 지향을 보여주었다. 그러나 여성의 역사만을 가지고 한국 영화사의 전체 상을 구성하기에는 한계가 있었다. 그것은 관점의 문제라기보다는 현실의 문제였다. 한국 영화사의 첫 번째 30년 동안 여성 감독은 다섯 명에 불과했고, 그들 모두는 지속적으로 작품 활동을 하지 못했다. 여성이 진출할 수 있는 영역도 제작, 시나리오, 편집, 스크립터 등 몇몇 분야로 한정되어 있었다. 촬영이나 조명, 사운드 분야에 여성이 발을 들인다는 것은 상상할 수 없는 일이었다. 감독을 꿈꾸며 현장에 들어갔던 많은 여성 스크립터들은 '현장의 꽃'으로 불리며 소모되다가 이름을 남기지 못하고 사라졌다.

그러므로 '생존'함으로써 역사에 이름을 남긴 여성 영화인들은 위인인 동시에 피해자가 되지 않을 도리가 없다. 그들은 영화계의 가부장적 문화와 기회의 불평등을 감내해야 했던 피해자였고, 그럼에도 불구하고 현장에서 살아남아 이름을 남겼기에 위인이었다. 그들의 예술적 재능은 차별이 없었더라면 만개할 수도 있었을, 하지만 실현되지는 못한 가능성으로만 남았다. 그런 점에서 여성 영화인에게 피해자 서사는 위인 서사의 음화陰畵, negative다.

영희회 이후 30년의 역사를 마주하면서 우리는 무엇보다도 먼저 '위인 서사/피해자 서사'를 넘어선 여성 영화인의 역사 쓰기가 이제는 가능하다는 생각을 했다. 사회의 다른 영역에서와 마찬가지로 여전히 기회는 불평등하고 성적 폭력도 근절되지 않았지만, 이제 더 이상 영화 현장에서 여성이 꿈꿀 수 없는 분야는 없다. 여성 인력의 비중이 획기적으로 늘어나고 산업이 합리화되면서 '목욕탕 문화'나 '당구장 문화' 같은, 여성을 의사 결정에서 소외시키는 남성 중심의 문화도 거의 사라졌다. 물론 이 모든 변화가 '저절로' 이루어진 것은 아니다. 그러한 변화를 가능하게 했던 여성 영화인들의 분투를 기록하는 것, 그것이 우리가 이 책을 통해 하고자 했던 일이다.

우리가 가급적 많은 분야의 여성 영화인을 망라하려 노력한 것은 '작가'의 영화사 안에서는 '위인 서사/피해자 서사'를 피할 수 없다고 판단했기 때문이다. 영화는 여러 전문 분야의 창조적 노동자들의 협업의 결과라는 사실을 새삼스럽게 강조한 것도 마찬가지 이유에서다. 인터뷰에 응해준 여성 영화인들은 한결같이 연대와 협업의 중요성을 힘주어 이야기했고, 훌륭한 선배들로부터 물려받은 것을 소중하게 여기면서도 잘못된 구조와 관행에 도전하는 데 주저함이 없었다. 연구자인 우리 두 사람이 인터뷰를 진행하면서 확인한 것은 비평과 영화사 서술 같은 담론의 영역이 실제 현실에 비해 훨씬 뒤처져 있다는 사실이다.

이 책은 총 3부로 구성되어 있다. 10년 단위의 시기 구분은 다소 편의적인 것이긴 해도 영화계의 큰 흐름이 변해가는 것을 포착하는 데는 유용하다고 생각한다. 물론 그 흐름은 연결되어 있고, 각 부에 편제된 여성 영화인들의 활동이 해당 시기에만 국한된 것은 아니다. 해당 시기와 관련해서 우리가 어떤 흐름에 주목했는가를 보여주는 틀로만 받아들여주면 좋겠다.

몇 개월간의 기획을 거쳐 2019년 9월부터 2020년 2월까지 여성 영화인들과 인터뷰를 진행했고, 6월까지 인터뷰 채록과 편집 작업을 진행했다. 이 과정에서 여러 사람의 도움을 받았다. 인터뷰 촬영을 맡아준 양주희, 이무언, 신경식, 민환기 님, 인터뷰 대상자의 섭외와 사진 수급을 담당한 박진희 님, 인터뷰 채록과 자료조사를 맡아준 공영민 님에게 감사의 말을 전한다. 책의 편집 방향에 대해 적절한 조언을 해준 이진 팀장님을 비롯한 사계절출판사 분들에게도 고마운 마음을 전하고 싶다. 무엇보다도 인터뷰를 위해 귀한 시간을 내어 자신들의 지난 세월을 기꺼이 공유해준 여성 영화인들, 심재명, 안정숙, 임순례, 박곡지, 채윤희, 전도연, 문소리, 강혜정, 류성희, 최은아, 남진아, 신민경, 박혜경, 김영덕, 제정주, 엄혜정, 김일란, 윤가은, 전고운, 천우희 님에게 깊은 감사의 마음을 전한다. 앞으로의 30년도 굳건히 함께 가는 영화 동지가 되기를 소망한다.

2020년 7월
주진숙, 이순진

차례

1부

소외의
벽을 넘어
눈부신 성취로

1990년대

심재명
나는 여성, 영화인이다

안정숙
한국 영화의 가장 빛나는 순간을 기록하다

임순례
가장 유연했기에 가장 오래 일한 창작자

박곡지
필름 시대 한 컷의 소중함을 기억하는
30년 차 편집감독

채윤희
한국 영화 마케팅의 모든 처음

전도연
늘 더 좋은 이야기를 찾아가는 배우

심재명

영화 제작자
명필름 대표
한국영화성평등센터 든든 공동 대표

나 는 여 성 , 영 화 인 이 다

1987년 서울극장에 입사하면서 영화계에 입문했다. 1995년 남편 이은과 함께 명필름을 설립했다. 〈접속〉(1997), 〈조용한 가족〉(1998), 〈해피엔드〉(1999), 〈공동경비구역 JSA〉(2000), 〈그때 그 사람들〉(2004), 〈마당을 나온 암탉〉(2011) 등을 만들어 한국 영화의 르네상스를 이끈 제작자로 평가받는다. 특히 이미연, 박찬옥, 임순례, 부지영 등 여러 여성 감독과 함께 작업하면서 〈버스, 정류장〉(2002), 〈우리 생애 최고의 순간〉(2008), 〈파주〉(2009), 〈카트〉(2014) 등의 여성 영화를 만들었고 여성영화인모임의 창립(2000)을 주도했다. 현재까지 여성영화인모임 이사로 활동하고 있으며, '한국영화성평등센터 튼튼'의 공동 대표로도 일하고 있다.

"저는 여성끼리의 연대가 꼭 얘기됐으면 좋겠어요. 한국 영화 산업 안에서 소수자인 여성들이 함께 무엇을 했다. 예를 들어 '모임을 꾸렸다, 튼튼을 시작했다, 어떤 영화를 만들었다' 이런 식으로 여성 영화인들과 관련된 사건, 결과 같은 것들이 잊히지 않고, 역사에서 사라지지 않고, 폄훼되지 않고 제대로 평가받는 것이 저는 굉장히 중요하다고 생각하거든요. 우리나라 최초의 여성 감독이 누구인지도 모른다거나, 여성영화인모임이 있는지도 모른다거나 하는 후배 여성 영화인을 만날 때가 있어요. 결국은 우리가 여성 영화인의 활약을 계속 발굴하고, 우리의 존재를 증명해내야 한다고 생각해요."

시대의 변화가 나에게는 행운이었다

●이순진
●심재명

대표님은 1987년에 서울극장에 입사하면서 영화계에 들어오셨다고 들었는데요. 당시는 1950년대 이후의 영화 산업 구조가 지속되던 시기이기도 했고, 특히 여성 인력이 영화 현장에서 일하기 매우 어려웠던 때인 걸로 알고 있어요. 처음 영화계에 들어와서 일하기가 어떠셨나요?

서울극장에 입사했던 1987년에 제가 스물다섯 살이었어요. 서울극장은 합동영화사도 운영하고 있었는데, 거기에서 광고 카피를 쓰거나 영화를 홍보하는 일을 했었죠. 당시에는 영화계에 여성의 숫자가 아주 적었어요. 요즘은 홍보 마케팅 분야에 여성이 압도적으로 많지만 그때는 영화사 여직원이라고 하면 대개 비서 또는 회계나 경리 담당이었어요. 홍보 마케팅을 하는 여성과 남성의 성비가 지금은 9대 1이라면 그때는 반대였죠. 여성을 전문 인력으로 존중하는 분위기가 아니어서 입사 초기에 저는 '미스 심'으로 불렸어요. 회사 임원이 헤드록을 건 적도 있고 면전에서 심한 성희롱 발언을 하기도 했는데, 지금 같으면 소송 감이지만 그때는 그냥 넘어갔어요. 정색하고 따지고 들 수 있는 분위기도 아니었고, 사실 저 스스로도 젠더 감수성이 부족했던 시절이었죠. 가부장적 문화 속에서 태어나서 자랐고 여성주의적 시각을 가질 만한 학습의 기회나 시간도 없었으니까요.

1987년에 저는 대학교 1학년이었는데 여름방학에 스크립터를 하려고 어떤 감독님을 찾아가 면접을 봤어요. 그분이 이 일을 왜 하려고 하느냐고 해서 감독이 되고 싶어서라고 했더니, 어린 여자애가 신세 망치려고 하느냐며 장시간 설교를 하셨어요. 그분 나름대로는 여자애가 감독이 되겠다는 게 얼마나 허황한 꿈인지 알려주고 싶어서 그러셨던 것 같은데, 저는 그 뒤로는 현장에 들어갈 엄두를 못 냈죠. 전반적으로는 그런 분위기였지만 그래도 당시에 이미례 감독님도 계셨고 기획실 같은 데는 여성 인력이 좀 생기기 시작할 때 아니었나요?

제가 입사하고 1, 2년 사이에 영화사마다 기획실을 두고 대학 졸업한 사람들을 채용하면서 여성의 숫자가 조금씩 늘어나기 시작했어요. 입사 후 몇 달 지나지 않아서 충무로에 있던 영화사 기획실과 극장 홍보실의 젊은 선배들에게 인사를 하러 다녔거든요. "합동영화사 겸 서울극장의 기획실에 새로 입사한 사람입니다. 잘 부탁드립니다. 많이 가르쳐주세요" 하고요. 그때 채윤희 대표님도 처음 만났어요. 당시에 채 대표님은 양전흥업 기획실장이셨는데 같은 여성이어서인지 유독 마음이 편했던 기억이 있어요. 그 이후로 채 대표님과는 여성 영화인으로,

또 인생의 선후배로 30여 년의 인연을 이어오고 있지요. 여성영화인모임을 만들고 함께 활동하면서 한국 영화 산업 안에서 여성 영화인의 존재와 역할에 대해서 고민했어요. 현장에서 몸으로 경험하기도 하고, 여성 영화인의 역사를 다룬 책도 읽으면서 함께 성장했죠. 채 대표님뿐 아니라 이후에 만났던 많은 여성 영화인들과 일하고 교류한 것이 저한테는 성장의 자양분이 됐어요. 제가 처음 일을 시작했을 때는 역할 모델로 삼을 수 있는 사람이라고는 지미필름을 운영하던 김지미 배우와 이미례 감독이 전부였거든요. 아시겠지만 김지미 배우는 1950년대에 배우로 영화계에 들어오셔서 1980년대에는 외화 수입과 한국 영화 제작까지 겸하며 '여걸'로 불리셨던 분이고, 이미례 감독님은 남성의 전유물로 여겨졌던 영화 감독의 타이틀을 가진 당시로서는 유일한 분이셨죠. 하지만 영화 일을 막 시작한 당시의 저한테 두 분은 막연하고도 먼 존재였어요. 1990년대에 한국 영화계가 크게 변화하고 여성 영화인이 많아지면서 교류하고 서로 도와줄 수 있는 분위기가 만들어졌던 것 같아요.

말씀하신 대로 1990년대에 영화 산업의 구조적인 변화가 시작되었잖아요. 한국 영화가 커다란 변화를 겪는 동안 대표님은 명필름을 설립하시고 제작자로서 활발히 활동하셨어요. 제작자로서 경험한 영화계의 변화에 대해서 말씀해주세요.

제가 서울극장에 입사했을 때는 충무로 토착 자본이 영화계를 이끌어가던 시대였어요. 종로 3가의 서울극장, 단성사, 피카디리, 을지로의 명보, 스카라, 국도극장, 충무로의 대한극장 등등 극장을 운영하던 토착 자본이 영화계를 좌지우지하던 시대의 끝 무렵이었죠. 제가 다니던 서울극장은 곽정환 사장님이 영화 제작과 수입, 극장 사업을 같이 하셨는데, 명보극장이나 대한극장도 사업 분야가 비슷했어요. 그 무렵에 영화업이 허가제에서 등록제로 바뀌면서 영화 제작을 자유롭게 할 수 있는 분위기가 조성되었어요. 흔히 충무로라고 불리던 영화계와는 별도로 젊은 영화인들이 독립영화를 만들기 시작했지요. 저는 서울극장에 2년을 다닌 뒤에 극동스크린으로 옮겨서 영화 제작을 배웠어요. 이후 4년 반의 직장 생활을 마치고 잠깐 쉬었다가 명기획이라는 마케팅 회사를 차렸는데, 그 무렵에는 대기업 자본이 들어오면서 영화계가 급격하게 변화하고 있었어요. 충무로 토착 자본에서 대기업 자본으로 이동하는 흐름 속에서 젊은 영화인들이 수혈되고, 다른 한쪽에서는 독립영화인들이 자기 목소리를 내면서 영화의 제작 방식, 형식과 내용이 크게 바뀌던 격동의 시기였죠. 그때는 잘 느끼지 못했지만, 그런 시대와 자본의 변화가 저한테는 엄청난 운으로 작용했던 것 같아요. 저의 영화계 선배 격인 신씨네의 신철, 기획시대의 유인택 대표 같은 젊은 영화인들이 창의적으로 콘텐츠를 기획하면 거기에 대기업 자본이 수혈되는 시대로 돌입하면서 구체적으로 영화를 꿈꿀 수 있게 되었으니까요.

기존의 충무로 시스템과 비교했을 때 어떤 부분이 어떻게 달라졌나요?

그전까지는 자기 집에 돈이 많아서 (같이 웃음) 굉장히 큰 액수의 제작비를 마련할 수 있다거나, 아니면 지방 흥행업자들한테 입도선매로 판권을 판 돈으로 영화를 만들었어요. 대기업 자본이 들어오면서 젊은 영화인들이 토착 자본과 분리 또는 결별하기 시작한 때가 1990년대 초반 〈결혼이야기〉(1992)가 나올 무렵이었죠.

예전에는 제작비를 투자한 지방 흥행업자가 자기가 확보하고 있는 권역에 배급하는 방식이었잖아요. 대기업 자본이 제작에 투자하기 시작했다고 하더라도 1990년대 초반에는 그런 배급 구조가 여전히 살아 있지 않았나요?

그럼요. 그때도 재개봉관의 마지막 흔적이 남아 있었고 호남 권역, 영남 권역, 경기강원 권역 이런 식으로 영화를 배급하는 분들이 있었어요. 그러니까 대기업 자본과 이전의 방식이 섞여 있던 시대였죠. 오늘날과 같은 전국 직배 형태가 완성된 건 2002~2003년 정도에 와서였어요.[1]

대기업 자본이 들어오면서 제작 시스템도 변화했을 것 같은데요, 흔히 제작의 합리화라고 말하는 것의 구체적인 내용은 어떤 것인가요?

대기업 투자를 받기 위해서는 제작 기획서 안에 정확한 스케줄과 예산서가 들어가 있어야 하고요, 거기에 따른 정산도 투명하게 이루어져야 하죠. "6억이 필요

---

[1] 전국을 여섯 개의 상권으로 나누고, 각 상권을 담당하는 지방 배급업자들이 제공한 선금(입도선매)을 통해 제작비를 조달하는 방식이 성립된 것은 1950년대 말이다. 선금을 지불하고 지역 내 판권을 확보한 지방 배급업자들은 영화가 완성되면 대도시의 극장에서 개봉한 후에 도시 변두리, 지방 소도시, 군면 소재의 소극장들까지 순차적으로 상영하면서 자금을 회수했다. 이러한 배급 방식은 미국의 배급사들과 대기업 자본이 들어오면서 구조적인 변화를 겪게 된다. 요컨대 1990년대는 중소 규모의 자본이 대자본으로 교체되면서 제작 부문의 합리화가 이루어지는 한편 전국적 수준에서 배급망이 통합되던 시기였다. 1998년 CJ의 강변 CGV 개관을 시작으로 멀티플렉스 극장이 급증하면서 전국의 수십, 수백 개 스크린에서 한 편의 영화를 동시에 상영하는 광역 배급이 자리 잡게 되었다. 1999년 강제규필름의 〈쉬리〉, 2000년 명필름의 〈공동경비구역 JSA〉 같은 블록버스터들은 광역 배급을 채택한 초기 작품들로 과거의 개봉 방식으로는 상상할 수 없을 만큼 많은 수의 관객을 동원했다.

하니까 6억 주세요." 이래서는 대기업 결재가 나지 않으니까 회계가 투명하게 이루어질 수밖에 없어요. 과거 충무로에서는 돈을 대는 전주錢主에게 '5억 필요하니까 5억' 이런 식이었거든요. 기획에도 변화가 있었는데, 그런 흐름은 〈결혼이야기〉를 만들었고 그전에는 〈행복은 성적순이 아니잖아요〉(1989)를 기획했던 신씨네가 주도했어요. 예를 들어 〈결혼이야기〉는 시나리오를 준비할 때 신혼부부 수십 쌍을 인터뷰해 수집한 사례들을 시나리오 에피소드에 적용하기도 했어요. 그러니까 시장조사를 하고, 데이터를 모으고, 포커스 그룹 인터뷰를 하는 등 광고 대행사의 마인드로 기획에 접근한 것이죠. 데이터를 기반으로 소비자의 니즈needs가 무엇인지 예측하고 검증하려고 노력했다는 게 기획이나 제작에서의 큰 변화였어요. 뿐만 아니라 신씨네나 명기획은 광고 대행사의 시장 분석 모델을 영화 마케팅에 도입했는데 이후에는 점차 그런 방식이 영화계에서 자리를 잡게 되었죠.[2]

제작 방식이 바뀌면 현장에서의 역할 분담도 달라질 수밖에 없잖아요. 전에는 없던 직종이 새로 생기기도 했을 것 같은데요.

프로듀서는 전에도 있었지만 더 세분화되고 전문화됐어요. 전에는 제작자의 가장 큰 역할은 자금을 마련하는 것이고, 창작은 감독을 중심으로 이루어졌다면 이후에는 제작자의 기획 능력이 강조되고 창작에도 영향력을 끼치는 방식으로 바뀐 거죠. 그 결과 제작 부문에서의 크레딧이 좀 더 세분화되었어요. 저희 명필름에서는 할리우드 영화 산업 관련 책들을 번역해서 제작팀과 같이 공부를 했어요. 그러면서 프로듀서, 라인프로듀서, 코프로듀서 등의 역할을 정리했는데, 그런 내용은 충무로에서 배우거나 경험하지 못했던 것이죠. 일일 촬영계획표를 작성하고 촬영이 끝나면 프로덕션 리포트를 내는 식으로 제작 매뉴얼을 적용하는 것도 명필름이 처음 했고, 곧 다른 영화사들에도 전해졌어요. 영화의 엔드 크레딧을

2　1990년대 초에 두각을 나타낸 신진 영화 인력에 대한 당시 기사를 소개한다. "그들을 어떻게 불러야 하는지는 자신들도 잘 모른다. 이번 주 촬영이 시작된 〈그대 안의 블루〉의 심재명, 안동규 씨, 최근 촬영이 끝난 〈결혼이야기〉의 신철 씨 등은 작품 구상에서 시나리오 완성, 제작 진행에서 영화 홍보까지를 맡아 하고 있다. 이들은 할리우드식으로 부르자면 '프로듀서(제작자)'가 되겠지만 그 직함은 사소한 오해를 불러일으킬 수도 있다. 자본과 제작, 기획 등이 분리되지 않은 우리 영화계에서 제작자는 영화의 자본을 대는 사람을 가리킨다. 〈그대 안의 블루〉나 〈결혼이야기〉에서 한 일로 이들이 국내에서 상을 받게 된다면, 그것은 아마 기획상이 될 것이다. 이들 전문 기획자의 출현은 영화 시장 개방과 영상 매체의 다변화라는 시대적 변화 속에서 도약을 하려면 한국 영화는 기획 능력을 보강해야 한다는 현실적 필요성과 맞물려 영화 관계자들의 시선을 끌고 있다."(안정숙, 「충무로 전문기획 시대 연다」, 『한겨레신문』, 1992년 6월 6일)

정리하는 방법도 달라졌어요. 할리우드 영화를 많이 참조해서 1990년대 중후반 이후의 한국 영화는 이전 시대와 크레딧의 내용이나 정렬 방식이 확연히 달라요.

인력의 세대교체가 많이 이루어지기는 했지만 기술 분야에서는 과거의 인력과 협회의 관행들이 여전히 남아 있었잖아요. 충무로의 도제 시스템이 식민지 시대부터 이어져온 나름의 긴 역사를 가지고 있다 보니 새로운 인력이 등장하면서 서로 충돌하는 일도 있었고요. 예컨대 1990년대 중반쯤에 김형구 감독님이 촬영감독으로 데뷔하려고 하자 촬영감독협회에서 반발했던 일도 기억이 나는데요. 그런 도제 시스템이 어떻게 변화했다고 기억하세요?

말씀하신 대로 김형구 촬영감독이 데뷔하는 데 어려움을 겪었던 시기가 있었잖아요. 그런 얘기를 하면 젊은 사람들은 "뭐 그런 때가 있었어요?" 그럴 거예요. 도제 시스템 시절에 경륜과 식견과 능력이 검증된 스승한테 영화를 배우고, 테크닉을 배우고, 정신까지 배웠다면 지금은 그렇지 않으니까요. 도제 시스템은 영화계의 선배나 오랜 시간 능력을 키워온 사람에 대한 존중, 경외심 같은 걸 기반으로 유지된 방식이에요. 다른 한편으로는 그것을 악용해서 착취를 한다거나 불합리한 상황이 생긴다거나 하는 일이 없지 않아 있었죠. 하나의 시스템이 오래 지속되다 보니 기득권을 유지하는 수단이 된 거예요. 물론 지금은 거의 무너졌어요. 개별로 계약하게 되면서 개인의 역량이 평가받고 중요시되는 시대가 됐죠.[3]

그것도 역시 대기업 자본이 들어온 것과 관계가 있나요?

도제 시스템은 대기업 자본이 들어오고 영화계 인력의 세대교체가 시작된 1990년대부터 무너지기 시작했지만, 그런 흐름이 확실해진 것은 무엇보다도 표준근로계약의 도입 때문이에요. 도제 시스템에서는 제작사가 촬영부 전체와 계약하고 촬영 퍼스트가 밑의 조수들에게 임금을 나눠주는 방식이었잖아요. 조수들과

---

[3] 충무로의 도제 시스템은 특히 기술 분야에서 신진 인력의 진출을 가로막는 장치를 가지고 있었다. 관련 협회가 운용하던 이른바 인준 제도가 그것인데, 법적인 강력은 없었지만 수십 년 동안 한국 영화의 기술 분야에서 막강한 영향력을 행사해왔다. 1990년대 중반 미국 유학을 마치고 돌아온 김형구, 박현철 등은 협회의 인준을 받지 않고 바로 촬영감독으로 데뷔하여 이 오래된 관행에 균열을 냈다. 이와 관련한 당시 기사의 일부를 소개한다.
"충무로에 촬영감독의 세대교체 바람이 불고 있다. 지난 1년간 등장한 30대 촬영감독은 줄잡아 10명. 50~60년대에 데뷔한 10여 명의 촬영기사들이 그동안 거의 모든 영화를 찍어왔다는 점을 고려하면 신인 촬영감독의 대거 출현은 한국 영화의 흐름을 바꿔놓을 획기적인 사건이다. …… 그러나 이들의 화려한 입성 뒤에는 충무로의 배타적인 인준 제도에 따른 회의와 좌절의 기억이 있다. 인준 제도는 만 5년 이상의 촬영조수가 3명 이상의 촬영감독에게

개별적으로 계약하는 표준근로계약이 적용되면서 그런 방식이 크게 바뀌었죠.

심
재
명
그런데 표준근로계약을 도입하면 제작비가 상승할 수밖에 없잖아요. 제작비가 상승하는 방향으로 움직이지 않는 것이 자본의 일반적인 성질일 텐데요, 투자사 쪽에서 문제를 삼지는 않았나요?

영화 산업의 규모가 커지면서 대기업이 노동자를 착취한다는 이미지가 좋을 리 없으니까 그들도 합리적이고 투명한 시스템을 존중한다고 할 수밖에 없죠. 그런 과정에서 불가피하게 늘어난 제작비는 떠안아야 하는 것이고요. 최근 1~2년 사이에는 꼭 그렇지는 않았지만 그전에는 비용을 많이 들인 영화가 수익도 크다는 생각이 퍼져 있었어요. 실제로도 제작비를 많이 쓴 대작들이 크게 벌었고, 오히려 중간 규모의 영화들이 수익 내기가 더 어려웠어요. 그렇다 보니 대기업 자본이 제작비 상승을 그렇게 크게 두려워하거나 염려하지는 않았지요. '크게 쓰고 크게 벌어야 한다'가 그들의 논리인데, 사실 그것이 가능한 건 스크린 독과점이라는 시스템이 있기 때문이죠.

표준근로계약이 만든 새로운 현장

1990년대의 산업 구조 변화가 2000년대 이후에는 좀 더 심화되면서 한국 영화 산업이 크게 성장하기도 했지만, 말씀하셨던 것처럼 대기업의 수직 통합이나 특정 영화의 스크린 독점이 문제가 되기도 했어요. 2000년대 이후의 변화를 어떻게 느끼셨나요?

변화의 시기였던 1990년대 초반을 지나서 1990년대 중반에 뛰어난 재능을 가진

추천을 받아 한국촬영감독협회의 인준 자격 검토를 거친 다음 이사회 투표에서 과반수 찬성을 얻어야 정식 촬영감독이 되는 복잡한 경로를 지니고 있다. 인준 없이 데뷔하려는 경우 촬영감독협회에서 다른 스태프들에게 비협조공문을 보내 촬영을 막기도 한다. 이들은 충무로의 근본적인 시스템 자체가 바뀌어야 한다고 주장한다. 무엇보다 촬영감독을 통제해왔던 인준 제도가 없어져야 한다고 입을 모은다. 이미 몇몇의 신인 촬영감독들은 인준 없이 영화를 찍으며 이 제도를 허물기 시작했다."(이유란, 「신세대 촬영감독 '충무로 반란'」, 『한겨레신문』, 1996년 7월 13일)

감독들이 대거 나왔는데, 그것이 가능했던 이유는 실험과 모험을 두려워하지 않는 창의적인 제작자들이 있었기 때문이죠. 2000년대 초중반까지는 제작자가 대자본에 영향을 끼칠 수 있는 시절이었어요. 그것이 한국 영화 산업의 구조적 변화와 영화의 질적 성장에 순기능을 했고요. 2010년 이후로는 대기업 자본이 영화산업을 쥐락펴락하는 시기로 넘어왔죠. 그러면서 스크린 독과점이라든가, 양극화라든가 하는 현상들이 심화됐어요. 대기업들이 멀티플렉스를 많이 지으면서 상영관이 폭발적으로 늘어났고, 관객 수도 급증하고, 영화 산업 전체의 매출이 크게 성장하기도 했고요. 아이러니하게도 산업의 규모가 커지면서 1990년대 중반, 2000년대 초반에 영향력을 가졌던 제작자들이 많이 위축되고 사라져가는 가운데 자본의 힘이 막강한 시대로 넘어온 거예요.

2000년대에 통합 전산망이 구축되어 관객 수를 정확하게 집계할 수 있게 된 것이 영화 산업의 합리화에 중요한 기여를 했다고 생각합니다. 영화진흥위원회(이하 영진위) 3기 때 위원으로 일하셨는데, 안정숙 위원장님이 당시 인터뷰에서 대표님이 특히 그 문제와 관련해 목소리를 많이 낸다고 하셨어요.

영진위는 학계에 계신 분, 독립영화 쪽에 계신 분 등 다양한 주체들로 구성되잖아요. 그때 저는 산업 안에 있는 제작자였으니까 통합 전산망을 구축해서 안착시키는 일에 목소리를 내는 게 당연한 일이었죠. 예매율이 공개되면서 좀 더 합리적으로 경쟁의 지표를 파악할 수 있게 된 것이 큰 변화였어요. 1기 때는 영진위 내부에 갈등이 있어서 위원장이 여러 번 바뀌기도 했지만 민간 주도형 공기관으로 자리 잡았고, 2기 때는 다양성영화라는 용어가 새롭게 등장하면서 독립예술영화 관련 정책을 마련했어요. 3기 때는 독립예술영화, 다양성영화 지원뿐만 아니라 영화 산업의 합리화를 위해서 노력했고요. 그러면서 표준근로계약이나 통합 전산망 이야기가 나오고 다양성영화에 대한 심층적인 지원책의 필요성이 제기되었어요. 영진위가 제작비, 마케팅비, 후반 작업, 해외 배급 등 여러 겹에 걸친 지원을 제공하면서 좀 더 많은 다양성영화, 독립예술영화 제작이 가능해졌죠. 명필름이 〈와이키키 브라더스〉(2001)를 만들던 무렵만 해도 그런 독립예술영화 지원 제도 자체가 없었어요.

독립영화나 예술영화에 대한 공적 지원 시스템을 만든 것이 그 세대의 중요한 기여라고 생각해요. 한국 영화사에서 산업 구조를 바꾸면서 공익적 관점에서 공적 지원 시스템을 만드는 일을 동시에 해낸 최초의 세대가 아닐까 싶어요.

그렇죠. 그런 노력들에 대한 평가는 필요할 것 같아요. 지금 사회적으로 한창 욕을 먹고 있는 86세대가 방금 말씀하신 바로 그 세대잖아요. 그 세대의 순기능 또는 선한 영향력을 가려서 본다면 그런 면이 있겠죠.

산업이 점차 합리화되었지만, 제작 현장의 불합리한 노동 조건은 상당 기간 유지됐던 것으로 알고 있어요. 대표님이 영진위 위원이셨던 2007년에 한국영화제작가협회와 전국영화산업노동조합(이하 영화노조) 간에 단체협약이 처음으로 이루어졌는데, 실제로 표준근로계약서가 적용되어 노동 조건이 획기적으로 변한 것은 명필름이 2014년에 제작한 〈관능의 법칙〉에 와서예요. 그런 면에서 보면 명필름이 현장의 노동 조건 개선에 선도적인 역할을 했던 것 같아요.

그건 '고양이 목에 방울을 누가 달 것이냐' 하는 문제라고도 할 수 있겠는데, 표준근로계약을 적용하는 건 사실 어마어마한 변화를 가져오는 일이었어요. 그때 이은 대표도 제작가협회 대표였고 저도 여성영화인모임 일을 하고 있었기 때문에 영화계 현안에 목소리를 내거나 같이 고민해야 한다는 책임감이 있었던 것 같아요. 〈관능의 법칙〉은 롯데가 투자했는데, 제작 현장에 표준근로계약을 적용해 바람직한 모습을 보여주자는 데 투자사하고 이견이 없었어요.[4]

표준근로계약을 적용하고 나서 현장에 일어난 변화를 구체적으로 설명해주신다면요?

일단은 저녁이 있는 삶이 되었죠. 그동안은 스태프들이 20시간 연속 촬영을 하거나 밤을 꼬박 새우는 것이 제작의 효율성을 높인다고 생각해왔는데, 12시간 이상 촬영하는 일은 없어졌으니까요. 그리고 연출의 즉흥성에서 오는 현장의 갑작스러운 변화나 시간을 예측할 수 없는 상황이 줄어들면서 훨씬 민주적인 현장이 되었고요. 감독의 생각이나 고집으로 움직이는 것이 아니라 약속된 시간과 조건에 맞춰야 하는 현장이 된 거예요. 그런 변화가 어떤 스태프들한테는 낯설게

---

4   "〈관능의 법칙〉은 전 스태프가 표준근로계약을 체결하고 촬영한 국내 최초의 영화다. 스태프들은 월급제와 추가 근로수당, 4대 보험을 보장받았다. 당연시되던 밤샘 촬영도 없앴다. 기존 제작 방식에 비해 제작비가 1억 2000만 원 늘었지만 누군가는 해야 할 일이었다."(스리체어스 편집부 엮음, 『바이오그래피 매거진 3 - 심재명』, 스리체어스, 2015, 28쪽)

느껴졌고, 어떤 스태프들한테는 반가운 일이었죠. 지금은 표준근로계약을 거의 90퍼센트 이상 적용하고 있어서 당연하게 여기지만, 〈관능의 법칙〉 때는 익숙하지 않은 것에서 오는 당황스러움 또는 반가움 등 여러 감정이 섞여 있는 분위기였어요.

명필름의 여성 영화들, 〈우리 생애 최고의 순간〉과 〈카트〉

명필름은 여성 영화 쪽으로는 독보적이라고 할 만큼 중요한 작품들을 지속적으로 해오셨어요. 그 바탕에는 사회적 이슈를 일관성 있게 다루면서 흥행도 놓치지 않는 명필름의 역량이 있었다고 생각합니다. 2000년대 초반 작품으로서 뛰어난 완성도를 보여주면서도 예술영화라는 범주에만 묶이지 않는 소위 '웰메이드 영화'라고 불렸던 작품들, 즉 상업영화로서도 성공한 일련의 영화들을 만들어낸 대표 주자셨죠. 그런 포지셔닝이 가능했던 명필름의 정체성에 대해서 말씀해주세요.

장산곶매라는 독립영화 집단에서 영화를 만들던 이은 대표와 주류 영화계에서 마케팅과 기획을 배운 제가 만나 명필름이라는 영화사의 정체성이 생겼는데, 그것이 시대의 변화와 잘 맞아서 초기에 비교적 순조롭게 안착할 수 있었어요. 만약 저 혼자 했다면 다른 영화들이 나올 수 있었을 테고, 이은 대표 혼자서 영화사를 꾸렸다면 역시나 색깔이 달라졌겠죠. 저 같은 경우는 제가 만드는 영화에 여성으로서의 정체성을 어떻게 녹여내야 하는지를 고민하면서 공부하고 성장했어요. 여성 제작자로서의 정체성은, 말하자면 학습에 의해 만들어진 거예요. 또 이은 대표는 영화운동을 했던 장산곶매 출신으로서 사회적인 쟁점과 이념 문제에 대한 나름의 생각을 가지고 있어서 그것이 영화에 반영되었던 것 같아요.

사회적 발언을 하는 것이 비교적 쉬운 일이라면, 그것을 녹여낸 영화를 지속적으로 제작할 수 있는 산업적 기반을 만드는 건 훨씬 어려운 일이잖아요.

아까 시대적 운이 좋았다고 했는데, 그건 아마 초반에 너무 잘돼서 그랬던 것 같아요. 성공이 자만을 만든 거죠. (웃음) 그러니까 뭔가 실험을 하게 만드는 흐름을 탔다고 할까요. 처음에 실패했다면 많이 위축되고 도전하는 데 어려움이 있었을 텐데, 창립작 〈코르셋〉(1996) 이후에 〈접속〉, 〈조용한 가족〉, 〈해피엔드〉, 〈공동경비구역 JSA〉까지 명필름 역사상 최고의 성공작이 초기에 만들어졌거든요. 그 성공의 결과들이 이후에 실험적이고 도전적인 영화들을 만드는 데 자양분이 됐어요. 〈와이키키 브라더스〉라든가 〈섬〉(2000)이라든가, 사람들이 '어? 왜 명필름이 예술영화연하는 영화들을 하지?'라고 생각했던 영화들을 할 수 있었죠. 또 그런 영화를 통한 경험이 〈우리 생애 최고의 순간〉(이하 〈우생순〉)이나 〈카트〉, 〈건축학개론〉(2012), 〈아이 캔 스피크〉(2017) 같은 영화들을 만드는 데 다시 자양분이 되었고요. 저는 한 영화사가 만들어내는 작품들의 면면을 살펴보면 제작자의 고민과 변화, 성장과 몰락까지를 다 들여다볼 수 있다고 생각해요.

여성으로서의 정체성이 학습된 것이라고 말씀하셨는데, 그러면 목적의식을 가지고 '여성영화를 해야겠다'라고 생각하신 건 언제부터인가요?

사실 창립작인 〈코르셋〉도 여성주의적 시각의 영화였지요. 〈코르셋〉에 앞서 준비했던 것도 '미시맘'의 이야기였어요. 그때는 명료하게 인식하고 있지는 않았지만, 그럼에도 불구하고 제가 여성이라는 점을 의식하면서 살았고 그러다 보니 〈코르셋〉도 만들었던 것 같아요. 영화를 하나하나 만들어가면서 우리가 만드는 영화 속 여성 캐릭터가 남성적 시선에 의해 왜곡되는 것을 늘 조심했어요. 물론 그래도 문제가 있었겠지만……. 그렇게 영화를 만들고 다른 한편으로 여성영화인모임 일도 하면서 남성 중심적인 영화 산업 안에서 여성 제작자로서 내 목소리를 내며 순기능을 할 수 있는 일이 무엇일지 생각을 많이 했어요. 저는 제작자니까 그런 제 생각을 영화에 담아낼 수 있어야겠다고 생각했죠. 그래서 〈우생순〉이나 〈카트〉가 나왔는데, 사실 그런 작품들도 특별한 목적의식을 가지고 했다기보다는 여성이라는 정체성에 대한 저의 고민, 특히 영화 산업 안에서 여성 제작자로서 해야 할 역할에 대한 고민에서 자연스럽게 나온 것이라고 할 수 있어요.

〈코르셋〉이 나왔던 1990년대 중반은 지금과는 다른 방식으로 페미니즘이 많이 회자되던 시기였어요.

©명필름.

그렇죠. 〈결혼이야기〉, 〈미스터 맘마〉(1992), 〈마누라 죽이기〉(1994) 같은 영화들
도 좀 다른 결의 여자 주인공이 이끌어가는 영화였죠.

그중에는 여성주의를 내세우는 〈단지 그대가 여자라는 이유만으로〉(1990)라든가 〈그대
안의 블루〉(1992) 같은 영화들도 있었고요. 뚱뚱한 여성의 정체성 찾기를 내
세웠던 〈코르셋〉도 그 계열에 포함시킬 수 있을 것 같은데요. 제가 관객으로서
본 느낌을 얘기하면, 그 시기 영화들에 비해서 〈우생순〉이나 〈카트〉는 여성주
의적 사고가 훨씬 깊게 체화되어 구체적이고 생생한 재현을 획득한 것 같아요.
무엇보다 몸을 움직여서 노동하는 나이 든 여성들이 주인공이잖아요. 그러니까
과거의 멜로드라마들에서처럼 연애하는 여성이 아니라 노동하는 여성을 부각
시키고 있지요. 두 편 모두 여성 감독의 작품이기도 하고요.

〈그때 그 사람들〉 워크숍을 하느라고 지방에 갔었는데, 그 무렵에 2004년 아테
네 올림픽 경기를 하고 있었어요. 식당에서 밥을 먹으면서 TV로 잠깐 여자 핸드
볼 결승 장면을 보는데 정말 안타깝더라고요. 연장전과 승부 던지기까지 127분
이라는 긴 시간 동안 뛴 우리 선수들이 결국 은메달을 따는 경기였죠. 워크숍이
끝나고 돌아와서 그 경기를 인터넷으로 다시 보고, 사진들을 찾아보면서 굉장히
많이 울었어요. 몸과 몸이 부딪치면서 분투하는 여자 선수들의 얼굴이 너무나 생
생했거든요. 여자 핸드볼의 역사나 선수들의 개인사 같은 것들을 인터넷으로 찾
아보다가 깜짝 놀랐어요. '아, 이렇게까지 힘겹게 국가대표를 하는 거구나. 보통
의 회사원보다 더 적은 돈을 받고 국가대표 선수로 뛰는구나. 더군다나 아줌마
선수들이고, 때로는 어쩔 수 없이 아이를 선수촌 훈련장에 데려오기도 하는구나.
이게 영화가 아니면 뭐가 영화란 말인가?' 이런 생각을 했죠. 무엇보다 금메달을
못 땄는데도 월계관을 쓰고 웃고 있는 모습이 정말 아름다웠어요. 졌다고 분해서
우는 게 아니라, 힘껏 분투하고 승부의 결과를 받아들이는 아름다운 모습을 보
면서 영화로 만들어야겠다고 생각했죠. 곧바로 우리 회사 김균희 프로듀서한테

얘기했더니 너무 좋다고 하더라고요. 그런데 회사 임원들은 거의 대부분이 반대했어요. 〈우생순〉 전까지 스포츠영화는 필패라는 불문율이 있었고, 또 '웬 핸드볼? 게다가 아줌마 선수들?' 정말 마이너, 마이너, 마이너의 총합이라면서 반대를 하더라고요. 그러니까 더 오기가 생겼죠. 임순례 감독님한테 "이런 얘기를 영화로 하면 어떨까요?" 했더니 "나도 소녀 축구 얘기를 생각한 게 있었는데 너무 좋다. 그런데 초고를 더 경쟁력 있는 작가가 쓴 다음에 내가 투입되는 게 효율적이지 않을까?" 하셨어요. 그래서 〈목포는 항구다〉(2004)와 〈화려한 휴가〉(2007)를 썼던 나현 작가가 합류했어요. 김균희 피디랑 저까지 셋이서 시장조사를 하고, 실제 인물들을 인터뷰하고, 자료 조사도 해서 초고가 나왔죠. 당시에는 정말 뜯어말리고 싶은 기획이라는 사람이 많았는데 거기에 임순례 감독까지 결합한다고 하니까 더 반대가 심했어요. 상업적으로 성공한 적이 없는 감독한테 이 정도 규모의 영화를 맡긴다는 것 자체가 무모하다면서요. 투자받기도 어려웠고, 만드는 데 엄청 힘이 들었어요. 40억 정도 예산의 영화를 36억에 만들었는데 그 과정 자체가 굉장히 힘겨웠죠. 재미있는 건 그렇게 우려하는 시선이 있으니까 다른 한편으로 임순례 감독님을 비롯해서 문소리, 김정은, 김지영 등 배우들의 단합된 마음이 더 커졌다는 거예요. 현실적으로는 제작비 가운데 큰 비중을 차지하는 주조연 배우들이 스스로 개런티를 낮춰 받고 개봉 이후에 수익이 생기면 보전받는 계약 방식을 받아들여주었다는 것을 언급하고 싶어요. '이 영화가 잘돼야 한다', '이 이야기 정말 좋다'라는 우리끼리의 결속력은 그 어떤 영화보다 뜨거웠고, 그래서 재미있었죠. 영화가 예상을 뛰어넘는 흥행을 해서 배우들의 개런티를 보전해주었을 때의 보람은 말로 표현하기 어려울 정도였어요.

〈카트〉도 뜯어말릴 영화였던 것 같은데요.

〈카트〉는 오히려 〈우생순〉 때만큼 그렇지는 않았어요. 〈우생순〉은 언론 시사 때까지도 투자금이 다 채워지지 않았거든요. 〈카트〉는 '비정규직 여성 노동자의 이야기를 해보자'에서 출발한 게 아니에요. 매일 출퇴근하면서 이랜드 노동자들이 500일 넘게 파업하는 것을 지켜보다가, 또 그들의 이야기를 담은 르포집을 읽다가 '이걸 영화로 만들고 싶다'라는 생각을 하게 되었어요. 〈우생순〉의 성공이 용기를 내게 해주었고요. 〈카트〉는 대기업 자본이 아니라 리틀 빅 픽처스라는 대안 배급사가 투자를 했는데, 〈우생순〉 때만큼 반대를 하지는 않았어요. 오히려 같이 했던 사람들은 '〈우생순〉처럼 〈카트〉도 성공할 수 있지 않을까?'라는 희망을 가졌던 것 같아요. 결국 〈우생순〉 같은 성공을 기대하며 투자했던 기업이나 개인들에게 그만큼의 흥행 수익을 드리지는 못해서 죄송한 마음이 크죠.

여성영화인모임과 한국영화성평등센터 든든

여성영화인모임 만들 때의 이야기를 하고 싶은데요. 제 기억으로는 주진숙 선생님이 부산국제영화제(이하 부산영화제)에 다녀오신 뒤에 여성 영화인들을 만난 이야기를 하시면서 모임을 하면 좋겠다고 하셨어요. 그래서 모임을 추진하시겠다면 제가 실무를 하겠다고 말씀드렸고, 주진숙 선생님이 여러 분들에게 연락을 돌리셨죠. 그런데 심 대표님은 모임이 결성되기 전부터 여성문화예술기획[5]이 '여성 관객이 뽑은 최악의 영화, 최고의 영화'를 선정해서 시상할 때나 서울국제여성영화제를 개최할 때 여러 가지 도움을 주셨던 걸로 기억하고 있어요.

그때 막 출발한 서울국제여성영화제에 관심을 가지고 있다가 부대행사 같은 데서 도울 일 있으면 돕고 그런 정도였죠. 제가 특별히 한 건 없어요. 영화계 내에서 여성 영화인으로서 구체적인 활동을 시작한 건 여성영화인모임을 통해서예요. 1999년 부산영화제에서 여성 영화인들의 모임이 필요하다는 이야기를 나누던 자리에는 없었지만, 모임을 만들자는 논의를 시작할 때부터는 창립 준비 이사로 줄곧 참여했죠. 지난 20년 동안 영화 제작하는 것 말고는 제가 가장 꾸준하게, 가장 열심히 해왔던 일이에요. (같이 웃음)

여성영화인모임이 출범할 때 어떤 일을 해야겠다고 생각하셨어요?

그때 모임의 정체성에 대해 논의하면서 정관도 만들었어요. 영화계 안에서 여성 영화인의 저변을 확대하고 질적인 성장을 이루는 것이 목표였고, 당시는 연대라는 말을 쓰지는 않았지만 여성 영화인들이 서로 돕자는 게 취지였죠.

---

5   **여성문화예술기획**은 여성주의 문화예술운동 단체로 1992년에 창립되었다. 여성주의 연극 〈자기만의 방〉, 〈버자이너 모놀로그〉 등을 공연하였고 1997년부터 현재까지 서울국제여성영화제를 개최해왔다.

여성영화인모임 일을 하시면서 가장 잘한 일, 아니면 공을 들인 일, 보람 있었던 일을 꼽자면 뭐가 있을까요?

심재명

그전에 영희회라는 것이 있었어요. 그게 최초의 여성 영화인 모임이었을 거예요. 여성영화인모임은 친목 모임을 넘어서 공적인 단체로서의 정체성을 만들기 위해 최선을 다했다고 생각해요. 부족한 점도 많았겠죠. 하지만 특별히 무슨 일을 잘했다는 것보다는 20년 동안 꾸준히 지속적으로 그 일을 해왔다는 것이 중요하다고 생각해요.

한국영화성평등센터 든든도 결국은 여성영화인모임의 연장일 것 같은데요. 든든에 대해서 설명해주세요.

2016년에 서울국제여성영화제에서 김선아 집행위원장이 포럼을 한다고 패널로 참여해달라고 요청을 했어요. 스웨덴에서 영화위원회 여성 위원장과 여성 프로듀서들이 와서 자리를 함께했는데, 그때 그들이 여성 영화인을 지원하기 위해서 어떤 일을 하고 있는지 들을 수 있었죠. 그러면서 '아, 이런 게 있었구나. 호주나 스웨덴, 영국은 이런 일들을 하는구나'를 처음 알게 됐어요. '픽' 맞은 느낌이었거든요. 우리는 왜 가만히 있었지? 우리도 그런 목소리를 내야겠다 생각했지요. 이듬해에 부산영화제에서 국내 영화계의 여성 분포나 그들이 처한 상황에 대한 포럼이 있었고 여성영화제에서도 몇 차례 포럼이 더 있었는데, 저도 계속 참여하면서 구체적인 필요성을 절감하게 되었어요. 그러던 중에 세계적으로 미투 운동이 일어나면서 자연스럽게 든든을 만들게 된 거죠. 든든은 영화계 내의 성희롱, 성폭력 예방 교육을 담당하고 상담을 지원하면서 성 평등한 영화 환경을 조성하기 위한 정책을 지속적으로 마련하는 일을 하는 곳이에요. 영진위가 지원하고 여성영화인모임이 주관해서 2018년 3월 1일에 개소[6]했는데, 그에 앞서 한

---

6   최근 5년간 개봉한 상업 영화 가운데 여성 감독의 비율은 5~10퍼센트에 불과하며, 여성 스태프의 실질 임금은 남성 스태프의 40퍼센트에도 못 미친다. 또한 스크린에는 남성 중심적 욕망을 투사하는 영화들이 지배적이며, 여성의 경험과 시선을 담은 영화는 극소수이다. 이런 '기울어진 운동장'을 바로잡기 위한 정책들이 조심스럽게 나오기 시작했다. 먼저, 영화계 성희롱 및 성폭력 문제에 대응하기 위해 2018년 여성영화인모임이 영진위의 지원으로 '한국영화성평등센터 든든'을 설립했다. 둘째로 영진위가 성평등소위원회를 구성하여 본격적으로 성 평등 정책을 영화 제작 지원 사업에 적용하기 시작했다. 특히 영진위가 지원하는 모든 사업의 심사위원을 구성할 때 여성의 비중을 기존의 30퍼센트 이상에서 40~50퍼센트 이상으로 상향시킨 것을 주목할 만하다. 또한 영진위는 모든 지원 작품에 대해 성비 관련 결과 보고서를 의무적으로 제출하도록 했다(주유신, 「영화계 성 평등, 어떻게 가능한가: 주유신 영화진흥위원회 위원·사만다 랭 호주 감독조합 대표 대담」, 『한국영화』, 제110호, 2019 참고).

1년 동안은 규정을 만들고 전문위원, 자문위원, 조사위원을 영입하는 등 준비 작업을 했어요. 그러면서 영진위 안에도 성평등소위원회가 만들어졌죠.

든든이 지금 하고 있는 활동을 구체적으로 소개해주세요.

지금 많은 일을 하고 있어서 조금 힘들어요. (같이 웃음) 세계적으로 미투운동이 일어나고 젠더 감수성의 필요성이 공론화되면서 한국 사회에도 굉장히 많은 변화가 있었죠. 그런데 민간이 주도해서 공기관과 함께 성평등센터를 만든 건 영화계가 처음이에요. 그게 든든의 자부심이죠. 민간이 주도하다 보니까 든든은 현장성과 영화 산업의 특수성이 반영된 시스템으로 가고 있어요. 그래서 다른 센터보다 신고가 많이 들어오고 지원 활동이나 예방 교육도 비교적 잘 이루어지고 있어요. 저희는 그쪽 전문가가 아니고 현장 영화인이잖아요. 대부분 처음 해보는 일이라 어렵지만, 임순례 감독님이나 저나 채윤희 대표님이 발생하는 사안이나 사건에 대해서 함께 의논하고 결정짓고 하면서 우리의 입장을 정리해나가고 있죠. 그러다 보니까 일이 많아요. 성희롱, 성폭력 사건 신고가 들어오면 그것을 어떻게 처리하고 피해자는 어떻게 지원해야 할지, 예방 교육은 어떤 방식으로 이루어져야 하고 그것을 담당하는 강사는 어떻게 육성해야 할지 등을 영진위랑 계속 얘기하면서 일을 해나가고 있어요. 임순례 감독님은 자기 프로젝트를 진행하면서도 시간을 쪼개서 이 일을 하고 계세요. 영화감독들은 보통 자기 영화가 진행되면 거기에 몰입하느라 공적인 일에 관여하거나 돕거나 하는 것이 말처럼 쉽지 않거든요. 채윤희 대표님이나 저도 현업이 바쁘지만 시간을 쪼개서 하고 있고요. 낯설지만 새로운 일을 하면서 다시 한 번 여성 영화인 간의 연대를 느끼고 있어요.[7]

---

7 한국 영화계는 성 평등 영화 정책을 위해 제작지원기금의 운용과 현장 인력 고용 시 여성 할당제, 이야기에서 여성 인물 재현의 문제 등 다양한 주제에 주목할 필요가 있다. 해외에서는 이미 여러 가지 성 평등 영화 정책을 시행하고 있다. 영국영화협회에서는 영화의 다양성과 성 평등을 위해 지원받는 영화의 제작자가 50대 50의 성별 균형을 이루도록, 지원받는 이의 20퍼센트가 영국의 흑인과 아시아인, 인종적 소수자이도록, 또한 9퍼센트는 LGBTQ로 정체화하는 사람, 7퍼센트는 장애인이도록 장려하는 지침을 시행하고 있다. 할리우드에서는 스튜디오, 제작사, 에이전시, 직능별 조합 등이 연계하여 현장 인력 고용에 성과 인종 할당제를 실시하고자 노력하고 있다(2018년에 개봉한 〈우먼 인 할리우드〉 참고). 스웨덴에서는 2013년 세계 최초로 영화 성 평등 테스트인 '벡델 테스트Bechdel Test'를 도입하여 통과한 영화들에 인증 마크 A를 부여하고 있다.

심
재
명

사회적으로 이슈가 됐던 몇 가지 일들이 있어요. 검열과 관련해서는 〈그때 그 사람들〉이나 〈공동경비구역 JSA〉가 문제가 되었고, 특히 박근혜 정부 시절에는 블랙리스트에 오른 대표적인 영화인으로 꼽히셨잖아요.

그러니까 타고난 성분이 청개구리일 수도 있고……. 사실 이은 대표나 저나 지향점이 진보 쪽에 가까운 사람들이죠. 저 같은 경우에도 출신 학교라든가 집안의 경제 수준이라든가 여러 가지 면에서 기댈 곳, 비빌 곳이 없는 출신이어서 그런지 모르겠지만, 어쨌든 진보적인 가치관을 갖고 있어요. 저희가 만들었던 영화들, 〈공동경비구역 JSA〉나 〈그때 그 사람들〉은 사회적으로 이러저러한 논쟁을 촉발했어요. 사회적 이슈에 민감한 영화를 만들다 보면 결국은 그런 문제에 직면할 수밖에 없고, 제작자는 문제를 회피할 수 없죠. 싸움에서 질 수도 있고 더 큰 곤란에 빠질 수도 있는데, 그렇다고 해도 돌파해나가는 수밖에 없어요. 그러다 보니까 여기까지 오게 된 거죠. 우리 사회를 뒤흔들었던 세월호 참사 때는 뭐 어떻게 외면할 수가 없더라고요. 당시 피해 학생들하고 같은 학년의 자녀를 둔 엄마로서 그 일을 피해갈 수는 없었어요. 정말 선명하게 기억이 나는데 문소리 씨가 "우리 영화인들도 가만히 있으면 안 되지 않아요?" 하면서 광화문에서 피해자 동조 단식을 하자고 제안했어요. 그게 계기가 되어 스크린쿼터문화연대 일을 했던 양기환 씨, 문소리 씨, 그리고 저를 비롯한 몇 사람이 의기투합해서 영화인들한테 동조 단식을 하자고 연락을 돌렸어요. 그렇게 모인 10여 명이 기자회견을 하고 그날 바로 단식에 들어갔죠. 여러 영화인들한테 문자를 보내서 광화문 농성장까지는 오지 않더라도 각자의 집에서 '동조 단식을 한다, 연명連名한다, 응원한다' 같은 메시지를 받아냈고요. 그래서 많은 영화인들이 나중에 블랙리스트 명단에 오르게 된 거예요. 그때 진보적인 영화를 만들어온 어떤 제작자한테 제안을 했는데 안 하겠다고 해서 놀랐어요. 이게 뭐 별 거라고 거절하나 싶었거든요. 그런데 몇 년 있다가 블랙리스트 사건이 알려지고 나니 그분이 거절했던 이유를 알겠더라고요. 그때 동참해서 블랙리스트에 오른 많은 영화인들은 실제로 여러 가지 불이익을 받았잖아요.

사회적으로 활발히 활동하셨고 역사에 남을 만한 영화도 많이 만드셨는데요, 그 가운데 객관적인 평가와 상관없이 역사에 기록되었으면 좋겠다고 생각하는 일이 있다면요?

(잠시 생각한 후) 저는 여성끼리의 연대가 꼭 이야기되었으면 좋겠어요. 한국 영화 산업 안에서 소수자인 여성들이 함께 무엇을 했다. 예를 들어 '모임을 꾸렸다, 든 든을 시작했다, 어떤 영화를 만들었다' 이런 식으로 여성 영화인들과 관련된 사건, 결과 같은 것들이 잊히지 않고, 역사에서 사라지지 않고, 폄훼되지 않고 제대로 평가받는 것이 저는 굉장히 중요하다고 생각하거든요. 우리나라 최초의 여성 감독이 누구인지도 모른다거나, 여성영화인모임이 있는지도 모른다거나 하는 후배 여성 영화인을 만날 때가 있어요. 결국은 우리가 여성 영화인의 활약을 계속 발굴하고, 우리의 존재를 증명해내야 한다고 생각해요. 여성 영화인들이 함께 연대해서 만들어낸 영화, 단체, 사건들이 역사 속에서 존중받는 것이 저의 바람이죠. 한국 영화 100주년을 맞아 『한겨레신문』이 CJ문화재단과 함께 100편의 영화를 선정하고, 또 『한겨레신문』 창립 30주년 기념으로 한국 영화 30편을 선정했어요. 그런데 그 안에 왜 박찬옥 감독의 〈파주〉는 없고, 임순례 감독의 〈우생순〉은 없는가. 그러니까 알게 모르게 여성 영화, 여성 감독이 만든 영화가 도외시되는 경향이 있지 않은가 싶거든요. 선정위원회 자체가 남성 위주로 구성되는 일이 많아서 그럴 수도 있고요. 그래서 『한겨레신문』에서 100편을 선정할 때, 담당 기자에게 여성 선정위원 숫자를 남성과 동등하게 했으면 좋겠다고 말씀드리기도 했어요. 우리 스스로 우리의 존재를 증명해내는 것, 저는 그게 매우 중요하다고 생각해요.

역사를 쓰는 사람들은 당대의 기록을 참고하기 때문에 평단의 평가가 굉장히 중요하다고 생각해요. 저도 그런 것들을 들여다보면서 한국 영화사를 공부하고 있는데, 주류 담론을 이끌어가는 평론가들이 영화를 보는 안목이 편향되어 있다는 것을 항상 느끼거든요. 예를 들어 한국 영화사에서 중요하다고 평가받는 작품 가운데 남성 지식인의 고뇌를 중심으로 하는 영화가 너무 많은 거예요. 저는 그게 매우 싫었어요. 시대를 고민하는 주체가 늘 남성인 것도 싫고, 행동력 없는 지식인의 고뇌가 치열한 사회의식이라고 평가받는 것도 싫고요. 평론가들이 그런 영화를

2015년 8월 23일
영화 〈건축학 개론〉 GV에서.
왼쪽부터 심재명 대표,
배수지 배우, 이용주 감독.
명필름 제공.

선호하는 경향은 지금도 여전하지 않나 싶어요.

심재명 그렇죠. 문학도 마찬가지잖아요. 남성 중심적인 시각의 문학작품을 굉장히 높이 평가하고 여성 작가를 알게 모르게 폄훼하기도 했지요. 과거에는 나조차도 대단한 영화라고 생각했는데 여성주의적 시각에서 다시 보면서 너무나 많은 문제를 발견하는 작품도 있고요. 그런 면에서 비평계의 의식화? (같이 웃음) 어쨌든 젠더 감수성을 키우려는 노력이 많이 필요하죠.

안정숙

『한겨레신문』 영화 기자
『씨네21』 편집장
영화진흥위원회 위원장
인디스페이스 관장

한국 영화의 가장 빛나는 순간을
기록하다

『서울경제신문』기자로 일하다가 1980년에 신군부에 의해 해직되었다.『한겨레신문』창간에 참여하고 영화 담당 기자로 일했다.『씨네21』편집장을 거쳐 2005년에 영화진흥위원회 3기 위원장을 맡았으며, 2008년 퇴임한 후에는 민간 독립영화 전용관 설립운동을 주도했다. 2012년 영화인들이 힘을 합쳐 만든 독립영화 전용관 인디스페이스 관장을 맡았고, 2019년 6월에 퇴임했다.

"『씨네21』편집장이나 영진위 위원장, 인디스페이스 관장을 한 것도 사실은 『한겨레신문』에서 영화 기자로 일했던 시간이 있었기 때문에 가능했다고 생각해요. 하루가 지나면 기사는 증발하잖아요. 새로운 일로 덮이고 또 덮이고. 그렇지만 그 시간들, 한국 영화의 가장 빛나는 시간이라고 할까? 싹이 터서 커다란 나무로 자라는 과정이라고 할까? 그런 과정을 지켜보고 글 쓰는 사람으로서 이를 기록했던 것, 그게 저에게는 가장 소중한 일이었어요."

1980년대 투쟁의 유산과 한국 영화의 르네상스

●이순진
● 안정숙

36

먼저 선생님의 이력을 간단하게 소개해주세요.

영화에 관심을 갖게 된 건 나중 일이에요. 제가 대학에 들어갔던 1970년대는 아직 영화의 시대는 아니었어요. 활자가 우선이던 시대였지요. 그런데 프랑스문화원에서 영화를 보면서 영화가 예술일 수 있다는 걸 처음 발견했어요. 나중에 『서울경제신문』 기자가 되었는데, 그때 신문사가 프랑스문화원과 가까워서 영화를 더 많이 볼 수 있었어요. 1980년에 해직이 되었지만 그래도 언젠가 기자로 돌아갈 것이고, 그전까지는 쉬는 시간이라고 생각하며 살았지요. 그 쉬는 시간에 '옛날에 재미있었던 영화를 공부해보면 어떨까?' 하는 생각이 들었어요. 현장으로 가서 영화를 배울 수도 있지만 학교로 가는 게 제일 쉽더라고요. 그래서 서울예대에 편입을 했지요. 졸업했을 때가 1986년쯤이었는데 그때도 '영화를 어떻게 하지?' 궁리만 하고 있던 차에 『한겨레신문』을 만든다고 해서 창간 준비를 하는 팀에 들어갔어요. 제가 해직 기자 중에는 막내 세대였어요. 저는 영화를 공부했으니까 영화 기자가 되어야겠다고 해서 문화부로 갔지요. 당시 『한겨레신문』에서 영화 분야를 따로 두어야 하나 말아야 하나를 가지고 토론을 무지 많이 했어요.[1]

영화 분야를 두는 것 자체를 놓고 논란이 있었어요?

예. 대중문화를 얼마만큼 다룰 것이냐 하는 문제인데, 저는 영화도 해야 한다고 적극적으로 얘기했어요. 그런 식이면 서커스 같은 것도 해야 하는 것 아니냐는 이야기도 나오고, 아무튼 굉장히 집요한 토론의 과정을 거쳐서 문화부에서 다루는 분야가 결정되었어요. 그래서 결국 영화 기사를 쓰게 됐는데, 그러면서 현장과 만나게 된 거죠.

---

[1] 1980년 광주 학살을 통해 정권을 잡은 신군부는 언론사 통폐합과 함께 신군부에 비판적인 기자들을 해직하는 대대적인 언론 숙정肅正 작업을 진행했다. 『서울경제신문』 기자였던 안정숙이 해직된 것도 그때다. 유신 시절 해직된 기자들의 조직이었던 동아자유언론수호투쟁위원회와 조선자유언론수호투쟁위원회, 그리고 1980년 신군부에 의해 해직된 기자들을 중심으로 1988년 5월 15일 『한겨레신문』이 창간되었다. 1987년 6월 항쟁 이후 민주화의 열기 속에서 대안적인 언론의 필요성을 절감한 시민들의 적극적인 호응으로 창간 기금 50억 원이 모금되었고, 『한겨레신문』은 이것으로 창간에 필요한 자금을 충당할 수 있었다.

제가 굉장히 행복한 기자라고 생각되는 게 다양한 에너지가 모여서 한국 영화가 꽃필 준비를 하는 시기부터 쭉 지켜볼 수 있었거든요. 유신 시절의 암흑기를 거쳐서 생존한 이장호, 임권택, 김기영 감독 같은 분들과 1980년대 후반부터 생겨난 젊은이들의 영화운동, 이런 것들이 전부 모여서 1988년쯤에는 한국 영화가 굉장히 다양한 구성으로 태동하고 있었죠. 그러니까 제가 기자 생활을 하면서 장선우 감독이 〈성공시대〉(1988)를 만들고, 박광수 감독이 〈칠수와 만수〉(1988)를 만들고, 이명세 감독이나 강우석 감독 같은 분들이 활약하는 걸 다 지켜본 거예요. 한국 영화 르네상스의 태동을 옆에서 지켜보며 기록할 수 있었던 건 정말 굉장한 행운이라고 생각해요. 처음에 영화 기사를 쓸 때는 검열 문제나 소재 제한 같은 정책적인 이야기를 더 많이 써야 할 만큼 유신의 잔재들이 남아 있었어요. 5·16 군사쿠데타 직후에 제일 먼저 한 일이 〈오발탄〉(1961) 상영 금지였잖아요. 그런 식으로 시작된 검열의 역사가 영화운동 쪽에서 〈파업전야〉(1990)나 〈닫힌 교문을 열며〉(1991)를 만들면서 균열이 생기기 시작했죠. 장산곶매 같은 영화운동 단체들이 검열 제도 폐지를 위해 앞장서서 싸웠고, 충무로의 영화인들이 모여서 미국 영화 직배에 저항하는 운동을 하고, 마침내 영화진흥공사를 영화진흥위원회로 전환하는 등 많은 일들이 한꺼번에 일어났어요. 한국 영화의 에너지라는 게 정말 엄청난 것이었거든요. 한국 사회의 저쪽에서는 민주화운동이 일어나고, 이쪽에서는 영화인들이 참으로 치열하게 창작의 자유를 위해 검열 제도와 맞서고, 한국 영화의 발전을 위한 정책을 만들어내려 싸웠던 이 스토리는 그 자체로도 굉장한 드라마라고 생각해요. 그것을 지켜보고 기록한 게 제가 영화 기자로서 한 일이에요.[2]

1990년대 중반 무렵에 담론 지형 전체가 대중문화로 쏠리는 변화가 있었던 것으로 기억하고 있어요. 베를린 장벽이 무너지면서 냉전이 끝났다는 이야기가 나오고, 포스트모더니즘 같은 이른바 포스트 담론에 대한 관심이 폭발하는 분위기에서 영

한국 영화 검열의 역사는 1926년 일제가 제정한 '활동사진필름검열규칙'에서 시작된다. 해방 후 미군정이 일제의 영화 관련 법령 일체를 폐기했지만, 1950년대까지도 정부에 의한 영화 검열이 관행적으로 계속되었다. 1960년 4·19혁명 이후에 정부 검열이 폐지되고, 민간에 의한 자율심의제도가 도입되었다. 〈오발탄〉은 이 시기에 민간 자율심의기구의 심의를 거쳐 상영되었으나, 1961년 5·16 군사쿠데타 직후에 부활한 검열에 의해 상영이 금지되었다. 쿠데타로 집권한 박정희 정권은 1962년에 해방 후 최초의 영화법을 제정하였다. 그때부터 영화법 규정에 의거하여 보다 철저하고 체계적인 영화 검열이 이루어졌다.

1980년대 후반 검열을 받지 않고 영화를 상영하여 검열 제도에 도전하는 일련의 사건이 일어났다. 1986년 서울영상집단이 단편영화 〈파랑새〉를 제작, 상영하여 홍기선을 비롯한 관련 영화인들이 입건되었으며, 뒤이어 장산곶매가 〈오! 꿈의 나라〉(1989), 〈파업전야〉, 〈닫힌 교문을 열며〉를 제작, 상영하여 법적 제재를 받았다. 장산곶매는 영화 검열을 규정한 영

『한겨레신문』 창간 이후 영화운동 쪽에서 생산하는 작품들에 굉장히 많은 질문
을 했어요. 운동권 안에서 계속 작업하는 사람들이 있었고, 그 흐름의 일부가 제
도권으로 들어가기도 했지요. 제도권 안에서 문제의식을 보여주는 영화들이 막
쏟아져 나오니까 거기에 더 많은 관심을 둘 수밖에 없었어요. 신문이란 것이 사
실 그렇거든요. 지향하는 바가 있기는 하지만, 많은 사람이 관심을 갖는 새로운
현상에 지면을 더 많이 할애할 수밖에 없죠. 그럴 만한 가치가 있는 영화들이 많
이 나오기도 했고요. 그때 대기업 자본이 영화 산업에 들어오면서 영화계에서 파
트너를 찾았는데, 그 파트너로서 새로운 프로듀서나 감독, 영화인들이 부상했어
요. 그때는 지금처럼 1000만 영화가 나와야 부양할 수 있는 시장은 아니었기 때
문에 젊은 감독들이 자기가 하고 싶은 이야기를 영화로 만들 수 있는 여건이었던
거예요. '문제는 리얼리즘이다'라고 하면서 과거에는 다루지 못하던 문제들을
다룬 영화가 많이 나왔어요. 임권택, 장선우, 박광수 이런 분들이 사회문제를 담
은 영화를 만들고 비교적 상업적이라고 여겨지던 강우석 감독조차도 〈행복은 성
적순이 아니잖아요〉 같은 교육 문제를 다룬 영화를 만들었잖아요. 사실 미국 영
화 직배 반대운동을 할 때 우리는 일본을 부러워했거든요. 일본은 메이저 회사들
이 나름의 배급 구조를 탄탄하게 갖고 있어서 미국 자본이 들어와도 괜찮을 거라
면서요. 그런데 실제로는 그 메이저 회사들이 자국 영화 만드는 데는 별로 투자
를 안 하고 외국 영화 배급으로 돈을 버는 데 열중했어요. 그래서 일본의 작가주
의 감독들이 영화를 제작하기가 어렵게 되었죠. 타이완에서는 허우샤오셴이나
차이밍량 같은 감독들이 영화를 만들고도 상영하지 못하는 일이 있었고요. 그런
상황에서 한국에서는 상업주의와 작가주의 사이에서 교묘하게 줄타기를 하는
새로운 세대의 감독들이 나왔어요. 어느 극장에서 관객을 대상으로 영화인 인기

화법이 위헌이라며 헌법재판소의 심판을 요청하였고, 1996년 위헌 판결을 받아냈다. 〈파랑
새〉 사건 이후 만 10년에 걸친 젊은 영화인들의 투쟁을 통해 영화 검열이 폐지되고 영상물
등급제가 도입되었으며, 이는 이후 한국 영화 발전의 디딤돌이 되었다.
비슷한 시기에 충무로의 기성 영화인들은 '미국 영화 직배 반대운동'을 통해 결집했고, 이
는 곧 영화 악법 폐기와 영화진흥법 제정운동으로 번졌다. 1986년 개정된 영화법(1987년 7
월 1일 시행)에 따라 외국 법인이 한국에서 영화를 직접 배급하는 것이 가능해지면서 할리우
드의 메이저 스튜디오들이 한국 영화 시장에 진출했다. 유신 시대부터 제5공화국까지 정부
의 통제하에 자생력을 잃은 한국 영화가 미국의 대자본에 의해 완전히 무너질 수 있다는 위
기감이 영화인들을 결집시켰고 직배 반대운동을 촉발했다. 미국 영화의 직배를 막지는 못했
으나, 직배 반대운동에서 시작된 한국 영화의 쇄신 움직임은 결국 영화진흥법 제정(1995)과
영화진흥위원회 설립(1999)으로 이어져 한국 영화의 제도적 기반을 혁신하는 데 기여했다.

투표를 했더니 장선우, 박광수 같은 감독들 이름이 배우들보다 앞에 나왔다는 이야기가 있기도 했던 시절이었죠.

예컨대 직배 반대운동이나 검열 철폐 투쟁처럼, 영화 제도를 바꾸기 위해 싸웠던 1980년대 말의 에너지가 1990년대 제도권 영화로 흘러 들어갔다고 보시는 거죠?

네. 거기서부터 성장해온 거죠. 지금까지 활동하고 있는 뛰어난 감독들을 보면 그 시대가 단련해낸 인물들이에요. 인문학적 소양이라든가 사회적인 시선, 미학적인 깊이라고 할까. 그런 것들이 사실은 1980년대부터 단련되어 영화를 만드는 토양이 된 거죠. 〈기생충〉(2019)이나 〈괴물〉(2006) 같은 영화는 대중의 시선도 사로잡았지만 이야기의 깊이로 봐도 문학과 대등한, 아니 오히려 문학에 영상이 더해져 더 큰 힘을 갖게 된 작품들이죠. 사실 봉준호 감독뿐 아니라 우리가 요즘 코에 걸고 자랑하고 다니는 많은 감독들이 그런 분들이라고 생각해요.

요즘 1990년대, 2000년대에 대한 학계의 조명도 활발한 것 같아요. 그런 걸 보면서 학술적으로 조명될 만큼 그 시기에 대해 역사적인 거리가 생겼구나 싶기도 합니다. 당사자들이 그런 거리를 갖기는 어려운 일이지만 지금에 와서 그 시기를 평가하신다면 어떤 말씀을 하실 수 있을까요?

영화를 보면서 구체적으로 생각해봐야겠지만, 1990년대 한국 영화는 아까 얘기했던 것처럼 다양한 흐름에서 온 에너지들이 모이고 거기에 자본까지 더해져 새롭게 시작할 수 있었던, 한국 영화사에서 가장 활발했던 시기가 아닌가 싶어요. 세계적으로 인정받는 오늘날의 한국 영화가 나올 수 있는 토대가 됐던 시기죠. 그 많은 감독과 작가들이 1990년대에서 왔잖아요. 다른 한편으로는 대자본이 들어와서 제작비가 상승하고 CGV 같은 영화관 체인이 만들어지면서 독과점 문제가 시작되었는데, 그런 구조가 출발하는 시기에 제대로 준비 혹은 단속하지 못했던 부분이 있어요. 대기업이라고 해도 미국 배급사가 아니라 국내 배급사니까 괜찮겠지, 또 우리 영화계에 제작 자본이 풍성하게 들어오는 건 좋은 일이지 하면서 수직 계열화나 독과점 문제를 초창기에 잡아놓지 못했던 거죠. 그 이후에 한국 영화가 직면한 문제들이 거기서 시작된 것 같아요.

그 시기에 과거의 영화 자본이나 선배 영화인들에 대한 반감이 젊은 영화인들 사이에 워낙 컸잖아요.

그렇죠. 대기업 자본이 더 투명하다고 생각했고, 작업 기회가 그쪽에서 주어졌기 때문이죠. 그런데 구조를 뛰어넘는 일은 결국 사람이 하는 것 같아요. 봉준호 감독의 〈괴물〉이 상영관을 독점해서 영화의 다양성을 해친다는 말도 있었지만, 어쨌든 대자본으로 만들어진 상업영화 가운데서도 굉장히 뛰어난 영화들이 나오고, 봉준호나 박찬욱, 허진호, 홍상수, 이창동 같은 감독들이 계속 나왔으니까요. 홍상수 감독은 대자본에서 밀려났지만 저예산 영화를 만들면서 계속 작업할 수 있는 기반을 마련한 아주 독특한 경우이고요.

전 세계적으로 유례가 없는 영화 주간지 『씨네21』

『한겨레신문』에 계시다가 『씨네21』 편집장으로 가신 거죠?

『한겨레신문』에서 영화 잡지 창간을 준비할 때 누가 편집장을 할 것이냐를 두고 논의를 했었어요. 조선희 씨가 제 후임으로 영화 기자를 했는데, 그때 소설을 쓰겠다고 신문사를 그만두려던 참이었어요. 그런데 『씨네21』 초대 편집장으로 조선희 씨가 적임이라는 의견이 많았던 거예요. 굉장히 창의적이고 집요하고 저널리스트로서도 뛰어난 친구니까요. 그래서 그만두겠다던 사람이 『씨네21』 창간 작업을 맡았고, 그 바람에 5년 동안이나 묶여 있었던 거죠. 사실 영화 주간지는 세계적으로도 유례가 없는 거잖아요. 제가 『씨네21』 편집장을 맡게 된 건 조선희 씨가 5년 동안 편집장을 하고 나서 이제는 정말 소설을 써야겠다, 그만두어야겠다고 해서예요. 『씨네21』이 대한민국 최고의 발행 부수를 자랑하는 주간지가 됐고, 『한겨레신문』이 적자에 허덕일 때 돈을 벌어서 친정을 도와주기도 했으니까 나는 이제 하산해서 글을 쓰겠다고 해서 제가 2대 편집장으로 간 거죠.[3]

---

3   『씨네21』이 창간된 1995년은 기억할 만한 해다. 『씨네21』보다 더욱 마니아적인 영화 월간지 『키노』도 그해에 창간되어 영화 비평이 유례없이 활성화되는 분위기를 이끌었다. 또 그해 초 영화사 백두대간이 안드레이 타르코프스키의 〈희생〉(1986)을 코아아트홀에서 개봉해 3만 명의 관객을 모으며 화제가 되었다. 그런 예술영화가 정식 수입 절차를 밟아 상업적인 극장에서 상영된 것은 매우 예외적인 일이었는데, 영화사 백두대간은 〈희생〉을 개봉한 것에 그치지 않고 같은 해 11월 한국 최초의 예술영화 전용관 동숭시네마텍을 개관했다. 동숭시네마텍은 짐 자무시의 〈천국보다 낯선〉(1984), 타르코프스키의 〈노스탤지어〉(1983), 미클로시 얀초의 〈붉은 시편〉(1971), 압바스 키아로스타미의 〈내 친구의 집은 어디인가〉(1987) 등을 상영하면서 예술영화 붐을 일으켰다.

그때 저는 영화사에 다니고 있었는데, 주변에서 어느 나라에도 없는 영화 주간지가 한국에서 성공할 수 있겠느냐는 회의적인 이야기를 했던 게 기억나요.

안
정
숙

미국의 『버라이어티』는 주간지이긴 하지만 『씨네21』과 같은 비평지가 아니라 산업의 동향을 보여주는 업계지 비슷한 것이잖아요. 영화 잡지 대부분은 월간지고, 일본의 『키네마순보』도 격주간지고. 그런데 『씨네21』이 성공을 한 거죠. 잡지를 잘 만든 것도 물론 있지만, 우리나라가 영화의 섬이었잖아요. 검열과 상업적인 이해 때문에 들어올 수 있는 영화라고는 〈007〉 시리즈나 홍콩 영화 같은 상업적인 작품들뿐이었죠. 그런 영화들이 나쁘다는 게 아니라 흥행이 되는 영화로만 편향되다 보니까 전 세계 사람들이 함께 보고 이야기하는 영화들은 한국에 들어오지 못했잖아요. 프랑스문화원과 독일문화원이 제공하는 기회 말고는 거의 없었기 때문에 다양한 영화에 대한 욕구가 젊은 관객들한테는 있었을 거예요. 그래서 타르코프스키의 〈희생〉 같은 영화에 많은 관객이 몰렸던 거죠. (같이 웃음)

영화사 백두대간이 〈희생〉을 수입해서 개봉할 때 제가 거기서 일했거든요.

아, 그러셨죠. 맞아요. 〈희생〉 같은 영화에 그렇게 많은 관객이 든다는 게 예외적인 일이죠. 말로만 듣던 영화니까 사람들이 얼마나 보고 싶었겠어요.

관객이 많이 들어서 저희도 놀랐어요. 타르코프스키의 〈노스탤지어〉는 백두대간에 있을 때 필름으로 보고 '아, 이런 영화였구나' 새삼 깨달았다니까요. 비디오로 봤을 때하고는 정말 다른 영화더라고요.

그렇죠. 비디오로 봤을 때는 정말 지루했는데 그걸 스크린으로 보니까 완전히 달랐죠. '영화공간 1895' 같은 데서 화질이 안 좋은 비디오였지만 열심히 영화를

1995년에 창간된 영화 잡지
『씨네21』과 『키노』의 창간호 표지.

보던 사람들이 영화 잡지의 열혈 독자가 되고, 그들이 다시 매우 진지한 관객이 되는 순환이 일어났어요. 『씨네21』이 창간된 이듬해에 부산영화제가 처음 열렸는데, 그 진지한 젊은 독자들이 몰려가서 영화제에 참석한 세계의 감독들을 놀라게 하는 상황이 벌어졌죠. 감독들이 배우 못지않은 스타로 대접받고, 심지어는 평론가한테까지도 사인 행렬이 쫓아다니니까 해외 영화인들에게 부산영화제가 굉장히 핫한 신생 영화제로 소문이 났어요. 영화 잡지와 영화제를 성공시킨 그런 복합적인 에너지가 그 시대에 있었던 것 같아요.

영화진흥위원회의 활동과 2000년대의 영화계

1990년대의 변화 가운데서도 여전히 독립영화들이 만들어졌고, 또 한동안 상업영화 안에서 페미니즘이 눈길을 끌기도 했잖아요. 그런 흐름이 현재까지 이어진 것 같아요.

영화인들이 만들어낸 영진위의 여러 프로그램이 그런 흐름에 어느 정도 힘이 되어줬어요. 영진위는 처음부터 한국 영화의 진흥을 위해 무엇을 할 것인가 고민을 많이 했고, 여러 제도적인 실험을 했어요. 펀드를 만들어서 자본을 끌어들이고, 영화진흥기금을 조성해서 예술영화나 작가주의 영화, 또는 신인들의 작품이 제작될 수 있도록 종자돈을 마련해주었죠. 그런 시도들이 100퍼센트 성공했다고 할 수는 없지만 제작비 마련을 도와주고, 배급의 길을 열어주는 등 겹겹의 지원 장치를 만들려고 많이들 고심했어요. 3기까지의 구성을 보면 영진위 위원 대부분이 현장에서 온 분들이었기 때문에 현실에 대한 문제의식이 치열했어요. 심지어는 지원책을 마련하고 예산안까지 만들어놓고도 전부 다 뒤엎고 다시 고민한 적도 있고요. 그 바쁜 현역 영화인들이 아이디어를 내고 자기 일처럼 헌신하는 시간이 이어졌어요.

선생님은 1기 위원으로 참여하셨지만 곧 사퇴하셨고, 3기에는 위원장을 맡으셨어요.

1기는 한계가 많았어요. DJ 정권이 연합 정권이었잖아요. 그러다 보니까 그때 출범했던 영진위 위원들 가운데 검열이나 영화 정책에 대한 생각이 다른 분들이 섞여 있었어요. 그래서 몇몇 분과 함께 사퇴를 했는데, 다행히 일을 열심히 할 수 있는 분들이 다시 들어가면서 위원회의 기본 틀을 만들어놓았죠. 2기와 3기는 앞서 이루어진 것들을 물려받아 심화하면서 일을 했고요. 상황에 따라서 어떤 시기에는 펀드를 만들고, 또 다른 시기에는 미디어의 민주화를 위한 미디어센터를 만들고, 환경이 바뀌면 또 다른 일들을 모색하면서 일을 해왔어요.[4]

자료를 보니까 3기에 특징적인 사업이 몇 가지 있더라고요. 이때 해외 관련 사업이 많이 늘어났어요. 그 시기에 현장에서는 영화노조와 한국영화제작가협회가 노동 조건을 개선하는 데 합의한 중요한 사건이 있었고, 스크린 쿼터가 축소되어 이를 둘러싼 문제가 불거지기도 했고요.

한국 영화의 해외 진출을 지원하거나, 한국 영화에 외국어 자막을 넣은 DVD를 만들어 해외에 보내는 일을 했죠. 또 그때까지는 외국의 서점이나 도서관에 한국 영화 관련 책자가 별로 없었거든요. 그래서 한국의 영화감독을 소개하는 책을 만들어 해외에 보내기도 하고, 제작사에 제공하거나 영화제에서 배포하기도 했어요. 지금은 아마 그럴 필요가 없을 거예요. 우리 영화를 연구하려고 하는 해외 연구자들이 많으니까요. 그때는 초조한 마음에 마중물 비슷하게 그런 책들을 만든 거죠.

학술적인 영역에서는 여전히 많이 부족한 것 같아요. 해외 대학의 한국학 수업에서 영화를 가르치려면 학생들에게 논문을 읽혀야 하잖아요. 그런데 영어로 된 한국 영화 관련 논문이 부족하니까 수업에 어려움이 있다더라고요. 한국 영화에 대한 학술적 연구가 더 활성화되어야 그 성과를 가지고 학생들을 가르치고, 후속 세대가 논문도 쓰고 할 텐데 그런 부분이 좀 부족하다는 생각이 들어요.

그래서 해외 학자나 평론가들이 한국 영화에 대한 글을 쓰는 프로젝트를 지원해주기도 했는데, 기관 평가를 할 때 이게 무슨 효과가 있느냐고 해서 영진위의 점

---

4   영진위가 출범한 것은 1999년의 일이다. 그해 2월 영화진흥법이 개정되면서 영진위 구성이 확정되었고 5월에 1기 위원회가 출범했다. 하지만 DJP 연합으로 탄생한 정권의 특성으로 인해 위원회 역시 절충적으로 구성되었다. 신구 세대 간의 갈등으로 1기 위원회는 몇 개월 동안 진통을 거듭하다가 그해 10월에 정지영, 안정숙, 문성근 3인의 위원이 사퇴했다. 2000년 5월 유길촌 위원장, 이용관 부위원장 체제가 들어서면서 비로소 정상화된 1기 위원회는 영상전문투자조합에 출자를 개시하고 영상미디어센터 미디액트를 개관하는 등 여러 사업을 펼쳤다. 1기 위원회가 중점을 둔 것이 한국 영화 제작 활성화였다면, 2002년에 출범한 2기 위원회(위원장 이충직)는 영화 다양성 증진을 목표로 다큐멘터리, 애니메이션, 디지털 장편영화 등에 대한 직접 제작 지원 및 이 영화들의 유통 배급망 확충을 위해 힘썼다. 안정숙이 위원장을 맡은 3기 위원회는 2005년 5월에 출범했다.

수를 굉장히 많이 깎아먹는 사업이었어요. (같이 웃음)

그 효과를 수량화하기는 어렵죠.

그래서 우리는 점수 깎이면서도 그냥 했어요.

그때 미주 사무소도 개소했고요.

한국 영화의 해외 진출을 돕는다는 생각으로 했던 건데요, 성과가 아주 크지는
않았어요. 한국 영화를 소개하고, 그쪽에서 하는 영화제들을 지원하고, CJ 같은
커다란 영화사가 아닌 군소 영화사들이 영화를 배급하는 데 징검다리 역할을 하
려는 생각이었죠. 프로듀서를 양성하는 시도도 조금 했었어요. 합작 영화를 만들
프로듀서를 키우는 것도 있지만, 해외 영화계 상황을 잘 아는 프로듀서가 있으면
시장 진출에 도움이 될 거라고 생각했거든요. 예를 들면 로테르담 프로듀서 코스
에 몇몇을 보내기도 하고, 프로젝트 마켓에서 작품을 발표하는 클래스를 운영하
기도 했죠. 지금은 영화제들이 너무 잘하고 있어서 영진위가 구태여 그런 일을
할 필요는 없지만, 당시에는 여러 가지 시도를 해봤어요. 그중에서 어떤 것이 어
떤 효과가 있었는지는 확인하기 어렵지만요.

그런 것들이 알게 모르게 다 도움이 됐겠죠.

어느 자리에선가 "제가 로테르담에 갔던 피디입니다. 도움이 많이 됐습니다"라
고 이야기하는 분을 만난 적이 있기는 해요.

**위원장 임기 중이셨던 2006년에 스크린 쿼터가 대폭 축소됐어요. 그때 영진위가 영화인
들의 의견을 확실하게 대변하지 못했다는 비판도 거셌던 것 같은데요.**

그런 얘기도 당연히 있었죠. 영진위 안에서도 위원들이 전부 사퇴해야 한다
는 의견이 있었어요. 시간이 지나면서 '사퇴가 능사가 아니다. 이후를 위한 대
비책을 만드는 것이 중요하다. 우리가 사퇴를 하면 밖에서 농성하고 있는 영
화인들 중에서 누군가가 위원으로 들어와야 하는데 그게 되겠냐. 그들이 안
들어오면 영진위를 누구로 채우느냐' 같은 고민을 했어요. 그러면서 스크린
쿼터가 축소됐을 때를 대비한 정책을 세우고 예산을 확보하자고 했죠.[5]

스크린 쿼터 싸움에 대해서 어떻게 평가하세요? 한참 지났으니까 그 의미를 역사적으로 평가할 수 있을 것 같은데요.

안
정
숙

만일 스크린 쿼터가 없었으면 한국 영화의 르네상스라고 말하던 그 시기에 새로운 한국 영화가 만들어졌어도 상영을 못 하는 일이 일어났을 거예요. 흔히들 영화를 잘 만들면 상영할 수 있다고 하지만, 그러면 허우샤오셴이나 차이밍량 같은 감독들은 영화를 못 만들어서 상영을 못 했나요? 유신 시대에도 스크린 쿼터가 있었지만 사실상 유명무실한 거였고, 영화인들이 스크린 쿼터 감시단을 만들어 일일이 극장을 찾아다니면서 조사하고 고발하면서 지켜진 거잖아요. 그러니까 스크린 쿼터 제도만이 아니라 스크린 쿼터 감시단이 활동하면서 영화를 상영할 수 있는 공간을 만들어준 덕분에 오늘날의 한국 영화가 가능했던 거죠. 스크린 쿼터가 축소되지 않았으면 지금도 더 다양한 영화들이 극장으로 파고들어 갈 수 있겠지요. 그게 안 되기 때문에 독립영화 전용관과 예술영화 전용관을 만들었는데, 그런 곳들에서도 외국의 뛰어난 예술영화들에 자리를 뺏겨서 우리 독립영화들이 들어가지 못하는 일들이 있죠.

제가 백두대간에 있을 때를 떠올려보면, 사실 스크린 쿼터가 백두대간 입장에서는 불편한 제도였거든요. 당시에는 동숭시네마텍 같은 예술영화 전용관을 유지하면서 스크린 쿼터를 채울 만한 한국 영화가 나오지 않는 상황이었으니까요.

그랬죠. 프랑스에는 예술영화 쿼터제 같은 게 있었어요. 그러니까 인구가 몇 만인 도시에서는 예술영화를 1년에 몇 퍼센트 상영한다는 식으로 운영을 하더라고요. 그런 식으로 한다면 동숭시네마텍은 스크린 쿼터와 예술영화 쿼터를 좀 더 유연하게 적용하면 됐겠지만, 그때 저도 기사를 쓰면서 그런 소리는 안 했어요. 한 군데서 무너지면 와르르 무너지거든요. 그래서 그랬던 건데 지금은 어떻게 해

---

5   영화관 상영 일수의 일정 비율을 한국 영화에 의무적으로 할당하는 스크린 쿼터 제도는 한국 영화를 보호하기 위한 조치로 1966년에 도입되었다. 하지만 1970년대 이후 한국 영화가 관객의 외면을 받으면서 극장 측의 편법 운영으로 사실상 유명무실한 제도로 남아 있었다. 한국 영화의 시장 점유율이 10퍼센트 남짓을 기록하며 역대 최저 수준에 머물렀던 1993년에 영화인들이 스크린 쿼터 감시단을 발족하면서 스크린 쿼터가 산업적 위기에 처한 한국 영화를 지키는 보루가 되었다. 미국 측에서 스크린 쿼터 제도가 자유무역을 가로막는 장벽이라고 주장하면서 여러 차례에 걸쳐 폐지하라는 압력을 넣었는데, 그때마다 영화인들은 스크린 쿼터를 사수하기 위한 강력한 투쟁을 해왔다. 특히 1999년 한미투자협정 추진 당시, 그리고 2006년 한미 FTA 협상 당시에 투쟁이 격렬하게 진행되었다. 결국 2006년에 한미 FTA 협정을 체결하는 선결 조건으로 스크린 쿼터 폐지를 요구하던 미국의 압력에 굴복하여 한국 영화 의무 상영 일수를 146일에서 73일로 대폭 축소하는 영화법 개정이 이루어졌다.

야 할지 모르겠어요. 예를 들어서 인디스페이스 같은 경우는 전체를 한국 독립영화로 채우니까 스크린 쿼터가 아예 필요 없잖아요.

쿼터제를 다양한 기준을 가지고 좀 더 유연하게 운용했다면 좋았을 것 같기는 해요. 한국의 스크린 쿼터 제도는 한국 영화나 외국 영화냐 그 기준밖에 없으니까. 사실 시대 변화에 비추어봤을 때 오래된 제도이기는 하죠.

네. 오래된 제도이긴 한데 그래도 참 조심스러운 것이 쿼터제 자체를 흔들기 시작하면 전체가 무너질 수 있는 거예요. 지금도 다양성 쿼터를 두자는 논의도 있지만, 쿼터 제도에 대해서는 좀 더 많이 생각해봐야 할 것 같아요.

2004년에 동숭시네마텍이나 시네코아 등 예술영화를 주로 상영하던 극장들이 문을 닫았어요. 2003년에는 『키노』가 폐간됐고요. 그때가 1990년대부터 이어져온 어떤 분위기가 꺾이는 국면이었던 것 같아요.

그러니까 영화 시장이 바뀐 거예요. 1999년에 〈쉬리〉가 나오면서 제작비가 상승하고 1000만 관객이 드는 대작 영화들이 나오는 변화가 있었고, 그런 과정에서 관객층도 바뀌었어요. 예술영화를 기다리던 예전의 관객들은 나이를 먹었고, 환경이 바뀌면서 그런 영화들에 더 이상 목말라 하지 않는 분위기가 된 거죠. 영화제가 여기저기서 생겨나면서 예술영화를 볼 수 있는 관객들을 영화제가 다 흡수해버렸다는 소리도 나왔어요. 그 시기에 『씨네21』에서 영화아카데미 학생들을 상대로 '존경하는 감독, 좋아하는 감독'을 조사했는데 스티븐 스필버그가 뽑힌 적이 있어요. 그러니까 영화적 재미에 열광하는 새로운 세대, 더 이상 거대 담론으로 사로잡을 수 없는 세대가 영화 관객의 주류로 부상한 거죠.

---

6 영상전문투자조합은 영진위가 2000년부터 시행해온 사업으로 IMF 이후의 불황 속에서도 한국 영화가 양적으로 성장하는 데 기여했다는 평가를 받았다. "투자조합 출자는 영진위가 재원을 소진하지 않으면서 자본의 유동성에 장기적으로 대처할 만한 방안으로 고려된 간접 지원 방식이다. 예를 들어 공적자금 20억 원을 종자돈으로 영화계 외부의 돈 80억 원을 추가로 모아 100억 원 규모의 재원을 마련, 영화 제작에 투자하는 것이다. 영진위는 2006년까지 총 28개 조합을 운영해 총 245편의 영화에 약 2113억 원을 투자했다. 시행 준비 단계에서는 '영화계의 몫을 왜 금융자본에 넘겨주느냐'는 식의 비난도 있었지만 영화 산업이 본 궤도에 오르기 전에 자본이 안정화되지 못하고 주춤거리는 단계에서 일정 정도의 유인책이자 안전판으로 기능했다는 평가가 일반적이었다. 하지만 한국 영화의 양적 성장은 독과점의 심화, 수익성 악화라는 문제점을 일으켰다. 애초에 투자조합 방

그 무렵에 영화 자본이 고갈됐다면서 한국 영화 위기론이 나왔어요.

**안
정
숙** 그래서 영진위가 영상전문투자조합을 만들었던 거예요. 중소기업 펀드가 들어오고, 영진위도 일정 자본을 투입하고 그렇게 몇 해를 견뎠죠.[6]

영화노조와 한국영화제작가협회가 단체협약을 처음 타결했던 때가 위원장 임기 중이셨던 2007년이었어요. 그때 영진위가 어떤 역할을 했나요?

영화인들이 협상안을 만들 때 영진위도 굉장히 공부를 많이 했어요. 영진위가 '여기 도장 찍으세요' 같은 식으로 할 수 있는 기구가 아니잖아요. 영진위 안에 있는 정책연구팀이 협상안을 만드는 데 달려들어서 같이 공부하며 만들어낸 거죠. 그걸 누가 하겠어요? 노동조합이 돈이 있어서 그걸 하겠어요? 제작자들은 개별이니까 하기 어렵고요. 그래서 협상안을 만드는 일을 거들었고, 결국 그들이 주체가 되고 영진위는 옵저버로 일을 추진했죠.

이후까지의 영향을 생각하면 그 일은 2000년대 영화계에서 일어난 가장 중요한 사건 중의 하나가 아닐까 싶어요.

그때는 하지 않을 수가 없는 상황이었어요. 그전까지는 영화인들에게 열정 페이가 당연하게 여겨졌거든요. '돈을 하나도 안 받아도 나는 영화를 찍기만 하면 좋아' 이런 식이었는데, 그 시기에는 영화도 산업으로 자리잡아가고 있었으니까요. 스태프들이 어렵게 사는 걸 더 이상은 나 몰라라 할 수 없는 상황이었고 제작자들도 그 문제를 해결해야 한다는 생각을 하고 있었어요. 그때 우리 영화를 제작하던 사람들이 어떤 사람들이었는지 뻔히 알잖아요. 그래서 양보할 거 양보하고 굉장한 타협과 절충이 가능했던 거죠. 물론 그렇게 하고 나서도 그게 다 이루어

식의 지원이 제작 편수를 늘리는 데에만 고민했지, 그에 따른 배급-상영의 문제는 고려되지 않았다는 지적이 일었다. 여기에 영화계가 굳이 공적자금의 도움 없이도 자체적으로 투자조합을 결성할 수 있을 만큼 산업화 단계에 도달했다는 인식도 영진위 펀드의 위상을 저해했다. 이에 3기 위원회는 2007년부터 기획개발전문투자조합과 다양성영화전문투자조합으로 영역을 확대하는 한편, 국내 메이저 기업의 수직 계열화를 견제할 중대형 투자조합을 결성했다. 또한 2007년에는 영화 상영관 입장료의 3퍼센트를 영화발전기금으로 부과하는 관련 규정을 만들었다." (강병진, 「영진위 10년을 말한다 - '구조조정'의 산을 어떻게 넘을까」, 『씨네21』, 2009년 6월 18일)

진 건 아니에요. 그게 시작이었죠. 그 뒤로 만들어가고, 만들어가고, 만들어가고 했었죠.[7]

위원장은 임기를 안 채우고 그만두셨죠?

정말 이건 부끄러운 얘기인데, 그만둘 때 한 달 반 정도 임기가 남아 있었어요. 그런데 이명박 정권에서 사퇴하라고 압력을 넣어서 그만둔 분들하고 달리, 나는 아주 개인적인 일로 자진해서 그만뒀어요. 남편(원혜영)이 예전에 국회의원 선거에서 떨어졌는데, 그때 내가 선거운동을 딱 6일 했어요. 『한겨레신문』 기자 할 때였는데, 문화부에 사람이 너무 없어서 선거운동을 하러 갈 수가 없는 거예요. 그때 남편이 300표 남짓 차이로 떨어졌거든요. 내가 선거운동을 도왔으면 그 300표는 받았을 것 같더라고요. 그게 내내 미안했어요. 위원장 임기 막바지에 남편이 다시 선거에 나가게 됐는데, 그때 고민을 했죠. 당시 영진위 위원장으로서 마지막으로 복합상영관을 만드는 게 꿈이었거든요. 미디어센터, 시네마테크, 독립영화 전용관을 함께 모아놓은 공간을 만드는 거죠. 그거 짓는 예산이 깎여서 무산될 위기였는데 기획재정부와 국회를 쫓아다니며 그 예산을 살려놨어요. 그걸로 됐다고 생각하고 그만두겠다고 한 거예요. 그랬더니 문체부에서 전화가 왔어요. "새 시대에 걸맞은 인물로 하기 위해서 사표를 낸다"고 보도자료를 냈대요. 말도 안 된다고, 내가 일신상의 사유로 그만뒀다고 따로 보도자료를 내겠다고 했어요. 아마 당시에 유인촌 장관은 다른 사람들한테 '안정숙도 그렇게 그만뒀으니까 너희도 그만둬라' 하려고 했던 것 같아요. 저 이후에 김정헌 선생 같은 다른 기관장들이 싸우는 거 보고 내가 너무나 미안하고 창피해가지고……. 그랬답니다. (같이 웃음)

---

7   2007년의 단체협약 타결 과정을 잘 보여주는 기사의 일부를 소개한다.
"'주 1일 휴일, 4대 보험 가입, 8시간 근로'. 전국영화산업노동조합(이하 영화노조)이 내세운 캐치프레이즈 '1.4.8'이 의미하는 바다. 지난해 6월 27일부터 올해 4월 12일까지 약 10개월간 영화노조와 한국영화제작가협회(이하 제협)는 19차례 단체교섭과 10차례 실무교섭을 거쳐 2007 영화산업 임금 및 단체협약 합의안을 타결했다. '기본법을 만들 듯 모든 것을 처음부터 규정하는 작업이었다.' 차승재 제협 회장의 말은 지난한 협상 과정을 충분히 설명하고도 남는다. …… 갈 길은 더욱 멀지도 모른다. 이번 협의안에 명시되지 않은 연출, 제작 파트의 직급 인정 기준 마련, 미술, 분장 등 남은 파트들의 임금 협상 등은 노사의 다음 협상 과제로

민간의 힘으로 독립영화 전용관 인디스페이스를 재건하다

안
정
숙

그 뒤에 출범한 4기 위원회는 여러 가지 문제가 있었잖아요. 민간 독립영화 전용관 설립운동을 시작하신 것도 영진위 문제와 관계가 있죠?

제가 혼자 시작한 게 아니에요. 독립영화 쪽 사람들이 먼저 해야 한다고 해서 한거죠. 한국독립영화협회(한독협)에서 영진위의 위탁을 받아 독립영화 전용관을 운영하면서 자리가 잡혀가고 있었어요. 그랬는데, 이명박 정권 시기에 들어선 영진위 4기가 한독협을 배제하고 뉴라이트 사람들한테 독립영화 전용관을 줬잖아요. 영화인들이 반발하기도 했지만 그 사람들이 경영 능력이 없어서 결국 영진위가 지원하는 독립영화 전용관은 문을 닫게 됐죠. 장편 독립영화가 많아지고 전체적인 물량도 늘어나는 추세였는데 상영할 곳이 없으니까 독립영화 전용관이 반드시 필요하다는 공감대가 있었어요. 영화계는 예전부터 사안이 있으면 뭉치는 전통이 있거든요. 김동원 감독, 원승환 씨, 그리고 독립영화하고 직접적인 관련은 없지만 심재명 씨, 김동호 위원장, 임순례 감독 같은 분들이 힘을 보태서 민간에서 독립영화 전용관을 만들기로 한 거예요.

그게 얼마나 걸렸죠? 개관하기까지 꽤 오래 걸린 것 같은데.

처음에 말이 나온 때부터 따지면 오래 걸렸지만 '정말 이제 시작하자' 하고 나선 뒤로는 1년? 1년 반? 다 해서 2억 정도 모았으니까 영화관 좌석 하나에 200만 원씩 기부금을 받은 셈이죠.

기부금으로 다 모으신 거예요?

남았다. 비위임사들을 상대로 개별 교섭을 벌이는 것도 앞으로 노조의 중요한 업무 중 하나가 될 것이다. 그럼에도 불구하고 이번 노조-제협 간 임단협안 타결은 한국 영화사에 한 획을 그은 순간으로 두고두고 평가될 것이다. 스태프들의 처우 개선과 제작 방식의 합리화. 크고 요원하게만 느껴졌던 한국 영화계의 오랜 숙제가 일단 해결의 물꼬를 텄다."(박혜명, 「영화 산업 임금 및 단체협약 합의안 타결, 제작비 상승 우려와 현장 합리화 기대 공존」, 『씨네21』, 2007년 4월 25일)

네. 그걸로 다 모은 거예요. 200만 원을 낼 수 없는 사람들은 소액 기부를 하고, 영화 투자사에서 많이 도와줬고, 감독들과 배우들도 도와줬고요. 어떤 평론가는 SNS로 독립영화 전용관 좌석을 사자는 운동을 하기도 했어요. 그렇게 사람들이 10만 원씩, 혹은 그보다 더 적은 금액으로 참여해서 한 좌석에 99명이 들어간 경우도 있었어요. 이제훈 팬클럽 등 배우 팬클럽이 참여하기도 하고 안성기 씨를 비롯해 송강호 씨, 전도연 씨, 장동건 씨 같은 스타들도 힘을 보태고. 그런 식으로 독립영화 전용관이 만들어졌어요.[8]

독립영화가 질적, 양적으로 성장을 많이 했잖아요. 인디스페이스 관장을 하시면서 그 과정을 목도하셨겠어요.

인디스페이스를 재개관할 때 상당히 많은 독립영화 작품이 여기로도 못 가고, 저기로도 못 가고 마냥 기다리는 상황이었거든요. 사실 제가 관장이긴 했지만 실제로 일은 프로그래머들, 그러니까 처음에는 이현희 씨, 그다음에는 안소현 씨, 그리고 나중에 부관장이 된 원승환 씨가 맡아서 했어요. 어느 때인가부터 사람들의 마음을 확 사로잡는 영화들이 독립영화 쪽에서 나오더라고요. 그러다 보니까 인디스페이스만이 아니라 CGV 같은 극장 체인이 예술영화 상영 공간을 만들기도 했고요. 그 때문에 다른 예술영화관이나 독립영화관이 좀 어려워지기도 했죠. 인디스페이스의 문제는 영화를 상영할 공간은 확보가 되었는데, 스크린 수가 너무 적어서 쏟아지는 독립영화를 다 소화하기가 어렵다는 거예요. 독립영화는 장기 상영을 하면서 관객과 만나야 하는데, 스크린 하나로는 그게 어려운 거죠. 또 홍보 예산이 적기 때문에 독립영화에 특화된 마케팅 관련 지원책도 필요해요. 많은 사람들이 독립영화를 관객의 선의에 기대야 하는 영역으로 생각하는데, 이제 더 이상 그렇지 않아요. 최근 몇 년 사이에 뛰어난 독립영화들이 많이 나왔잖아요. 〈두 개의 문〉(2011)처럼 훌륭한 영화는 스스로 관객을 몰고 오기도 했죠. 물론 그

---

8   2011년 6월 9일 민간 독립영화 전용관 설립 추진 발기인 대회가 열렸다. 1년여의 준비 끝에 설립추진모임(공동대표 안정숙, 김동원, 김동호)은 2012년 5월 29일 신문로에 소재한 미로스페이스를 임대하여 인디스페이스를 재개관하였고, 2015년에는 서울극장으로 이전하였다. 독립영화 전용관 설립을 위한 후원금 모금과 관련한 당시 기사의 일부를 소개한다.
　　"6월 9일 발기인대회 이후 민간 독립영화 전용관 설립 추진 모임은 좌석당 200만 원을 기부하면 좌석 뒤에 기부자의 이름이 새겨지는 '나눔자리 후원'과 매달 일정 금액을 CMS 자동이체를 통해 기부하는 '주춧돌 후원'을 통해 설립 기금을 모금했다. 이(현희) 사무국장은 '극장이 총 212석인데, 최종 목표는 200석을 채우는 것이다. 4억 원 가까이 되는 금액인데, 이 금액은 극장 임대 보증금과 1년 동안의 상영관 운영비로 활용할 것'이라고 극장 운영 계획을 밝혔다."(김성훈, 「독립영화 전용관 인디스페이스, 휴관 2년 만에 재개관」, 『씨네21』, 2011년 10월 17일)

2011년 민간 독립영화 전용관 인디스페이스를 응원하는 '프렌드십 캠페인' 당시.

런 일이 쉽지는 않지만요. 묻히기에는 아까운 영화들이 많은데, 그런 영화들이
관객을 모으려면 다른 대응이 필요하다는 생각이 들 때가 많았어요. 다큐멘터리
중에서는 〈서산개척단〉(2018)이라든가 〈김군〉(2019) 등의 영화가 그랬죠. 극영
화 중에는 최근에 너무 재미있게 본 〈소공녀〉(2017)나 〈살아남은 아이〉(2017) 같
은 작품들이 있고요. 그런 영화들에 어떻게 사람을 끌어올 것이냐를 고민해야 할
것 같아요. 〈벌새〉(2019)와 〈우리들〉(2016)은 엣나인필름의 정상진 대표가 굉장
히 마케팅을 잘해서 관객을 많이 모았더라고요. 그건 굉장히 기쁜 일이에요. 최
근에는 인디스페이스도 '독립영화는 굉장히 의미가 있는 거예요. 한국 영화의 미
래예요'라고 얘기하는 것이 아니라 감독과 평론가가 GV를 한다든가 하는 식으
로 다양한 프로그램을 만들고 있어요.

요즘 같은 상황에서 독립영화 전용관은 스크린을 여러 개 확보하는 게 중요할 것 같아요.

스크린 수가 중요해요. 처음 인디스페이스가 만들어질 때는 스크린 하나로도 됐
어요. 그때는 장편이 몇 편 없던 시절이었으니까요. 그런데 2017년 자료를 보니
까 55편 정도 상영이 됐더라고요. 55편의 영화를 스크린 하나에서 상영하는 건
참 버거운 일이에요. 홍보를 하기도 어렵고요. 스크린이 많은 독립영화 전용관이
생겼으면 좋겠습니다.

**여러 가지 중요한 일들을 오랫동안 해오셨는데, 객관적인 평가와 상관없이 내가 한 일 중
에서 가장 의미 있다고 생각하시는 일이 있다면요?**

저한테는 『한겨레신문』에서 영화 기자를 할 때가 가장 의미 있는 시간이었어요.
『씨네21』 편집장이나 영진위 위원장, 인디스페이스 관장을 한 것도 사실은 『한
겨레신문』에서 영화 기자로 일했던 시간이 있었기 때문에 가능했다고 생각해요.
하루가 지나면 기사는 증발하잖아요. 새로운 일로 덮이고 또 덮이고. 그렇지만
그 시간들, 한국 영화의 가장 빛나는 시간이라고 할까? 싹이 터서 커다란 나무로
자라는 과정이라고 할까? 그런 과정을 지켜보고 글 쓰는 사람으로서 이를 기록
했던 것, 그게 저에게는 가장 소중한 일이었어요. 그런데 항상 마지막에는 영화
를 만들고 싶었어요.

그 말씀도 여쭤보려고 했는데 푸른영상에도 잠깐 들어가셨잖아요.

『한겨레신문』 그만두고 이제 다큐멘터리를 만들어보고 싶다는 생각이 들어서 푸른영상에 들어갔지요. 그때는 만들고 싶은 다큐멘터리가 있었어요. 거기는 한 달의 수습 기간이 있고, 그다음부터는 실습도 나가고 조감독으로 따라다니거나 해야 했거든요. 그런데 한 달이 되어서 수습이 끝나갈 때 영진위로 가게 됐어요. (같이 웃음) 다큐멘터리 만드는 꿈이 영진위에 있는 동안 그냥 다 증발해버렸어요.

지금은 하고 싶으신 것 없으세요?

지금은 '다시 어떻게 시작하지?'라는 생각이 들곤 해요. 그래서 할 수만 있다면 '다큐멘터리라고 거창하게 생각하지 말고 그냥 뭐든 만들어도 좋지 않을까?' 그런 생각을 그냥 언뜻언뜻 해봐요.

임순례

영화감독
보리픽처스 대표
(사)동물권행동 카라 대표
한국영화성평등센터 든든 공동 대표

가 장 유 연 했 기 에

가 장 오 래 일 한 창 작 자

1994년에 단편영화 〈우중산책〉이 서울단편영화제에서 대상을 수상하면서 주목을 받았다. 1996년 〈세 친구〉로 데뷔했고 이후 〈와이키키 브라더스〉, 〈우리 생애 최고의 순간〉, 〈소와 함께 여행하는 법〉(2010), 〈제보자〉(2014), 〈리틀 포레스트〉(2018) 등을 연출했다. 영화사 보리픽쳐스를 운영하고 있으며 박경희 감독의 〈미소〉(2003)를 비롯한 여러 작품을 제작했다. 가장 오랫동안 활동했고, 가장 많은 작품을 연출한 여성 감독이다.

"저는 예술가로서 혹은 영화감독으로서의
정체성이 지금도 사실은 약한 편이에요. 자연인
임순례의 정체성이 좀 더 강하죠. 영화에 아무런
애착이 없다고 하면 듣는 분들은 '좀 심한 거
아니야?'라고 할지도 모르지만, 사실은 전혀
없어요. 기회가 돼서 계속 만들지만 어떤 상황이
생겨서 만들지 못하게 되어도 아쉬움은 없어요."

생각과 감정을 변화시키고
삶의 깊이를 느끼게 하는 영화

감독님께 자극을 준 영화 관람 경험이 있다면 무엇일까요?

학창 시절에는 하이틴영화, 멜로영화, 문예영화, 〈취권〉(1978) 같은 홍콩 오락영
화를 봤죠. 또 〈빠삐용〉(1973) 같은 할리우드 상업영화도 봤고요. 그런 영화들은
재미있다는 정도였지, 영화를 만들고 싶게 하는 자극은 아니었어요. 대학교 다
닐 때 본 장 들라누아 감독의 〈전원교향곡〉(1946)에서 문학작품과도 같은 깊이
를 느낄 수 있었어요. 프랑스문화원에서 인천의 저희 집까지 가려면 2시간 정도
걸리는데, 가는 동안 계속 영화 생각이 나더라고요. '영화가 이렇게 인생에 대한
사유를 주는구나' 하고요. 거기서 푹 빠진 거죠. 그 후로 거의 1년 반 동안 주말마
다 프랑스문화원에 가서 영화를 봤어요. 하루에 네 편 정도를. 그러다 보니까 '나
도 사람의 생각과 감정을 변화시키고 삶의 깊이를 느끼게 하는 영화를 만들고 싶
다'는 욕망이 생겼죠. 그때 예술영화들을 접하지 않았으면 그런 생각은 못 했을
거예요. 당시 영화광들은 트뤼포나 고다르를 좋아했는데, 저는 베르트랑 타베르
니에의 작품들을 좋아했어요. 이 감독이 개성이나 일관성은 없어 보이지만 초기
작들이 너무 좋았어요. 특히 아프리카 식민지에 대한 시각이나, 사회적인 주제를
다루는 점이 그랬죠. 스타일이나 형식미를 중요하게 생각하는 감독들과 달리, 리
얼리즘을 잘 구현하고 평범함 속에 날카로움이 있더라고요.

대학 들어가기 전부터 영화를 하고 싶어 했다고요.

제가 원래는 79학번이었어야 하는데, 고3 초에 학교를 그만뒀어요. 2년 동안 집
에서 놀다가 1981년에 대학에 들어갔어요. 워낙 영화를 좋아해서 영화감독이
돼볼까 살짝 생각했던 거죠. 고등학교 2학년 때 저희 학교에서 영화를 촬영했어
요. 〈쌍무지개 뜨는 언덕〉(1977)이라고, 그 영화에 제가 많이 나와요. (웃음) 정회
철 감독님의 데뷔작으로 하이틴 스타였던 임예진 씨가 1인 2역을 하는 작품이었
는데, 우리 반에서 촬영을 했어요. 제가 키는 그리 안 컸지만 공부 안 하려고 맨 뒤
바로 앞줄에 앉았거든요. 그런데 임예진 씨가 내 바로 뒤에 앉은 거예요. 그러다
보니까 풀 샷을 찍을 때는 당연히 앉아 있어야 되고, 임예진 씨만 타이트하게 찍
을 때도 딴 애들은 나가도 되는데 저는 못 나가는 거예요. "너 어깨 걸린다. 머리
걸린다" 해서요. 그때 처음으로 영화 현장을 본 거지요. 다른 애들은 지금으로 치

면 방탄소년단이 온 것처럼 모두 임예진한테만 관심이 있었어요. 쉬는 시간마다 사인 받고 질문하고. 그런데 저는 감독님한테 관심이 가는 거예요. 그 현장에 대사를 못 외우는 나이 든 조연 분이 계셨어요. 감독님은 30대 초반이고, 그분은 50대 중후반인데 그렇게 야단을 치시더라고요. 대사 못 외운다고. (웃음) 감독이 야단치고 이거 해라, 저거 해라 하는데 저는 그런 감독에게 계속 눈이 간 거지요. 그런 게 아마 잠재의식 속에 자리 잡았던 것 같아요. '아, 저 직업 참 멋있다'라고요. 그래서 연극영화과에 갈까 생각도 했었는데 당시에는 엄두를 못 냈죠.

정재은 감독의 〈고양이를 부탁해〉(2001)를 보면서 생기발랄한 스무 살 여자아이들의 감성을 느껴보지 못한 것에 상실감 같은 것을 느꼈다고 하셨어요. 그걸 보고 감독님의 중고교 시절이 어땠는지 궁금했어요.

제가 오빠만 셋이에요. 그러다 보니까 여자애들이랑 손잡고 화장실 가고, '호호하하' 하며 몰려다니는 게 별로 없는 문화에서 자란 거예요. 오빠들이랑 구슬치기 하고 딱지치기 하며 놀았죠. 통학길이 제법 멀었던 데다가 제가 게으른 편이라 지각을 많이 했어요. 지각을 하면 선생님이 벌로 운동장에서 돌을 줍게 했어요. 학교가 지어진 지 얼마 되지 않아서 돌이 그렇게 많았거든. 제가 약간 말을 안 듣는 편이라 추운 데서 벌서다 들어가고 그런 날이 많았어요. 한번은 교복 입기가 귀찮아서 내복에 목도리만 두른 채 '오바'를 걸치고 학교에 간 적이 있거든요. 그런데 그때 지각을 한 거예요. 선생님이 '오바'를 벗고 돌을 주우라고 해서 (같이 웃음) "저, 지금 못 벗는데요" 했더니 선생님이 "반항하냐?" 했던 일도 있었어요. 친구들이랑 어디 놀러 다닌다거나, 여학생들끼리 교감을 나눈다거나 하는 생활에 익숙하지 않았죠.

저는 30대 중반에 〈성공시대〉 스크립터[1]로 들어갈 때 나이 때문에 거절당한 경험이 있어

---

1   스크립터scripter는 감독의 연출부원 중 하나로 현장에서 촬영 내용을 기록한다. 영화는 시나리오상의 순서대로가 아니라, 공간이나 시간을 고려해 촬영되므로 최종본에서 연속성을 유지하려면 현장에서 많은 요소들을 기록해두어야 한다. 예를 들어 각 테이크의 문제점 혹은 특성, 촬영 각도 및 렌즈의 사용, 카메라의 움직임, 의상 및 분장 상태 등을 기록한다. 이러한 기록은 후에 재촬영 혹은 보충 촬영이 필요할 경우 유용한 지침이 될 수 있다. 기록도 중요하지만 감독이 현장에서 놓치기 쉬운 세밀한 요소들을 확인하는 보조적인 역할을 한다.

유학하고 한국에 돌아왔을 때가 서른세 살쯤이었어요. 영화감독을 할 거니까 한 작품 정도는 연출부에서 일하고 싶었죠. 1990년대 초반에는 임권택 감독님이 최고였으니까 소개받아서 현장으로 찾아갔어요. 그때 감독님이 〈장군의 아들 3〉(1992)을 찍고 계셨는데 보시더니 "내가 다음 작품으로 〈태백산맥〉(1994)을 하려고 하네. 기다리고 있으면 조감독이 연락을 할 거야." 이렇게 언질을 주셨어요. 『태백산맥』이 열 권이잖아요. 아직 시나리오는 안 나왔으니까 집에서 원작을 몇 번씩 읽으면서 나름대로 각색도 해보고 하며 기다렸는데 연락이 안 오는 거예요. 그러다 〈서편제〉(1993) 제작에 들어가신다는 기사를 봤어요. 연락해봤더니 그 사이에 조감독님이 바뀐 거예요. 유학을 다녀온 데다가 나이도 있어서인지 연락이 없었어요. 6개월을 허송세월했으니 처음에는 화가 났죠. 그러고 나서 다른 작품을 찾았어요. 동아수출공사에서 제작하고 최사규 감독이 연출하는 〈들소〉라는 작품에 스크립터로 들어갔지요. 열심히 준비해서 프리프로덕션 다 하고 엄청 추운 동굴 같은 데서 촬영도 일주일 했는데, 러시 필름을 본 사장님이 "이 영화는 아니다. 차라리 지금 접는 게 낫다" 하고 포기한 거예요.[2] 그렇게 첫 번째, 두 번째 모두 엎어지니 '충무로랑 나랑 연이 안 맞네'라고 생각했죠. 대학원을 수료했지만 당시 대학원은 이론 중심이었고, 프랑스에서도 딱 한 대 있는 카메라를 빌려서 프랑스 애들 사이에서 작업하기가 쉽지 않아서 실제로 한 번도 영화를 못 찍어본 상황이었어요. 수업 시간에 시나리오를 써본 적은 있지만 연출은 못 해본 거지요. 그러다가 당시에 동춘서커스단이 없어지네 마네 하는 일이 있었는데, 그 소재에 관심이 가서 '마지막 서커스단에 관한 다큐멘터리를 만들어볼까?' 하고 취재를 하기도 했어요. 그러던 중에 여균동 감독님이 제안을 주신 거예요. "내가 〈세상 밖으로〉라는 작품을 하는데 스크립터 할래?" 처음에는 작품이 엎어진 경험 때문에 약간 망설였어요. 그러다가 딱 9개월만 와서 일하면 된다고 해서 한번 해보자 한 거죠.

2　　　프리프로덕션preproduction은 영화를 본격적으로 촬영하기 전까지의 제작 단계로 시나리오 개발, 배역 캐스팅, 주요 제작진 구성, 시나리오를 바탕으로 한 장면 구분표 작성, 장면 구분표에 의한 촬영 장소 및 일정표 작성 등의 작업으로 이루어진다. 대작大作의 경우에는 때매로 이 단계에서 특수효과 등의 기술을 이용하여 영화 전체의 시각적인 면을 미리 구현해보기도 하는데 이를 프리비주얼라이제이션pre-visualization이라고 한다.
러시 필름rush film은 촬영된 원판인 네거티브 필름negative film을 편집에 사용하기 위해 인화한 양화 필름positive film이며 작업용 필름이다. 필름으로 영화를 촬영하던 시기에는 현장에서 촬영된 네거티브 필름을 곧바로 현상하여 러시 필름을 만들어 이후 작업에 활용했다. 바쁘게 돌아가는 작업에서 '서둘러' 현상하고 인화한 것에서 '러시'라는 이름이 붙었고 매일 작업을 진행하고 확인하는 공정이라는 뜻에서 데일리daily 혹은 데일리즈dailies라고도 한다.

그 영화가 굉장히 참신했어요.

**임
순
례**

스타일이 특이했죠, 당시에는.

연출의 시각에서 자신의 의견이 들어간 것은 없었고요?

그런 건 없었어요. 왜냐면 이미 감독님 머릿속에 다 있었으니까 제가 관여할 수
는 없었죠. 다만 기능적으로 스크립터가 해야 하는 일들을 잘했어요. 제가 나이
가 있으니까 감독님이 저에게 많이 의지하셨어요. 그때 스크립터가 아주 좋은 포
지션이라는 점을 알았지요. 유영길 촬영감독님과 김동호 조명기사님은 충무로
의 기라성 같은 분들이시잖아요. 그분들 얘기를 듣는 것도 공부가 많이 됐어요.
조감독이 세팅하러 뛰어다니다 놓치는 얘기들도 저는 들을 수 있었거든요. 어떤
논의를 거쳐서 어떤 결정을 내리는지 스크립터는 항상 경험할 수 있잖아요. 그때
많이 배웠죠. 특히 '유영길 촬영감독님을 놓치면 안 된다' 하면서 항상 따라다녔
어요. 〈세상 밖으로〉가 평야 같은 데서 많이 찍었잖아요. 감독님 말씀을 제가 전
달해야 하니까 계속 따라다녔죠. 한번은 논길을 걸어가시는데 제가 계속 따라가
니까 "야, 나 오줌 싸러 가는데 왜 이렇게 따라와?" (같이 웃음)

당시 작업하면서 현장에서 여자들에 대한 편견 같은 것을 느끼셨나요?

그때는 많이 못 느꼈는데, 돌이켜 생각해보면 이중의 배척이 있었던 것 같아요.
유학파 여자에 대한 질시 같은 것도 있었고, 그래 봤자 여자니까 하는 느낌도 받
았고요. 그때는 심각하게 받아들이지 않았지만 기술 파트의 조수들이 성희롱에
가까운 얘기들을 했던 기억은 있어요. 그 당시, 그러니까 1992년이 제 생각에는
충무로의 보수적이고 마초적인 문화와 신세대적인 문화가 교차하는 지점이었던
것 같아요. 동아수출공사에서 〈들소〉를 할 때 충무로에서 오래 일한 제작실장, 부
장 같은 분들이 계셨어요. 신년 수첩을 나눠주다 네 개가 남았는데 연출부가 저를
포함해서 다섯 명이었어요. 저는 안 주고 남자 넷에게 주면서 "여자니까 다이어
리 쓸 일이 뭐가 있겠어." (같이 웃음) 이런 식의 너무나 황당했던 기억이 나네요.

〈우중산책〉 스태프는 어떻게 꾸렸어요?

〈세상 밖으로〉가 야간 신이 별로 없었어요. 해 지면 할 일이 없으니까 매일 술을

마셨지요. 30대 초반이니까 얼마나 많이 마셨겠어요. 배우, 스태프들이랑 엄청 친해졌지요. 끝나자마자 내가 연출자로서 재능이 있는지 단편영화를 한번 만들어봐야겠다고 했죠. 〈세상 밖으로〉 작업이 6월에 끝나고, 7월 한 달 바짝 시나리오 쓰고, 8월에 바로 촬영에 들어간 거예요. 대부분의 스태프가 〈세상 밖으로〉에서 같이 작업했던 분들이었죠. 〈우중산책〉을 35밀리 필름으로 찍었던 것도 그 때문이었어요. 〈세상 밖으로〉에 출연했던 이경영 씨가 촬영장에 불쑥 와서 지금으로 치면 꽤 많은 돈인 100만 원을 그냥 주고 가기도 했고요. 지금도 저희 장편 연출부들한테 "야, 장편 끝나고 바로 단편을 찍어야 해. 그러면 그 혜택을 많이 끌고 갈 수 있어"라고 말해요. 욕심을 버리고 만들었는데, 그저 연출의 재능을 확인하고 싶었을 뿐인데 만들고 나니까 서울단편영화제[3]가 생겼어요. '그럼 한번 출품을 해보자' 해서 냈던 게 대상과 젊은비평가상을 받게 된 거죠.

〈세 친구〉, 충무로 혁신의 시작점

서울단편영화제는 삼성영상사업단에서 주최했고, 〈세 친구〉도 삼성에서 신인 감독을 지원한 1호 작품이잖아요.

〈우중산책〉으로 상을 받았을 즈음 영화계에 신진 프로듀서들이 많았어요. '첫 장편을 나하고 같이하자'는 러브콜이 제법 있었어요. 그래서 〈세 친구〉 시나리오를 썼지요. 저한테 러브콜을 보냈던 분들한테 다 보여줬지만 모두 안 하겠다고 하는 거예요. 그래서 고민을 하다가 서울단편영화제를 기획한 삼성영상사업단의 김은영 씨를 찾아갔어요. 〈세 친구〉를 제작하려는 사람이 아무도 없다, 저예산으로 제작할 수 있을 것 같으니 너희가 돈을 조금 대주면 한번 해보겠다고 했죠. 어느 공모제든 1회 수상자가 잘돼야 잘되는 거라고 설득을 했어요. 그랬더니 진짜 "얼

---

3   서울단편영화제는 삼성영상사업단이 1994년부터 1997년까지 4회에 걸쳐 주최했다. 1990년대 초는 충무로의 영화 산업 영역에서 전통적인 도제 시스템이 무너지면서 젊은 영화인들이 산업의 주도권을 쥐기 시작하고, 산업 바깥에서는 1980년대부터 성장해온 독립영화, 단편영화를 통해 새로운 영화 창작 인력이 부상했던 시기다. 이 무렵 대기업 자본이 이들 새로운 영화 인력의 파트너이자 후원자로 등장했는데, 서울단편영화제는 그 흐름을 대표하는 행사였다. 다음 기사에서 당시의 분위기를 엿볼 수 있다.
"96년 삼성영상사업단이 주도한 서울단편영화제는 단편영화를 꽃피우는 데 결정적인 기여를 했다. 세계적인 수준의 상금 액수, 홍보와 상영 기회는 물론 평론의 대상이 될 수 있는 기회까지 제공했던 영화제는 젊은 영화학도들의 잠재된 창작 욕구에 불을 붙였다. 1회에 200여 편의 작품들이 밀려들었고 그만큼 우수작들이 쏟아져 나왔다."(「단편영화, 떠오르는 것은 날개가 있다」, 『경향신문』, 1999년 7월 30일)

마면 돼?" 그러더라고요. 얼른 예산서를 짜 갔지요. 그때는 저예산이라고 생각했는데 지금 생각해보면 그렇게 저예산도 아니었어요. 4억 3000만 원을 달라고 했으니까요. 4억 3000만 원에 맞춰야 해서 실질적으로 제가 제작자 역할까지 했죠. 200만 원이 남아서 그 돈으로 스태프들과 뒤풀이를 했던 기억이 나네요. 하여튼 알뜰하게 끝냈는데 제작자의 마인드가 그때부터 생긴 것 같아요.

혼자서 찾아간 건 의외네요. 그때 어떤 마음이었어요?

글쎄요. 그냥 이런 마음이 아니었을까요. '제작자들은 다 안 하겠다고 하고, 버리기는 아깝고……. 그러니까 한번 시도나 해보자.' 삼성이 사실 영화제도 이미지 메이킹 하려고 만든 거잖아요. 큰돈이 아니니까 가능했을 거예요. 〈세 친구〉는 작업 과정을 놓고 보면 두 가지 중요한 의미가 있어요. 호주 출신의 촬영감독 피터 그레이와 작업한 것과 아비드[4]로 편집한 첫 작품이라는 것이요. 그 예산으로 유영길 감독님이나 김동호 기사님과 작업하는 건 불가능했어요. 그분들과 하면 기본적으로 따르는 장비들이 4억 3000만 원에는 안 맞는 거예요. 저예산에 퀄리티가 보장되는 촬영감독을 찾다가 학교 선배인 이정태 씨가 베를린영화제에서 만난 피터 얘기를 하더라고요. 그분 포트폴리오를 봤더니 영상이 너무 좋은 거예요. 그래서 그분한테 한국에서 이런 영화를 하려고 하는데 찍을 수 있겠느냐고 물었죠. 뜻밖에도 찍어주겠다고 하더라고요. 다만 자기는 파나비전 렌즈[5]를 써야 한대요. 우리 예산에 파나비전은 어려울 것 같다고 했더니 그분이 홍콩 파나비전이랑 직접 딜을 한 거예요. 그렇게 피터가 파나비전을 갖고 들어와서 처음으로 외국인 촬영기사와 작업을 했죠. 당시 충무로에서는 있을 수가 없는 일이었어요. 기술 분야는 도제 시스템이 강력해서 협회원만 촬영을 맡을 수 있었거든요. 그래서 제가 김동호 기사님이랑 유영길 감독님을 찾아가서 사정을 말씀드렸어요. 그분들이 제가 조수할 때 예쁘게 봐주신 덕분에 묵인해주셨죠. 피터가 우리

---

4   **아비드**는 1989년 미국의 아비드 테크놀로지가 출시한 디지털 비선형 영상 편집 시스템이다. 기존의 영화 편집이 필름을 직접 자르고 붙이는 방식으로 이루어졌던 데 반해 아비드는 영상과 소리를 데이터로 저장한 후 필요할 때마다 이를 불러들여 편집하는 방식이다. 한국에서는 영화 〈세 친구〉가 아비드를 이용한 컴퓨터 편집을 처음 시도한 작품이었다. 1990년대에서 2000년대를 거치며 편집뿐 아니라 촬영과 후반 작업, 송출에 이르기까지 영화의 모든 부문이 디지털로 전환되었는데, 〈세 친구〉는 그와 같은 전환의 시작점에 위치한다.

작품을 끝내고 나서 새로운 촬영 방식을 촬영부 조수들에게 가르쳐줬어요. 영진위에서 워크숍도 했고요. 지금 잘 나가는 최영환, 조용규, 홍경표 감독 등이 그때 과학적으로 데이터화된 촬영 기술을 체계적으로 배울 수 있었죠. 그것이 〈세 친구〉가 기여한 중요한 부분이에요.

또 하나, 아비드라는 편집기가 처음으로 한국에 들어왔다는 점이요. 아무도 디지털 편집을 해본 적이 없어서 모두가 모험이라고 생각했는데 아비드 쪽에서 먼저 저에게 오퍼가 왔어요. 돈은 안 받을 테니 한번 해보라고. 아비드라는 기계와 프로그램이 있고 오퍼레이터가 있는 시스템이었어요. 저희는 잃을 게 없고 돈도 아껴야 하니까 과감하게 시도해본 거죠. 그렇게 해서 〈세 친구〉가 우리나라에서 최초로 디지털 편집을 하게 된 거예요. 저는 제작자 마인드로 돈을 아끼려는 생각이었고, 신기술을 굳이 거부할 이유도 없으니까요. 그때 편집도 제가 한 거나 마찬가지예요. 오퍼레이터는 편집 리듬 감각이 없으니까 제가 "여기서 잘라주세요, 더 붙여주세요" 했는데, 때론 자신이 없더라고요. 그래서 〈세상 밖으로〉 현장에서 알게 된 김현 편집기사 님께 "한번만 봐주십쇼" 하고 조언도 받았죠. "아비드가 대체 뭐야?" 하고 많은 영화인들이 구경하러 왔어요. 당시에는 "아비드가 언제 널리 보급될까?" 했는데 불과 4~5년 만에 100퍼센트 보급이 되었어요.

〈세 친구〉가 개봉할 무렵 "왜 여성 문제는 안 건드리고 남자애들 얘기를 하느냐"는 (같이 웃음) 말을 들었지요?

그렇죠. 그때는 여성 감독이 없었으니까 여성이 주인공이거나 여성 이슈를 다룰 줄 알았는데 남자애들 셋이 나오니까. 모든 감독이 자신의 가장 중요한 화두를 첫 영화의 주제로 잡잖아요. 프랑스에 가기 전에는 한국 사회에 대해서 객관적으로 생각해볼 시간이 별로 없었는데, 4년이 지나 돌아와서 보니까 한국 사회가 대단히 폭력적이라는 것을 절감하게 되었어요. '그렇다면 그 폭력성은 어디서 오는

---

5   **파나비전 렌즈**는 영화 촬영 장비 제작회사인 파나비전에서 만든 애너모픽 렌즈의 일종이다. 애너모픽 렌즈는 와이드 스크린을 만들기 위해 사용하는데, 이 렌즈가 장착된 카메라로 35밀리 필름(일반적인 영화 촬영용 필름)에 이미지를 압축하여 촬영한 후 압축을 풀어주는 렌즈가 달린 영사기로 이 화면을 영사하면 넓은 화면이 만들어진다. 가장 많이 알려진 초기의 애너모픽 렌즈는 시네마스코프이다. 1960년대 중반 개발된 파나비전 렌즈는 이전 시기의 시네마스코프, 테크니스코프, 워너스코프 등을 넘어서는 탁월한 기술력으로 업계를 장악했다.

가?' 생각해보니 군대와 학교였죠. 여성 문제도 중요하지만 군대 문화와 학교 폭력이 한국 사회 폭력의 뿌리라는 생각으로 〈세 친구〉 시나리오를 쓰게 된 거예요.

〈세 친구〉가 개봉할 무렵 영화라는 매체가 세계를 변화시킬 수 있다고는 믿지 않는다고 하셨어요.

그건 저의 인생관일 수도 있는데, 냉소적이고 비관적인 게 좀 있어요. 영화 한 편으로, 문학작품 하나로, 사건 하나로 세상이 확 좋아지지는 않는다는 생각이 기본적으로 있어요. 영화는 기존에 생각하고 있던 것을 상기시키거나, 조금 넓어지거나, 혹은 깊어지거나 하는 정도의 자극을 준다고 생각해요.

영화가 인생의 전부는 아니야

2001년에는 영화가 인생의 전부는 아니고, 영화를 꼭 만들어야겠다는 것도 아니고, 그냥 사는 데 관심이 많다고 하셨더라고요. 저는 감독님이 좀 지쳤다는 느낌을 받았어요. 영화감독이 되겠다는 꿈도 이뤘고 〈와이키키 브라더스〉는 저예산이긴 해도 좋은 평가를 받았잖아요.

그러니까 두 가지 면이 같이 있는 것 같아요. 제가 원래 뭔가 하나를 이루는 데 의미를 크게 두지 않아요. 예를 들어 1000만 관객이 들든 칸에서 대상을 타든, 그럴 기회가 있으면 좋은 거지 그런 영화를 꼭 해야 된다는 건 아니에요. 무슨 직업을 택했든 마찬가지였을 것 같아요. 시작을 한 거니까 마무리한다고 할까요. 감독이 되고 싶다고 절실하게 생각한 적도 있었겠지만 그걸 꼭 해야 하고, 아니면 죽을 것 같고 하는 스타일은 아닌 거죠. 〈세 친구〉와 〈와이키키 브라더스〉가 시장에서는 실패한 거잖아요. 그때 고민이 깊었죠. 저는 삶의 이면을 다루고 싶은데 관객들은 그런 칙칙한 걸 보기 싫어 하니까 그게 굉장히 상처가 되는 거예요. 그리고 〈세 친구〉나 〈와이키키 브라더스〉가 영화를 만드는 과정이 특별히 더 어려웠던 건 아니지만, 수십 명이 모여서 부대끼다 보니 인간들의 안 좋은 면을 많이 경험하게 되잖아요? 그 치사함과 속 좁음과 이기주의 등을 한바탕 겪고 나니 사람에 대한 염증도 조금 느끼게 되고요. 내가 좋아하고 잘 만들 수 있는 영화가 사람들이 싫어하는 스타일이라면 어떻게 해야 하는 건가 하는 고민이 그 시기에 제일 많았어요. 저는 예술가로서 혹은 영화감독으로서의 정체성이 지금도 사실은 약

한 편이에요. 자연인 임순례의 정체성이 좀 더 강하죠. 영화에 아무런 애착이 없다고 하면 듣는 분들은 '좀 심한 거 아니야?'라고 할지도 모르지만, 사실은 전혀 없어요. 기회가 돼서 계속 만들지만 어떤 상황이 생겨서 만들지 못하게 되어도 아쉬움은 없어요.

영화 공부까지 포함하면 30여 년, 감독 데뷔한 지 24년이나 된 제일 오래 활동한 여성 감독이고, 후배 여성 감독들한테 책임감도 느끼는 선배인데요.

느낀다고 해서 뭐……. (같이 웃음) 책임감 때문에 계속할 수는……. 제가 어떤 인연이 겹쳐서 영화를 거의 반평생 이상 해왔지만 '영화가 내 인생의 전부다'라고 말하긴 어려워요. 그냥 저의 어떤 시기를 영화와 함께 지나왔을 뿐이죠. 어떤 시기에는 영화 아닌 것을 해도 큰 상실감으로 다가오진 않을 것 같아요. 그건 저의 인생관일 수 있어요. 어떤 것에도 집착하지 않고, 어떤 것에도 마음을 두지 않는…….

그런 마음은 언제부터였어요?

어렸을 때부터 그랬던 것 같아요. 불교적인 세계관이 강해서 모든 것을 언제든 놓아버릴 수 있다고 생각하는 편이에요. 저는 뿌리 깊은 천주교 집안에서 태어났으니 불교적인 기질은 뒤늦게 발현한 거지요. 불교를 가까이 하게 된 건 30대에 해인사 근처에서 살던 무렵인데, 특히 티베트 불교에 관심을 갖게 됐어요. 티베트 불교는 아직까지도 불교의 원형을 많이 지니고 있고, 존경할 만한 스님도 여럿 계시거든요. 그래서 많이 의지하고 관심을 갖고 있지요. 불교와 동물과 영화, 이 세 가지가 저한테 남아 있는 관심사예요. 동물에 대한 관심은 어떤 사회적인 의식 때문이라기보다는 어렸을 때부터 동물에 대해 각별하게 생각하는 마음이 있었어요.

〈소와 함께 여행하는 법〉은 그런 면에서 하고 싶은 말을 했던 작품이죠.

불법의 상징 같은 이야기를 다룬 건데요. 심우도尋牛圖라고, 어린 소년이 소를 잃어버렸다가 찾아서 타고 돌아오는 그림인데, 불교에서는 그것을 잃어버린 불성을 찾는 과정에 대입하죠. 저의 제작사 보리픽쳐스에서 만들었고 영진위에서 조금 지원을 받아서 흥행 부담 없이 제가 하고 싶은 대로 만들었어요. 제가 늘 관심을 갖는 영역이 동물이건 인간이건 지금의 모습으로 이 세상에 온 이유, 그리고 여기서 서로가 맺는 인연이에요. 내가 어떻게 이런 모습으로, 그러니까 이 시대에 한국의 이런 집안에서 이런 외형으로 태어났을까 하는 궁금증이 많지요. 불교적인 관점에서 보면 분명히 전생에 제가 뿌려놓은 씨앗 때문일 텐데, 그게 뭔지 모르니까 궁금하죠.

2002년에 인권영화 프로젝트를 시작할 때 거기서 누가 농담으로 그랬다면서요. "넌 살아온 역사가 차별의 역사 아니냐?"

(박수치며 웃음) 그때 〈여섯 개의 시선〉(2003) 작업을 여섯 명의 감독이 제안받았는데, 국가인권위원회에서 차별하면 안 되는 열아홉 가지 소주제를 뽑았어요. 국적, 종교, 성별, 외모 등등. 제가 거기 제일 늦게 합류를 했어요. 가서 보니 다들 주제를 선점한 다음이라서 "나는 할 게 없는데 뭘 해야 되지?" 그랬더니 여균동 감독님이 그러는 거예요. 뚱뚱하고 못생겼다는 말을 거기 섞지는 않았지만 "네 얘기를 하면 되지. 뭐가 걱정이냐?" 이렇게 농담 식으로. 그때 저는 이주 노동자라는 주제를 선택하고 싶었어요. 차별받는 존재들, 그러니까 동물, 이주 노동자, 소수자, 여성 등 주류가 아닌 사람들한테 항상 관심이 있거든요.

2003년에는 파병 반대운동과 반전反戰 영화캠프에 참여하셨고, 2004년에는 파병 반대 영화인 선언과 스크린쿼터문화연대 음반 제작, 2006년에는 스크린쿼터사수 대회, 평택 미군기지 반대와 주민 주거권 문화 콘서트에도 참여하셨잖아요.

스크린 쿼터 때 감독들이 단체로 삭발을 했잖아요? 제가 머리를 두 번 깎은 사람이에요. '이게 뚫리면 한국 영화가 위험하다'라고 생각해서 항의의 표시로. 아무래도 여자가 머리를 깎으면 반향이 더 크니까 제가 제안했던 걸로 기억해요. 김지운 감독과 홍상수 감독이 전체 문화제를 기획, 연출했고요. 삭발을 제안했을 때 이정향 감독은 워낙 대중 앞에 나가는 것을 싫어해서 못 하겠다고, 변영주 감독은 일본 여러 도시에서 상영 GV를 자주 해야 하는데 빡빡 깎으면 사람들이 무서워하고 이미지가 안 좋을 것 같다고 해서 저 혼자 깎은 거예요. 그다음에 광화문에서 감독들이 단체로 깎을 때 또 깎았죠. 그렇게 두 번을 깎았어요. 전생에 제가 언젠가 한 번은 중이었던 것 같아요. 머리 깎는 것에 별로 저항이 안 생기더라고요. 너무 자연스럽고 편해. 깎고 나니까 너무 좋아. 스님들이 왜 머리를 깎는지 그때 완벽하게 이해했어요. 잡념이 없어지는 거야.

〈우생순〉은 어떻게 시작되었나요?

제가 무술을 수행하는 젊은 남자애들 이야기인 〈무림고수〉를 이은 대표님과 같이 준비하고 있었어요. 그때 심재명 대표가 〈우생순〉을 따로 기획하고 있었고요. 저는 이미 〈무림고수〉를 하고 있으니까 〈우생순〉을 아마 다른 남자 감독들에게 돌린 것 같아요. 그분들이 다 안 하신다고 해서 저한테 온 거예요. "〈무림고수〉가 캐스팅이 안 되니까 〈우생순〉 먼저 합시다"하고요. 제가 앞의 두 작품을 연달아 실패했잖아요. 그게 하나의 약점이었던 데다가 그때까지 여자들이 단체로 등장하는 영화가 없었고, 스포츠영화가 주요 장르가 아니다 보니까 제작비를 다 못 모았어요. 10억 정도 모자란 상태였는데, 제작자의 촉으로 성공할 거라고 생각했는지 심재명 대표가 제작에 들어갔어요. 나머지 제작비 10억은 배급 시사 이후에 투자된 거예요. 그러니까 사실 어려운 프로젝트였던 거지요.

감독님 작품 가운데 제일 좋아하는 캐릭터가 〈와이키키 브라더스〉의 오지혜 씨 캐릭터거든요. 〈우생순〉에서도 아줌마들 캐릭터가 돋보였고요.

제가 어렸을 때 살던 동네가 되게 가난한 동네였어요. 흔히 못 배우고, 그악스러운 사람들이라고들 하지만 굉장히 생활력이 있었어요. 맨날 남편이 때리고, 술 먹고 뒤집어엎어도 다음 날 애들은 학교에 보내야 하잖아요. 그렇다고 그분들이 삶에 좌절하고만 있는 게 아니에요. 모여서 술도 드시고, 수다도 떨고, 농담도 던지는 그런 모습들을 어렸을 때 제가 많이 보고 자랐어요. 지적이고 돈 많고 화려한 사람들보다 이들의 삶의 밀도가 더 두터울 거라는 생각이 있어요, 제 마음속에. 저는 성공한 사람들에게는 별로 관심이 없어요. 힘들지만 삶을 재미나게 살

©명필름.

것 같은 이쪽 사람들에게 관심이 있지요. 오지혜 캐릭터 같은 삶은 청승맞기도 하지만 밀도라는 측면이 있죠. 〈우생순〉에서 성공하고 자신만만한 김정은 캐릭터보다는 문소리 씨나 김지영 씨가 했던 캐릭터가 제가 더 좋아하는 쪽이지요. 제 영화 스타일이 약간 바뀐 게 〈우생순〉부터인 것 같아요. 〈세 친구〉나 〈와이키키 브라더스〉는 영화 전체를 관통하는 정서나 주제에 제가 많이 담겨 있고 관객들이 그걸 많이 느껴주기를 바랐어요. 반면에 〈우생순〉은 관객들이 좋아할 수 있는 영화로 많이 양보를 한 거죠. 〈안녕, 형아〉(2005)와 〈구미호 가족〉(2006)이 흥행에 실패해서 〈우생순〉까지 안 되면 명필름이 위태로워질 것이고, 40억이 사라지는 거였어요. 시나리오, 캐릭터, 연출, 카메라, 편집 등에서 제가 고수하던 것을 많이 버리고 '관객들이 어떤 걸 좋아할까'를 많이 고민했어요. 어쨌든 흥행에 성공했죠. 관객하고 같이 영화를 볼 기회가 몇 번 있었는데 관객들이 정말 즐거워하더라고요. 기억에 남는 인터뷰가 있는데 "저는 100만 명이 보고 99만 명이 잊어버리는 영화보다 3만 명이 보고 2만 7000명이 기억하는 영화를 만들고 싶습니다"라고 한 적이 있어요. 〈세 친구〉는 3만 명이 보았죠. 그게 초기의 제 생각이었어요. 그런데 〈우생순〉을 보며 즐거워하는 관객들을 보면서 '아, 영화라는 게 삶에 성찰이나 여운을 주는 것도 중요하지만 2시간 동안 감동과 재미를 주는 것도 좋은 일이구나'라는 걸 깨닫게 되었어요. 그런데 저는 상업적인 영화를 계속 만드는 게 그렇게 재미가 없더라고요. 관객이 적게 들어도 내가 만들고 싶은 것을 만들면 좋겠다고 생각해요.

〈제보자〉도 크게는 아니지만 흥행을 했고, 〈리틀 포레스트〉도 흥행했죠. 감독님은 이제 흥행할 작품과 자신이 만들고 싶은 작품을 조절하며 작업하시잖아요. 자신이 시나리오를 쓰면 어두워지고 무거워져서 흥행을 생각해야 하는 작품은 작가에게 시나리오를 맡기신다고요. 예를 들어 나현 작가님.

〈세 친구〉하고 〈와이키키 브라더스〉는 제가 쓴 거고, 〈우생순〉 때는 제가 안 써서 흥행에 성공했잖아요. 그다음에 제가 쓴 게 〈날아라 펭귄〉이랑 〈소와 함께 여행하는 법〉인데 그거 다 망했죠? 그다음부터는 어느 정도 예산이 들어가는 영화는 다 작가들한테 맡겨요. 〈남쪽으로 튀어〉(2012), 〈제보자〉, 〈리틀 포레스트〉, 지금 하고 있는 〈교섭〉까지 다 작가들이 썼어요. 물론 작가들이 써도 제 의견을 많이 얘기하고 마지막 글 작업은 제가 하기도 하지만, 처음부터 제가 하면 구성이나 캐릭터 설정에서 자꾸 주제를 강조하는 쪽으로 가게 돼요. 그래서 초반에 구성이나 캐릭터를 잡을 때는 작가들한테 맡기는 편이죠. 영화에 대해 타협하면서 많이 유연해졌어요. 〈세 친구〉나 〈와이키키 브라더스〉는 컷을 많이 안 나누고, 음악을 많이 안 쓰고, 배우에게 카메라가 가까이 가지 않는 등 몇 가지 원칙이 있었어요. 관객들에게 생각할 여유를 주기 위해서 최대한 개입하지 않는 거죠. 프로페셔널 배우도 잘 안 쓰려 했고, 인공적인 무브먼트를 최소화하려 했어요. 그런데 이런 원칙들을 거의 버렸어요, 〈우생순〉 하면서. 한 번 버리니까 그다음부터는 쉽게 버려지더라고요.

〈남쪽으로 튀어〉에서는 주연 배우와 프로듀서의 연출권 간섭으로 고생하셨죠. 그리고 곧 〈제보자〉를 연출하셨는데…….

그 사건 이후 이런저런 복기와 반성을 했어요. 너무 심한 자책이나 회의, 혐오로 영화판을 떠나거나, 다음 영화를 하는 데 타격을 받지 않고 바로 〈제보자〉를 할 수 있어서 다행이었어요. 〈제보자〉는 너무나 좋은 현장 분위기에서 작업했고, 결과도 나쁘지 않았어요. 이 영화도 사실은 매우 민감한 소재라서 처음부터 덥석 하지는 않았어요. 시나리오를 읽고서는 어디다 포커스를 맞춰야 할지 잘 몰랐는데 MBC 〈PD 수첩〉의 한학수 피디가 굉장히 디테일하게 사건을 취재한 책을 보고 '아, 이건 언론에 초점을 맞춰야겠다' 하고 생각했어요. 줄기세포의 진위 여부나 어떻게 속였나보다는 언론인의 사명에 포커스를 맞추면서 하기로 했죠.

2014년이면 남자들이 등장하는 범죄영화들이 많이 나올 때고, 그 영화도 그런 장르의 분위기를 따르기 때문에 감독님이 만들었다는 생각이 안 들었어요. 주류가 아니었던 분이 주류가 된 느낌을 받았어요.

〈우생순〉을 상업적으로 성공해야 한다는 생각으로 만들었다면, 〈제보자〉는 소재 자체가 무겁고 어려우니 조금 쉽게 만들어야겠다고 마음먹었죠. 〈우생순〉은

영화 〈제보자〉 촬영 현장.
왼쪽부터 임순례 감독,
박해일 배우.

상업적인 요소는 있지만 대단한 장르영화는 아니거든요. 제 느낌이 많이 들어가 있기도 하고요. 그런데 〈제보자〉는 굉장히 건조하게 장르적으로 만든 부분이 있어요. 최대한 스피디하게 가고, 장르적인 요소를 더 많이 끌어들였죠. 쉽게 해야 사람들이 복잡한 이야기를 따라올 수 있겠다고 생각했거든요. 그래서 말씀하신 대로 제 색깔이 제일 덜 묻어 있는 게 이걸 거예요.

기분 좋은 건 '이제는 나도 이런 영화 만들 수 있어'라는 자신감을 보여주었다는 점이에요. 자신의 영역이 아닌 듯한데도 굉장히 매끈하게 잘 만드셨어요.

스타일상으로 날렵하게 하면서 제가 가장 포커스를 두었던 것은 균형감이었죠. 이쪽으로 치우치면 이럴 수 있고, 저쪽으로 치우치면 저럴 수 있는 거라서 그 절묘한 균형감을 갖추는 게 중요했어요. 어쨌든 황우석은 희대의 사기꾼이지만 그 사람한테도 입체적인 면을 부여했으면 좋겠다, 딱 고거였어요.

더 나은 기회를 얻지 못하는 여성 감독들

지금 준비하고 계신 〈교섭〉은 개신교 쪽의 근본주의적인 생각을 건드리게 되나요?

그게 좀 고민이에요. 요즘 사람들이 너무 민감하다 보니까. '샘물교회 선교사들이 무모하게 선교를 해서 이런 일이 벌어졌다' 같은 얘기보다는 기독교적인 신념과 이슬람적인 신념이 부딪쳤다는 것, 도대체 종교가 뭐길래 그 어려운 땅에 목숨을 걸고 선교를 가고, 또 그악스러운 사람이 되는지, 외교관은 어떤 신념으로 그 기묘한 땅에 가서 그들을 구해 오는지 그런 걸 이야기하고 싶어요. 그래서 기독교를 비난하는 부분은 별로 없어요. 〈제보자〉가 언론인에 초점을 맞췄듯이 이 영화는 외교관에 초점을 맞추면서 인간에게 종교란 무엇인가를 관객들이 느낄 수 있으면 좋겠다 정도죠. 이것도 예산이 크다 보니까 장르와 주제와 예산 사이에서 균형점을 찾아가야 하는 상황이에요. 제가 하고 싶은 이야기를 하다 보면 투자가 안 되고, 남이 하고 싶은 이야기만 하자니 아쉽고요. 창작자로서 가장 적정한 균형점이 어딘가를 계속 찾으면서 일하고 있어요.

감독님도 텃밭 가꾸며 강아지랑 살고 계시잖아요. 〈리틀 포레스트〉는 그 균형점을 어떻게 찾으셨나요? 영화가 실제 농촌에 비해 너무 예쁘다는 평도 있었는데.

그에 대해서도 고민이 있었죠. 저는 일본 원작을 아주 좋게 봤는데 한국에서 1편, 2편을 각각 만 명씩밖에 안 봤거든요. 농사짓는 이야기인 데다가 아무런 극적인 사건도 없는데, 우리 영화는 최소 60~70만은 봐야 손익분기점이 나오는 거예요. 김태리 하나 불러다 놓고 60~70만이 보게 하려면 어떻게 해야 하는가 고민이 되었죠. 주 타깃이 20~30대 여성일 수밖에 없는데, 그렇다면 여성들이 좋아하는 요소를 넣어야 하잖아요. 시골에 산다고 청국장이나 비지찌개만 끓여 먹을 수는 없지 않나 생각했죠. 요즘 아이들이 좋아하는 파스타도 해 먹고, 크림 브륄레 같은 메뉴도 선정하고, 색감도 고려했어요. 집이 좁으니까 앵글이 단순하고, 무빙을 많이 할 수 없으니까 색감과 구도 같은 것을 예쁘게 갈 수밖에 없었어요. 그런 면에서 고민을 많이 했어요. 저는 특히 장르영화, 상업영화를 할 때는 어떤 지점을 고민해야 하는지를 정해두고 그 부분을 계속 생각하면서 작업을 해요. 이 영화는 어쨌든 20~30대 여성 관객이 안심하고 볼 수 있는 세팅이 필요하다고 생각했죠. 농촌의 현실이 얼마나 힘든데 그런 건 안 보여주고 너무 판타지처럼 그렸다는 평이 많았어요. 그런데 이 영화는 농촌의 현실을 보여주려고 했던 게 아니거든요. 이 친구가 농촌이라는 공간을 통해서 성장하고, 엄마와 주고받았던 상처를 치유하는 이야기를 하려 한 것이기 때문에 배경이나 분위기 같은 부분은 제가 양보했던 거지요. 〈세 친구〉나 〈와이키키 브라더스〉를 만들던 시절이었다면 더 리얼하게 만들었겠죠. 나이가 들수록 유연해지는 부분도 있고, 딜을 많이 하다 보니까 제 색깔이 훨씬 옅어지는 부분도 있어요. 유머감각은 더 많아지고요. 그냥 나이에서 오는 것 같아요. 그런데 오히려 영화가 더 젊어졌다는 얘기들을 하더라고요. 다 내려놓고 관객이 원하는 지점까지 최대한 가보는 것이 변화 같아요. 제가 올해 한국 나이로 60인데, 그런 사람이 만든 것치고는 젊은 스타일로 만들었다는 말을 들었어요. 그건 노력해서 그런 게 아니라 젊은 세대들이 좋아하는 것에 대해 계속 생각하다 보니까 그렇게 된 거예요. 어쨌든 20~30대 여성들이 좋아해줬으니까.

영화 〈리틀 포레스트〉 촬영 현장.
왼쪽부터 김태리 배우, 진기주 배우, 임순례 감독.

한국영화제작가협회에서 상을 줬고, 한국영화감독조합에서 올해의 베스트영화로 뽑았어요. 여성 감독으로서 지속적으로 활동한 점, 꾸준히 젊은 감각을 계발하려는 자기 혁신에 대한 존경, 또 초기작들과는 확연히 다른 스타일, 감독님만의 따뜻한 시각이 반영되었다는 점을 높이 평가했더군요.

2016~17년 무렵이 〈VIP〉, 〈아수라〉 등 피범벅인 영화가 너무 많았던 거예요. 웬만한 한국 영화는 배우나 스태프 때문에 극장 가서 보는데, 보고 나면 지나치게 폭력적이어서 마음이 안 좋았어요. 저렇게 잔인하게 죽이는 영화에 100억 이상씩 들이고, 그 많은 스태프들이 고생을 해야 되나 싶었죠. 그 반작용으로 사람들한테 평화로움을 주는 영화를 하고 싶다는 욕심에 〈리틀 포레스트〉를 만들었어요. 스펙이나 경쟁에 목매어 사는 젊은 세대에게 조금은 여유를 갖고 살아도 된다는 말을 하고 싶었고요.

여성 감독이 나왔다는 것이 뉴스가 안 될 때가 올 거라고 말씀하신 적이 있는데 이제 그렇잖아요. 최근에 여성 감독들이 만든 영화는 좀 봤어요?

최근에 나온 〈벌새〉, 〈우리집〉(2019) 다 봤죠. 너무 좋아요. 이런 영화는 남성 감독은 만들 수 없는 영화잖아요. 그 자체로 훌륭한 영화고요. 그런데 이런 고민이 되는 거예요. 고등학교 때부터 공부 잘하고 영화적인 재능도 뛰어나서 좋은 대학교 영화과에 진학하고, 또 영화를 잘 만들어서 영화제에서 상도 타고 인정도 받아요. 그런 남자 친구들은 갑자기 100억짜리 영화에 감독으로 픽업이 되기도 하는데, 주목받은 여성 감독들은 산업에서 그렇게 잘 픽업이 안 돼요. 산업으로 들어가는 것도 자기 색깔을 지키면서 가는 것과 완전히 포기하고 가는 것은 다르니까요. 사실 자기 색깔을 지키면서 30억에서 50억 사이의 영화를 만들고, 그런 영화들이 어느 정도 평가를 받고, 또 다음 영화를 만들 수 있는 구조가 돼야 하는데, 지금은 완전히 극과 극, 모 아니면 도 시스템이니까 그 사이에서 여성 감독들이 제일 피해를 받는 것 같아요. 영화 산업에 진입하려는 세대의 젠더 감수성은 이만큼 높아져 있는데, 영화계는 아무래도 남성 중심의 문화가 지배하니까 여성들이 용기 있게 혹은 안심하고 진입하기가 어려운 부분이 있다고 저는 생각해요. 객관적인 환경이 그렇다 하더라도 이 친구들이 조금 더 용기를 내고, 조금 더 강하게 견뎌주기를 바라는 마음도 있지만 젊은 세대의 문화 자체가 그런 게 아닌 것 같아요. 지금 예비 영화인들이 느끼는 환경, 예측되는 어려움이 과연 내가 영화를 꿈꿨을 때보다 더 힘든 것일까 하는 생각도 해봐요. 제가 처음에 영화감독이 되어야겠다고 생각했던 게 1984년이에요. 그때는 여자 감독이 거의 없었 거든요. 이미례 감독님뿐이었고, 영화 산업도 지금처럼 메이저 산업이 아니었어 요. 게다가 도제 시스템이 기본이었으니 여자가 감독이 될 확률은 거의 제로였 죠. '그렇기 때문에 나는 안 해'가 아니라 '나는 감독이 되고 싶다'에 포커스를 맞 춘 거예요. 상황이 그렇다 보니 공부하는 시간이 한 10년 정도 걸렸고, 그동안 환 경이 변해서 운 좋게 데뷔를 할 수 있었죠. 그런 면에서 보면 지금의 환경이 더 힘 들다고 얘기하기는 어려울 것 같아요. 제가 데뷔하던 1990년대 중반은 여성이 데뷔의 기회를 잡는 것 자체가 어려웠던 환경이라면, 지금은 데뷔의 문은 넓어진 반면 여성 영화의 서사와 장르가 투자와 배급에서 상대적으로 소외되는 산업 자 본적 환경에 대해 깊이 고민해봐야 하는 시점이라고 생각해요.

박곡지

편집감독
영화 제작자

필름 시대 한 컷의 소중함을 기억하는
30년 차 편집감독

1987년 임권택 감독 연출부에서 스크립터 일을 하면서 영화계에 입문했다. 박순덕 편집실에서 편집을 배웠고, 1994년 독립하면서 내놓은 첫 작품 〈손톱〉으로 대종상영화제 신인기술상을 받았다. 1990년대에 등장하여 한국 영화의 중흥을 이끌었던 신인 감독들과 작업하며 〈은행나무 침대〉(1996), 〈돼지가 우물에 빠진 날〉(1996), 〈넘버 3〉(1997), 〈쉬리〉(1999), 〈거짓말〉(1999), 〈친구〉(2001), 〈지구를 지켜라〉(2003), 〈태극기 휘날리며〉(2004), 〈말죽거리 잔혹사〉(2004) 등 1990년대 중반부터 지금까지 한국 영화의 대표작들을 편집해왔다. 다른 한편으로 〈경의선〉(2006), 〈두 번째 스물〉(2015)을 제작하기도 했다. 최근에는 VR 작업으로 관심의 영역을 넓혀가는 중이다.

"지금에 와서는 이 일이 내가 주체적일 수 있는 일은 아닌 것 같다는 생각이 들어요. 필름 시대에는 내가 주체적으로 할 수 있는 일이어서 선택한 거였어요. 필름을 자르고, 붙이고, 옮기고 할 때는 누군가가 이래라 저래라 하기가 쉽지 않았거든요. 그런데 지금은 클릭만 하면 되니까 잘랐다, 붙였다를 만 번도 할 수 있잖아요. 그래서 생각을 바꿨죠. '시대가 바뀌면서 내가 선택했던 일이 더 이상 주체적인 일이 아니게 되었다. 그렇다면 이 시점에서 내가 주체적일 수 있는 일을 또 찾아야겠다.' 개인차가 있겠지만, 기본적으로는 주체적인 일을 할 때가 즐겁다고 생각해요."

●이순진
● **박곡지**

영화 일에 입문하게 된 과정부터 설명해주세요.

저는 부산에서 태어났고, 경성대학교 연극영화과 1회 졸업생이었는데요. 당시에는 부산이 영화의 불모지였으니까 서울로 올라왔죠. 임권택 감독님의 〈아다다〉(1987)와 〈연산일기〉(1987) 현장에서 스크립터로 일하면서 영화계에 입문하게 됐어요.

처음 영화 현장에 들어올 때 품었던 꿈이랄까요? 스크립터를 거쳐서 나중에 연출을 할 생각이셨나요?

당시에 그런 목표가 뚜렷했다면 오히려 지금까지 계속 영화 일을 할 수 없었을지 몰라요. 그때는 어리기도 했고 영화 현장이 어떤지 잘 몰라서 들어갔는데, 이런 환경에서 영화감독을 하는 건 정말 힘들겠구나 생각했어요. 임금도 박했고, 현장에 나가면 잠자리도 그렇고 여러 가지 조건이나 환경이 열악했거든요. 그리고 사실 저는 원래 영화감독이 꿈인 사람은 아니었어요. 극작가가 되고 싶어서 연극영화과에 갔는데, 2학년 때 이용관 교수님이 부임하시면서 연극에서 영화로 전공을 바꿨죠. 원래 극작에 관심이 있었으니까 시나리오에도 금방 접근하게 됐어요. 시나리오를 쓰다 보니 학생들의 공동 작품에서 연출까지 하게 되었고요.

상도 받지 않으셨어요?

예. 청소년영화제에서 단편영화로 작은 상을 받았어요. 그런데 좀 아쉬웠던 건 영화제 일정에 맞춰서 올라오느라 급하게 하다 보니 편집이 좀 잘못됐어요. 그때 이용관 교수님이 가방에 필름을 다 싸들고 올라오셔서 급하게 다시 작업해서 내기는 했는데, 편집이 좀 부족해서 큰 상은 못 받고 제작 보증금 지급 대상 작품에 선정되었죠. 은사님도 너무 아쉬워하셨어요. 결국 제가 편집 일을 하게 된 배경에 그런 기억이 자리 잡고 있지 않았나 싶어요. 제가 시골 애 같고 부지런하고 말도 잘 들을 것 같았는지, 임권택 감독님 연출부 일을 그만둘 때 함께 일하자는 제안이 꽤 여러 군데에서 있었어요. 국립영화제작소도 있었고, 박순덕 편집실에서도 얘기가 좀 있었고요. 부모님은 그렇게 힘들고 돈도 안 되는 거면 그냥 부산에 와서 취직하라고 하셨지만요. 제가 하고 싶었던 글쓰기와 가장 근접한 일이 편집이겠다는 생각이 들어서 박순덕 편집실로 가게 된 건데, 그게 저랑 잘 맞았죠.

편집실에 들어가서 처음에 어떤 일을 하셨나요?

편집실에 갓 들어가면 해야 하는 일이 있어요. 35밀리 필름으로는 편집하기가 쉽지 않으니까 16밀리로 축소해서 편집을 했거든요. 35밀리 필름을 보면서 이 축소한 필름에 아이들 시험 볼 때 쓰는 펜으로 넘버링을 했어요. 그런데 편집기사님이 작업하실 때 넘버링을 하고 있으면 편집하는 걸 볼 수가 없는 거예요. 제가 악바리라는 말을 들었던 게 편집 과정을 보려고 밤을 새워서 넘버링을 했거든요. 낮에 편집 작업을 할 때 스크립터가 앉고, 조감독이 앉고, 편집기사님이 앉으면 제가 그 옆에 가서 조감독한테 "여기 내 자리야" 하고는 오른쪽에 앉아서 계속 봤어요. 박순덕 기사님이 편집하는 영화의 시나리오는 제가 거의 다 외웠어요. 일부러 외운 게 아니라 이야기의 논리를 따라가다 보면 '이 얘기 다음에는 이 얘기가 나올 거야', '이 신 다음에는 저 신' 이렇게 기억이 되는 거죠. 그게 도움이 됐어요. 지금은 디지털로 작업하니까 여기저기서 데이터를 불러와 붙였다 뗐다 할 수 있지만, 그때는 필름 작업을 했으니까 20분에 있는 장면을 40분에 있는 것으로 바꾸려면 이걸 들어내고 저걸 떼어 와서 다시 붙이고 하는 식으로, 지금 보면 굉장히 원시적인 방식으로 편집을 했거든요. 그런데 사실은 원시적인 게 아니라 기능을 가진 사람만이 할 수 있는 일이었던 거죠. 스크립터 일이랑 글쓰기랑 편집은 사실 굉장히 밀접한 관계가 있어요. 그러니까 운 좋게 방향이 잘 맞은 거죠. 제가 연출부 그만두겠다고 했을 때 임권택 감독님이 그러셨어요. "곡지는 건강한 눈을 가지고 있어서 편집도, 글 쓰는 것도 잘 맞을 것 같다." 저는 글을 쓰려고 편집실에 간 건데 막상 가보니까 글을 쓸 시간이 더 없어지긴 했지만요.

글쓰기와 편집은 모두 이야기의 논리를 찾아가는 것이 중요하다는 공통점이 있죠. 편집 일 자체가 글쓰기 훈련이 될 수도 있겠네요.

네, 맞아요. 그건 저의 달란트라고도 할 수 있는데, 어릴 때부터 영화에서 느끼는 감성이나 정서가 조금 더 나았다고 해야 되나……. 그래서 지금까지도 편집 일을 할 수 있는 것 같아요.

박순덕 기사님 편집실에서 나와 독립하는 과정은 어땠나요?

독립하려고 할 때마다 기사님이 내보내주질 않으셔서 계속 기한을 연장했어요. 그러다가 어떤 작품의 마지막 촬영이 끝나고 열린 뒤풀이 자리에서 "저 이제 진짜 그만둘래요" 했더니 "언제부터?" 하시기에 "내일부터 안 나옵니다"라고 하고는 그다음 날 그만뒀어요. 그때부터 시간을 갖고 기계도 구입하고 나름대로 준비해서 편집실을 열었죠. 그때 저의 은사님이었던 이용관 교수님께서 "편집실을 열었는데 한 작품도 안 오면 어떻게 하지?" 그렇게 말씀하시더라고요. 그래서 제가 "한 번도 그런 생각 안 해봤는데요" 했더니 "그래도 한 작품도 안 오면?" 하고 또 물으셨어요. "그러면 그만해야죠" 했더니 은사님이 웃으면서 "그러면 학교에서 그 기계 다 사줄게" 그렇게 농담을 하셨어요. 그때는 젊었으니까 별로 두려움 같은 것도 없었어요. 늘 열심히 일하기도 했고요. 박순덕 편집실을 그만두면서 마음속으로 혼자 다짐했던 게 있어요. '박순덕 기사님하고 같이 작업한 감독과는 작업 안 한다. 나 스스로 개척한다.' 그래서 정말로 박순덕 기사님과 인연이 있는 사람하고는 일을 안 했는데 딱 한 번 예외가 있었어요. 김홍준 감독님이 〈정글 스토리〉(1996)를 할 때 저랑 하고 싶다고 하시더라고요. 그래서 제작자인 김인수 대표님께 "그러면 박순덕 기사님한테 허락을 받아다 주세요"라고 했죠. 박순덕 기사님이 밤중에 전화를 하셨는데, 기색이 좀 안 좋으신 것 같아서 안 하겠다고 말씀드렸어요. 그랬더니 '어차피 나도 안 하게 될 텐데, 너랑 하고 싶다니까 그냥 해라' 하셔서 작업하게 되었죠. 그 외에는 신인 감독 작품만 했어요.

도제 시스템에서 밑에 있던 사람이 독립해서 나가면 경쟁자가 되니까 견제하는 분위기가 있었나 봐요.

그렇지요. 저는 그걸 도의적인 측면에서 받아들인 부분도 있었고, 다른 한편으로는 내 사람을 만들어야 한다는 생각도 했죠. 이 비유가 맞을지는 모르겠지만 '보험 영업 할 때 우리 가족한테는 안 판다'는 거랑 비슷한데 저는 그랬어요.

독립하던 무렵이 1994년경인가요? 필모그래피를 보면 첫 작품이 1994년에 나온 〈손톱〉이라고 되어 있던데요.

그전에 박순덕 기사님 편집실에서 제가 편집한 작품이 몇 편 있어요. 〈회색도시 2〉(1989)랑 〈비처럼 음악처럼〉(1992)은 제가 했지요. 편집기사협회의 인준을 받고 처음 편집한 게 〈손톱〉이기 때문에 그게 첫 작품으로 되어 있는 거예요. 당시에는 인준 제도가 있어서 일정한 돈을 내고, 자기 윗사람이었던 분과 또 다른 편집기사님 한 분이 제가 이 일을 할 만한 능력이 있다고 확인 도장을 찍어줘야 정식 편집기사가 될 수 있었어요. 제가 가끔 도와드리곤 했던 이경자 편집기사님이 도장을 찍어주셨죠.

인준은 편집기사협회가 주관한 거죠?

네. 그때는 편집기사협회가 있었어요. 이후에는 인준 같은 거 안 해도 되는 시기가 왔죠. 인준 제도는 없어졌지만 편집이라는 업무 자체가 시간이 필요한 일이기는 해요. 연출자는 도제 시스템에서 오래 수련하지 않아도 빛나는 천재성이 있으면 빨리 데뷔할 수도 있지만, 편집은 천재성이 있어도 기능을 익히는 시간이 필요하거든요. 필름으로 작업하던 시절에는 그게 더 오래 걸렸죠. 필름은 하나밖에 없는데, 수십 혹은 수백 억의 제작비를 들여 만든 필름이 없어지면 어떻게 하겠어요. 그러니까 함부로 만질 수가 없었죠. 지금 그 시절을 생각하면 아찔하기도 해요. 어떤 해에는 저희 편집실에 들어와 있는 필름을 합치면 몇 백 억이 될 때도 있었거든요. 그럴 때 비가 오면 저는 편집실에서 잤어요. 보안장치 같은 걸로 해결되는 게 아니니까. 제가 평소 생활에서는 청소가 안 되어 있어도 별로 개의치 않는 성격인데, 일에서는 그렇게 되지 않더라고요. '만약에 문제가 생기면 어떻게 하지?' 이런 극도의 예민함이 있었죠. 한번은 그런 적도 있어요. 퇴근하고 집에 왔는데 밤사이에 비가 너무 많이 오는 거예요. 그래서 새벽에 편집실에 나갔는데 거기서 조수들을 다 만났어요. 그 친구들도 저처럼 걱정이 돼서 나온 거죠. '아, 얘들은 편집해야 되는 애들이구나'라는 생각이 들더라고요. 당시 영화인들은 그랬어요. 디지털 시대에 작업하는 사람들은 한 컷이 얼마나 중요한지 잘 모를 것 같아요. 너무 많이 찍으니까 이게 없으면 저걸 쓰면 되고, CG로 만들어서 쓸 수도 있잖아요. 그때는 그 한 컷이 없으면 끝이었거든요. 그런 중요도 때문에 예전에는 편집감독의 존재감이 훨씬 컸어요.

함께 성장하고 변화하고 살아남은 사람들

편집실을 열고 작업을 본격적으로 하실 무렵이 산업 전반의 변화가 시작되는 시점이었는데요. 그 시절에 신인으로 등장해서 이후 한국 영화를 이끌어간 감독들과 작업을 많이 하셨잖아요.

당시 신인 감독들하고 작업한 것은 행운이었어요. 그 시기에 등장한 신진 세대가 오랫동안 교체되지 않았으니까. 그 신진 세대가 이후로도 함께 움직였잖아요. 그리고 제가 타르코프스키의 〈노스탤지어〉 같은 영화처럼 길게 편집하는 스타일이 아니었어요. 저는 필름 시대에도 홍상수 감독님 영화를 제외하면 대부분 1000컷이 넘는 속도감 있는 작품을 했거든요. 디지털로 바뀔 때도 외국에서 공부하고 돌아온 감독님들과 작품을 하면서 장비를 빨리 바꾸고 적응을 했어요. 아비드가 들어왔을 때도 빨리 받아들였고, 〈국가대표〉(2016)를 할 때는 파이널 컷 프로로 바뀌고 필름이 사라지는 시점이었는데 그때 장비를 다시 바꿨죠. 요 근래에는 남편인 박홍식 감독과 함께 〈바람의 기억〉(2019)과 〈웨딩〉(2019)이라는 VR 작품을 하면서 다시 프리미어로 바꿨어요. 제가 본래 기계를 좋아하는 사람은 아닌데, 일하는 데 필요한 도구는 숟가락 잡듯이 쓸 수 있어야 하기 때문에 고군분투하면서 습득한 거죠.[1]

역사적으로 보면, 예를 들어 무성영화에서 발성영화로 넘어갈 때라든가, 흑백이 컬러로 바뀔 때라든가 그런 기술적인 혁신이 있으면 그와 함께 세대교체가 일어나곤 했잖아요. 디지털의 도입은 그런 역사적 사건에 비견할 만큼 굉장히 큰 변화인 것 같은데, 그런 변화를 겪고도 지금까지 작업을 하고 계세요.

지금도 그렇게 계속 바뀌고 있죠. 저는 너무 오래 한다고 사람들이 좀 징그럽다고 해요. (같이 웃음) 저는 곽경택 감독님이 〈친구〉(2001)라는 작품을 할 때 처음으로 현장 편집을 경험했어요. 부산에서 촬영을 했는데, 감독님이 미국에서 유학하던 시절의 후배가 와서 현장 편집을 했어요. 그때 사람들이 현장 편집이 직업으로 가능하겠느냐는 이야기를 했는데, 저는 "아직은 잘 모르겠다, 감독님들한테 도움이 된다면 정착은 되겠지만 큰돈을 받고 할 일은 아닐 것 같다"라고 했죠. 편집실에서 감독과 직접 소통할 시간이 없을 때, 현장 편집이 가이드가 되기도 해

---

1   영화가 디지털 시대로 넘어오면서 컴퓨터 프로그램으로 영상 데이터를 편집하는 방식이 일반화되었다. 파이널 컷 프로는 애플에서, 프리미어는 어도비에서 개발한 영상 편집 프로그램이다.

요. 지금은 디지털로 바뀌면서 현장 편집자가 데이터 매니저 역할을 하게 됐어요. 〈국가대표〉는 레드라는 디지털 카메라로 찍고 파이널 컷 프로로 편집을 했어요. 스포츠영화라서 카메라를 여러 대 사용해서 찍는 게 좋으니까 디지털 카메라가 적합했죠. 영화하는 사람들은 디지털과 필름이 깊이감에서 차이가 있다고 하지만, 그 영화가 흥행도 잘되고 화질이 떨어지는 것도 아니었으니까 이후에 많은 사람들이 필름을 접기 시작했어요. 영화인들이 민감하게 생각하는 미학적 차이가 관객들한테는 그렇게 중요하게 여겨지지 않는 경우도 있는 것 같아요.

디지털로의 전환이 2000년대의 중요한 변화였다면, 산업적인 면에서는 1990년대가 굉장히 중요한 시기였잖아요. 산업이 크게 일어날 때 〈쉬리〉를 비롯해서 많은 중요한 영화들의 편집을 맡으셨어요.

1990년대는 한국 영화의 부흥기였어요, 정말로. 생각해보면 저는 운도 많이 따랐던 편인데 저한테 온 행운을 일에만 쓰지는 않았어요. 일을 엄청 열심히 하긴 했지만, 당시에는 돈보다 가정에 더 관심을 기울였죠. 여러 가지 일에 나 자신을 나눠서 투입해야 하는 상황이다 보니 일에 구멍을 내진 않았지만 금전적으로 크게 성공하거나 그렇게는 안 됐어요. 그냥 내가 좋아하는 일을 하면서 살고 있다, 뭐 이런 정도? 제가 운이 좋았다고 말씀드리는 건 당시는 전환기라서 도제 시스템에서 배출된 사람이 별로 없었어요. 신진 세대는 영화를 전문적으로 공부하고 바로 현장에 들어오는 경우가 많았죠. 저는 영화를 전공하기도 했고, 도제 시스템에서 7년 정도 일을 했으니 어느 정도 검증된 사람이었던 거예요. 당시에는 여성 편집기사가 많지 않았는데, 저는 여성이었지만 흔히 남성적이라고 말하는 그런 성격이어서 그랬는지 액션영화 같은 선 굵은 작품을 많이 했어요. 그러니까 제가 그 시기에 잘 맞는 편집자였던 것 같아요.

1990년대의 세대교체나 산업적 변화와 관련해서 기억나는 풍경이랄까요? 그런 게 있다면 말씀해주세요.

1994년에 삼성영상사업단에서 서울단편영화제를 시작했는데, 그 무렵이 제가 박순덕 편집실에서 나와서 회사를 만들던 때였어요. 그때 거기 출품하는 단편영화들을 많이 편집했거든요. 당시 단편영화 편집비로 20만 원에서 30만 원, 많으면 50만 원 정도 받았는데, 얼마나 의뢰가 많았으면 그해에 제가 단편영화 편집으로만 한 500만 원 정도를 벌었어요. 그 정도로 작은 영화, 큰 영화 할 것 없이

1990년대 초반은 한국 영화 붐이 일어난 때였지요. 1990년대 말에 〈쉬리〉가 크게 성공하면서 영화 산업이 부흥기를 맞았을 때 투자금이 너무 많이 들어왔어요. 시나리오만 있으면 작품에 들어간다고 할 정도로 스태프들 사이에서는 지금 놀고 있으면 바보라는 얘기가 돌았죠. 신인 감독들도 그때 데뷔해야 한다고들 했어요. 그러다가 2000년대 초반으로 넘어가면서부터 조금씩 안 좋아졌죠. 그런데 편집은 어차피 물리적으로 가능한 수량이 정해져 있기 때문에 저는 작품 수가 줄었다는 걸 별로 못 느꼈어요. 더구나 그 시기에 결혼을 하고 아이도 낳아서 시대의 변화나 불황을 별로 못 느꼈죠. 제가 좀 둔한가요?

사회 변화란 각자의 입장에 따라 다르게 느껴지는 법이니까요.

저는 주어진 삶에 적응하면서 그 안에서 최선을 다하는 사람인 것 같아요. 제가 〈지구를 지켜라〉를 끝내고 아이를 출산했거든요. 사실 아이 때문에도, 일 때문에도 스트레스를 받을 수 있는 상황이었는데 그런 스트레스가 크지는 않았어요. 이건 아마 부모님의 영향일 거예요. 제가 9남매 중 여섯째 딸이에요. 저희 집에 딸이 일곱인데, 부모님은 아들보다 딸한테 더 잘 해주시는 분들이었어요. 그렇다고 무조건 잘 해줄 수는 없는 게 9남매나 되니까 나눠 가질 수밖에 없는 상황이었죠. 저는 그런 조건에서 어떻게든 어필을 해서 내가 하고 싶은 걸 하려니까 자생력이 생겼다고 해야 할까요? 우리 부모님한테는 자식들이 하나하나 다 귀했겠지만 식구가 너무 많으니까 거의 방목을 하셨어요. 문제가 생기면 스스로 해결하는 것에 익숙했죠. 제가 〈82년생 김지영〉(2019)을 봤을 때도 공감이 되는 부분도 있고, 안 되는 부분도 있고 그랬단 말이에요. 그런데 저는 그게 개인차라는 생각을 많이 해요. 여성이기 때문에 힘든 상황이 분명 있지만, 여성이라는 걸 별로 의식하지 않는 성향의 사람도 있는 거죠. 저는 어릴 때도 할 말은 하는 성격이었어요. 조수 시절에 정일성 촬영감독님이 편집을 하러 오셨는데 "곡지야, 너 88담배 한 갑만 사와라" 그러셨어요. 정일성 감독님이 연세가 많으시잖아요. 그런데 제가 "우리 아버지도 담배 심부름은 안 시키는데요" 그랬어요. 이미연 감독님이 편집하러 오셨을 때, 제가 그 얘길 했더니 "아, 감독님은 어릴 때부터 그렇게 당돌했어요? 우리는 언감생심 절대 그렇게 못 했는데요" 그러시더라고요.

위계질서가 엄격했던 시절이었는데 대단하세요.

어떤 술자리에서 이석기 촬영감독님이 "네가 안 마시면 건배 안 한다"라면서 술

잔을 계속 들고 계셨어요. 그래서 제가 이렇게 얘기했어요. "제가 9남매의 여섯째 딸인데 우리 아버지가 저를 서울 보낼 때 얼마나 힘드셨겠어요. 아버지가 걱정이 돼서 이용관 교수님까지 찾아가셨어요. 제가 서울에 가서 진짜 잘 살겠다고 몇 번이나 다짐해서 겨우 보내주셨어요. 저는 술은 원래도 못 마시는데, 그렇게 들고 계시면 제가 어떻게 해야 되나요? 이 자리에서 나가야 되나요?" 그랬더니 이석기 감독님이 "자, 곡지 빼고 마시자" 그러셨죠. 그 이후부터는 술자리에서 제가 원하지 않는데 술을 마셔야 할 일은 없었어요. 스크립터 할 때는 조감독하고 대판 싸운 적도 있어요. 막 욕을 하길래 제가 이렇게 말했어요. "내 더러워서 안 한다. 무슨 부귀영화를 누리겠다고 그걸 하냐. 됐다. 잘라라. 안 한다." 그러고 나서 집에 가서 생각해보니까 내가 그 사람 때문에 일을 안 할 이유가 뭐가 있어요? 그래서 다음 날 또 웃으면서 나가서는 아무 일 없는 것처럼 생활했죠. 어릴 때 식구 많은 속에서 살던 것처럼 행동하니 그 시절도 큰 고달픔은 안 겪고 잘 지나온 것 같아요.

중요한 건 이것 같아요. 자기가 할 수 있다, 없다를 말할 권리? (같이 웃음) 거리낌 없이 자신의 의사를 말할 수 있는 것.

하지만 제가 이런 성향이라고 해서 다른 여성들도 그럴 거라고 생각하지는 않아요. 저처럼 '아니면 말지' 이렇게 생각하는 사람이 있는가 하면, 꼭 하고 싶은 게 있는데 표현을 잘 못하거나 거절해야 할 때 거절을 못 하는 사람도 있죠. 결이 부드러운 사람은 그런 일로 상처받고 다칠 수 있어요. 심부름을 해주고 나서 '내가 이걸 왜 해야 하지' 하는 자괴감에 빠지기도 하고요. 결혼을 하고서는, 제 남편이 좀 결이 부드러운 사람이라서 저처럼 행동하면 명령하는 것으로 느낄 수도 있겠다 생각한 적이 있어요.

2019년 7월 VR 영화 〈바람의 기억〉
특별 상영회가 열린
부천국제판타스틱영화제에서.

예전에 현장에서 겪은 일을 말씀해주셨지만, 지금은 그때와는 많이 달라졌잖아요. 특히 2000년대 이후 표준근로계약이 도입되거나, 또 근래에 주 52시간 근무제[2]가 현장에도 적용되면서 영화 환경이 크게 바뀌었죠. 그런 변화를 어떻게 느끼세요?

예전에는 한 컷, 한 컷 정말 공들여서 찍었는데, 디지털로 바뀌면서 '붙여보고 결정할래'라는 생각으로 많이 찍게 되었어요. 또 현장의 작업 환경이 달라지면서 정해진 시간을 지켜야 하니까 '빨리 많이 찍은 다음에 그중에서 좋은 걸 골라야지' 하는 생각도 많이 하는 것 같고요. 그렇게 빨리 많이 찍어서 고르는 게 좋을지, 필름 시대처럼 감독이 고민을 더 많이 해서 딱 필요한 것만 찍는 게 좋을지는 잘 모르겠어요. 사실 그건 감독의 성향에 따라 다른 것 같아요. 어떤 감독은 딱 맞춰 찍어서 그만큼의 선택지만을 남기고, 또 어떤 감독은 많이 찍어서 나중에 선택지를 찾아요. 각기 장단점이 있겠지만 기본적으로는 성향의 차이가 아닌가 싶어요. 현장이 많이 달라지긴 했지만 여전한 부분도 있어요. 촬영 현장에서는 표준근로계약이 자리 잡으면서 시간 되면 일이 딱 끝나고 시간 외 수당도 받고 하지만, 후반 작업을 하는 업체 사람들, 그러니까 세금계산서 끊는 사람들은 여전히 근로 기준하고는 상관없이 남아서 일하기도 하고 그러거든요.

그러게요. 편집실은 어떻게 하나 궁금하더라고요.

편집실은 사업자잖아요. 그러니까 프리랜서에 가까운 거죠. 그렇다고는 해도 편집실도 주말에는 대체로 쉬는데, 때에 따라서는 토요일, 일요일에도 근무하거나 밤늦게까지 일하기도 해요. 일은 8시에 끝났는데, 감독님이 밤에 보겠다고 편집한 걸 카피해달라고 하는 경우가 있거든요. 카피를 하려면 그 일을 하는 사람은 4~5시간을 더 남아 있어야 되잖아요. 그럴 때 저는 "이거 카피하려면 6시까지는 끝내야 해요. 그래야 우리 식구가 집에 갈 수 있어요" 하고 말해요. 제가 나이

---

2   법정 근로 시간인 주 40시간에 최대 연장 근로 시간인 12시간을 더한 것으로 정확한 법률용어는 아니나 일상 대화 속에서 통상 사용하는 단어라 그대로 두었다.

도 있고 경력도 긴 편이니 그렇게 말하면 함부로 해달라기가 어려워지죠. 저의 고민이 그런 거예요. 저는 할 말을 안 할 수 없는 사람인데, 그러다 보니까 '까다로운 사람'이 되기 쉽죠. 그 균형을 어떻게 맞춰야 할지 갈등할 때가 있어요. 우리가 힘들어도 요만큼은 해야겠다 싶을 때는, 예를 들어 "토요일에는 쉬기로 하고 차라리 금요일 새벽까지 할게요" 이런 식으로 조율을 하기도 해요.

내가 주체적일 수 있는 일

30여 년간 변화가 많았던 영화계에서 꾸준히 일을 해오셨는데요. 세상도 변했지만 오랫동안 작업하면서 나이도 들고 자신도 변했다고 느낄 때가 있을 것 같아요.

1999년부터 한 10년 동안은 정신없이 살았거든요. 그 시기에 결혼도 하고 대학원도 가고, 한동안 교수도 했어요. 그때가 편집 일이 제일 많이 들어오던 시기였는데 개인적으로도 많은 일이 있었죠. 그래서 당시에는 시대가 바뀌고 있다는 걸 크게 인지하지 못했어요. 그때 제가 느꼈던 건 오히려 촬영 쪽의 변화였어요. 외국에서 촬영을 공부한 사람들이 들어오면서 도제 시스템이 무너지는 걸 봤거든요. 도제 시스템 안에서 일하던 분들이 갈 곳이 없어져서 많이 힘들어하셨어요. 편집 쪽에도 외국에서 공부한 사람이 있었지만 기자재는 별로 다르지 않았고, 또 편집은 정서를 따라가야 하는 일이니까 외국에서 공부한 게 크게 도움이 되지는 않았던 것 같아요. 저한테는 영화계의 변화가 주로 새로운 장비를 쫓아가는 거였기 때문에, 그런 건 살아가면서 있을 수 있는 변화지 특별한 거라는 생각은 하지 않았어요. 그런 변화는 지금도 계속된다고 생각하는 편이죠. 다만 '내가 능력이 안 되면 그만해야지. 아닌 걸 아니라고 말하지 못하면서 계속하기는 어렵겠다' 이런 생각은 항상 했어요. 투자하는 사람 입장에서는 까칠하게 느껴질 수도 있을

2018년 중국 청두에서 열린
여성 편집감독 심포지엄에서.

거예요. 예를 들어 투자자가 "아, 저건 감독을 설득해서 빼고 싶네요"라고 말하는데 "그건 꼭 있어야 합니다"라고 말하는 편집자가 있으면 싫을 수 있죠.

물론 오래 작업하면서 조금 유연해지는 부분은 있어요. 어느 순간 '내가 100편도 넘는 작품을 한 편집기사니까 저 사람들한테는 불편할 수도 있겠다' 그런 생각이 들더라고요. 그래서 요즘은 '이건 뭐 대단한 것도 아닌데 굳이 자기주장을 할 이유가 있나? 그림 보면서 서로 의견을 맞추다 보면 결국은 좋은 쪽으로 가게 될 텐데' 생각할 때가 많아요. 필름 작업을 할 때는 지금 이걸 자르면 필름이 날아가니까 꼭 이렇게 해야만 한다는 게 있었는데, 지금은 제 의견을 조금 줄이고 감독이 원하는 것을 신속하게 기능적으로 해나가는 편이에요. "이렇게 하면 관객들이 조금 못 알아들을 것 같아요"라며 크게 걸리는 부분들만 이야기하려고 하고요. 시사를 하고 난 다음에 구조적으로 문제가 있는 것들에 대해서는 "이래서는 안 되고, 저래서는 어렵고, 또 이럴 경우에는 관객들이 이렇게 생각할 것 같고……" 이런 얘기들을 쭉 해드리지만, 결정은 제가 하는 것이 아니죠.

지금에 와서는 이 일이 내가 주체적일 수 있는 일은 아닌 것 같다는 생각이 들어요. 필름 시대에는 내가 주체적으로 할 수 있는 일이어서 선택한 거였어요. 필름을 자르고, 붙이고, 옮기고 할 때는 누군가가 이래라 저래라 하기가 쉽지 않았거든요. 그런데 지금은 클릭만 하면 되니까 잘랐다, 붙였다를 만 번도 할 수 있잖아요. 그래서 생각을 바꿨죠. '시대가 바뀌면서 내가 선택했던 일이 더 이상 주체적인 일이 아니게 되었다. 그렇다면 이 시점에서 내가 주체적일 수 있는 일을 또 찾아야겠다.' 그래서 VR영화도 연출해보고, 투자 부분에서 일을 해보기도 하고 그러는 거예요. 김수환 추기경님의 어린 시절에 관한 〈저 산 너머〉(2019)라는 영화가 있는데, 그 작품의 편집은 저희 편집실의 다른 편집기사가 하고 저는 투자 총괄로 일을 했어요. 개인차가 있겠지만, 기본적으로는 주체적인 일을 할 때가 즐겁다고 생각해요. 편집 일도 내가 스무 살 때는 주체적인 일이었는데 지금은 그러기 어려우니까 다시 시나리오 쓰는 일을 해보고 싶어요. 나중에 편집 일을 할 만큼 했다 싶으면 내가 쓴 시나리오로 연출을 한번 해볼까 생각도 하고요. 한 집안에 감독이 둘 있으면 안 된다고들 하지만……

영화 제작도 그런 생각의 연장선상에서 하신 건가요?

그렇죠. 저희 남편이 〈역전의 명수〉(2005)를 하고 난 다음에 고집이 좀 센 사람으로 소문이 나서 쉽지가 않았어요. 그러다가 시나리오가 당선돼서 작품을 하게 됐는데, 그 작품들을 제가 제작했어요. 〈경의선〉이랑 〈두 번째 스물〉이요. 그리고

〈바람의 기억〉이라는 VR영화는 2억 원을 지원받아서 저는 프로듀서를 하고 남편은 연출을 했어요.

참 대단하세요. 저도 남편이랑 비슷한 일을 하거든요. 남편도 영화 공부를 하는 사람인데, 공부와 관련해서 이야기하다가 마음이 상하면 아무는 데 굉장히 오래 걸리더라고요. 부부가 일과 생활을 함께 하는 게 참 힘든 일인 것 같아요.

선생님이 얘기하시니까 저도 얘기를 해보면, 사실 영화를 찍을 때마다 심하게 싸웠어요. 우리 부부는 언성을 높이고 싸우는 걸 별로 해본 적이 없어요. 그런데 시나리오 때문에 항상 마음에 생채기를 내는 싸움을 해요. 본인은 그 시나리오가 완벽하다고 생각하는데 제가 보기에는 아쉬운 부분이 있는 거죠. 저는 영화화가 되어서 오는 시나리오를 많이 봤잖아요. 그래서 영화가 좋기는 한데 흐름이 조금 어렵다, 아니면 영화적으로 이렇게 바뀌었으면 좋겠다 싶을 때가 있거든요. 그런데 이 사람은 한 줄을 고치더라도 자기가 직접 해야 하는 사람이에요. 그런 고집을 이해는 해요. 내가 틀렸다는 게 설득이 되어야 움직일 수 있는 사람이 있잖아요. 부부로 살다 보니까 '아, 저 사람이 그냥 고집을 세우는 게 아니라 정말 자기가 납득하지 않으면 못 하는구나' 하면서 이해하기는 하죠. 좋게 말한다면, 그러니까 그 사람은 감독을 하고 나는 편집을 하고 그런 게 아닐까 싶기도 해요. 이렇게 말하면 사람들이 "아이고, 사리 나오겠다. 사리 나오겠어"라고 하지만요. (같이 웃음)

제작을 하면서 우리 나이에 할 수 있는 이야기가 있다는 생각을 했어요. 30대, 40대, 50대가 할 수 있는 이야기가 따로 있는 거죠. 모든 사람이 20대가 하는 이야기에 맞추려고 하면 기능적으로 뛰어난 분들은 어떻게든 영화야 만들겠지만 과연 그게 어떤 모양일까요. 물론 50대가 만드는 영화가 20대에게도 공감을 얻으려면 어떻게 해야 할까도 고민해야 할 부분이죠. 하지만 저는 20대에 맞춰서 할 수는 없는 사람이더라고요. 그건 제가 변해가는 과정에서도 늘 느끼는 부분이에요. 저는 시류를 쫓으면서 살지는 않았던 것 같아요. 그냥 '내가 가는 길이 그 길이다' 하고 그 안에서 최선을 다하는 거죠. 최선을 다했는데도 아니라고 하면, 그건 안 해야죠. 그렇다고 죽을 수는 없잖아요. 자신의 역량으로 할 수 있는 일을 선택해야지 욕심내다가 죽을 수는 없다고 생각해요. 이렇게 생각하니까 예전에 200억, 300억짜리 영화를 하다가 지금 작은 영화를 해도 그 나름대로 기쁨이 있어요. 작은 영화의 기쁨이 있고, 재미있는 영화의 기쁨이 있고 순간순간 문득문득 기쁜 거예요. 너무 소소한가요? 어쨌든 저는 그런 걸 즐기고 사는 사람인 것 같아요. 지금까지 30년을 일했는데, 처음에 어떤 거창한 목표가 있었던가 생각해보면 그렇지는 않았어요. 제 경험으로 보면 목표가 뚜렷했던 사람이 오히려 빨리 떠나더라고요.

오랫동안 일을 해오셨고, 또 선배들이 일하다 은퇴하는 것도 보셨잖아요. 그러면서 이것만큼은 기억되었으면 좋겠다 싶은 게 있나요?

우리는 예술하는 사람이잖아요. 예술하는 사람들의 말년이 조금 안 좋다는 이야기가 있어요. 특히 경제적으로 힘들어지니까 좋았던 시절에 몸담았던 일에 대해 후회를 하는 분들도 봤고, 일이 없어진 다음에 다른 일을 찾으려고 하는 분들도 봤어요. 프리랜서들이 그렇잖아요. 일이 없어지고 난 뒤에야 뒤늦게 준비를 하는데 그게 잘 안 되죠. 저는 그러지 말아야겠다고 생각했던 사람인데, 이 일이 좋아서 계속하다 보니까 '그냥 나는 이 일로 끝낼 거야' 하는 생각도 하게 돼요. 편집이 아니라 제작이 될 수도 있고, 시나리오나 연출이 될 수도 있겠죠. 어쩌면 그런 생각은 제가 100편 넘게 작업했던 사람이기 때문에 가능한지도 모르겠어요. 지금 한창 일을 하는 사람들은 당장 이 일이 좋으니까 왕성하게 활동하잖아요. 그들도 언젠가 나이 드는 시기가 오는데 이 일은 그렇게 안정적이지 않으니까 나중에 어떻게 살아갈지 평소에도 늘 생각하면서 살면 좋겠다는 이야기를 좀 하고 싶어요. 나중에 후회하는 사람들을 많이 봤거든요. 웃어른들을 뵈었을 때 그런 생각이 많이 들더라고요. 한창 좋았던 시절이 지나고 난 뒤에 그 일을 안 하게 됐을 때 아무것도 할 수 없는 상황을 보면 안타까움이 있어요.

저는 원로 영화인들하고 구술 작업을 몇 년 했어요. 한국 영화사 전체로 보면 1980~90년대에 급격한 변화가 있었고, 세대교체도 있었잖아요. 그래서 한국 영화가 굉장히 좋아졌지만 그 이전에 영화 일을 하셨던 원로 분들의 입장에서 보면 어느 날 갑자기 이 판에서 밀려나게 된 거죠.

맞아요. 갑자기 일을 떠나야 하는 상황에 놓인 분들이 많았죠. 촬영 쪽이 제일 많았어요. 그 원로 분들을 가끔 만나면 마음이 안 좋아요. 그래서 '영화를 안 하게 되면 이 근처에는 안 와야지' (같이 웃음) 저는 그런 생각을 했었어요. '다른 곳에 가서 살면서 영화를 좋아하는 사람으로 남아 남편이랑 손잡고 개봉 영화나 보러 다니지 뭘 누리겠다고 영화 하는 곳을 왔다 갔다 해' 그렇게 생각한 적도 있어요. 미래는 알 수 없지만.

박
곡
지

제 나이가 이제 50대 중반인데 그런 생각을 해봤어요. '너무 열심히 살았다. 조금 덜 열심히 살걸…….' (같이 웃음) 언젠가 주부들 모임에 가서 강연을 한 적이 있는데 제가 그때 그런 얘기를 했어요. '다시 인생을 살게 되면 산도 보고, 들도 보고, 강도 보면서 놓치는 부분 없이 잘 살 수 있을 텐데.' 내가 좋아하는 일을 해왔지만, 다른 한편으로는 책임감, 약속, 신뢰 같은 것들 때문에 자유롭지 못한 인간으로 살아왔죠. 어쩌면 그렇기 때문에 이렇게 많은 작품을 할 수 있었겠지만, 어떤 시기에 할 수 있는 일들을 못 하고 살아온 게 아닌가라는 생각이 들기도 해요.

이 일을 하시는 30여 년 동안 여성 영화인의 입장에서도 영화계의 환경이 많이 바뀌었잖아요.

많이 좋아진 것 같아요. 여성 감독은 소소한 멜로영화나 하겠지 같은 식의 편견도 없어졌고요. 영화계는 아무래도 좀 진보적인 곳이어서 어느 정도 안정적인 위치에 올라간 분들은 여성이라서 손해 보는 일은 별로 없을 거예요. 이 안정권에서 벗어난 사각지대에서는 여전히 힘든 일들이 일어나고 있지만요. 예전에는 현장에서 욕하고 물건 던지고 하는 일들이 많았는데, 지금은 그렇게 하면 안 되잖아요. 그런 부분은 굉장히 좋아졌죠. 그래서 영화를 좋아하는 사람이라면 이제 이 일이 제법 할 만해졌다고 생각해요. 지금은 해볼 만하죠.

채윤희

영화 마케터
영화 홍보 마케팅 회사 올댓시네마 대표
(사)여성영화인모임 대표

한 국 영 화 마 케 팅 의 모 든 처 음

1986년 영화계에 들어와 양전흥업과 삼호필름 기획실에서 영화 기획 일을 시작했다. 1994년에 영화 홍보 마케팅 회사 올댓시네마를 설립하고 〈쉬리〉, 〈친절한 금자씨〉(2005), 〈매트릭스〉 시리즈(1999~2003), 〈해리 포터〉 시리즈(2001~2011) 등 500~600편의 홍보 마케팅을 진행했다. 한국 영화 산업에서 홍보 마케팅을 전문 분야로 개척하고 정착시켰다는 평가를 받는다. 2000년에 (사)여성영화인모임을 설립하고 현재까지 대표를 맡고 있다.

"여성영화인모임 대표를 하면서 여성에 대해
더 많이 생각하게 되고, 계속 배우면서 일할 수
있었던 것 같아요. 최근에 여성영화인모임에서
한국영화성평등센터 든든을 만들면서 많이
자각했다고 할까요? 지금도 많이 배우고
있어요. 예전엔 스스로 페미니스트가 아니라고
생각했는데 여성영화인모임 활동을 하다
보니까 많이 달라지네요."

연극, 출판을 거쳐 영화계로

초등학교 시절 연극 연기를 하셨네요?

제가 말하지 않아서 남들은 잘 모르는데, 국립극단 아역배우, KBS 어린이극회 회원으로 활동했어요. 어머니가 동경 유학도 가셨던 신여성이었는데 지인에게 인수한 아동극단을 오래 운영하셨어요. 집안 분위기가 그래서 오빠(채윤일)도 연극 연출가로 성장했지요. 어렸을 때 매일 원효로 집에서 명동 국립극단까지 버스로 왔다 갔다 했어요. 그때는 버스에 안내양이 있었잖아요. 예쁘다고 차비를 안 받기도 했죠. 엄마 손에 이끌려서 다녔는데, 제가 싫어했으면 못 했을 텐데 좋아했었나 봐요. 잠재된 끼가 있었던 건지. 학교에서는 아주 얌전한 학생이어서 선생님들이 공연 보러 와서 깜짝 놀라시곤 했어요. "쟤 부끄러워서 인사도 못 하는 애인데", "너같이 얌전한 애가 어떻게 이런 걸 하니"라면서요. 무대에 서면 저도 모르게 그런 열정이 나왔어요. 참 이상하지요?

20대 후반까지 〈산불〉, 〈난장이가 쏘아올린 작은 공〉 같은 여러 편의 연극에 출연하셨어요. 왜 그만두셨어요?

연기 잘한다고 칭찬을 받은 적이 거의 없었어요. 오빠가 연극 연출가이다 보니 집에 와서도 연기 못한다고 지적을 했지요. 그러다 보니 재미가 없어졌던 것 같아요. 동생도 배우를 했는데 연기 폭이 넓어서 할머니 역도 잘했어요. 지금 생각해보면 저는 연기 폭이 좁았어요. 게다가 오빠가 극단을 하니까 돈 문제를 비롯해 뒤치다꺼리까지 다 해야 해서 저희는 연극하는 게 그렇게 즐겁지 않았어요.

그 당시에 영화는 좋아했나요?

어렸을 때는 주말마다 엄마, 아빠 쫓아서 극장에 갔어요. 우리 엄마가 어느 정도였느냐 하면 국제극장에서 〈성웅 이순신〉(1962)을 했는데 제 나이 또래는 입장 불가였나 봐요. 저를 극장 근처 잘 가는 다방에 1~2시간 맡겨놓고 혼자 보고 나오실 정도로 영화를 좋아하셨죠.

문예출판사에서 일하시고 태멘기획[1] 출판부 편집장도 하셨잖아요. 이렇게 궤도가 바뀌면서 어떤 생각을 하셨나요?

책에도 관심이 많아서 출판사 다닐 때는 그 일이 천직인 줄 알았어요. 출판사 그만두면 서점을 할 수 있지 않을까 생각하기도 했고요. 문예출판사 다닐 때는 교정보는 게 업무의 반 이상이었어요. 그런데 그렇게만 일하는 게 싫어서 『배우 수업』이라는 책이 나왔을 때 MBC 〈라디오 소설〉이란 프로그램에 찾아가서 우리 책도 방송해달라고 했던 기억이 나요. 소극적이면서도 그런 추진력은 있었나 봐요. "이번 달에는 못 하고 네 번째에 할 수 있다"고 하길래 또 부탁해서 빨리 나가게 했죠. 옛날에는 다른 홍보 수단이 없으니까 방송을 타면 책이 잘 팔렸잖아요. 그래서 사장님이 보너스로 50권짜리 문고 한 질을 주시기도 했죠. 평소에는 소극적이지만 일할 때는 적극적인 편이었어요. 할 수 있는 일을 직접 찾아다니며 일하는 것을 좋아했어요.

태멘에서는 공연 기획도 하셨다고요. 〈품바〉 공연 같은 것.

강인한 시인이 광주에 사셨는데 저한테 편지를 보내셨어요. 여기서 〈품바〉라는 연극을 하고 있는데 서울 무대에 올렸으면 좋겠다고. 그 팀을 불러서 공연을 봤는데 너무 재미있더라고요. 그래서 말뚝이소극장이라는 데서 장기 공연을 했어요. 태멘은 공연 기획도 하는 곳이어서 훨씬 활동적이고 재미있게 일했어요.

태멘기획에서 홍보 일을 시작한 거네요.

거기서 〈창밖에 잠수교가 보인다〉(1985)도 만들고 〈미리 마리 우리 두리〉(1988) 등 여러 영화를 제작했기 때문에 주업은 편집장이었지만 영화 홍보 일도 다 했던 거죠. 태멘은 종합문화집단이어서 영화 제작뿐 아니라 홍보도 하고, 영화소설도 내고, 공연 기획도 했어요. 정통 출판 쪽 일을 배웠기 때문에 처음에는 책에 영화 사진을 넣어 만든 영화소설이란 걸 보고 '이런 걸 출판이라고 해야 하나?' 의아해

---

1   명보극장 부사장 출신이었던 김정률이 설립한 태멘은 청년문화 기획을 표방한 회사로 출판, 영화, 공연을 아울렀다. 1982년에는 서대문극장을 인수하여 푸른극장으로 개명하고 복합문화공간으로 운영하기도 했다. 대표적인 기획으로는 연극 〈품바〉가 있으며, 여러 편의 영화 기획에도 참여했다. 태멘 출판은 리처드 마크의 『갈매기의 꿈』을 비롯해 많은 베스트셀러를 내기도 했다. 태멘과 김정률에 관한 기사의 일부분을 소개한다.
"70~80년대 문화계에 돌개바람을 일으킨 태멘은 16만 명의 회원을 거느렸던 전설적인 청년문화 그룹. 〈창밖에 잠수교가 보인다〉, 〈꼬방동네 사람들〉을 제작 기획하고 『꼬마 니콜라』, 『나사렛 예수』 등 베스트셀러를 출판했다."(「70~80년대 문화운동의 주역 김정률 '문화 경영' 꿈 안고 돌아온 '태멘'」, 『경향신문』, 1998년 3월 27일)

하기도 했어요. 그런데 그 책들이 잘 팔리는 걸 보고 '아, 책 광고도 영화 광고처럼 할 수 있겠구나' 깨닫게 되었죠. 연극도 하고, 회장님이 영화 쪽에서 일하는 분이어서 영화도 많이 보러 다니고, 공연 기획도 했기 때문에 대중문화 전반을 폭넓게 볼 수 있었어요.

당시 일을 하면서 차별 같은 것은 못 느끼셨나요?

어차피 혼자 알아서 해야 하는 일이니까 일에 대한 차별은 없었던 것 같아요. 오히려 좀 강하게 보이려고, 술자리 같은 데서 술도 못 마시는데 잘 마시는 척하고 깽판도 좀 놓고 그랬죠. 왜 옛날에는 남자들이 손도 만지고 어깨도 쓰다듬고 했잖아요. 우리 직원한테 그러는 게 싫어서 술자리에서 한 번 엄청 깽판을 놓았어요. "그러지 마세요, 그러지 마세요" 하는데도 계속 그러길래 술자리를 엎다시피 했어요. 분위기 완전 싸해지고, 그다음 날 회사에 갔더니 전부 '저 여자 저런 여자였어?' 하는 표정들이더라고요. 그래서 다들 눈치도 좀 보고, 그다음부터는 함부로 못 하더라고요. 태멘에서 편집장을 하니까 기자들이 우리 사무실에 들렀다가 사장 인척 되냐고 묻기도 했었어요. 직급 있는 여자가 드문 시절이어서 친척이라 자리를 준 거냐고 물어보는 거였어요. 그런 오해도 받았어요.

1986년에 드디어 영화계로 자리를 옮기셨네요?

양전흥업 기획실장으로 갔는데 기자 분들이 많이 추천해줬어요. 1984년에 영화법이 개정된 후 영화사들이 막 생기기 시작할 때였죠.[2] 당시 영화사에 경리 말고 영화 업무를 담당하는 여자 직원은 제가 처음이었을 거예요. 양전흥업에서는 〈델타포스〉(1986), 〈신의 아그네스〉(1986)를 수입하고, 이어서 김정옥 감독의 〈바람 부는 날에도 꽃은 피고〉(1987)의 기획, 홍보를 담당했죠.

---

[2] 1984년 12월 31일에 개정되고 1985년 7월 1일부터 시행된 제5차 개정 영화법의 골자는 제작 자율화였다. 1962년부터 한국에서는 정부의 허가를 받은 소수의 영화사들만이 영화를 제작할 수 있도록 법으로 규정하고 있었다. 영화인들은 원하는 사람은 누구나 영화를 제작할 수 있도록 법을 바꾸기 위한 운동을 지속적으로 전개하였고, 1984년 제5차 개정 영화법에 와서야 비로소 영화 제작업이 허가제에서 등록제로 바뀌며 제작 자율화가 이루어졌다. 이를 계기로 영화사 설립 붐이 일었으며, 그만큼 많은 영화들이 제작되기 시작했다. 1984년 영화법 개정은 한국 영화의 제작 환경이 바뀌는 출발점이 되었다.

**채
윤
희** 사장님이 맨날 "미스 채!"라고 하셨어요. 기분이 좀 좋으신 날에는 "채 실장!" 이러고.

당시 기획실에 몇 명이나 있었어요?

저 포함해서 두 사람이요. 혼자 다 한 거나 마찬가지죠. 당시 영화 쪽 기획실에 여자는 저 혼자였던 것 같은데요.

1988년에 삼호필름의 기획이사로 자리를 옮겼습니다.

〈나의 사랑 나의 신부〉(1990)가 삼호필름으로 옮겨서 기획한 첫 영화였죠. 이명세 감독님은 출판 쪽에 있을 때 알게 됐는데 충무로 지하철역에서 우연히 다시 만났어요. 영화 쪽에서 일한다니까 반가워하시면서 시나리오 있는데 한번 보라고 주셔서 하게 된 작품이에요. 한국 영화가 엄청 흥행이 안 될 때여서 걱정했는데 대박이 났어요. 1990년대 초반 〈결혼이야기〉로 대표되는 로맨틱 코미디가 연이어 성공했는데 그 시작이 되었죠.

그때 홍보 전략이 뭐였어요?

최진실이 곧 전략이랄까요? 최진실 씨가 한참 떠오를 때였으니까요. 그래서 박중훈 씨가 되게 섭섭해 했어요. 박중훈 씨도 이미 떠오른 스타였거든요. 포스터에 최진실 씨 얼굴을 대문짝만 하게 넣고 둘이 서 있는 모습을 작게 넣었더니 저한테 "채 이사님, 저는 콩알만 해요"라고 볼멘소리를 했죠. 또 당시엔 무대 인사와 팬 사인회를 많이 했어요. 지금같이 이벤트를 많이 하지는 않았고, 주말에 최진실 씨하고 박중훈 씨가 극장에 가곤 했어요. 정말 극장이 미어터질 듯 사람이 많이 왔어요. 사고 날까 봐 그 추운 겨울에 피카디리극장 앞 광장에 나와서 팬 사인회를 했던 기억이 나요. 당시엔 배우들을 동원하는 게 최고였어요. 요즘처럼 매니지먼트사가 있는 게 아니니까 매니저하고 잘 얘기하면 가능했거든요. 저는 이 영화가 1980년대 한국 영화와 확연하게 다른 1990년대 새로운 세대의 출발을 알리는 신호탄이었다고 스스로 평가해요. 최진실 씨가 스타덤에 오른 작품이기도 했고요.

당시의 홍보 관행도 궁금합니다.

시사하기 전에 기자들한테 보도자료 돌리러 신문사에 다녔어요. 그때는 홍보란 곧 발로 뛰는 일이었죠. 그렇게 한동안은 발로 뛰다가, 그다음에는 팩스로 보내다가, 이제는 이메일로 보내죠.

1991년에 한국영화기획실 모임이 생겼나 봐요. 어떤 분들이 참여했나요?

1986년에 제가 영화계로 들어오고, 이듬해인가 여자들이 좀 많이 들어왔어요. 심재명 대표랑 김미희 대표, 지미향 씨 같은 분들이요. 곧이어 영화사나 극장 기획실에서 일하던 유인택, 신철 같은 젊은 세대들이 모여서 친목도 도모하고 영화 공부도 하는 모임을 만든 거죠. 한 달에 한 번씩 꼬박꼬박 모였어요. 그해에 잘된 영화에 상을 주기도 했는데 기획실 모임 1회 때 〈나의 사랑 나의 신부〉로 상패도 받았어요, 삼겹살집에서. 꽤 오랫동안, 한 10년 넘게 모였어요. 개봉 안 한 영화를 비디오로 같이 보기도 하고, 충무로 베어가든이라는 곳에 늘 모여 있어서 그냥 지나가다 들르면 기획실 사람들이 있을 정도였어요.

이 기획실 모임이 한국 영화계에 기획영화가 등장하게 된 것과도 관계가 있네요.

우리가 '기획영화 하자' 이런 건 아니지만 늘 베어가든에 모여서 이런저런 얘기를 하고, '우리 영화 이번에 개봉해야 하는데 뭐 좋은 거 없을까?' 하면서 서로 아이디어도 주고받고 했던 게 알게 모르게 도움이 되었어요. 서로 경쟁하지만 도움도 주었지요. 그러다 보니 제작 환경 변화와 맞물려 기획영화들이 많이 나왔어요. 〈미스터 맘마〉, 〈결혼이야기〉, 〈마누라 죽이기〉 등등.[3]

---

3   1990년대 초반에 부상한 젊은 영화 기획자들이 당시 영화업계 진출을 모색하던 대기업 자본과 손잡고 제작한 일군의 영화를 일컬어 '기획영화'라고 한다. 신철, 오정완이 이끌던 신씨네가 제작하고 심재명이 설립한 명기획이 홍보했던 〈결혼이야기〉가 흥행 돌풍을 일으키면서 시작된 기획영화 붐은 지방 배급업자의 자본에 의지하여 주먹구구식으로 제작하던 기존의 충무로를 뒤흔들었다. 이때 기획영화 제작을 주도한 신철, 오정완, 심재명, 유인택 등의 젊은 제작자들이 1990년대 이후 한국 영화의 변화를 이끌게 된다.

1993년에 결혼하면서 잠시 휴식기를 가지셨던데요, 뭘 하셨어요?

채윤희

6개월 정도 쉬었어요. 컴퓨터를 잘 못해서 학원 다니며 배우고, 신혼이니까 집안 살림도 좀 하고요. 그러면서 오빠 연극도 도와줬고요. 영화 일 안 할 때 가보고 싶어서 칸영화제에도 갔다 왔죠. 그렇게 지낼 때 삼성물산의 영화 사업 부서인 드림박스에서 연락이 왔어요. 그쪽 영화들의 홍보를 전담할 의향이 없느냐고. 고민을 많이 했는데 결국 드림박스와 계약을 하고 제 회사 올댓시네마를 차렸죠. 사실상 우리나라 최초의 영화 홍보 전문회사였어요. 보증금 500만 원에 10평 규모의 사무실을 충무로에 얻었어요.

삼호필름에서 자발적으로 퇴직한 거예요?

결혼하고도 좀 다녔는데 사장님이 제 말을 귀담아 듣지 않아서 '아, 이제 그만두어야 할 때가 왔나 보다' 했죠. 회사가 커지면서 새 직원들이 많이 들어왔는데, 똑같은 말을 내가 했을 때는 안 듣더니 새로 온 남자 기획실장이 하면 듣더라고요. 거기 6년 넘게 있었는데 말이죠.

아무도 안 하던 걸 해보자

올댓시네마를 영화 잡지 『스크린』 기자 출신인 노은희 씨와 심영 씨 두 사람과 함께 시작했어요.

남편이 『스크린』 편집장이었을 때 노은희 씨와 같이 일했고요, 심영 씨는 실험극장에서 일하고 있었어요. 우리가 연극할 때 대관해서 들어가면 그쪽 직원인데도 우리 일을 자기 일처럼 해주더라고요. 아침에 학교 앞에서 전단지 뿌리다가 경찰서에 잡혀가면 자기가 나서서 경찰서도 가주고 여기저기 연락도 해주고요. '아, 저 친구 되게 싹싹하다' 했는데 제가 사무실 차린다고 하니까 동생이 "그 친구 한 번 데려다 일해봐" 해서 같이하게 되었죠.

1996년이 되면 직원이 여성만 여섯 명이 됩니다. 관행도 궁금하지만 두 명으로 시작했다가 여섯 명이 되었고, 현재는 열 명 정도? 이런 변화도 알고 싶네요.

두 명하고 할 때는 홍보 일이 주 업무였어요. 그야말로 마케팅이 도입되면서 홍보 업무도 중요하지만 이벤트를 많이 해야 해서 직원이 더 필요해졌죠. 의뢰받는 작품 수도 늘어났고요. 지금은 업무가 훨씬 분업화되어 있어요. 이전에는 온라인 마케팅팀이 따로 있지 않았어요. 외부에서 홈페이지를 만들어주거나 PC통신에 이벤트를 해주는 회사가 있었죠. 지금은 온오프라인 마케팅 업무가 완전히 나뉘어 있거든요. 저희 같은 경우는 오프라인 마케팅사가 된 거지요. 업무가 엄청 분업화됐어요, 지금은.

올댓시네마의 첫 홍보 작업으로 미국에서는 최악의 영화라고 평가받았던 〈컬러 오브 나이트〉(1994)를 성공시키고, 〈씨클로〉(1995)도 원래 포스터보다 훨씬 훌륭한 포스터를 만들어서 감독이 일부러 가져갈 정도로 좋은 평가를 받으셨어요. 〈컬러 오브 나이트〉의 주제가 악보로 전단을 만들어 레코드숍에 뿌린 건 정말 참신한 전략이었어요.

모든 게 영화 마케팅의 시초나 마찬가지였어요. 〈컬러 오브 나이트〉는 영화를 직접 보지 않은 상태에서 마케팅을 시작했는데 나중에 영화를 보고 깜짝 놀라긴 했어요. 제목도 그렇고 외국에서 온 포스터도 야해 보였잖아요? (웃음) 아무튼 우리는 회의를 통해 주제 음악이 좋다는 걸 살리기로 하고 악보 전단을 만들어 영화 개봉 전에 레코드숍에 뿌렸어요. 당시에 젊은 친구들이 많이 가는 곳이었으니까요. 바탕에 브루스 윌리스랑 제인 마치의 야한 사진을 희미하게 깔고 그 위에 악보를 인쇄해서 레코드숍에 갖다 놨는데 사람들이 앞다투어 가지고 갔어요. 그때만 해도 영화 공식 전단이 아니라서 심의를 안 받아도 됐는데, 그게 어떻게 심의위원회에 알려지게 돼서 난리가 나기도 했어요. 담당자 들어오라고 하길래 다 수거하겠다고 했죠. 그런데 수거를 어떻게 해? 이미 다 나갔는데. 하여튼 그런 게 주요 전략이었는데, 나중에 보니까 영화가 하나도 야하지 않은 스릴러인 거예요.

1991년 영화 〈나의 사랑 나의 신부〉의 제36회 아시아태평양영화제 수상 축하 행사에서. 왼쪽부터 김동호 조명감독, 채윤희 대표, 박효성 삼호필름 대표, 박중훈 배우, 이명세 감독, 유영길 촬영감독.

어쨌거나 〈컬러 오브 나이트〉는 전 세계에서 우리나라에서만 흥행에 성공한 영
화가 되었어요.

**초기에는 '야한 건 더 야하게'라는 말씀을 하셨더라고요. 홍보라는 것은 신부를 예쁘게 화
장시키는 거랑 비슷하다고. 영화 홍보에 대해 이야기하는 『섹시한 세상을 기획
하는 여자』라는 책을 쓰셨죠.**

네. 책에다가 그런 말을 썼죠. 책에는 그렇게 썼지만 직원들한테는 늘 정확하게
정보를 전달해야 한다, 장점은 더 극대화시키고 단점은 안 보이게 포장을 잘해야
한다고 이야기해요. 그 제목은 출판사에서 붙인 건데 그때만 해도 그런 게 먹혔
어요. 요새 같으면 큰일 날 일이죠.

1999년에 개봉한 〈쉬리〉는 여러모로 화제를 모았어요.

그때는 제작 발표회를 했잖아요. 〈쉬리〉는 어떤 차별화된 전략으로 대작이라는
걸 알릴 수 있을까 고민이 많았어요. 제작사하고 얘기하다가 배우들이 정두홍 무
술감독에게 총 쏘는 법 같은 액션을 배우고 있다는 걸 알았어요. 보라매공원 안
에 그 액션 스튜디오가 있었는데, 그곳에서 제작 발표회를 하면서 배우들이 총격
전과 무술 시범 연기를 선보이는 행사를 했어요. 다행히 배우들이 협조를 잘 해
줬어요. 한석규 씨, 최민식 씨, 김윤진 씨, 송강호 씨 모두. 본격적인 건 아니지만
액션 한 가지씩은 다 보여줬어요. 제작 발표회가 아주 화제가 됐죠. 그런 걸 한 적
이 없었으니까. 그리고 여의도에서 일요일에 촬영을 했는데, 거리에서 총 소리가
나니까 주민들이 방송국에 막 전화를 하는 소동이 일어났어요. 그게 9시 뉴스에
나왔어요. 영화가 뉴스에 나오는 게 무척 어려운 시절이었는데, 덕분에 개봉 전
부터 관심을 받는 작품이 되었죠.[4]

---

4   〈쉬리〉 제작 발표회는 큰 화제가 되었다. 당시 기사의 일부를 옮겨본다.
"한국형 액션 블록버스터를 선언한 강제규 감독의 두 번째 영화 〈쉬리〉 제작 발표회가 지난
23일 서울 보라매공원 안 서울액션스쿨에서 열렸다. 영화 기자 및 제작 관계자 100여 명이
지켜보는 가운데 주연 배우들을 포함한 출연진은 11미터 높이에서 뛰어내리는 밧줄타기를
비롯해 일대일 검술, 특공무술, 총격전을 실감나게 선보였다. 〈쉬리〉가 어떤 영화인지 맛을
보여주는 자리였다. …… 다음 주부터 11월 중순까지 촬영을 마치고 두 달 반의 후반 작업을
끝낸 뒤 내년 2월 설날에 맞춰 개봉할 예정이다. 제작비는 한국 극영화로는 최대 규모인 27
억 원. 시나리오를 검토한 삼성영상사업단이 전액을 제공하기로 결정했다."(「한국에도 액션
블록버스터가 뜬다」, 『한겨레』, 1998년 6월 26일)

그건 아니에요. 우리는 대행료 받는 게 다이니까요. 그래도 그때 다들 어렵다고 했는데, 영화 산업은 그렇게 힘들지 않았는지 오히려 직원을 더 뽑긴 했어요. 대학생 모니터 요원 제도를 만들어서 6개월마다 미리 영화를 보고 반응을 조사하기도 했고요. 또 저희 직원들이 토요일마다 긴 시사실을 빌려서 그 대학생들에게 강의를 했어요. 홍보 마케팅 강의를 하면서 저희가 홍보하는 영화의 모니터링도 했는데, 직원들이 아주 열정적이었어요. 대학생들이 영화의 주요 타깃 관객이잖아요. 그들의 의견을 들어보는 게 정말 좋았어요. 그런 게 없던 시절이었으니까요. 그때 거기 있던 친구들이 영화 일을 계속하고 있기도 해요. 쇼박스에도 한 사람 있고, 또 한 사람은 〈아이 캔 스피크〉를 기획, 제작하기도 했죠. 1997년 무렵에는 아홉 명의 직원이 연간 15~20편의 홍보 마케팅을 담당했어요. 그쪽으로는 최고로 오래된 회사가 되었죠.

이 시기부터 대작일 경우 1000석 규모의 극장에서 시사회를 하는 등 홍보 마케팅 관행이 달라졌잖아요.

일반극장에서 시사회를 한 게 〈쉬리〉가 처음이었어요. 보고 싶어 하는 사람이 너무 많아서 동방플라자에 있던 시네스에서 언론 시사를 했어요. 그전에는 작은 시사실에서만 하는 게 관행이었거든요. 그 이후부터 언론 배급 시사를 극장의 여러 관을 빌려서 하고 출연진들이 무대 인사를 하는 것도 홍보 툴이 된 거예요.

올댓시네마는 영화를 꽤 가려서 홍보하지 않았나요?

초반에는 될 만한 영화만 한다는 얘기도 들었는데 10년쯤 되니까 좋은 작품만 할 수는 없게 되었어요. 그래도 가려서 하려고 노력하는 편이에요. 스케줄만 맞으면 작품성 있는 다양성영화, 독립영화들도 했어요. 최승호 피디가 찬바람 맞으면서 만든 〈자백〉(2016) 같은 영화가 기억이 나네요. 그리고 제가 실무를 할 때는 공포영화를 못 했어요. 미안한 이야기지만 제가 워낙 공포영화를 못 보거든요. 지금은 직원들이 담당하니까 〈컨저링〉(2013) 같은 영화도 했죠. 초창기에 직배사에서 홍보해달라고 제안이 왔는데 그때 분위기로는 직배사 영화를 홍보하기가 좀 꺼림칙해서 거절하기도 했어요. 담당자가 계속 찾아와서 나중에는 하게 되었지만요.[5]

홍보 마케터가 되고 싶은 많은 사람들이 채 대표님을 역할 모델로 삼고 있고, 또 많이 키워서 내보냈잖아요. 그분들이 나가서 새로운 홍보 마케팅 회사를 설립하기도 했고요. 26년간 하시면서 그런 신진 세력에 위기감이나 경쟁심을 느끼지는 않았나요?

제가 성격이 덤덤해서 그런지 그런 건 별로 없었어요. 오히려 그들이 저를 챙겨줬다고 해야 되나. 제가 인복이 있는 거지요. 제가 챙겨준 게 있다면 사람 찾는 곳이 있으면 연결해준 정도예요. 회사 창립일이 되면 같이 만나는 게 전통이 되었어요. 투자사로 간 사람은 이제 클라이언트가 되어 만나고요.

예전엔 직원이 대부분 여자였잖아요.

여성영화인모임에서 홍보 워크숍을 할 때도 처음에는 여자만 받았는데, 남자 친구들이 "저희는 들으면 안 돼요?" 하더라고요. 언젠가부터 남자 친구들도 마케팅에 관심을 가지기 시작했어요. 지금은 저희 회사에 남자 직원이 셋이나 있어요. 초기에는 홍보는 섬세한 여성들이 맡는 분야라는 생각이 있었지만 지금은 안 그래요. 예전에는 모집 공고 내면 100명, 200명이 왔는데 여성이 90퍼센트 이상이었어요. 거기서 한두 명 뽑는 것이니 아무래도 여자가 뽑힐 가능성이 더 높았지요. 게다가 알게 모르게 이건 여자들이 하는 일이라는 생각이 있다 보니 계속 여직원을 뽑게 되었어요. 오랫동안 하다 보니까 직원들이 똑같은 영화라도 남자는 어떤 시각으로 보는지 궁금해 하더라고요. "그러면 남자 직원을 뽑을까?" 하고 하나둘 뽑기 시작했지요. 지금은 우리 회사뿐만 아니라 다른 회사에도 남자 직원들이 꽤 있어요. 여전히 압도적으로 여자가 많긴 하죠. 여자와 남자가 섬세함에는 별 차이가 없지만, 영화를 보는 관점에는 약간 다른 부분이 있어요.

5   1980년대 중반부터 미국영화수출협회는 끊임없이 한국 영화의 전면적인 시장 개방을 요구해왔다. 결국 1986년에 영화법이 개정되면서 1987년부터 미국 영화사들이 한국에서 영업을 시작했다. 1988년 9월 추석 프로그램으로 미국 메이저 영화사의 연합 배급사인 UIP가 〈위험한 정사〉를 개봉하자 영화인들은 직배 영화 반대운동을 시작했다. 영화인들로 구성된 투쟁위원회는 미국 영화사의 국내 직접 흥행을 금지할 것, 국산 영화 의무 상영 일수(스크린쿼터제)를 연간 146일에서 183일로 강화할 것, 그리고 국산 영화 제작에 세제 혜택을 줄 것 등의 내용을 담은 영화진흥법 개정을 요구했다. 영화인협회 감독분과위원회의 철야 농성으로 시작된 미국 영화 직배 반대운동은 〈위험한 정사〉를 상영하던 신영극장과 코리아극장의 점거 농성으로 이어졌다. 직배 저지 투쟁은 해를 넘기면서 더욱 과격해졌으며 1990년까지 지속되었다. 그러한 분위기에서 직배 영화와 관련된 일을 하는 영화인들과 극장들은 비난의 대상이 될 수밖에 없었다.

할 일이 많아서 예전에 수작업으로 할 때보다 오히려 체력이 더 중요해졌죠. 사무실 안에서도 일하지만 회의는 여기저기 다니면서 해야 하고, 특히 이벤트는 밖에서 해야 하니까 돌아다닐 일이 많아요.

26년 차 영화 홍보 마케팅 회사, 올댓시네마

회사가 광화문에서 합정 쪽으로 이사를 했는데 또 다른 목표가 생긴 건가요?

우리 회사가 이제 25년쯤 됐는데 올해 완전히 세대교체가 됐어요. 16년, 17년씩 같이 있던 친구들이 그만두고 새로운 인력으로 꾸려졌죠. 그렇다 보니 제가 조금 더 열심히 해야 하는 상황이고요. 오래 있던 직원들이 그만두니까 지금 있는 친구들이 원하는 분위기로 바꾸고 싶어서 옮긴 거예요.

오래 있던 사람이 나가도 경력직은 안 뽑는다는 원칙이 있죠?

막내로 들어온 친구들이 계속 올라와서 실장을 했기 때문에 경력직은 거의 안 뽑았어요. 한 번 정도 뽑은 적이 있지만 그 원칙은 계속 지키려고 해요. 일장일단이 있는 것 같아요. 그만둔 친구들이 영화계의 좋은 자리에 가서 일하고 있으니 좋은 일이죠. 지금은 4년 차, 5년 차 직원들과 같이 일하고 있어요. 그만둔 친구들도 보면 5년 차부터 일을 알아가더라고요. 세대교체가 잘된 것 같아요.

스크린 쿼터 축소 반대 투쟁 때 얘기를 해주세요.

1996년에 국내 개봉한 알 파치노, 로버트 드 니로 주연의 영화
〈히트〉(1995)의 마케팅 회의를 하고 있는 올댓시네마 직원들.

제가 모임 대표를 맡은 지 얼마 안 되었던 때라서 무지 열심히 참여했어요. 광화
문에서 임순례 감독님과 남자 감독들이 삭발을 해서 저도 하려고 했어요. 갑자기
진행자가 "여자 분들은 나오지 마세요" 이러더라고요. 그래서 못 했어요. 임순례
감독까지만 하고. 이런 게 남녀차별인가 했어요. 올라가서 성명서 낭독하고 삭발
하는 거 보느라고 자리에 앉아 있었는데 갑자기 그런 멘트가 나와서 못 했죠.

영화인으로 살면서 결정적인 사건이나 중요한 시기가 있었다면요?

올댓시네마 창립한 게 저한테는 중요한 일이었지요. '그때 올댓시네마 안 만들었
으면 지금 뭐 하고 있을까?' 이런 생각을 가끔 하거든요. 제가 영화 제작을 했을 것
같지는 않고, 어느 회사 기획실 같은 데 들어갔을 텐데 그랬다면 지금까지 일을 못
했겠죠. 제 회사를 차렸기 때문에 여태까지 명맥을 유지한 게 아닐까 싶어요. 한국
영화 100주년 기념 책자 『한국영화 100년 100경』에 1994년에 올댓시네마가 창
립되었다는 내용이 들어가서 너무 기뻤어요. 그리고 2013년에 마케팅 회사 대표
들과 힘을 모아 한국영화마케팅사협회를 만든 것도 큰일을 해냈다 싶고요.

**자신이 관여했던 일이나 연루되었던 사건 가운데 역사에 기록으로 남기고 싶은 것이 있다
면요?**

〈쉬리〉홍보 마케팅을 했던 것 아닐까요? 지금이야 1000만 관객이 흔하지만,
1999년에 한국 영화가 580만을 기록했다는 것은 당시로서는 어마어마한 숫자
였어요. 한국 영화가 산업적으로 발전하는 데 분기점이 되었던 작품이고요. 한국
영화 홍보 마케팅의 역사에도 기록으로 남을 작품이죠.

채 대표님에게 가장 큰 영향을 주었던 여성 영화인이 있다면 누구인가요?

심재명. 늘 옆에 같이 있지만 누가 물어도 "제가 존경하는 후배예요"라고 말해요.
그동안 제작했던 영화의 면면도 그렇고, 일에 대한 열정도 그렇고요. 정말 열심
히 일하고 아이디어도 좋잖아요. 늘 붙어 다니지만 볼 때마다 배우는 게 많아요.
심 대표가 영화계에 들어와서 제일 먼저 저한테 전화를 해서 알게 됐거든요. 안
그랬으면 그냥 '어디 영화사 기획실에 누구 있대' 이렇게 끝날 수도 있었는데 전
화를 해서 "선배님, 저 심재명이라고 하는데요. 만나서 차 한잔하시죠"라고 했어
요. 제가 개인적인 일은 많이 얘기하지 않는 성격이지만, 그래도 영화계 안에서

의 일은 다 털어놓는 사이예요.

매체 환경의 변화를 어떻게 인식하시는지, 그러한 변화가 홍보 마케팅에 어떤 영향을 미쳐
왔고 또 앞으로는 어떤 변화를 일으킬지 채 대표님 생각을 들려주세요.

홍보 쪽을 얘기하면 예전에는 몇 안 되는 언론사만 상대하면 됐는데, 어느 순간
PC통신이 생기면서 보도자료를 이메일로 보내기 시작했어요. 그다음에는 인터
넷이 발달하면서 매체가 엄청 많아졌고요. 언론 매체뿐만 아니라 한 사람, 한 사
람이 다 미디어잖아요, 요새는. 그리고 요즘은 단어 하나하나도 굉장히 신중하게
선택해서 써야 하고, 이루 말할 수 없이 변한 게 많죠. 홍보 단계도 분업화되어 예
전에는 예고편을 연출부와 편집실에서 만들고 녹음하고 감독이 오케이하면 됐
는데, 요즘은 예고편 업체도 따로 있어서 제작사, 투자사, 감독이 모두 보고 오케
이해야 나갈 수 있어요. 포스터도 예전에는 스틸 중에서 골라서 만들었잖아요.
언젠가부터 사진을 따로 찍어서 만들기 시작했어요. 또 보도자료를 이메일로 보
내다 보니까 그 내용을 그냥 따서 쓰기도 하고, 평론가들의 지면이 없어지기도
했죠. 평론가가 아니어도 영화를 좋아해서 자기 글을 남기는 블로거들이 생겼고,
그중에서 영향력이 큰 파워 블로거가 나오기도 하잖아요. 홍보 과정에서 그런 파
워 블로거들과 협업을 해야 할 때도 있죠. 어떤 사람들은 진짜 덕후여서, 예를 들
어 SF영화 같은 분야는 웬만한 전문가보다 더 많이 알고 있어요. 영화에 따라서
그런 분들이 도움을 줄 때도 있어요. 정말 변한 게 너무 많아요.

그리고 우리 세대가 기술의 측면에서 큰 변화를 겪었잖아요.

제가 오죽하면 회사 그만두자마자 그다음 날 바로 종로 어느 학원에 등록해서 컴
퓨터를 배웠겠어요. 저는 타자도 못 쳤는데. 하여간 잘 적응하고 산 것 같아요. 앞
으로 어떻게 더 바뀔지는 모르겠지만.

축구 여행을 꿈꾸지만 여전히 후배를 키우고 싶다

여성이라는 정체성이 일을 통해 어떻게 발현되었다고 생각하세요? 또 영화 일을 하는 데
여성의 정체성이 어떻게 작용하고 있다고 느끼시는지도 궁금합니다.

2004년 여성영화인모임 대표로서 여성부 주최 제9회 여성주간 기념 대통령 표창을 받은 채윤희 대표.

여성영화인모임 대표를 하면서 여성에 대해 더 많이 생각하게 되고, 계속 배우면서 일할 수 있었던 것 같아요. 최근에 여성영화인모임에서 한국영화성평등센터 든든을 만들면서 많이 자각했다고 할까요? 지금도 많이 배우고 있어요. 예전엔 스스로 페미니스트가 아니라고 생각했는데 여성영화인모임 활동을 하다 보니까 많이 달라지네요. 1999년에 우리가 여성영화인모임을 만들기 위한 준비를 했잖아요. 선생님과 제가 공동준비위원장을 맡아서 산파 역할을 했죠. 여성들을 모아야 하니까 임순례 감독님하고 선생님하고 몇 명이 맡아서 연락할 사람들을 나누었던 기억이 나네요. 준비위원이 한 40명 정도 되었나. 저도 좋은 일인 것 같아서 친구들한테 전화를 돌렸죠. 이런 모임이 있으면 좋겠다는 생각은 했어요. 제가 대표가 될 줄은 모르고 (웃음) 망설이지 않고 "네, 알겠습니다" 하고 흔쾌히 했어요. 아주 적극적으로 나섰죠. 오히려 지금 모이라고 하면 안 모일 수도 있는데 그땐 진짜 많이 모였어요. 우리가 아직까지도 다 이루지는 못했는데, 크게 다섯 가지 목표를 설정했죠. 정보 교류, 인력 뱅크, 여성 영화인 양성 및 재교육, 분야별 워크숍 등등. 워크숍은 홍보 마케팅부터 프로듀서 과정까지 꾸준히 하고 있잖아요. 여성 영화인 작품의 국내외 배급 사업 등 저희가 못하고 있는 것도 있고요. 이젠 좀 새로운 사람들이 맡아서 더 활성화시켜야 하는데 그게 쉽진 않네요. 임순례 감독님과 심재명 대표도 20년을 계속해온 거잖아요.

버킷리스트 중 하나가 축구 여행이라고 하셨어요. 대표님과 오래 알았지만 축구의 광팬이라는 건 정말 의외였어요.

남편과 함께하는 전 세계 축구 여행이 버킷리스트라고 어디엔가 쓴 적이 있어요. 그 글이 액자에 담겨 집에 걸려 있어요. 그런데 축구 경기가 주로 주말에만 하잖아요. 주말과 그다음 주말에 걸쳐서 가야 해서 기간이 오래 걸려요. 회사 운영하면서 가기는 쉽지 않죠. 가면 적어도 두세 경기는 봐야 하고, 스페인도 가야 되고 영국도 가야 되는데 그게 돈이 좀 많이 들더라고요. 표 값이 비싸서요. 박지성이 퀸즈파크로 소속팀을 옮겼을 때 가서 이청용 팀에도 가고, 또 뮌헨에 갔다가 아우구스부르크로 넘어가서 구자철 경기도 보고 그랬어요. 이제 손흥민도 보러 가려고요. 요즘은 이강인 때문에 스페인 경기도 봐요. 손흥민 경기를 이번 주말에도 다 봤어요. 박지성이 경기 할 때는 새벽에 일어나서 봤죠, 주말에. 시차 때문에 새벽 4~5시에 경기를 하니까요. 저한테 우리 직원들이 "대표님, 유튜브로 아줌마가 축구 중계하면 얼마나 재미있겠어요. 눈높이에 맞춰서. 그것 좀 해보세요"라고 농담도 해요.

채
윤
희

입양아 이야기를 다룬 〈마이 파더〉(2007)라는 영화를 홍보하다가 해외 입양인들
의 모국 방문을 지원하는 '(사)둥지'라는 데를 알게 됐어요. 해외로 입양 간 친구
들이 한국에 오면 홈스테이를 제공하는 사람이 필요하다고 해서 몇 번 하다 보니
몇 년간 꾸준히 하게 되었지요. 새로 이사한 집의 구조가 홈스테이 하기에 불편
해서 지금은 못 하는데 정말 좋은 경험이었어요. 그 친구들이 와서 부모님을 찾
으니까……. 가슴 아픈 사연들이 많았어요.

**여성영화인모임도 그렇고, 이런 일도 그렇고 개인적으로 봉사하는 삶의 비중이 커지는 것
같네요. 얼마 전에는 홍보 회사도 누구한테 맡길 수 있는 때가 되었다는 이야기
도 하셨잖아요. 1년은 어디 가서 조용히 있어도 된다면서. 이제는 떠날 준비를
하시는 것 같아요. 지금껏 신영균예술문화재단이나 영화계의 많은 일들에 조금
씩 다 관여를 해왔잖아요. 그런 게 일종의 봉사직인데.**

〈007 어나더 데이〉(2002)를 홍보할 때 할리우드 홍보 전문가가 한국에 와서 함
께 일한 적이 있는데 그분이 거의 일흔 가까이 된 할머니여서 깜짝 놀랐어요.
〈007〉 시리즈 홍보를 1편부터 다 하셨다고 하더라고요. 그분이 오랫동안 일하는
모습이 부럽기도 했고, 제 일에 대해 다시 생각하는 계기가 되었죠. 그런데 이제
그 나이에 가까워지니 너무 오래 했다는 생각도 들어서 좀 내려놓으려고요. 남편
도 후배들 앞길 막지 말고 비켜주라고 성화예요. 하지만 신입 직원들 면접을 볼
때면 '아, 이 친구들이 영화계에 잘 들어올 수 있는 발판이 되어야겠다'라는 생각
이 들기도 해요. '이 나이에 이런 젊은이들과 함께 일한다는 건 복이야' 하면서 마
음이 약해지기도 하고요.

전도연
영화배우

늘 더 좋은 이야기를
찾아가는 배우

매니지먼트 숲 제공.

1997년 〈접속〉으로 국내 주요 영화제 신인연기상을 휩쓸었다. 〈약속〉(1998), 〈내 마음의 풍금〉(1999), 〈해피엔드〉(1999), 〈스캔들: 조선남녀상열지사〉(2003), 〈인어공주〉(2004), 〈밀양〉(2007), 〈무뢰한〉(2015) 등의 작품에 출연했고, 한국 영화 부흥기의 최고 연기자로 불린다. 〈밀양〉으로 칸국제영화제에서 여우주연상을 수상했으며, 프랑스 문예공로훈장 슈발리에를 받았다. 2014년에는 칸국제영화제의 심사위원을 맡았다.

"이야기가 조금 비주류라 하더라도 그런
이야기를 하고 싶어 하는 감독이 있으면,
보고 싶어 하는 관객이 있으면,
내가 그 이야기에 공감하고
동의할 수 있으면 나는
그런 이야기를 하는 배우이고 싶어요."

내 생각이 반영된 작품을 찍는다는 희열

●주진숙
●전도연

2017년 부천국제판타스틱영화제(이하 부천영화제)에서 전도연 배우 특별전을 하면서 멋진 책이 나왔고, 2019년 봄에는 『씨네21』 창간 24주년 기념으로 특별한 별책부록이 나왔습니다. 두 책이 전도연 배우의 거의 모든 것을 다루고 있었어요. 특히 정성일 평론가의 글귀가 인상적이었어요. "전도연이 거기 있을 때 거기 있는 것은 존재가 아니라 감정이라는 인상을 불러일으킨다는 점에서 전도연은 이상한 배우이다." 혹시 읽으셨다면 어떻게 생각하실지 궁금했어요.

조금 추상적일 수도 있고 어려울 수도 있는데, 저라는 배우를 그렇게 생각해주시는 것 같아요. 그 영화 속의 '전도연'이 아니고, 그 인물과 그 감정으로 봐주시기 때문에 아마 그런 글을 쓰시지 않았나 싶어요. 그러니까 그 안에서 전도연이 뭘 했느냐가 아니라 영화 속의 그 인물이 어떤 감정으로 그 자리에 있었느냐를 더 많이 기억해주신 게 아닌가라고. 제가 무언가를 보여주고 표현하는 사람이기는 하지만, 사실 저는 자신을 배우 전도연으로 어필하는 것보다 그 인물로서 작품 속에 존재하고 싶고 보여주고 싶기 때문에 그렇게 말씀해주신 게 감사해요.

직접 쓰신 손 편지도 재미있게 읽었어요. 놀라운 것은 그 손 편지 속에 그간 전도연 배우가 인터뷰에서 했던 말들이 상당히 압축되어 들어가 있다는 것이었어요. 이 배우는 자신의 생각에 일관성이 있구나 했죠. 예를 들어 캐릭터에 대한 이해가 깊은 이야기를 선호한다든가, 자유롭고 다양한 작품을 갈망한다는 것이 그랬어요.

저는 처음에 꿈이 배우가 아니었기 때문에 정말 아무 생각 없이 이 일을 시작했어요. 그때는 일이 좋아서라기보다 남들보다 돈도 많이 벌고 남들이 알아봐주는 일을 하고 있다는 우월 의식이나 치기로 일을 했던 것 같아요. '나는 언제든 이 일을 그만둘 수 있어'라는 생각을 했었고요. '나는 이거 아니라도 뭘 해도 잘했을 거야'라는. 그런데 영화를 시작하고 나서 내가 생각하는 대로 하고 싶은 일을 할 수도 있다는 걸 알았어요. 그전까지 누군가가 시키는 대로 수동적인 삶을 살았고 그에 대해서도 별 미련이 없다고 생각했는데, 〈해피엔드〉라는 작품을 찍으면서 연기로써만이 아니라 나의 생각을 다른 사람들과 소통하면서 영화에 참여하는 작업을 처음 해본 거예요. 물론 나이도 어렸고 너무 힘든 시기였지만 그 작업을 하는 동안 정말 행복했어요. 내가 뭔가 보여준다기보다 나의 생각이 녹아 들어간 작품을 찍는다는 게 너무 신났고 의의가 컸어요. '만약에 그런 작업이 없었으면 지금까지 계속 이 일을 사랑할 수 있었을까?'라고 생각할 정도로요. 처음으로 '나는 이런 배우야'라는 생각을 하던 시기였거든요. 그런데 더 욕심이 생기는 거예요. 2000년대에 저는 다양한 작품을 많이 했지만 제가 생각하기에는 상황과 인물만 다른 사랑 이야기를 했던 것 같아요. 저는 늘 그런 것들을 지향하고, 앞으로도 그럴 것이지만 그 외에 다른 감독이나 작품들의 영향도 조금 받고 싶은 거예요. 제가 알지 못하는 저의 모습을 발견하기를 고대하고 있고, 그런 걸 영화에서 표현할 수 있으면 좋겠다고 늘 생각했어요. 사실 지금도 마찬가지고요. 그런데 지금은 제가 중견이기도 하고, 선배이기도 하고, 어느 순간 현장에서 어른이 된 거예요. 항상 막내이다가. 그러다 보니까 누군가가 저한테 영향을 끼치기는 더 어려워졌죠. 그래서 조금 더 노력을 하려고요. 시간이 좀 걸리더라도. 내가 나 스스로를 내려놓지 않으면 누가 나를 내려놔줄 것인가에 대해서 많이 생각했어요. 그러다 깨달은 건 내가 내려놓고, 시간이 좀 걸리더라도 다른 선택을 하지 않으면 그들이 나의 생각을 봐주지 않겠구나였어요. 그래서 그런 시간들을 보내고 있어요.

1990년대부터 지속적으로 활동해오셨고, 영화를 둘러싼 다양한 변화를 겪으셨잖아요. 2000년대 중반 멀티플렉스가 생기고, 투자 배급사의 역할이 점점 커지고, 영화의 콘텐츠도 많이 변했어요. 남성 중심의 액션영화가 시장에서 주도권을 잡았고요. 그럼에도 불구하고 전도연 배우는 20여 년 넘게 꾸준히 활동해왔지요. 그런 변화를 어떻게 느끼는지 궁금합니다.

1990년대는 액션이나 장르영화가 별로 없었기 때문에 그때는 장르가 다양해진다고 생각했어요. 그게 주류가 돼서 지금처럼 한국 영화의 대표적인 장르로 자리잡을 거라고는 생각도 못 했죠. 멜로나 드라마 장르가 투자도 어려워지고, 감독들이 만들기도 힘든 현실이 되었잖아요. 그런데 그런 것들에 대해 생각하다 보면 제가 할 수 있는 일, 바꿀 수 있는 게 없는 거예요. 오랜 시간 일은 하고 싶은데 그런 영화에서 제가 할 수 있는 건 없고, 그래서 힘들었어요. 오승욱 감독님이 〈무뢰한〉 시나리오를 주셨을 때 제가 그랬어요. "김혜경이라는 캐릭터를 지금까지 장르영화에서 했듯이 대상화시키는 인물로 할 거면 하지 마라. 나랑 할 이유가 없다." 그렇게 이야기를 했더니 감독님이 그럴 생각이 없다고 하셔서 그 영화에 참여했던 거예요. 그럼에도 불구하고 '혹시 그런 장르에서 내가 할 수 있는 것이 있을까?'라는 생각으로 기웃거리기도 하고, '그렇다면 어떤 방식으로, 내가 어떤 모습이어야 저런 것들을 받아들일 수 있을까?'라는 고민을 하기도 했어요. 그런 게 타협이라는 건데, 타협의 순간이 오면 안 받아들여지더라고요. 주변에서는 다들 저라는 배우를 안타깝게 생각하죠. 일도 좀 많이 했으면 좋겠고, 관객들이 많이 보는 영화를 하는 배우였으면 좋겠다고 생각할 수 있잖아요. 그런데 그런 것들이 안 되니까. 그냥 제가 스스로한테 한 이야기이기도 하지만 주변에도 "어떻게 대한민국에 주류 이야기를 하는 배우들만 있어요. 이야기가 조금 비주류라 하더라도 그런 이야기를 하고 싶어 하는 감독이 있으면, 보고 싶어 하는 관객이 있으면, 내가 그 이야기에 공감하고 동의할 수 있으면 나는 그런 이야기를 하는 배우이고 싶어요"라고 했어요. 꼭 많은 관객과 가까워야 하고, 1000만 영화를 찍는 배우여야 하는지 잘 모르겠어요. '1000만 영화를 찍는다는 게 전도연이라는 배우한테 어떤 의미가 있을까?'라는 생각도 해봤어요. 물론 저도 좋은 영화로 1000만 관객과 만나고 싶죠. 1000만이 본다는 건 어마어마한 일이잖아요. '그런 영화들을 찍고 싶지만 내가 하고 싶은 이야기로, 그리고 우리가 함께 만들고자 하는 이야기로 1000만 영화를 찍을 수 있으면 좋겠다'라면서 저 자신을 위로하고 상처받고 좌절하기도 하는 시간들이 있었어요. 사실 저예산 영화나 독립영화들을 보면 우리가 생각지 못한 좋은 감독들, 좋은 이야기가 많아요.

2000년대 초반부터 꾸준히 스크린 쿼터 축소 반대 시위를 하시고, CF를 찍어서 기부도 하시는 등 우리 영화의 다양성을 지켜야 한다는 이야기를 많이 하셨어요.

그때는 제가 스크린 쿼터 축소 반대운동의 의미를 정확하게 알고 했다고 할 수는 없어요. 사실은 얄팍하게 알았고, 단지 미국 영화는 덩치도 크고 자본의 규모도 우리가 상대할 수 없으니 '그런 우량아들 사이에서 우리 영화도 작지만 볼 수 있게 해주세요' 하는 소박한 생각이었어요. 대단한 생각이나 의식이 있어서라기보다는 제가 한국 영화를 찍는 사람이고 배우이기 때문에 참여한 거죠. 저는 그런 것들이 말로 끝나지 않고 시간이 좀 걸리더라도 언젠가는 실현된다고 생각했고, 또 그렇게 믿고 싶었어요. 그 혜택을 받는 사람이 꼭 제가 아니더라도요. 후배 여배우들 만나면 저를 많이 부러워해요. 생각해보면 저는 그들이 이제는 하지 못하는 다양한 작품, 좋은 작품들에 출연했거든요. 그들한테는 그런 기회가 사실 아주 드물어요. 그런 면에서 '나는 이 친구들보다 운도 좋았고 좋은 시간 속에 있었구나'라고 생각하죠.

1997년에 〈접속〉으로 시작하셨으니까 한국 영화의 좋은 시기를 통과하신 거죠. 그런데 산업적인 변화가 많은 것을 죽이는 결과를 낳기도 했어요. 흥미로운 게 1990년대엔 남성 배우들, 한석규 씨나 박신양 씨가 굉장히 선하고 지적인 남자로 영

화를 시작했는데 점점 액션 쪽으로 향하게 되는 한편, 여성 연기자들은 기호적인 가치만 지니는 역할을 맡게 되었어요. 산업이 이러한 변화에 커다란 역할을 한 것 같아요. 어제 〈멋진 하루〉를 봤는데요, 그 영화를 보다 보니 이상한 조짐이 느껴졌어요. 남성 배우들의 행보가 변화하는 조짐이요. 전도연 씨가 출연한 모든 영화에서는 전도연 씨가 주도권을 갖고 있는 게 보였는데 〈멋진 하루〉에서는 백수가 된 한국 남성에 대한 연민을 위해 여주인공이 존재하는 건 아닌가 생각했어요.

시나리오가 너무 재미있었어요. 저는 그 작품이 여자 혹은 남자가 중심이 되는 이야기라기보다 소재가 무척 독특하고 재미있다고 생각했어요. 하루 동안 일어나는 일이었고요. 이 여자가 "돈 갚아" 하면서 찾아갔을 때 그 남자를 보기 위해서 뭔가 핑계가 필요했던 걸까, 그 남자를 왜 사랑했을까, 혹은 뭔가 확인하고 싶었던 걸까, 혹은 걔가 궁금했던 걸까 그런 마음들이 알고 싶어서 선택했어요. 그리고 완성된 영화를 보고 너무 좋았어요. 병훈이라는 캐릭터가 그렇게 해줬기 때문에 이 이야기가 조금은 편해졌던 것 같아요. 그러니까 예를 들어 〈밀양〉은 상황보다 무거운 감정들이 지배적인데, 이 영화에선 사실 상황이 많이 보이잖아요. "돈 갚아"라는 화두만 보여주고, '쟤는 왜 저러지?' 하며 이야기를 따라가는 거죠. 제가 시나리오를 읽었을 때랑 느낌이 달랐는데 결과적으로는 아주 재미있는 영화가 됐어요.

아이 키우듯 한 신, 한 신 집중하는 연기

2000년대에 들어오면서 기술적인 면에서도 굉장히 많은 변화가 있었잖아요. 촬영과 후반 작업이 디지털로 전환되고, 이제는 플랫폼도 다양해졌고요. 그런 환경 변화를 어떻게 느끼시나요? 그리고 그런 변화가 자신의 연기에 어떤 영향을 미치고 있는지 궁금합니다.

초반에 필름에서 디지털로 넘어가면서 아주 큰 변화를 느꼈죠. 현장에서 너무 이상하다고 생각했어요. 필름으로 찍을 때는 필름을 적게 쓰기 위해서 많은 리허설을 하고, 실수를 줄이려고 모든 사람이 집중을 하잖아요. 순간의 집중력을 발휘해서 그 신을 찍고 고민하고 이야기하고, 이런 과정들이 예전보다 줄었다고 생각해요. 전체적인 그림을 머릿속에 그려가며 순간의 집중력을 발휘해 한 신, 한 신을 아이 키워내듯이⋯⋯. 이 아이가 어떤 모습으로 클지는 모르지만 아이의 그때 그때의 모습을 온 사랑을 주면서 키웠다면, 지금은 그런 것들이 손쉬워졌잖아요. 현장 편집이 가능하니까 그럴 시간에 현장 편집 모니터 앞에서 "어떻게 됐어? 무슨 컷이 필요해? 뭘 더 해볼까?" 이렇게 되니까 저는 무척 이상했어요. 그런데 시간이 흘러서 이제는 만약 현장 편집이 없어진다면 또 너무 불안할 것 같아요. 어느새 익숙해진 거죠. 돌아보면 지금 같은 편리함은 없었지만 그때의 영화 만드는 과정이나 현장이 참 좋았어요.[1]

현장에서 예전보다 테이크를 더 많이 가나요?

저는 그렇지는 않아요. 배우마다 다 스타일이 있는데, 테이크를 많이 가서 좋아지는 배우가 있고 초반에 좋은 배우가 있죠. 저는 테이크를 많이 안 가요. 디지털화되었다 하더라도 예전 같은 집중력을 지니려고 해요. 제가 선배잖아요. 현장에서 어른이고. 언제 이렇게 됐는지는 모르겠지만……. 저는 그런 작업 방식이 좋아요. 무언가를 고민하고, 끊임없이 의심하고, 찾아가는 작업 방식이 저는 좋아요.

이런 변화와 함께 주변에 여성 스태프들도 많아졌지요?

신기했어요. 조명이나 촬영 같은 기술 파트에 여성 스태프가 늘어난다는 것이요. '저렇게 힘든 일을 저 친구들이 어떻게 하려고 하지?'라는 생각도 했고요. 그런데 굉장히 대견하더라고요. '너희들 이런 거 정말 괜찮겠니?'라고 염려는 했지만, '여자니까 더'라고 생각하진 않았어요. 물론 지금도 그렇고요. 내가 여자여서 선택할 수 있는 것과 없는 것이 분명히 있지만, 남자들도 있을 거라고 생각해요. 현장에서 카메라 파트든 어디든 힘든 일이 있으면 여자로서 도움을 받는 게 아니라, 사람 대 사람으로 부족한 부분에 대해 도움을 받는 거잖아요. 막내로 들어온 친구라도 다른 사람들이 놓치거나 못하는 부분을 그 친구가 챙겨줄 수도 있는 것이고

---

1   필름으로 촬영하는 현장에서는 연기자가 자신의 연기가 어떻게 촬영되었는지 확인하기 어려웠다. 연출자, 즉 감독이 오케이 사인을 할 때까지 연기자는 반복해서 연기를 했고, 때로는 몇 번에 걸친 촬영으로 신이 완성되기도 했다. 필름은 수입 자재였기 때문에 거듭된 촬영은 곧 제작비 부담으로 이어졌다. 코닥필름을 사용하느냐, 후지필름을 사용하느냐에 따라 비용 차이도 만만치 않았다. 여러 번 촬영할 경우 당연히 제작비가 상승하기 때문에 연기자의 입장에서는 극도의 긴장 상태에서 연기에 임할 수밖에 없었다. 연기자는 촬영된 필름이 현상을 거쳐서 러시 필름(보통 16밀리 필름)으로 인화되어 편집이 이루어질 때에야 자신의 연기를 작은 화면을 통해 볼 수 있었다. 영화 촬영이 디지털화된 이후로는 현장에서 즉시 편집이 가능해졌고, 연기자는 모니터를 통해 자신의 연기와 촬영 상태를 확인할 수 있게 되었다.

요. 저도 힘들면 도와달라고 하는데, 그건 내가 여자로서의 연약함 때문이 아니라 인간으로서 약한 부분인 거죠. 그러니 그들을 특별한 시선으로 바라보거나 하지는 않아요. 어쨌든 일하기 힘든 파트너가 처음엔 그들의 등장이 새롭기는 했죠.

혹시 연기자로서 롤 모델이 있나요? 〈접속〉으로 성공하고, 다음 작품으로 넘어가는 시기에 연기에 대한 고민이 많으셨을 거라고 생각해요. 텔레비전 시트콤과 CF에서 활동하다가 〈접속〉에 출연할 때 굉장히 화제가 되었죠. 그랬는데 연기도 좋았고, 작품도 좋았고, 그러면서 본격적으로 영화배우가 됐잖아요. 그 당시 배우로서 자신에 대한 생각이 많아지던가요?

사실 저는 오히려 지금이 더 생각이 많은 것 같아요. 필요 이상으로 과다하게. 그래서 그런 생각을 떨쳐내려고, 정리하려고 하는 편이에요. 솔직히 어렸을 때는 생각하고 사는 애가 아니었어요. 롤 모델도 뭔가 내가 되고 싶은 모습이 있어야 찾는 거잖아요. 〈접속〉을 했을 때는 저 자신에 대한 존중이나 인정 같은 것이 아예 없었어요. 그때 저는 연극도 하고 방송도 하느라 너무 바빴어요. 제가 뭘 하고 사는지 몰랐어요. 집에도 못 들어가고, 차에서 자고, 현장 가면 아무 생각 없는 것 같다고 항상 구박받고요. 〈접속〉에 캐스팅됐을 때 다행이라고 생각했죠. 한석규라는 배우는 그때 최고였으니까요. 당시에는 한석규 씨가 나오는 영화는 좋은 영화였어요. 그런데 제가 그 안에 들어간 거잖아요. 그때는 연기도 시키면 시키는 대로 했어요. 물론 그 현장을 느끼기는 했지만 뭘 하는지 잘 몰랐어요. 그리고 저는 컴퓨터도 잘 몰랐거든요. 그냥 피아노 쳤던 실력으로 그렇게 했기 때문에 영화가 성공했을 때 진짜 다행이라고 생각했어요. 정말 감사했죠. 그 작품에, 그리고 한석규 선배님한테. 그 작품이 장윤현 감독님 데뷔작이었잖아요. 저도 신인이어서 그때는 신인 감독에 대한 개념이 없었어요. 그래서 더 감사했죠. 내가 잘해서 된 게 아니라는 점에 최대한 솔직하고 싶었어요. 그러고 나서 '두 번째에서는 내가 뭔가를 열심히 잘해봐야지. 뭔가를 알고 잘해봐야지' 했는데 그 두 번째가 〈약속〉이었어요. 〈접속〉도 잘됐고, 박신양 씨가 그전에 했던 〈편지〉도 잘됐기 때문에 〈약속〉도 잘될 거라고들 했어요.

그렇죠. 〈약속〉도 흥행에 크게 성공했어요.

네. '이것만 잘하면 조금 편하게 생각해도 되겠지'라고 생각하면서 〈약속〉을 찍고, 〈내 마음의 풍금〉을 찍었어요. 이것만 찍으면 뭔가 편해질 것 같고, 이것만 찍으면 나아질 것 같고……. 그렇게 한 고비 한 고비 넘어왔어요. 멀리 내다보기보다는. 그런데 사실 뭔가를 하나 넘을수록, 시간이 지날수록 더 큰 산들이 생겨나더라고요.

더 잘해야 한다는 욕심이 항상 있잖아요.

욕심이 없을 수는 없어요. 그전에는 배우로서의 욕심이 아니고 '저 사람들이 원하는 걸 최대한 잘해야지'라고 생각했다면, 〈해피엔드〉를 하면서는 배우로서의 욕심, 내가 원하는 모습을 하고 싶다는 욕심이 생기기도 했고, 배우라는 직업에 대한 애착이 생기기도 했어요. 그러는 중에도 저 역시 계속 성장했기 때문에 그 산은 점점 더 높아질 수밖에 없었죠.

나 아니면 누구도 나를 내려놓을 수 없다

〈피도 눈물도 없이〉(2002)에서 이혜영 배우, 〈인어공주〉에서 고두심 배우, 그리고 〈하녀〉(2010)에서 윤여정 배우와 같이 출연했는데, 그분들 다 대단한 연기자들이잖아요. 만약에 내가 전도연 씨라면 '이런 분들과 비교해도 나의 연기가 꿀리지 않아' 이런 건방진 생각도 하면서 지나왔을 것 같아요.

그런데 저는 '누구보다 내가 잘해야지, 내가 더 잘 보여야지, 혹은 내가 여기서 지면 안 되지' 같은 생각은 해본 적이 없어요. 연기는 '내가 너보다 자리를 뽐내는' 그런 게 아니라고 생각했어요. 영화라는 건, 그리고 연기라는 건 대화에 비유하자면 우리가 이야기를 나눌 때 잘 맞는 것, 내가 네 이야기를 잘 들어주고 네가 내 이야기를 잘 들어줘서 분위기가 좋은 것, 그런 식의 호흡이라고 생각했어요. 고두심 선생님이나 윤여정 선생님을 보면서 제가 신기했던 건 자기 자신을 던질 때 거침이 없으신 거예요. 그때는 더 어렸고, 연기나 배우에 대한 생각도 얕았지만 그런 부분이 신기했어요. 〈인어공주〉에서 고두심 선생님이 때밀이 연기를 침 칵칵 뱉으면서 하시는데 너무 거침이 없으셔서 당황했어요. '만약에 내가 선생님 입장이라면 저렇게 할 수 있을까?'라고 생각했죠. 그때는 어려서 그랬던 것 같아요. '나라면 저렇게 못 할 텐데. 사람들이 쳐다보고 있으니 창피해서 못 할 것 같은데.' 그런 말도 안 되는 생각을 했지요. 그리고 윤여정 선생님이랑 〈하녀〉를 할 때는 제가 이미 상도 받아온 후였고, '네가 전도연이니?' 하는 시선들이 생기기

영화 〈접속〉의 한 장면. 명필름 제공.

시작할 무렵이었는데, 윤 선생님한테 굉장히 감사했던 건 "네가 괜히 칸에서 상 받은 애가 아니구나"라고 말씀해주신 거예요. 현장에서 제가 치열하게 열심히 하는 걸 보고 저를 인정해주신 거죠. 그 말씀이 너무너무 감사했어요. 물론 제가 인정받으려고 선생님하고 같이 연기를 한 건 아니지만요. "나는 네 나이 때 사실 그렇게 못 했어. 너 보고 내가 많이 반성했어. 나는 어릴 때 그렇게 못 했거든." 선생님이 이렇게 말씀하시는데 얼마나 감사했는지 몰라요. 저는 지금도 윤여정 선생님이 사람으로서도 배우로서도 존경스럽거든요. "선생님처럼 나이 들고 싶어요"라고 말씀드렸어요. 연기라는 건 '내가 누구보다 더'라기보다는 '우리가 어떻게 이 이야기 속의 인물처럼 보일지'를 찾아가는 호흡이라고 생각해요. 같이 호흡하는 작업이라고.

그렇게 현장에서 오랫동안 빈틈없이 연기하는 분들을 보면, 전도연 씨는 연기자로서 어떻게 나이 들고 싶으세요?

언제까지가 될지 모르겠지만……. 글쎄요, 일단은 곱게 나이를 잘 먹었으면 좋겠다고 생각하고요. 오래오래 연기를 하고 싶어요. 무엇보다 제가 계속 무언가를 선택할 수 있을 때까지 하고 싶어요. 지금 그 선생님들이 어떤 방식으로 일하시는지는 모르겠어요. 그런데 너무 대단하신 분들이잖아요. 그분들 모두 그런 방식으로 일하고 계실 거라 생각해요. 저도 그때가 되면 또 많이 달라지겠죠. 그렇게 내가 하고 싶은 것들을 선택할 수 있을 때까지 일하고 싶어요.

그때가 되면 조연급이라도 가리지 않고 할 수 있어요?

저는 지금도 그런데요. (웃음)

지금까지는 그런 배역이 없었잖아요. 중심적인 역할만 계속 맡지 않았나요?

사실 저는 제가 중심인 역할을 찾는 게 아니고 이야기를 찾는 거예요.

이제까지 그렇게 해온 것은 진짜 대단한 거예요. 남녀 주인공이 있을 때라도 전도연 씨 역할은 남자 인물을 축소시킨다는 생각이 들어요. 제가 좋아하는 〈무뢰한〉도 그랬고요. 김남길 씨보다 전도연 씨 혼자 주연이라는 느낌을 받았어요. 만약에 〈하녀〉 같은 영화가 다시 만들어져서 윤여정 선생님 역할이 온다면?

저는 할 것 같아요. 지금도 여러 감독님들을 만나 이야기를 나누는 건 큰 역할이 아니어도 좋은 작품을 하고 싶어서예요. 그런데 제 생각과 다르게 많은 분들이 '에이, 전도연이 하겠어?'라고 생각하시는 것 같아요. 그래서 아까 이야기한대로 내가 내려놓지 않으면 누구도 나를 내려놓을 수 없다는 생각으로 여러 가지 노력을 하고 있어요.

그런데 아직은 그럴 때는 아니지 않나요?

그러니까 '저는 이제부터 그렇게 할 거예요'가 아니라 '그런 것들도 할 수 있다'라는 뜻이에요.

최근에는 '이제 좀 적응해야겠다. 타협해야겠다'라는 말도 자주 하시더라고요.

계속 환경이 바뀌는데 내가 안 바뀌면 도태될 것 같아서요. 저는 독야청청 혼자 푸르고 싶지는 않거든요. 그런데 달라지려는 노력도 하지만, 다른 한편으로 작은 이야기라도 누군가가 그 이야기를 하고 싶고, 만들어야겠다고 생각하고, 제가 거기에 동의한다면 그게 주류 영화가 아니더라도 참여하고 싶어요.

부천영화제에서 만든 책에서 박유희 선생이 전도연 배우가 지닌 그야말로 독보적인 위치를 이야기해요. 한국 영화사에서 멜로드라마에 출연하면서 생명이 길었던 여배우들을 얘기하면서 전도연 배우를 특별히 언급한 말이 있어요. 모성이라도 자신의 욕망이 더욱 앞서는 캐릭터라고요. 그러면서 〈해피엔드〉와 〈집으로 가는 길〉(2013)에서 보여준 아이를 집에 두고 홀로 여행을 가는 인물이라든가, 관습적인 모성애로는 수렴되지 않는 역할들을 예로 들었어요. 전도연 배우의 역할은 절대로 기성 질서에 순응하지 않으며, 그런 면을 담아낼 배우가 있기 때문에 멜로드라마가 진화한다고. 이는 우리 시대의 한 가지 징표이고, 여성의 관습적인 이미지를 바꾸는 데 전도연 배우가 많은 기여를 했다는 뜻이죠. 그 점을 어떻게 생각하세요?

사실 거기에 어떤 의도나 계획이 있었다기보다는 '본능적으로 내가 무엇을 원하는지가 작품으로 보여졌다'는 것일 텐데요. 저는 어렸을 때부터 꿈이 현모양처였어요. (웃음) 결혼하면 일은 언제든지 때려치울 수 있는 것, 내일 당장이라도 백마 탄 왕자가 나타난다면⋯⋯. 그렇게 살아야 된다고 생각했어요. 그게 관습적으로 부모님이 딸과 아들한테 바라는 모습이잖아요. '그렇게 사는 모습이 잘 사는 것이다'라는 게 인이 박힌 것 같아요. 그런데 계속 일을 하고, 세상을 경험하고, 또 세상도 같이 바뀌면서 그렇게 '수동적이고 순종적이고 아이 키우고 남편 뒷바라지하고 살림만 하는 것이 행복할까?'라는 생각이 들었어요. '그게 진짜 행복인가?' 저는 언니랑 열한 살 터울인데, 언니가 스물여섯 살에 결혼을 했어요. 제가 한번은 우리 언니한테 이렇게 얘기했어요. "스물여섯 살 때 뭘 안다고 결혼을 했어?" (웃음) 주체적인 여성이나 역경을 극복해서 뭔가를 이루는 이야기, 혹은 그런 인물에 매료되는 것 같아요. 동화 속 공주님이나 평범한 인물들보다는. "왜 그렇게 힘든 것만 하세요?"라고들 하는데, 저도 조금 쉽고 편한 작품들을 하고 싶은 마음이 있기는 해요. 그런데 결국 힘든 작품을 선택하는 제 자신을 돌아보면, 인습적인 것에 대해 '왜?'라고 묻는 마음이 제 안에 있는 것 같아요.

"현모양처가 꿈이었거든요" 하고 웃으셨잖아요. 웃으신 게 언제부터였어요?

결혼하고 나서 보니까 현모양처는 혼자 되는 게 아니고 누군가가 만들어줘야 되는 것이더라고요. "저는 살림도 좋아하고요, 아이도 좋아하고요, 누구 서포트해주는 것도 좋아요"라고 했지만 누군가가 고맙게 감사하게 받을 때 현모양처가 되는 거지 혼자 일방적으로 이루어지는 게 아니더라고요. 그래서 알았죠. '아, 현모양처는 꿈일 수밖에 없구나'라는 걸.

혹시 작품을 하면서 깨달아졌거나, 아니면 상처 입고 지난한 삶을 사는 여성들을 연기하면서 그런 생각이 더 들었나 궁금했거든요.

작품 하면서는 그런 생각을 못 했던 것 같아요. 심지어 〈해피엔드〉 때는 주인공 최보라를, '결혼해서 이렇게 예쁜 아이와 남편이 있는데 어떻게 바람을 피우지?'라면서 이해를 못 했어요. 그래서 사실 거절도 했었고요. 최보라라는 인물은 작품을 하면서도 완전히 이해하기는 어려웠어요. 정지우 감독님하고 소통하면서 계속 그 이야기 속으로 들어가다 보니까 나중에는 어느 정도 이해를 한 것 같아요. 그 여자 마음을.

촬영하면서 자신이 최보라가 되어가는 것에 희열을 느꼈다고도 하셨어요.

그 희열이라는 게 그 인물이 아니라 아마 일을 해나가는 방식, 소통에 대한 이야기였을 거예요. 저는 〈해피엔드〉의 최보라를 이해하지 못했지만, 제가 의욕적으로 또 능동적으로 그 인물한테 다가갔거든요. 감독님이 "여기서 이렇게 해요"라고 시키는 방식이 아니라, "이렇게 해보면 안 돼요? 이렇게 해보면 어때요?"라며 계속 제가 최보라가 되어보게끔 하셨거든요. 그 작업 방식이 저는 신기했고, 현장도 즐거웠어요. 촬영할 때는 여러 가지 힘들기도 했지만 마음이 즐거웠어요. 〈해피엔드〉를 하겠다고 집에 가서 얘기하니까 엄마가 "너 시집 못 가면 어떻게 하냐?"며 걱정을 하시더라고요. 저는 결혼해서 현모양처 되는 게 꿈이었잖아요. 그런데 제가 "엄마, 나 시집 잘 보내려고 배우 시킨 거 아니잖아?"라면서 괜찮으니까 하고 싶다고 했어요. 그리고 방에 들어갔는데 저 스스로가 기특했어요. 왜냐하면 엄마가 그런 반응일지도 몰랐고, 제가 그런 이야기를 할지도 몰랐죠. 엄마한테 그 이야기를 하는 순간부터 '나는 어떤 배우구나'를 알게 된 것 같아요.

그런 면에서 전도연 배우는 굉장히 강단 있고 주관이 뚜렷한 사람으로 인식되고 있는 것 같아요.

뚜렷하고 솔직한 것은 저의 사생활이나 저 자신에 대해서가 아니라 작품에 대한 이야기일 때 그렇죠. 저는 인터뷰를 하면 솔직하게 다 이야기해요. 좋았던 것, 싫었던 것, 그리고 어쩔 수 없었던 것들에 대해서 아주 솔직하게 말하죠. 어디까지나 작품이나 작업 과정 같은 것들에 대해서.

가장 의미 있는 시간은 현장에 있는 시간

예전에 텔레비전 프로그램에서 입양아 위탁모로 나오셨던 일이 꽤 화제가 되었습니다. 그로 인해 전도연 배우의 이미지도 좀 달라졌어요.

영화 〈해피엔드〉의 한 장면.
명필름 제공.

그때 당시 저를 챙겨주셨던 피디님이 계세요. 그분이 도와달라고 했는데 처음에는 그렇게 저의 사적인 공간이 다 나오는 프로그램은 불편하다고 말씀드렸어요. 그분하고 매니저 언니와도 다 같이 친해서 얼마 후에 술자리를 했는데, 그 자리에서 제가 하겠다고 했나 봐요. 다음 날 카메라를 설치하러 오셨더라고요. 그래서 하게 된 건데, 저는 아이를 보면서 많이 힘들었어요. '이렇게 입양이 이루어지는구나'를 그때 알았거든. 남자아이는 우리나라에서 입양이 안 되고, 또 신생아들 아니면 입양이 안 돼요. 국내에서 갈 곳이 없는 아이들은 외국으로 입양을 많이 가요. 이 친구가 해외로 가야 하는 아이였는데 맡아줄 데가 없으니까 이 기관에서 열흘, 저 기관에서 열흘……. 그러다 보니 이 아이는 낯선 사람이 안는데도 울지를 않는 거예요. 아우, 근데 (잠시 눈물) 그렇게 일주일이 지났는데 아이를 데려간다는 거예요. 입양 가기 전에 다른 기관에 또 보내졌다가 나간다고 해서 제가 외국에 갈 때까지 데리고 있겠다고 했지요.

오래된 얘기인데도 감정이…….

아이를 데리고 있다가 보내는 날 제가 엄청 울었는데, 아이는 저를 계속 쳐다보면서 얼굴만 만질 뿐 끝내 울지 않더라고요. 그게 너무너무 마음이 아팠어요. '이 아이는 한참 울고불고 엄마한테 떼를 쓸 나이인데 그런 걸 모르는구나'라는 생각에 굉장히 가슴이 아팠어요. 그 프로그램 반응이 좋아서 저한테 또 하라고 했는데, 못 한다고 했어요. 그때 저희 가족 모두가 아이를 보내고 너무 힘들어했거든요. 후에 아이는 애틀랜타로 가서 잘 지낸다고 제작진이 저한테 사진을 보내주기도 했어요. 요즘엔 예능 프로그램에서 일상적인 모습을 많이 보여주지만 그때는 그런 게 없었기 때문에 얘기가 많이 되었죠. 그것으로 제 이미지가 바뀌거나 전도연한테 없던 모성애가 갑자기 생기거나 하지는 않았어요. 〈밀양〉을 할 때도 감독님한테 "왜 저를 캐스팅하셨어요?"라고 여쭤보니까 "모성애가 강해 보여서"라고 하셨는데, 사실 저는 누구나 정도의 차이 혹은 표현력의 차이는 있겠지만 모성애는 다 있는 거라고 생각해요.

그때가 결혼 전이었죠? 이제 아이도 있는데 정말 현모가 되기 힘들던가요?

아까 얘기했듯이 현모는 혼자 노력해서 되는 게 아니고, 이상과 현실은 다르죠. 사실 현모양처가 뭔지도 잘 모르겠어요. 음식 잘하고, 청소 잘하고, 빨래 잘한다고 현모양처가 되는 건 아니잖아요. 저는 애도 잘 키울 줄 알았는데, 아이를 예뻐

하는 것과 키우는 건 다른 문제더라고요. 그래서 사실은 예쁜 줄도 모르고 키웠어요, 너무 힘들었기 때문에. 정말 놀랐어요. 아이가 생각보다 너무 작아가지고 어떻게 해야 할지를 모르겠더라고요. 사람들이 둘째 낳으면 왜 그렇게 예쁘다고 하는지 알았어요. 이제는 그 예쁨을 즐길 수 있는 여유가 생긴 거죠. 아이가 아파도 아무 일도 일어나지 않는다는 걸 아니까요. 아프고 앓다가 다시 나으니까. '아, 그래서 사람들이 둘째를 예쁘다고 하는구나.'

이건 공통 질문이에요. 영화인으로 살아가면서 결정적인 사건이나 의미 있었던 시간, 또는 중요한 관계가 있다면 무엇일까요?

어려운 질문이네요. 저한테 결정적인 시간은 〈해피엔드〉 현장에 있을 때가 아니었나 싶어요. 그 시간이 없었으면 저는 다른 모습의 다른 배우가 되었을 것 같아요. 지금 같은 모습은 아니었을 거예요. 저한테 가장 의미 있는 시간도 제가 연기를, 그러니까 제 일을 사랑하게 된 곳, 바로 현장에 있는 시간이에요. 제가 어떤 영화를 하든 상관없어요. 저 자신한테 가장 집중할 수 있는, 저만을 위한 시간이라는 생각이 들어요. 그리고 중요한 관계라면, 저에게는 작업을 하면서 알게 되어 지금까지도 계속 만나는, 오랫동안 보는 사람들이 있어요. 영화라는 공통점을 가진 사람들인데, 그들과 보내는 시간을 감사하게 생각하고 있죠.

자신이 관여했던 일이나 연루되었던 사건 가운데 역사에 기록으로 남기고 싶은 것이 있다면 무엇일까요?

저는 작품들만 남으면 될 것 같아요. 사실 저는 저보다 제 작품들이 더 중요하다고 생각해요. 만약 뭔가 기록으로 남는다면 배우 전도연보다는 영화와 영화 속 인물들이 남았으면 좋겠어요. 그들이 전도연이기도 하니까요.

사건 같은 건 없어요?

칸에서 상을 받은 게 사건이라면 사건일까요?

그건 물론 역사에 기록되겠지요. 보통 때는 뭐하세요?

일이 없을 때는 거의 집에 있어요. 집에서 아이랑 시간 많이 보내고, 틈틈이 외국 영화든 한국 영화든 개봉하는 영화들은 다 챙겨보는 편이에요.

넷플릭스라든가 IPTV라든가, 최근 나오는 외국 드라마도 찾아서 보나요?

네. 본 적 있어요. 지금까지는 영화 아니면 TV만 생각했었는데, 넷플릭스라는 게 참 흥미로워요. 그 콘텐츠가 굉장히 영화적이기도 해서 '이런 작품을 하자는 제의가 들어오면 하고 싶다'라는 생각은 있어요. 매체의 경계를 넘어가는 것에 대해서는 별 거리낌이 없는 편이에요.

어떤 영화를 좋아하세요?

참 답하기 어려운 질문인데, 그때그때 달라지는 것 같아요. 최근 한국 영화 중에서는 〈기생충〉이 좋았어요. 너무 잘 만들어서 깜짝 놀랐어요. 〈가버나움〉(2018) 이랑 넷플릭스에서 만든 〈로마〉(2018)도 좋았어요. 그때 아카데미 후보작들 상영한다고 해서 다 찾아봤어요.

〈로마〉에서는 여주인공이 연기를 하지 않는 것처럼 보이잖아요. 만약에 그런 역이 주어지면 어떻게 하실지 궁금하네요. 워낙 강한 역, 또는 심리적인 아픔이 있는 역을 많이 하셔서.

만약 저한테 그런 작품이 온다면 당연히 하고 싶어요. 제가 지금껏 작품을 통해 쌓아온 이미지가 있지만, 그 이미지 역시 누군가의 작품이 만든 거잖아요. 이젠 기회가 생긴다면, 하지 않았던 것을 하고 싶어요.

〈하녀〉에서의 눈빛에서 보이긴 했어요.

임상수 감독님과의 작업은 굉장히 흥미로웠어요. 디렉션이 항상 새로워서 계속 기대가 되는 거예요. 윤여정 선생님도 그렇고요. 선생님이랑 둘이서 감독님 흉내 내면서 즐겁게 촬영했어요. 임상수 감독님은 참 독특하시고 진짜 재미있는 분이에요.

저희가 전도연 배우를 인터뷰하겠다고 마음먹은 이유는 1990년대부터 꾸준히 활동해오셨고, 또 그때부터 지금까지 영화 산업의 변화를 다양한 면에서 겪은 분이기 때

문이었어요. 특히 감독과 평론가들의 언급보다 여성 영화인들이 전도연 배우에 대해 했던 이야기들이 흥미로웠어요. 심보경 피디는 "전도연에게 보여줄 게 아직도 굉장히 많구나", 이유진 제작자는 "전도연은 믿고 보는 배우다", 이지연 평론가는 "2000년대 한국 영화의 얼굴", 유지나 교수는 "내면이 있는 여성 캐릭터의 완성", 그리고 심재명 대표는 "어떤 연기자보다 생각이 뚜렷하다. 인기나 돈보다 연기에 인생을 건 듯한 태도가 현명해 보인다"라고 했어요.

그때는 현명한지 몰랐어요. 인기나 돈이나 연기나 다 같이 가지고 갈 수 있을 줄 알았죠. (웃음)

저 또한 이번 인터뷰를 통해 전도연 배우가 여러 문제에 대해 일관된 생각을 가지고 있다는 것을 알게 되었고, 연기에 대한 뚜렷한 생각과 지금껏 감독의 연출 방식에 반응해왔던 이야기를 들으면서 굉장히 현명하다고 느꼈어요. 말씀 감사합니다.

2부

더 넓고
더 깊게,
전문가들의 시대
2000년대

문소리
영화배우
영화감독

삶 의 길 과 영화의 길은
다 르 지 않 다

1999년에 〈박하사탕〉으로 데뷔했다, 〈오아시스〉(2002)로 베니스국제영화제 신인배우상을 수상했고, 〈바람난 가족〉(2003), 〈가족의 탄생〉(2006), 〈우리 생애 최고의 순간〉, 〈사과〉(2008), 〈하하하〉(2010), 〈스파이〉(2012), 〈만신〉(2013), 〈리틀 포레스트〉, 〈배심원들〉(2019) 등에 출연했다. 정치적인 문제에도 몸을 사리지 않고 소신껏 발언해왔으며, 특히 여성으로서 주체적인 삶을 살아가기 위해 노력하고 있다. 대학원에 진학하여 공부를 하고 자신의 정체성에 대한 고민을 담은 연작 단편영화 〈여배우〉(2014), 〈여배우는 오늘도〉(2014), 〈최고의 감독〉(2015)을 연출한 것도 그러한 노력의 일환이다.

"지금의 한국 영화에서 여성 캐릭터는 어떻게 흘러가고 있는지, 내가 생각하는 여성 캐릭터는 어떠해야 하는지를 늘 고민하고 있어요. 모든 여성 캐릭터가 주체적일 수 있다고 생각하고, 모든 영화의 성 평등 지수가 높아야 한다고 생각해요. 이야기에서 여러 삶을 다루다 보면 이런 목표를 완벽하게 달성하기는 어렵겠지만, 그런 것들이 이 시대에 영화 안에서 어떤 의미로 자리 잡는지를 생각하는 것이 저에겐 매우 중요한 일이에요."

영화 데뷔작인 〈박하사탕〉이 1999년 12월에 개봉했어요. 촬영은 언제 시작했나요?

제가 오디션을 본 건 1, 2월이었던 것 같아요. 오디션을 보고 바로 촬영에 들어갔죠. 오디션에 합격했는데, 그때는 그 의미를 잘 몰랐어요. 지금 생각해보면 '인연인가? 운명인가?' 이런 생각도 드는데 그때는 '행운의 로또 같은 건가? 이게 뭐지?' 잘 모르겠더라고요. 저처럼 몇 천 명 중에서 뽑혀 데뷔한 경우가 별로 없었고, 그 후로도 전무한 것 같아요. 〈박하사탕〉 현장에 그런 소문이 있었어요. 이창동 감독님 첫사랑이 문소리랑 똑같이 생겼다더라. 그래서 캐스팅했다더라는.

연극 〈에쿠우스〉가 연기에 영향을 미쳤다고 하셨는데 그만큼 자극을 받았던 영화는 없었나요?

초등학교 4학년 즈음 부모님 몰래 봤던 영화들이 있어요. 〈주말의 명화〉에 나오는 〈라스트 콘서트〉(1976). 너무 슬퍼서 보는 내내 울었고 며칠 동안 눈물이 났어요. 그런 경험은 있지만 영화를 즐겨 보지는 않았어요. 그냥 데이트하러 갈 때 남자 친구가 극장표를 끊어 오면 같이 가는 정도였고, 저는 연극 관람에 훨씬 더 적극적이었어요. 〈박하사탕〉으로 데뷔하고 나서 영화를 잘 모르고 시작했다는 게 두려워져서 그제야 공부 삼아 영화를 봤어요. 〈오아시스〉에 출연하기 전에 한 일고여덟 편 단편영화에 출연했는데, 단편영화 감독들한테 어떤 영화를 봐야 하는지 많이 물어봤어요. 그 친구들이 프랑수와 트뤼포의 〈400번의 구타〉(1959)나 타르코프스키 영화도 보여주고, 스티븐 D. 캐츠의 『영화연출론Shot by Shot』이라는 책도 보여주었죠. 또 이창동 감독님은 존 카사베츠 영화를 추천해주셨고요. 저한테는 영화가 곧 일이자 공부였고, 관객으로서 즐겼던 경험은 별로 없었어요. 오히려 나이가 들면서 이제야 조금씩 즐기게 되었죠.

존 카사베츠 영화에서 지나 롤랜즈의 연기도 보셨겠네요.

지나 롤랜즈, 이자벨 위페르 같은 배우들의 작품을 보면서 굉장히 충격을 받았어요. 특히 이자벨 위페르의 초기작들을 보면서 '아니, 쟤도 배우를 하는데 나는 왜 못하겠어?'라고 혼자 생각했죠. 사람들이 저한테 '아니, 이렇게 평범하게 생긴 사람이 어떻게 배우를 하지?'라고 했었는데 '저 대단한 배우도 어렸을 때는 너무 평범했잖아'라며 나름의 이유도 만들고요. 그리고 지나 롤랜즈의 연기를 본 것이 사실, 제가 어떻게 해볼 수 있을지는 잘 몰랐지만 〈오아시스〉라는 작품을 할 수 있는 바탕이 되었어요. 〈영향 아래 있는 여자〉(1974) 같은 영화를 보면 정말 다른 영혼 같잖아요. 이창동 감독님의 연출이라면 저런 연기도 가능하지 않을까 생각했어요. 이창동 감독님이 지나 롤랜즈의 연기가 어떤지, 카사베츠 감독이 연기에 대해 배우와 어떻게 소통했는지에 대해서도 많이 말씀하셨어요. 나중에 〈오아시스〉의 조감독이 존 카사베츠 전집 DVD를 저한테 결혼 선물로 주기도 했고요. 지금 생각해보니까 굉장히 영향을 많이 미친 것 같네요. 그 뒤 저의 행보에도.

〈에쿠우스〉는 언제 보셨나요? 어떤 점이 자극을 주었을까요?

고등학교 1학년 때 봤는데, 당시에는 연극이라는 매체가 가진 형식도 저한테 굉장히 충격적이었어요. 열일곱 살 때 우연한 기회에 본 연극에서 그런 경험을 처음 해봤으니까요. 저는 굉장히 내성적이고 인간관계를 힘들어했어요. 가족 간에 대화가 많은 분위기도 아니었고요. 부모님이 늘 고생하시니까 나는 맡은 바 공부를 해야 한다고 생각했어요. 터놓고 얘기하거나 소녀 시절의 무언가를 발산하지는 못하고, 늘 방에서 혼자 책만 보고 악기만 붙들고 있던 폐쇄적이던 시절이었어요. 성性이라는 게 궁금해도 근처에도 못 가고, 소설에서 조금이라도 야한 게 나오면 깜짝 놀라고, 영화에서 키스신만 나와도 어쩔 줄을 몰랐어요. 무척 엄한 아버지 밑에서 자랐거든요. 〈에쿠우스〉에서 알런이 하는 경험이 나한테 일어났다면 그게 얼마나 충격적일지, 그리고 그 아이가 말이라는 존재를 얼마나 종교처럼 중요하고 신성하게 여겼을지 아주 잘 이해가 되었어요. 마지막에 정신과 의사 다이사트가 흔들리는 것이 통쾌했고요. 머리를 도끼로 내리치는 것 같은, 겨울 강을 깨는 것 같은 문화적 경험이었어요. 그 후에 영화를 하면서도 '그런 느낌을 줄 수 있는 작품이 있을까? 있어야 한다, 하고 싶다'라고 생각했어요. 그 당시에는 보고 나서 가슴이 뛰는데 표현할 데가 없으니까 혼자서 감상문을 썼어요. 마침 중학교 때 국어 선생님이 전화를 하셔서는 "소리야, 교지에 졸업생들 글도 받고 있는데 네가 글을 재미나게 잘 썼던 생각이 나서 말이야. 혹시 기부할 생각은 없니? 어떤 글이어도 괜찮아"라고 하셔서 "제가 연극을 보고 쓴 글이 있는데 봐주시겠어요?"라고 했죠. 그래서 지금도 그 글이 교지에 남아 있어요. 제가 그 교지를 갖고 있어요. 나중에 알런 역을 했던 최민식 선배를 만났을 때는 얼마나 가슴이 뛰던지. (웃음) 지금은…… 옆집 아저씨 같지만, 여하튼.

별로 외향적이지 못하니까 늘 읽는 걸 좋아했고, 그러다 보니까 글 솜씨가 나쁘지는 않았어요. 국어 수업을 좋아했어요. 왜냐면 교과서 예문이 중학교 때 이미 다 읽은 한국 문학 대표 선집에서 나왔어요. 고등학교 때는 세계 문학을 읽었고요. 국어가 저한테는 익숙하고, 편하고, 잘할 수 있는 과목이었죠. 선생님이 글쓰기 과제를 내주시면 열심히 했어요. 사실은 초등학교 때부터 직업이나 꿈을 쓰라고 하면 소설가라고 많이 썼어요. 그런데 친척들이 안 된다고 했어요. 밥 먹고 살기 힘든 직업이라고. "너는 계산이 있는 거니, 없는 거니?"라길래 '아, 그런 걸 하면 안 되나 보다' 했지요. 그래도 그런 꿈은 계속 있어서 '국어 선생님이 될까? 선생님이 되면 방학 때 글을 쓸 수 있지 않을까? 그쪽으로 전공을 하면 글도 쓰고, 연극반 지도도 하고 그럴 수 있지 않을까?' 하는 생각에 사범대에 갔어요. 그런데 글쓰기는 자신을 너무 많이 드러내는 일이라 어렵기는 해요. 배우보다 자신을 훨씬 더 드러내는 일이잖아요.

하나의 캐릭터에서 배우로, 여성 영화인으로

엄청난 작품으로 데뷔를 했잖아요. 비중이 크지는 않았지만 지금까지도 인상적인 역할로 남아 있는 캐릭터를 하셨어요. 그렇게 내향적인 성격이었으면 영화를 하고 나서 갈등이 심했을 것 같아요. '내가 계속 영화를 해야 하나' 하면서. 그런데 굉장히 열심히 단편 작업을 하셨어요.

몰라서 그랬던 것 같아요. 모르고 했다는 게 좀 부끄럽기도 했고, 그만두더라도 더 알아보고 싶었어요. 영화배우를 계속할지 안 할지 저도 모르고, 제 마음대로 되는 것도 아니고요. 그렇지만 뭔지는 알아보고 하자는 마음으로 단편을 막 찍었던 거죠. 저한테는 〈박하사탕〉의 순임이 감당하기 어려울 만큼 큰 역할이었어요. 그런데 그것을 온전히 잘했는지, 이해했는지 그때는 잘 몰랐어요. 잘 소화는 안 되는데 그냥 물러서기는 싫은, '장렬히 전사하더라도 한번 부딪쳐보자' 하는 마음으로 시작했는데 〈오아시스〉로 박살이 나고. (웃음)

박살이 나다니요?

너무 큰 산을 만나서 거의 온 몸이 뜯기는 기분이었죠. 그리고 아무도 그럴 거라고 얘기를 안 해줬는데 상을 받게 되었으니까. 이창동 감독님은 "이런 주인공이 나오는 영화를 사람들이 2시간 동안 지켜볼 수 있을지 잘 모르겠다. 그렇지만 난 이 이야기를 해야겠다. 실패할 수도 있으니 가족과도 같은 〈박하사탕〉의 스태프, 배우들과 같이 해봐야겠다"고 하셨어요. 굉장히 실험적인 시도라고 하셨죠. 〈박하사탕〉으로 저한테 그런 경험을 하게 해주신 분이고, 그 뒤로도 많은 걸 가르쳐 주셨으니까 뭔가 갚아야 할 것 같았어요, 정말. "필요하시다면 쓰세요. 제가 한 번 동행해드릴게요"라고 했지요. 그런데 주변에서는 대개 "네가 배우를 하겠다면 그 역할은 권할 수가 없다. 여배우로서는 생명이 끝이다"라는 얘기를 해주었어요. 그런데 여배우를 안 하더라도 나는 어떻게든 살 수 있을 것 같았어요. 어쨌든 물러설 수 없고 같이 안 갈 수 없는, 이 산을 같이 넘어야 하는 처지라고 생각했죠. 그리고 여배우로서는 잘못된 선택일 수 있지만 한 인간으로서는 그런 선택을 해야 할 것 같았어요.

그랬는데 하다 보니 너무 어려워서 '내가 감당하지 못할 걸 한다고 했구나' 하는 생각에 울고, 한 번은 도망가고, 다시 잡혀오고……. 나중에는 못 하겠다고 감독님이랑 싸우는 등 별의별 일이 많았어요. 하지만 감독님이 끝까지 잘 끌고 가주셨죠. 그런데 또 덜컥 상을 받았어요. 그 상도 제가 감당하기 어려운 거였어요. 그 상을 받으면 다음에는 내가 어떻게 되는 거지? 나는 전혀 변한 게 없는데 주변에서는 뭐라고 하고, 거기에 어떻게 반응해야 하는지도 잘 몰랐어요. 그냥 너무 부담스러워서 상을 침대 밑에 집어넣어버렸어요. 우리 엄마랑 아버지가 보고 싶다고 해도 "아우, 다음에 보세요" 하면서 그냥 집어넣어버리고. 그런데 그때 바로 〈바람난 가족〉 제의가 들어왔어요. 그때까지도 거의 비슷한 생각이었어요. 어떻게 해야 할지 이창동 감독님한테 여쭤봤더니 이렇게 말씀하셨어요. "이제 본격적으로 한국 영화와 너의 긴 싸움이 시작된다." "무슨 싸움이 시작돼요? 제가 왜 싸워요?" 그랬더니 "한국 영화계가 너를 호락호락 받아들여주지 않을 거다, 분명히. 상까지 받고 와서 분위기가 좋은 것 같지? 너를 잘 받아들여줄 것처럼 보이지? 아니야, 전혀. 이제부터 긴 싸움이 시작되는 거야." 그래서 "아니, 안 받아주면 안 하면 되는데 뭘 싸워요, 또?"라고 했죠. 그런 말을 그 당시에는 이해하지 못했어요. 저는 〈바람난 가족〉 같은 작품을 해낼 수 있으면 이창동 감독님을 떠나서 진짜 배우가 될 수 있을 것 같았어요. 실패하면 나는 배우가 못 된다는 게 명약관화해지는 거라고 생각했어요.

감독님 말씀대로 그게 싸움이었던 것 같아요?

그런데 진짜로 〈바람난 가족〉 이후에 많은 영화인들이 저를 배우로서, 이창동 감독의 어떤 캐릭터가 아니라 문소리라는 배우로서 받아들여주기 시작했어요. 싸움이었는지 아니었는지는 모르겠지만, 하여튼 전쟁과도 같은 시간이었어요. 왜냐하면 〈바람난 가족〉이 노출이 좀 있는 영화였으니까요. 어떤 일들을 겪을지 몰랐지만 이상한 영화가 아니라는 확신은 있었어요. 매니저도 없었고, 주변에서 이런 영화를 하면 어떤 일이 벌어질지 아무도 얘기해주는 사람이 없었어요. 〈바람난 가족〉 홍보할 때는 정말 매일 아침 인터넷만 켜면 울었어요. 그때는 메이크업을 하러 가면 헤어숍에 스포츠 신문이 쫙 놓여 있었는데, 펼쳐 보면 제 노출 사진을 캡처해서 너무 이상한 화질로 실었더라고요. 제목도 이상하게 뽑아놓았고요. 나는 인터뷰를 해야 되는데 그러려면 또 한 판 울고 시작하는 거예요. 그 후 몇 년간 인터넷도 안 할 정도로 힘들었어요. 지금은 '아, 그걸 어떻게 겪었지?' 싶어요. 나는 내가 강한 사람이라고 생각한 적이 없거든요. 제가 작은 아이라서 '소小'리잖아요. 집에서 소리를 지른다거나 내 주장을 강하게 한 적이 없었어요. 늘 좀 참아야 되고, 몸도 약한 사람이었는데 말이죠.

부모님이 출연하는 걸 반대하셔서 〈바람난 가족〉 하기 전에 가출도 했잖아요. 그때부터 강해진 거 아니에요?

네, 그런 걸 통해서 단련이 되었겠죠. 저는 영화를 시작하고 나서야 진짜 성장을 했어요. 그전까지는 사춘기 같았어요. 대학교 때가 정말 질풍노도의 시기였죠. 괜히 부모님이 밉고, 집에 들어가기 싫고, 바람만 불면 마음이 이상한 사춘기가 대학교 때 왔어요. 그렇게 좀 방황하다가 졸업하고 바로 영화를 시작했는데, 학교에서 배운 것보다 훨씬 더 많은 것들을 배우고 사람으로서 나를 들여다보고 성장하고 단련할 수 있었죠. 그 시기에 제가 선생님으로 삼을 만한 좋은 분들을 많이 만났어요. 이창동 감독님, 심재명 대표님, 임상수 감독님이 많이 가르쳐주셨죠.

여성 연기자한테는 노출을 해야 하는 작품에 나가는 게 굉장히 중요한 변수가 되는 것 같아요. 그것이 앞으로의 연기나 연기자로서의 태도에 영향을 주고 토양을 좀 더 단단하게 하는 식으로.

여배우는 이미지를 가진 상품인데 노출 있는 연기를 하면 어쨌든 그 상품이기를 포기하는 거라는 말들이 있었어요. 상품으로서 가치가 떨어지면 그때부터 진짜 배우로서의 고민이 시작되는 거죠. 사실 〈오아시스〉에도 노출이 있었고, 〈바람난 가족〉은 제겐 일종의 담금질이 되었어요. 그전까지는 이창동 감독님이라는 커다란 보호막이 있었지만 이제 쇼 비즈니스의 세계를 맨몸으로 맞닥뜨리는 거니까요. '그럼에도 불구하고 계속할 것이냐, 말 것이냐'라는 더 강력한 질문을 하게 됐어요. 그런데 다행히 영화가 베니스영화제에 초청되면서 저 자신을 좀 더 지탱할 수 있었죠.

사실 〈바람난 가족〉은 정치적인 영화지 여주인공의 노출이 이슈가 될 만한 작품은 아니었다고 생각해요. 문소리 배우 본인도 이 영화가 굉장히 정치적이고, 남성의 역사를 이야기했기 때문에 이후 여성 주인공 또는 여성이 중심인 서사를 지향하고 싶다고 하셨잖아요. 여성 감독하고도 일하고 싶고, 여성 감독 내면의 정서도 이해하면서 작업하고 싶다고요.

조금 목마름이 있었어요. 사실 〈박하사탕〉의 순임이 캐릭터나 〈오아시스〉의 공주 캐릭터는 제가 돌파할 수 없는 아쉬운 지점들, 특히 감독님의, 또 한국 영화의 남성주의적 시각이 느껴졌어요. 저는 학교 다닐 때도 페미니즘을 공부한 적이 없고, 총여학생회 언니들이랑 엮이면 힘들어진다면서 피하고 무서워했어요. 그런데 영화를 한다고 들어와서 보니 이 여배우라는 직업 자체가 주체적으로 자기 생각을 가지고 살기가 너무 어려운 거예요. 저는 그런 방식으로 많이 소비되지 않았지만, 여배우들을 상품화해서 소비하는 방식들이 눈에 보이기 시작했어요. 감독님들이 제 의견을 받아들여주기도 하지만 조금 아쉬웠어요. 그래도 임상수 감독님이 많이 가르쳐주셨어요. 〈바람난 가족〉의 마지막 대사 "너 아웃이야"가 어떤 개념인지 설명해주신다거나, 브래지어를 하지 말라 하시기도 하고, 또 제모를 안 한 상태였는데 분장팀이 하자고 하니까 감독님이 화를 내기도 하셨죠. 그래야 하는 맥락을 짧게 설명해주셔서 저한테 공부가 되었어요. 이창동 감독님과도 여성 장애인의 성적 결정권, 그들이 성추행이나 성폭력에 쉽게 노출될 수 있는 상황 등에 대해 많이 얘기를 나눴거든요. 그런 과정에서 공부가 많이 되었고, 영향을 받았고, 더 관심을 가지게 된 거죠. 그러면서 '여성 감독이라면 이런 것을 어떻게 표현했을까? 어떤 식으로 이 이야기를 전개했을까? 다르게 표현했을까? 앞으로도 많은 이야기에서 내가 이런 지점을 만날 것 같은데 그때마다 나는 어떻게 해야 하나?'와 같은 의문과 고민들이 그 당시에 있었어요.

그 이후엔 감독들한테 의견도 많이 내고 토론도 하고 그랬죠?

굉장히 치열하게 했어요. 〈사과〉도 그렇고 〈여교수의 은밀한 매력〉(2006)이랑
〈가족의 탄생〉 때도 그랬어요. 임상수 감독님이나 이창동 감독님보다는 훨씬 편
하게 얘기가 되거나 나이가 좀 많더라도 제가 우길 수 있는 감독들이었고…….
그 과정이 무척 치열했어요. 결과에 대해서도 굉장히 여러 가지 생각을 했고요.
사실 〈여교수의 은밀한 매력〉은 완성되고 나서 보니 제가 생각한 영화가 아니었
어요. 너무 달랐어요. 작품의 평가나 흥행을 놓고 본다면 크게 나쁜 결과는 아니
었는데 저를 너무나 슬럼프에 빠지게 한 작품이었죠. 또 〈사과〉를 하면서도 정말
한 문장, 한 문장 "이건 당신의 상상 속에 있는 여성이고, 당신이 TV나 영화, 그것
도 다 옛날 콘텐츠의 영향을 받아서 만든 이미지이지 오늘을 사는 실제 여성들
이 아니다"라면서 강이관 감독을 엄청 괴롭혔어요. 강이관 감독은 수많은 인터
뷰와 실제 커플들의 이야기를 바탕으로 시나리오를 썼고, 본인은 제가 생각하는
그런 의도가 아니라고 하는데 제가 보기엔 그렇게 보일 가능성이 커서 몇 개월을
끈질기게 괴롭혔죠. 그런 과정도 지금 생각하면 굉장히 미안해요. 〈가족의 탄생〉
을 할 때도 김태용 감독과 새로운 가족이란 것에 대해서, 또 미라라는 캐릭터에
대해서 얘기를 많이 했어요. 지고지순한 희생적인 어머니 상을 바라는 건 아닌가
하는 마음에 이야기를 많이 나누었던 기억이 나요. 그러니까 저한테는 진짜 고민
이 많은 시기였고, 그 고민을 감독님들이랑 다 같이 했던 거예요. 그 고민을 같이
해준 게 지금 생각하면 감사하죠. 그 시절이 없었다면 정말 그다음이 많이 달라
졌을 것 같아요.

그리고 〈우생순〉을 만났는데 아우, 제작자도 여성이고 감독도 여성이고 너무 잘
통했죠. 또 실제 주인공들인 핸드볼 선수들의 삶도 감동적이고 눈물도 나서 정말
일찌감치 무턱대고 합류를 했어요. 하지만 어려움이 많았어요. 여자들이 주인공
인 데다가 마지막에 패배하는 영화여서 얼마나 큰 어려움을 겪는지를 옆에서 아
주 잘 볼 수 있었거든요. 임순례 감독님이 저를 반장처럼 놓고 여러 가지 의논을
해주셔서 '아, 이렇게 어려운 일이었구나, 이게' 하며 속속들이 과정을 지켜보았

영화 〈우생순〉 촬영 현장.
명필름 제공.

어요. 임순례 감독님이랑 심재명 대표님을 보면서 느낀 게 굉장히 많았어요. 얼마나 험한 파도를 헤치고 나가시는지를 옆에서 지켜봤으니까요. 연기만으로도 체력적으로 너무 힘들어서 그걸 돌파해나가는 것도 어려웠지만, 그 정도로는 "힘들어요"라는 말을 못 하겠더라고요. '이 영화가 여성의 이야기이고 여성들이 주인공이어서 이런 어려움을 겪는구나'라는 걸 너무 잘 알게 됐죠.

그전까지는 여성 캐릭터에 몰입했다면 〈우생순〉에서는 주변이 보이기 시작했네요.

예. 여성 감독은 한국 영화계에서 어떤 처지인지, 어떤 일들을 겪게 되는지, 그리고 심재명이라는 제작자는 어떤 길을 걸어왔고 무슨 일을 겪고 있는지 같은 것들이 저한테 아주 크게 다가왔어요. 그분들이 저한테 끼친 영향이 굉장히 커요.

배우는 마음의 온도가 높아야 할 수 있는 일

TV 드라마도 하셨어요.

〈태왕사신기〉(2007)와 〈내 인생의 황금기〉(2008~2009)를 했는데 정말 스튜디오 원, 투, 쓰리가 궁금해서 했어요. 드라마 제작 과정이 알고 싶었던 거예요. 〈태왕사신기〉 하면서 제일 크게 배운 건 나는 애정이 없으면 연기가 전혀 안 된다는 거였어요. 〈태왕사신기〉 촬영을 한 3년 했는데 앞에 찍은 걸 얘기가 바뀌면 다시 찍고, 또 다시 찍고 하다가 결국 절반은 온에어on-air 한 뒤에 찍었어요. 거의 마지막 방송 전날까지 찍었던 것 같아요. 그러다 〈우생순〉과 겹치게 되었죠. 〈우생순〉에선 핸드볼 선수를 해야 하는데, 드라마에서 김종학 감독님이 원하는 건 그런 '룩'이 아니잖아요. 그런데 그걸 어떻게 조절해야 하는지 그때는 잘 몰랐어요. 내 마음이 〈우생순〉에 가 있으니까 애정이 자꾸 식는 거예요. 그러니까 너무 연기가 안 되고. 어느 순간에 포기했어요. 작가한테 가서 죽여달라고 무릎 꿇고 울었어요. 작가가 미안하다고 하더라고요. 그다음에 정말 벼랑에서 불구덩이로 떨어져 죽는 저를 와이어로 띄워서 벼랑 위로 다시 올려놓는 장면이 나오는 거예요. 벼랑에서 떨어져 죽을 때 비로소 제가 그 캐릭터를 사랑하고 있다는 걸 알았어요. 죽지 못하는 이 인물이 너무 불쌍해서 울었어요. 너무 죽고 싶은데 못 죽고……. 배우 문소리랑 똑같아. 신기하게 그때부터 연기가 되는 거예요. 제 캐릭터가 상징하는 바가 불이고 마지막에도 하늘에서 불 속에서 죽어요. 그전까지 이 캐릭터의 바탕이 무엇인지 몰랐는데 사라지는 경험을 처음으로 해보니까 놀라운 일이 벌어진 거죠.

그 말씀을 들으니까 〈만신〉의 무당 역할이 떠오르네요. 무당이라는 존재와 배우의 역할이 굉장히 비슷하다는 말씀도 하셨죠. 저는 〈만신〉을 보고 깜짝 놀랐어요. 무당 역은 내가 생각해온 문소리 배우를 놓고는 상상이 안 됐거든요. 지금 그 얘기를 들으니까 이해가 가네요.

네, 그 작품이 여러 생각을 하게 했어요. '배우는 기본적으로 인간에 대한 마음의 온도가 높지 않으면 연기할 자격이 없는 거구나, 배우는 인간에 대해 어떤 태도를 가져야 할까' 이런 것들이요. 〈만신〉을 하기 전에 사실은 박찬욱 감독의 〈파란만장〉(2010)을 하기로 해서 굿을 제대로 한 달 넘게 배웠어요. 임신을 해서 그 영화는 못했지만, 그때 배운 걸 바탕으로 〈만신〉을 찍은 거예요. 그때 무당들을 보면서 정말로 사람에 대한 애정이 깊고, 아픈 사람에 대한 마음이 크고 뜨겁다는 걸 알게 되었어요. 진짜 대단해 보였어요. 어떻게 다른 사람의 아픔을 저렇게 깊이 자신의 아픔으로 승화시킬 수 있을까? 그런데 그게 곧 배우가 할 일인 것 같았어요. 엔터테이너로서 보이는 기술이나 퍼포먼스도 굉장히 재미있고 멋지지만, 아픈 사람에 대한 마음도 그 이상으로 뜨거워야 한다는 걸 알았어요. 그때 나이 들어서까지 배우를 하고 싶다는 생각도 하게 되었고요. 처음 시작했을 때는 한 20년 하고 말겠다고, 40대 중반 되면 시야를 넓혀서 다른 인생을 살고 싶다고 섣부른 말을 한 적도 있거든요. 그런데 〈만신〉을 하면서 배우의 일에 더 확장된 개념이 있다는 것을 확실히 알게 되었죠.

삶과 정치와 영화가 결코 다르지 않다

그런 과정에서 점점 뿌리를 깊게 내리고 있다는 것이 여러 인터뷰들에서 보여요. 민주노동당 당원이었던 적도 있어요.

이창동 감독님, 문성근 선배님, 명계남 선배님이 열심히 '노무현을 사랑하는 사람들의 모임(노사모)'을 만들 때 기자들이 당연히 제가 거기에 들어가 있을 거라 생각하고 제 이름을 올린 거예요. 그래서 제가 노사모 활동을 못 하는 것에 대해 얘기하면서 "저는 민노당(민주노동당)인데요?" 이렇게 된 거죠. 나한테는 별 일이 아니었는데 "여배우가 민노당이래?"와 같은 커다란 반응이 있었어요. '어떻게 하지?' 싶었는데 그냥 가만히 있었지요, 뭐. 그리고 저에게는 집회에 참석하는 일이 별로 큰 일이 아니었어요. 〈오아시스〉로 상을 받고 온 이후로 스크린 쿼터나 문화 다양성 관련 행사가 있으면 가능한 한 많이 참석했어요. 나라에서 훈장도 받았는데, 다른 건 못 해도 이런 일에 보탬이 되고 싶었거든요. 또 문화 다양성이라는 게 저한테는 중요한 개념이었고, 스크린 쿼터로 한국 영화를 지키는 것도 꼭 필요한 일이라고 생각해서 1인 시위도 했어요. 저한테는 별 일이 아니었는데 남다르게 보였나 봐요. 그 당시에도 고민은 많았어요. '내가 만약 영화배우가 아니었더라도 이 일을 했을까? 당연히 했을 것 같은데, 그렇다면 영화배우라서 이걸 안 한다는 게 말이 되나?' 이런 식으로 수첩에 적어가면서 논리를 만들어보기도 했죠. 그 논리 속에서 '예스'가 되는 일에는 내가 내 목소리를 낼 수 있겠다 했어요. 지금은 뭐, 많이 편해졌어요.

인터뷰들을 보면 초기엔 그런 사회 참여가 상처로 남을지도 모른다고 말씀하시지만, 시간 이 흐르면서 하고 싶은 말은 다 하겠다고 하시더라고요.

민노당 당원이라는 얘기가 막 퍼지니까 더 명확해지더라고요. 우선 광고 시장에서 일을 할 수가 없다는 거예요. 그런데 그 얘기를 듣고 나니 오히려 연결이 되더라고요. 〈오아시스〉라는 작품을 통해서 제가 상품이 될 수 있는 길이 완전히 차단되었고, 그랬기 때문에 〈바람난 가족〉을 할 수 있었는데, 이제 민노당까지 겹치니 한국에서 어느 누구도 나를 상품으로서 뭘 어떻게 해볼 수가 없게 된 거예요. 그게 확실해지면서 자연스럽게 그런 아이덴티티가 형성된 거죠. 내가 먹고살 길은 오로지 작품과 나, 연기와 나뿐이라는 게 더 확실해졌죠.

연기자로서는 굉장히 흥미롭고 드문 경우인 것 같아요. 또 노무현이 대통령이 되고, 강금실 이 법무부 장관이 되는 시대에 때를 잘 만나 영화배우를 하고 있다는 말씀도 하 셨어요.

사실은 좀 드라마틱하게 표현한 거긴 한데요. 어쨌든 한국 영화계가 1980년대 후반, 1990년대로 들어서면서 정치적으로도 검열이 많이 없어졌잖아요. 그런 흐름 속에서 〈바람난 가족〉도 나올 수 있었고, 〈세 친구〉를 통해서 임순례라는 감독도 배출될 수 있었던 거니까요. 그러니까 노무현이 대통령이 되고, 강금실이 법무부 장관이 된 정치적 흐름과 영화의 새로운 분위기가 다른 길은 아닌 것이죠. 그런데 그 시절이 꿈같이 너무 짧았어요. 그 뒤로 기나긴 어려웠던 시기에 블랙리스트에 오르기도 했고요. 정치라는 게 우리의 삶과 직접적으로 연결되어 있다는 것을 고등학교 때 배웠는데 영화를 하면서, 세월이 가면서 정말 그것이 내 삶의 일부라는 걸 체감했어요.

장준환 감독이랑 같이 부부가 블랙리스트에 올랐잖아요. 두 분은 무슨 이유 때문이었죠?

저는 이유를 불문하고 이명박 대통령 시절부터 계속 있었다고 하고요. 장준환 감독은 나중에 보니까 올라 있었는데 이유는 모르죠. 장준환 감독이 그랬어요. "아무리 생각해도 이명박 정부에서 내가 블랙리스트에 올라간 거는 결혼을 당신이랑 해서." (웃음) 그것밖에 이유가 없는 거예요. "설마 〈지구를 지켜라〉의 내용 때문에 오르지는 않았을 테고, 그 이후 정치적인 발언을 한 적도 없고, 내 안에 깊숙이 자리잡고 있는 세계관을 파악해서 블랙리스트에 올렸을 리는 없잖아. 내가 결혼을 잘해서 블랙리스트에 올라간 것 같다"라고 하더라고요. 그런데 결혼한 후엔 오히려 저보다 장준환 감독 이름이 많이 오르내렸어요. 그럴 때마다 "당신이 가면 여파가 더 크니까 내가 대신 갈게. 가족을 대표해서." 그렇게 참여한 행사도 많아요.

문소리 배우가 나오면 그 역할이 만만치 않은 캐릭터일 거라는 인식과 그런 정치적 성향이 맞물려 있는 것 같아요.

저는 잘 모르겠어요. 닭이 먼저인지 달걀이 먼저인지. 한국 영화계가 저를 그렇게 키웠고, 저는 그렇게 클 수밖에 없었는데 '너는 원래 이렇다'고 얘기하는 느낌이 들 때도 있어요. 왜냐하면 이창동을 만나고, 임상수를 만나고, 임순례와 심재명을 만나서 여러 작품을 한 과정에는 제 선택도 있었겠지만, 그 안에서도 저는 계속 변화하고 있었거든요. 그들이, 그리고 그들과 함께한 작품이 제가 그런 생각을 하게끔 했고, 또 저에게 그런 역할들을 부여해서 지금의 제가 만들어진 거죠. 여러 캐릭터를 연기하면서 한국 영화 속 여성 캐릭터들에 대해 공부하기도 했어요. 1970년대의 여성은 임예진 같은 청순함, 귀여움, 발랄함을 지녀야 했고, 1980년대에는 에로틱했어야 했구나. 내가 알고 있는 것들이 이런 맥락 속에 있구나. 그렇다면 지금, 21세기의 나는 배우로서 어떤 행보를 해야 할까. 이런 것들을 고민하게 되었어요. 그리고 한 작품, 한 작품 하면서 '내가 어떻게 하느냐에 따라서 이 캐릭터가 이렇게도 저렇게도 될 수 있는 거구나' 하는 경험치도 쌓게 되었고요. 그러니까 예를 들면 홍상수 감독 영화를 처음에는 굉장히 좋아했어요. 〈돼지가 우물에 빠진 날〉(1996), 〈강원도의 힘〉(1998) 같은 작품이요. '이런 영화가 다 있어?' 하면서 공부 삼아 본 무척 흥미로운 영화였는데, 〈생활의 발견〉(2002) 이후로 굉장히 싫고 보기가 힘들었어요. 그런데 홍상수 감독님이 자꾸 같이 작품을 하자고 하시는 거예요. 두 작품을 거절하고는 〈해변의 여인〉(2006)부터 좀 달라진 것 같아서 〈하하하〉(2010)를 하게 되었죠. 그때는 뭔가 할 수 있을 것 같았어요.

그 캐릭터는 너무 좋았어요.

제가 홍상수 감독 영화를 한다니까 제 친구들이 굉장히 걱정했어요. 그가 좋아하는 모호한, 이상한 매력을 풍기는 여자들 중 하나가 될 가능성이 크다고. 그래서 내가 "다른 건 모르겠고 안 모호하게 한번 가볼 테니까, 내가 한번 노력해볼 테니까 지켜봐. 이번엔 가능성이 있어 보여"라고 했죠. 처음에 가능성이 있다고 생각한 건 그 캐릭터에게 문화관광 해설사라는 직업이 있다는 점이었어요. 그리고 초반 촬영에서 "먹고살아야 되니까요"라는 대사가 나오길래 (박수 치며) '이건 홍상수 영화에서 보지 못했던 캐릭터다. 여자가 정확하게 나는 이거 해서 먹고살아야 된다는 얘기를 하다니.' 그게 정말 다르게 느껴졌어요. 이렇게 '아, 같은 감독이어도 나와 만나서 좀 다른 캐릭터를 만들 수도 있구나' 하는 가능성도 경험하면서 저한테 하나의 중요한 주제로 자리를 잡은 것 같아요. 지금의 한국 영화에서 여성 캐릭터는 어떻게 흘러가고 있는지, 내가 생각하는 여성 캐릭터는 어때해야 하는지를 늘 고민하고 있어요. 모든 여성 캐릭터가 주체적일 수 있다고 생각하고, 모든 영화의 성 평등 지수가 높아야 한다고 생각해요. 이야기에서 여러 삶을 다루다 보면 이런 목표를 완벽하게 달성하기는 어렵겠지만, 그런 것들이 이 시대에 영화 안에서 어떤 의미로 자리 잡는지를 생각하는 것이 저에겐 매우 중요한 일이에요.

'아름다움이란 무엇인가'라는 질문

2010년대에 들어서서는 여유가 많아지신 것 같아요. 영화 연기도 그렇고, 〈하하하〉 같은 경우도 있고요.

결혼의 영향도 크고요, 무엇보다 아이를 낳은 것이 굉장히 많은 변화를 주었죠. 처음 영화판에 들어왔을 때는 두려움이 많았어요. 아는 사람도 하나도 없고, 잘 모르는 공간에 혼자 뚝 떨어진 것 같은 두려움이 굉장히 컸어요. 그래서 늘 벼랑 끝에 서 있는 기분이었고, '나는 나 하나이기 때문에 쌍도끼 들고 다니는 심정'이 었어요. 그런데 결혼을 하고 나니까 '그렇게 무서워하지 않아도 되는구나. 내가 너무 과도하게 긴장하고 있었구나. 거기에 너무 큰 에너지를 쏟고 있었구나' 하는 걸 알게 되었어요. 아이를 낳고 나니까 또 마음에 큰 변화가 생겼고요.

그런데 2013년 즈음엔 영화에 대한 애정이 자꾸 떨어진다고 하셨어요.

우선 저를 많이 안 찾아주니까 제가 할 수 있는 역할이 드물었어요. 그 무렵에 〈분노의 윤리학〉(2012)이랑 홍상수 감독 영화 두 편에 출연했는데, 그전과는 온도의 차이를 느꼈어요. 안 찾아주니까 기다리게 되는 심정이 싫고, 밉고……. 〈관능의 법칙〉도 여러 가지로 아쉬운 점이 많았어요. 시나리오에서는 중년 여성의 삶을 유쾌하면서도 예리하게 담아냈는데, 그런 날이 다 깎인 채로 개봉하게 되어서 여러 가지 생각을 했지요. 아쉬운 점이 많고, 한국 영화가 다 거기서 거기인 것 같았고요.

2000년대 초부터 5년 정도 황금 같은 시기였잖아요. 굉장히 좋은 시기에 시작했고, 그래서 더 그렇게 느꼈을 것 같아요.

네. 한국 영화의 환경이 달라지고, 시장은 점점 더 남성 중심 서사로 가고, 규모는 커지는 분위기였어요. 한국 영화랑 나랑 섞여 있었는데, 얘가 자꾸 나를 떠나려고 하는 것 같은 느낌이랄까? 처음에는 나를 붙잡겠다고 얘가 덥석 왔던 것 같은데, 이젠 '내가 한번 붙잡을 수도 있지, 뭐' 하는 마음이었어요. 그래서 공부를 좀 해봐야겠다고 생각했죠. 몸이랑 마음이 연결되어 있잖아요. 몸이 아이를 낳는 대지진을 겪고 나니 여기저기 약해지더라고요. 자존감도 떨어지고. 그때 이런 생각을 했어요. '내가 외모로 승부하는 배우도 아니었는데, 애 낳고 외모가 달라졌다고 이렇게까지 힘들다니 이게 무슨 일이지?' 그러다가 공부를 하면 뭔가 채워지지 않을까, 땅이 단단해지지 않을까 싶어서 대학원 공부를 시작했어요.

대학원에서 만든 단편영화 세 편은 정말 대단했어요.

여배우는 오늘도

감독/각본/주연 문소리 ― 성병숙 윤상화 전여빈 이승연 제작 (주)영화사 연두 • 배급 (주)에타플라이 • 영화진흥위원회 2017년 저예산영화개봉지원작   *The Running Actress*

달린다 ⸜♡⸝

2017.09.14

그 시간이 저한테는 정말 중요한 시간이었어요. 무엇보다 집에 가면 아이가 '앙앙' 하고 우는 시기였는데, 학교에 있으면 DMZ에 와 있는 듯 너무 평화로웠어요. '나는 이 공부를 왜 하며, 지금 나한테는 무엇이 중요한가' 이런 질문을 스스로에게 하게 되더라고요. 그러다 보니까 '배우 문소리를 소재로 영화를 만들어봐야겠다, 평생 가도 나에 대해서 잘 모를 수도 있겠지만 어쨌든 이 공부의 시작이다' 하는 생각에 단편을 만들게 되었죠. 그때는 후에 개봉을 해야겠다거나 장편을 만들겠다거나 하는 생각은 전혀 없었어요. 세 번째 단편을 만들 때는 그 주제로 계속할지 고민도 했어요. 다큐멘터리를 만들까, 차라리? 실제로 세월호를 주제로 하는 엄마와 아들의 이야기도 썼는데 읽어본 친구들의 반응이 별로 좋지 않았어요. 그래서 이것저것 하다가 교수님들이 조언해주신 대로 연작을 써서 보여줬더니 친구들 반응이 제일 좋았어요. 〈최고의 감독〉은 그렇게 해서 나오게 됐죠.

그 연출 작업이 자기성찰과 수련의 과정이었다고요.

그랬어요. 그때 만든 세 작품을 묶어서 황혜림이라는 친구가 영진위 배급 지원작으로 내서 개봉까지 했어요. 단편 연작은 다양성이라는 측면에서 의미 있는 배급이 될 것 같다고요. 그런데 어느 날 꿈에 문재인 대통령이 나타나서 저한테 엽서 같은 걸 하나 주셨어요. 옆에 김정숙 여사도 계셨고요. 제 꿈이 좀 잘 맞는 편이거든요. 이건 내가 최근 꾼 꿈 중에서 제일 좋은 꿈이니까 저한테 좋은 시나리오가 왔으면 좋겠다고 생각했죠. 저는 좋은 꿈을 꾸면 그런 생각을 제일 많이 하거든요. '문재인 대통령이 주는 거면 얼마나 좋은 프로젝트일까?' 그런데 글쎄 배급 지원 2000만 원을 받게 된 거죠. 십 몇 년 일하면서 친해진 친구들이 홍보 회사도 차리고, 피디도 하고 있고, 또 황혜림은 독립영화 배급을 하고 싶어 했어요. 그렇게 넷이 모여 가내수공업처럼 배급을 해본 거예요. 그때 확실히 알았어요. 한국 독립영화 시장의 구조와 멀티플렉스를 가진 배급사들의 만행에 대해서요. 이런 문제들을 정말 많이, 정확하게 공부할 수 있었어요. 그 과정이 무척 재미있었고요. 굉장히 귀한 공부였죠. 그 당시에 장준환 씨는 〈1987〉(2017)을 만들고 있었는데, 제가 〈여배우는 오늘도〉를 개봉하는 과정을 보면서 얼마나 부러워했는지 몰라요. "그렇게 자기 영화를 개봉해볼 수 있는 사람은 많지 않아. 내가 보기에 당신 지금 굉장히 행복한 경험을 하고 있는 거야"라고 얘기를 해서 "아, 그렇구나. 그런데 나도 개봉관 수가 몇 백 개쯤 돼봤으면 좋겠는데……"라고 대답해주었죠. (웃음) 거긴 뭐 기본 몇 백 개부터 시작이니까.

앞으로도 연출할 기회가 있으면 하실 건가요.

문소리

제가 대학원에서 공부하고 난 후에 제일 좋은 건 배우로서 작품을 기다리며 애태우는 시간이 많이 힘들지 않게 됐다는 거예요. 그게 정말 다행이죠. 애태우지 않고, 그 시간에 영화에 관한 더 재미있는 생각들을 할 수 있게 됐어요. 그러다 보니 영화로 할 수 있는 재미난 일이 무척 많아요.

〈메기〉 같은 독립영화에 출연하는 게 일종의 도전이고, 그 자체로 너무 좋다고 하셨던 것도 그런 맥락인가 봐요.

저는 또 한국 배우들만 그런 줄 알았더니 리즈 위더스푼 같은 배우들도 산업 규모는 다르지만 여배우로서 영화계에 있으면서 하는 고민이나 생각들에 비슷한 지점이 꽤 많더라고요. 그런 사람들의 행보를 보면 '아, 영화로 재미있는 일을 많이 하는구나. 그분들은 큰 돈 들여 하지만 나는 작은 돈 들여 해볼 수도 있겠지' 싶어요. 이런 생각에 재미있는 것들을 해보려고요. 친구들이랑 〈여배우는 오늘도〉를 개봉했던 것처럼 영화에 대한 재미난 얘기를 계속 나누다 보면 새로운 기획이 생길 수도 있고, 판권을 하나 사둘 수도 있겠죠. 아니면 제가 생각하는 아이템으로 뭔가를 개발해볼 수도 있고요. 그게 잘 크면 제가 연출을 할 수도 있겠지만, 배우만 할 수도 있고……. 가능성은 열려 있다고 생각해요. 그렇게 가능성이 열려 있는 재미난 생각들을 많이 해요.

그래서 남자들만 세상을 구하고 역사의 중심에서 활약하는 영화들이 많아지면, 할 수 없이 여자들을 데리고 영화를 찍어야겠다고 하셨잖아요. 여자들의 이야기이자 나이 있는 세대를 위한 영화를 찍어야겠다고요.

제가 하는 고민이나 제가 재미있어 하는 걸 찍으면 그런 영화가 되지 않을까요? 엄청난 역사의 변곡점에서 남자들이 나라를 구하고 세상을 구하는 영화는 너무 많잖아요. 저는 관객으로서 그런 영화들이 좀 지루하게 느껴져요.

처음에 그런 고민이 많을 때는 배우라는 직업과 자기 자신 사이에서 정체성이 분열된다는 생각에 많이 힘들어했잖아요? 이젠 마음이 편해졌나요?

네. 그런 과정을 통해서 자꾸 부딪쳤는데, 그래도 바퀴가 맞물려서 돌아가는 느낌이랄까요? 진짜 개인 문소리의 삶, 또 배우로서의 삶, 그리고 영화로 재미있게 놀아야지 하는 것도 조금. 이게 모두 다른 게 아니고, 막 싸워야 되는 게 아니고 맞물려서 돌아갈 수 있는 거라고 생각하게 됐어요. 지금은 오히려 카메라에 나오는 저를 다양한 측면에서 볼 수가 있어요. 예전에는 내가 생각하는 내가 있고, 내가 되고 싶은 내가 있고, 현실의 내가 있고, 다른 사람들이 말하는 내가 있고, 다른 사람들이 원하는 내가 있고……. 이게 다 달랐어요. 그 속에서 어떻게 해야 할지 방황도 하고 고민도 많았는데, 지금은 좀 중심을 잡고 제대로 인식을 해요. 한 20년 했는데 그 정도는 해야죠.

영화인으로 살아가는 삶에서 자신에게 결정적인 사건이나 중요한 시기가 있었다면요?

(잠시 고민한 후) 수많은 사람들이 아직도 〈오아시스〉 얘기를 하거든요. 만나기만 하면 "아, 그때 그 영화 정말……. 그때 〈오아시스〉에서 진짜……." 그러면 이런 생각이 들죠. '아, 나는 최근에 〈배심원들〉에서도 나름대로 엄청 노력하고 공들였는데 왜 그게 내 연기의 대표작이 되지 못하는 거지? 왜 나는 10여 년이 지나도록 여전히 〈오아시스〉 얘기만 듣고 있지?' 다른 대표작이 나오면 무척 속이 시원할 것 같다는 생각이 들 때도 있어요. 다른 한편으로 감사하기도 하지만요. 그런데 또 이런 질문을 받으니까 생각이 나네요. 〈오아시스〉의 가장 큰 질문 중 하나는, 저는 이게 제 삶과 예술 전체에서, 또 배우로서도 아주 중요한 질문이라고 생각하는데, '아름다움이란 무엇인가?'였어요. 그게 지금까지도 유효하고 중요한 질문이에요. 그게 없었다면 배우로서 저한테 하는 질문, 예술에 대한 질문, 또 제가 〈최고의 감독〉을 연출하면서도 고민했던 예술가라는 사람들에 대한 질문이 불가능했을 거예요. 그런 질문들이 저를 계속 앞으로 나아가게 하는 모티프가 되고 원동력이 되는 중요한 화두예요. 그게 아직도 힘을 잃지 않고 있어요.

영화 〈여배우는 오늘도〉의 한 장면.
씨제스엔터테인먼트 제공.

자신이 관여했던 일이나 연루되었던 사건 가운데 역사에 기록으로 남기고 싶은 것이 있다면요?

(잠시 고민한 후) 역사의 기록은 그냥 자연스럽게 남겨지는 것 아닌가요? 내가 남기고 싶은 거라고 하시니까…… 시간을 견뎌낸 작품들이지 않을까요? 작품만 남으면 될 것 같아요. 앞으로 할 작품들 중에 10년을 견디고 20년, 30년, 100년 이상 버티는 작품들이 있기를 계속 꿈꾸고 있어요. 지금껏 제가 해온 것들 중에서 그런 작품이 있을 수도 있고요. 저라는 사람이 다 잊히더라도 어느 순간 그 작품이 사람들한테 보이거나 누군가 기억해서 보게 된다면, 그 속에 제가 담겨 있겠죠. 영화는 그렇게 세월이 지나도 다시 깨어나 교감할 수 있는 매체여서 좋은 거니까. 작품이 많이 남았으면 좋겠네요.

강혜정
영화 제작자
영화사 외유내강 대표

추락과 비상을 모두 아는
단단한 제작자

운동권 학생으로 대학 생활을 보내고 졸업 후에 우연히 참가한 독립영화협의회 워크숍을 통해서 영화를 만났다. 영화방, 씨네2000, 시네마서비스, 좋은영화사 등에서 영화 마케팅을 했으며 2005년에는 남편인 류승완 감독과 함께 영화사 외유내강을 설립했다. 〈짝패〉(2006), 〈부당거래〉(2010), 〈해결사〉(2010), 〈베를린〉(2013), 〈베테랑〉(2015) 등의 작품으로 승승장구하던 중에 야심차게 제작한 대작 〈군함도〉(2017)가 여러 가지 논란에 휩쓸리며 그야말로 '추락'을 경험했다. 〈군함도〉로 인한 위기를 잘 넘기고 2019년에 〈사바하〉, 〈엑시트〉에 이어 〈시동〉까지 성공하면서 제작자로서의 능력을 입증했다.

"그다음 영화가 〈베를린〉이었는데, 저로서는 100억이 넘는 영화가 처음이었거든요. 그걸 하고 나서 배짱이 생긴 것 같아요. 그 배짱이 뭐였냐면 '영화 망해도 안 죽어, 괜찮아.' 〈군함도〉 관련 논쟁에 대처할 때 제가 다짐했던 것도 이 영화가 잘되건 잘못되건 그것 때문에 여기서 끝나지는 않는다는 거였어요. 〈군함도〉가 예상대로 잘됐으면 지금의 저는 없을 것 같아요. 〈군함도〉 이전까지만 해도 회사의 프로덕션 전체가 류승완 감독한테 많이 의존했거든요. 그런데 〈군함도〉로 우리 대장 감독이 휘청하는 걸 보면서 류 감독을 제외한 나머지 식구들이 경각심을 갖게 된 거죠. 그 뒤에 〈사바하〉도 그렇고 〈엑시트〉도 그렇고, 다른 감독들 작품으로 우리가 건재하다는 걸 보여준 셈이죠."

대학 시절에는 운동권 학생이었다고 들었는데요, 졸업 후에 어떻게 영화를 하게 되셨어요?

제가 학교에 들어갔을 때 학원 자주화 이슈로 굉장히 시끄러웠어요. 학교생활에 적응하기도 전에 선배들을 우르르 따라다니는 형국이어서 자연히 민주화, 사회문제 등을 접할 기회가 많았고요. 그러면서 소위 운동권 학생으로 4년을 보냈어요. 당시 저희 학교에는 총여학생회가 해체되고 없는 상태였는데, 3학년 때 여성학 소모임을 하면서 여학생위원회를 만들고 1대 위원장을 했죠. 여성 문제와 계급 문제, 문화의 문제 같은 걸 다루면서 4학년을 보냈어요. 그런데 졸업을 하고 나서 전공을 살려 교사를 해야 하나를 자문해보니 저는 준비가 안 된 사람이었어요. 4년 내내 다른 활동을 했기 때문에 전공의 전문성이 부족했거든요. 그래서 뭘 해야 할지 고민하던 중에 대한극장 앞을 지나가다가, '아무나 영화를 만들 수 있다. 그러나 누구나 영화를 만들지는 못한다'라는 문구가 적힌 독립영화협의회 워크숍 공고를 본 거예요. 학교에는 영화 동아리도 있고 대학 방송국도 있었지만, 저는 그쪽하고는 별로 인연이 없었거든요. 가끔은 그날 워크숍 공고를 보고 거기 참가했던 게 운명적이었다는 생각이 들어요. 그전까지는 영화에 관심도 없었고 영화운동에 대해서도 아는 바가 전혀 없었으니까요. 물론 〈오! 꿈의 나라〉를 학교에서 보긴 했지만 그게 어떤 사회적 맥락에서 만들어졌는지, 장산곶매가 뭔지 전혀 이해가 없었어요.[1]

독립영화협의회의 워크숍이 굉장히 훌륭한 과정이었다고 생각하는 게 낭희섭 대표님이 민주적인 의사 결정을 바탕으로 모든 성원이 영화의 전 과정을 경험할 수 있도록 해주셨거든요. 당시에는 가장 성실하게 출석하는 사람이 대표 연출을 하는 거였어요. 그러니까 그게 제가 된 거죠. 말도 안 되는 작품을 두 달 동안 연출

---

1   대학의 영화 동아리에서 활동했던 많은 이들이 졸업 후 영화계에 투신하여 1990년대 이후 한국 영화의 변화에 중요한 역할을 담당했다. 장산곶매는 한양대 영화 동아리 출신의 공수창, 장윤현과 중앙대 영화과의 이은, 서울예대 영화과의 장동홍 등이 만든 영화운동 단체였다. 이들은 상업영화권 밖에서 장편 극영화인 〈오! 꿈의 나라〉, 〈파업전야〉, 〈닫힌 교문을 열며〉 등을 만들고 대학가와 노동 현장 등을 중심으로 배급했다. 이 작품들은 각각 광주항쟁, 노동운동, 전교조운동 등 상업영화에서는 금기시되던 사회문제를 다루었을 뿐 아니라, 영화 검열을 거부하면서 당시 정권의 탄압을 받았다. 장산곶매는 검열을 강제하는 영화법에 대한 위헌심판을 청구해 검열 제도 폐지를 이끌어냈다.

하면서 '연출은 진짜 큰일 나는 일이구나'를 뼈저리게 느꼈어요. 어쨌거나 약속대로 완성은 하고 평가를 받았는데, 그러고 나니 영화가 저에게 다가오더라고요. 그래서 '영화사랑'이나 '씨앙씨에' 같은 곳을 드나들었죠. '씨앙씨에'는 비교적 전문적인 커리큘럼으로 운영하는 곳이었고, 저는 개인이 하던 '영화사랑'이 진입장벽이 낮게 느껴져서 열심히 다니다가 결국 스태프가 됐어요. 거기서 영화제도 같이 짜고, 이런저런 진행을 하면서 1994~95년을 보냈어요.[2]

류승완 감독은 제가 워크숍에 참여할 때 조교였어요. 제가 5기였는데 그 사람은 3기였지요. 사실 3기하고 5기가 얼마나 차이가 있겠어요. 거기서 조교라는 개념은 후배들 좀 봐주고, 와서 시간 보내고 이런 개념이 아니었을까요? 그때 강사 분들이 콘티를 짜라고 했거든요. 그래서 제가 "콘티가 뭐예요?" 했더니 진짜 잊을 수가 없어요. 류승완 감독이 너무너무 거드름을 피우면서 (같이 웃음) "영화의 기본은 콘티, 이거를 어떻게 모를 수가 있냐" 하면서 원론적인 얘기를 1시간이나 떠드는 거예요. 그런데 그때 좀 특이했던 기억은 나요. '나보다 어려 보이는데 되게 잘난 척하네. 그래도 얼굴은 멀끔하게 생겼네.' (같이 웃음) 아시는 분은 아시겠지만 류 감독은 부모님이 안 계셨고, 대학을 안 나왔고, 할머니와 어린 남동생까지 책임져야 하는 '소년 가장'이었다는 말이죠. 제가 사실은 류승완 씨한테 매력을 느꼈던 부분도 그런 거였어요. 그러니까 한 번도 보지 못했던 인간형이다. 사실 그 생각은 지금도 마찬가지예요. 자기가 영화감독을 꿈꾼다는 것을 아주 자랑스럽게 이야기하는데, 저는 속으로 '미친 거 아냐?' 했었죠. 당연히 그런 생각이 들 만큼 어려운 상황이잖아요. 그런데도 자기가 뭘 하고 싶은지를 얘기할 때의 눈빛을 지금도 잊을 수가 없어요. 아, 이건 뭐야? 러브 스토리인가? (같이 웃음) 그렇게 연애를 하게 되고, 그러다가 제가 승범 씨 과외도 하게 됐죠. 물론 큰 소득은 없었어요. (같이 웃음) 그러다가 결국 결혼까지 하게 된 거죠.

워크숍을 마치고 나서 영화계에는 어떻게 들어가게 됐나요? 마케팅부터 시작하신 걸로 알

---

2   1990년대 전반기는 영화 문화에 대한 사회적 관심이 커지고 영화 지망생이 급격히 늘어났지만, 그러한 수요를 감당할 만한 제도적 기반은 마련되어 있지 않던 시기다. 제작 인력을 양성할 영화학과도 많지 않았고, 해외의 다양한 영화를 접하기도 어려웠다. 그 시절에 '영화공간 1895'(이후 '씨앙씨에'), '영화사랑', '문화학교 서울' 같은 사설 시네마테크가 영화사의 고전들을 보고 함께 공부하는 공간이었다면, 신촌의 '영화마당 우리', 충무로의 '독립영화협의회' 등은 소규모 영화 워크숍을 꾸준히 지속하면서 영화 제작 지망생들의 훈련장이 되었다.

'영화사랑'에서 몇몇이 스터디 모임도 만들고 하던 중에 우연히 코아아트홀의 황인옥 이사님을 알게 됐는데, 그분의 제안으로 1년 정도 홍보 전단에 들어갈 글을 쓰는 아르바이트를 성실하게 했어요. 그때 코아아트홀이 영화광들의 성지였거든요. 거기서 사람들이 일하는 거 보면서 저도 영화 일을 하면 좋겠다는 생각을 했죠. 그러다 1995년 말에 영화방이라는 홍보 회사에 들어가게 됐어요. 거기서는 정말 모든 인간관계가 다 끊어지고 일만 해야 하는 상황이었는데, 저랑 비슷하게 졸업하고 대기업 간 친구들은 2000~3000만 원씩 받을 때 저는 연봉 600만 원 받았어요. 월급 50만 원.

저도 1995년에 영화사 다녔는데 60만 원 받았어요. (같이 웃음)

금액은 적었지만 제가 지금도 기억나는 건 주필호 대표님이 월급은 항상 은행에서 찾아서 빳빳한 새 돈으로 주셨다는 거예요. 지금 생각하면 그분 나름대로 고마운 마음을 표현하는 방법이었던 것 같아요. 어쨌거나 그 1년 동안 진짜 혹독하게 일했어요. 정말 친구들을 아무도 못 만났어요. 제 친구들 사이에서 '저것이 연하랑 연애를 하더니 친구도 버렸다'면서 소문도 이상하게 나고. 그런데 한번은 제가 일하는 곳에 친구가 놀러온 거예요. 그날 제가 1700개나 되는 사보에 보낼 보도자료를 봉투에 넣는 일을 일요일 새벽까지 했어요. 월요일에 우체국 가서 부쳐야 하니까. 지금 생각하면 좀 도와줄 만도 한데, 팔짱 끼고 걔는 계속 떠들고 나는 컨베이어벨트에 앉아 있는 여공처럼 계속 일하고……. 명보극장, 서울극장에 보낼 전단지 싸는 것까지를 제 친구가 다 봤는데 "네가 어떻게 일하는지 봤으니 이제 오해 안 할게" 하더라고요.

나는 늘 다음을 생각한다

저도 사실 영화사에서 비슷하게 일을 했어요. 새벽에 퇴근해서 아침에 출근하고.

네, 자고 씻고만 나오고.

그랬었죠. 그런데 사실은 그 자체가 힘들었다기보다는, 저는 그 일을 하면서 미래를 꿈꿀

수가 없었거든요.

강
혜
정

저한테는 외화를 홍보하는 일이 그랬어요. 그런데 그때 영화방에서 〈내일로 흐르는 강〉(1996)이라는 박재호 감독의 작품을 했어요. '대중영화로 풀기 어렵겠다'라는 게 저의 첫 느낌이었어요. 마케터로서 길이 안 보여 낙담한 거죠. 그런데 주필호 대표님이 영화를 계속 보게 하고 거기서 많은 걸 끄집어내시는 거예요. 그런 모습을 보면서 자극을 받기도 했고, 어쨌거나 그때 제 옆에는 영화를 만들겠다고 하는 사람이 있었잖아요. 계속해서 시나리오를 쓰고, 계속해서 재미가 없고. (한숨 쉬며) 그 투 트랙이 움직이면서 저한테 자연스럽게 만들고 싶다는 욕망이 생긴 거죠. 사실 이건 지금도 저한테 중요한 부분인데, 그때부터 '다음 레벨이 뭐야?'라는 생각이 장착된 것 같아요. 그래서 씨네2000을 거쳐 시네마서비스에 가게 되었죠. 인터뷰하면서 돌이켜 보니 저는 사수 운이 엄청 좋았다는 생각이 드네요. 씨네2000의 이춘연 사장님은 영화계의 책임감 있는 어른이시고, 시네마서비스의 강우석 감독님은 영화로 번 돈은 다시 영화에 투자하겠다는 생각이 분명한 분이었거든요. 저는 강우석 감독님이 한국 영화계가 제작사를 기반으로 하는 산업 구조로 변화하는 데 신호탄이 되었던 분이라고 생각해요. 그리고 좋은 영화사의 김미희 대표님은 영화인들과 어떻게 소통해야 하는지를 아주 꼼꼼히 짚어주셨어요. "네가 그렇게 함부로 말하는 건 그분들의 창작에 대한 실례야. 그럴 때는 이렇게 말하는 게 좋아" 같은 식으로. R&I 커뮤니케이션즈라는 팀으로 옮겨서 송해성 감독님의 〈카라〉(1999)를 하고 난 후에 마케터로 계속 갈지 다른 일을 모색할지 고민하면서 잠시 쉬고 있었는데 김미희 대표님께서 좋은영화사로 저를 다시 부르셨어요. 그때 김 대표님은 〈주유소 습격사건〉(1999)으로 기획력도 인정받고 흥행에서도 성공한 직후였죠. 거기서 기획부터 제작, 마케팅까지 아우르는 시스템을 경험하게 되었어요.

결혼은 언제 하셨나요?

1997년에 결혼했어요. 결혼하면서 류승완 씨하고 했던 약속이 있어요. "딱 10년만 영화를 해보자. 너랑 나 둘 중에 한 사람도 안 풀리면 우리는 재능이 없는 거다. 그러면 접어야 돼." 그때 제가 인간 류승완이 훌륭하다고 생각했던 게 뭐였냐면, 그 친구는 영화를 너무너무 하고 싶어 했지만 할머니하고 어린 동생을 책임져야 하는 가장이었잖아요. 할머니한테 먹고살려면 한 달에 얼마가 필요한지 물어본 거예요. 할머니가 말씀하신 금액이 아마 70만 원이었을 거예요. 그러니까 1년 치

생활비를 벌 때까지 자기는 영화를 안 한다고 하더니 정말 아르바이트를 서너 개 씩 해서 할머니께 840만 원을 채워 드리고는 "이제 나 하고 싶은 거 하게 해줘" 하더라고요. 저는 지금도 진짜 훌륭하다고 생각해요. 꿈만 좇다가 온 가족이 피폐해지는 선배들도 많이 봐왔는데, 류승완 씨는 가장으로서의 책임감과 생활력을 동시에 보여준 거잖아요. 10년을 약속했는데, 5년이 채 안 돼서 〈죽거나 혹은 나쁘거나〉(2000)로 데뷔를 했어요. 〈피도 눈물도 없이〉는 흥행 성적은 좀 안 좋았지만 '자기 색깔의 영화를 만들 수 있는 감독이다'라는 인정을 받았고요.[3]

아이도 키우고 영화도 키우고

김미희 대표님이 주신 기회 중 하나가 제작 현장을 경험하게 해주신 거예요. 대표님은 자신이 여성 제작자로서 현장 경험이 없는 것을 핸디캡으로 생각하셨어요. 그래서 저한테는 현장에 가야 한다고 하셨는데 사실 저도 그 부분에 대해서 고민이 있었거든요. 2002년에 제작부 막내로 변영주 감독님의 〈밀애〉(2002)에 참여했을 때 많이 울었어요. 저보다 열 살은 어린 친구들이 "강혜정 씨, 이런 건 좀 알아서 치우고 그래야죠!"라고 하면 울면서 담배꽁초 줍고, 온갖 허드렛일을 했거든요. 한번은 촬영장에서 5킬로미터 떨어진 데 가서 길을 막고 있었는데, 촬영이 끝난 걸 아무도 안 알려줘서 계속 있었던 적도 있어요. 제작부 막내를 하면서 처음으로 영화를 만든다는 것이 하루 10시간, 12시간의 중노동이라는 걸 아주 절실하게 배웠어요. 지금도 대표님이 저한테 하신 말씀이 기억나요. "기획 피디가 많고 필요하기도 하지만 네가 내 세대와는 다른 제작자가 되려면 현장에 가야 돼."

김미희 대표님 세대의 여성 제작자들은 현장 경험을 많이 하진 않으셨죠?

---

3   〈죽거나 혹은 나쁘거나〉는 한국 독립영화의 새로운 지평을 열었다는 평가를 받았다. 『씨네 21』은 2000년 한 해를 결산하면서 최고의 한국 영화 다섯 편 중 하나로 〈죽거나 혹은 나쁘거나〉를 꼽았으며, 동시에 이 영화의 극장 개봉을 영화계 10대 사건으로도 선정했다. "16밀리 영화로는 처음으로 극장 개봉을 시도한 6500만 원짜리 이 싸구려(?) 영화는 서울의 코아아트홀을 비롯 전국 4개관 개봉이 고작이었지만 첫 주 8000명의 관객 동원을 기록하며 손익분기점인 1만 명에 육박했다. …… 급기야 8월 5일 35밀리로 블로업한 〈죽거나 혹은 나쁘거나〉는 전국 20개관으로 확대 개봉했고 종영까지 8만 명을 불러 모았다. …… '충무로 외곽에서 만들어진 비주류 영화로도 관객과 소통할 수 있다'는 전례를 만들었다는 점에서 작지만 알찬 수확이었다."(남동철·이영진, 「2000년 한국 영화 결산 ─ 충무로 10대 사건」, 『씨네21』, 2001년 1월 2일)

당시에 트로이카라고 불렸던 심재명, 오정완, 김미희 대표님은 연출부나 제작부 출신은 아니셨잖아요. 기획, 홍보 마케팅으로 시작해서 그쪽에서 탁월한 성과를 내셨기 때문에 바로 제작자로 갈 수 있는 길이 트였던 거죠. 그때는 아무래도 기획실이나 홍보 마케팅에 여성 인력이 많았으니까. 그런데 제 또래나 후배 중에는 현장 스태프들도 많았어요. 그러니까 대표님은 이 두 가지 경험을 모두 해야 한다고 생각하셨던 것 같아요.

'다음 레벨이 뭐야'가 장착되었다고 하셨는데요. 결혼 이후에 출산과 육아를 하면서 한국 영화 제작이라는 다음 레벨을 이루어가기가 쉽지 않으셨을 것 같아요.

본의 아니게 제가 다산을 했잖아요. (웃음) 잦은 출산과 육아 때문에 계속 커리어를 위해 달려간다기보다는 뭔가를 할 때쯤 되면 '아우, 배불러' 하는 상황이었죠. 조금만 더 하면 뭔가 큰일을 할 수 있을 것 같은데 진전이 안 돼서 조급하고, 여기서 끝날 것 같아서 불안하고……. 그런 게 저한테도 엄청 많았거든요. 그래서 그때는 출산이 장애물처럼 느껴지기도 했는데, 돌이켜 보면 그게 쉬면서 정리하는 마디마디가 되었던 것 같아요. 셋째를 임신했을 때는 그동안 아이들을 돌봐주셨던 친정 엄마도 거의 쌍욕을 하시고, 남편도 "우린 아들도 있고, 딸도 있는데……" 그러고. (같이 웃음) 그 무렵에 좋은영화사를 나와 외유내강이라는 이름으로 독립 법인을 설립했어요. '바깥사람은 류씨, 안사람은 강씨'라는 뜻이죠. 첫 영화가 〈짝패〉(2006)였는데, 회사를 만들 당시에는 배가 불러 있었고, 개봉할 때는 몸을 풀고 있었어요. (같이 웃음) 돌이켜 보면 일과 가정의 양립에서 기준이 무엇이냐를 고민하면서 '나한테는 가정이 7이고 일이 3이야'라고 스스로를 설득하려고 했던 것 같아요. 자책도 많이 했지만 그렇게 스트레스를 받기보다는 이건 내 선택이니까 받아들여야 한다고 생각했죠. 사실 일과 관련해서 저를 가장 달달 달 볶은 게 남편이었어요. 예를 들면 "당신 그렇게 일해서 어떻게 제작자를 할 거야?" 이런 얘기를 제가 숱하게 들었어요. 심지어는 "심재명 대표님, 오정완 대표님, 김미희 대표님은 진짜 뼈 빠지게 일해. 그런데 이렇게 해서 되겠어?" 제가 어느 날은 거의 여기까지 눈물이 차가지고 "그분들은 당신 애를 셋이나 안 키워." (같이 웃음) 사실 나도 모르게 튀어나온 말이었는데, 그게 저한테 맺혀 있었나 봐요. "나도 일만 하고 싶다고." 그런데 이제 와서 보면 모범적으로 해내지는 못했지만 어쨌든 생활인인 나를 포기하지 않았던 건 저를 위해서 잘한 일이었다고 생각해요.

사실 〈베를린〉 할 때까지만 해도 남편은 제작자로서의 저에 대해서 굉장히 신랄

했어요. 그때만 해도 외유내강은 류승완 프로덕션이었던 거죠. 류승완 감독 작품 만 하니까. 남편이 어떻게든 운영을 하려면 자기가 영화를 빨리, 잘 찍어야 한다 는 고민을 하고 있을 때 저는 그 부분에 깊이 안 들어가 있었어요. 제가 아이들을 책임지면서 그 사람의 본질적인 고민까지 팔로업을 할 수가 없더라고요. 그게 저 한테는 자괴감인 거예요. 저 사람은 막 올라가고 있는데 저는 아직 여기서 허우 적대고 있으니까. 2000년에서 2010년까지는 그게 엄청난 딜레마였어요. 그 와 중에 〈다찌마와 리: 악인이여 지옥행 급행열차를 타라〉(2008)가 크게 실패하고 회사도 문을 닫는 지경까지 가고. 저희 아버지가 아프셨는데, 망하고 나니까 할 수 있는 게 아무것도 없는 거예요. 아버지는 제대로 치료도 못 해보고 돌아가셨 어요. 2009년에 그런 일이 한꺼번에 닥치면서 약간 손을 놓는 상황이 되었죠, 멍 하게. 그런데 성격상 깊게 고민하고 멀리 내다보는 편이 아니라 그때도 '그냥 오 늘 하루만 살자. 오늘 하루만 때우자'라며 버틴 거예요. 긴 고민을 하기보다는 그 냥 생존, 아이들과 함께 버티기에 집중했던 것 같아요.

영화 망해도 안 죽어, 괜찮아

눈앞에 보이는 과제를 하나씩 해결하겠다는 태도가 오히려 어려움을 헤쳐나가는 데 도움 이 됐을 것 같아요.

이 일이 나랑 잘 맞는다고 느낀 건 최근인데요, 그게 뭐냐면 제가 이기는 걸 좋아 하더라고요. 자신과의 싸움에서 어려웠던 지점을 넘어섰을 때 쾌감이 있다는 걸 알게 됐어요. 사실 제가 하고 있는 이 일은 돈을 좇기 시작하면 끝도 없이 갈 수 있 는 길이 또 있거든요. 하지만 기본적으로 제가 그런 쪽에 관심이 있는 건 아닌 것 같고요. '계속 한번 가보는 거지, 뭐'라고 생각하고, 가면서 내가 설정한 허들을 넘고, 또 내 허들을 조금 더 올리고……. 제가 이런 걸 즐긴다는 생각이 들더라고 요. 저는 제가 뭔가 특별하다거나 잘났다거나 하는 생각을 별로 안 해본 사람이 고, 그렇게 큰 꿈이 있거나 하지도 않거든요. 저한테 영화는 여전히 놀이터 같은 느낌이 있어요. 영화판에서 만났던 사람들은 말도 안 되는 상상을 하면서 그걸 즐기는 사람들이잖아요. '이런 얘기는 어떨까?' '웃기네.' '오, 재미있겠다.' 이런 걸 왔다 갔다 하는 구라쟁이들인 거죠, 사실은. 〈부당거래〉를 하면서는 처음으 로 연출자가 무엇을 하는 사람인가를 깨달을 수 있었고, 〈해결사〉를 만들고 나니 '내가 제작자로서 뭘 놓쳤구나'를 뼈아프게 고민하게 되더라고요. 그다음 영화가 〈베를린〉이었는데, 저로서는 100억 넘는 영화가 처음이었거든요. 거기에서 오는 압박감, 두려움이 있었어요. 힘들었지만, 그걸 하고 나서 배짱이 생긴 것 같아요. 그 배짱이 뭐였냐면 '영화 망해도 안 죽어, 괜찮아.' 영화하는 사람들 특유의 불안감은 '이번에 안 되면 다음은 없어'잖아요. '될 거야, 안 될 거야' 그 생각에 사로잡혀서 일 자체가 진행이 안 되는 경우가 많다는 걸 안 거예요. 예를 들어 저희 영화 〈시동〉이 12월 18일에 개봉하는데 〈백두산〉(2019)이랑 붙어요. 사람들이 미친 거 아니냐고 하는데, '이런 배짱도 없으면 영화를 왜 해. 한번 해보는 거지' 싶은 거예요. 흥행 스코어가 어찌될지는 알 수 없지만 '나는 내가 만든 〈시동〉이 부끄럽지 않아. 그럼 됐어' 이렇게 생각하게 된 거죠. 〈베테랑〉은 흥행 스코어도 좋았지만, 작업 과정도 유쾌하고 신났고, 보너스를 나누는 마지막까지 굉장히 기뻤어요. 그러면서 처음으로 내가 좀 멋진 사장이 될 수도 있겠다는 생각도 했고요. 그리고 나서는 〈군함도〉로 저희가 추락했잖아요. 추락이라는 표현을 쓴 건 기세가 꺾였다는 뜻인데, 꺾인 건 맞으니까요. 사실 독과점 논란도 억울했지만, 그 억울함을 말하는 것도 의미가 없었고 친일 역사 왜곡 논란은 지금도 생각하면 뒷골이 당겨요. 그때 배우, 감독, 프로듀서 각자가 다 억울하고 상처받았는데, 저는 류 감독하고 우리 스태프들한테 그랬어요. "그냥 우리가 영화를 못 만든 거야. 다음에 더 멋진 영화를 만들자. 끝." 그리고 뒤돌아서 혼자 많이 울었어요.

당시에 과열됐던 논란이나 그에 대한 억울함 같은 것 빼고 제작자로서 영화 〈군함도〉를 봤을 때는 어떠세요?

돌이켜 봤을 때 제가 '패착'이라고 느꼈던 건 너무 많은 인물로 너무 많은 이야기를 가져가려고 했던 것이죠. 인물이 많은 이야기는 〈시동〉처럼 '시선이 여기도 갔다, 저기도 갔다, 그래서 모두가 해피엔딩' 하는 정도의 사이즈라면 나쁘지 않았겠지만, 〈군함도〉가 다루는 시대는 서사에 그렇게 많은 인물과 사연을 담으려 하다가는 과부하가 걸릴 수 있거든요. 〈군함도〉 관련 논쟁에 대처할 때 제가 다짐했던 것도 이 영화가 잘되건 잘못되건 그것 때문에 여기서 끝나지는 않는다는 거였어요. 지금도 생각해보면 어이가 없기는 하죠. 그렇지만 〈군함도〉가 예상대로 잘됐으면 지금의 저는 없을 것 같아요. 〈군함도〉 이전까지만 해도, 회사의 프로덕션 전체가 류승완 감독한테 많이 의존했거든요. 그런데 〈군함도〉로 우리 대장 감독이 휘청하는 걸 보면서 류 감독을 제외한 나머지 식구들이 경각심을 갖게 된 거죠. 그 뒤에 〈사바하〉도 그렇고 〈엑시트〉도 그렇고, 다른 감독들 작품으로 우리가 건재하다는 걸 보여준 셈이죠.[4]

그렇죠. 전화위복은 그런 거죠. 류승완 없이도 우리 먹고살아. 류 감독이 "그럼 나는 뒷방 노인가?" 그래서 "은퇴 준비해도 괜찮아" 그러고 있어요. (웃음) 사실 제일 좋은 건 이거예요. 〈군함도〉 이전에는, 예를 들면 투자 배급사와의 관계에서 제가 굉장히 깍듯했어요. 진짜로 잘 보이기 위해서 웃은 거예요. 그런데 〈군함도〉 이후에 그게 없어졌어요. 굳이 잘 보일 필요도 없고 '싫으면 맙시다' 하고 말죠. 예를 들면 이런 거예요. "이 시나리오 드리고 언제쯤 답을 들을 수 있을까요?" "한 달?" "좀 더 빨리 한 3주 안으로 답을 주시면 안 될까요?" 예전에는 그랬다면, 〈군함도〉 이후에는 "일주일 안에 답을 주시면 좋겠어요. 안 되면 다음 회사랑 빨리 얘기를 해야 되니까요." 그러면 오히려 닷새 만에 연락이 와요. 그게 뭐냐면, 내 영화를 꼭 받아줬으면 좋겠다는 기대를 가지고 매달리면 오히려 잘 안 되더라는 거예요. 내 영화는 그들의 선택지 가운데 하나일 뿐이라는 사실을 받아들이고 명쾌하게 내가 원하는 걸 요구할 배짱이 생기니까 일이 훨씬 빨라요. 그래서 〈사바하〉랑 〈엑시트〉는 CJ로부터 빨리 투자 결정을 받고 만들 수 있었어요.

〈군함도〉가 정말 많은 생각을 하게 한 작품이네요.

저는 그 영화로 친일파라는 얘기를 들을 거라고는 생각도 못 했어요.

〈군함도〉 논란은 식민지 시대의 재현과 관련해서 한국 사회가 허용할 수 있는 한계치가 얼마나 낮은지, 또는 한국 영화에서 식민지 시대를 재현하는 관습이 얼마나 좁은 울타리 안에서 이루어졌는지를 보여준 사례가 아닌가 싶어요.

〈군함도〉에는 피해자로서의 조선, 조선인 외에는 얘기할 수 없다는 잣대가 작용

---

4   〈베테랑〉으로 1000만 관객을 동원한 강혜정 제작자, 류승완 감독의 다음 프로젝트 〈군함도〉는 식민지 말기 강제 징용된 조선인들의 이야기를 다룬 대작이라는 점, 그리고 황정민, 송중기, 소지섭, 이정현 등의 스타 배우가 출연한다는 점 때문에 큰 기대를 모았다. 하지만 무려 2027개 관에서 개봉하면서 스크린을 과도하게 독점했다는 비난을 받기 시작했고, 다른 한편에서는 '국뽕'과 '친일' 논란이 동시에 일어나면서 네티즌들에게서 이른바 '평점 테러'를 당했다. 2017년 여름 최고의 기대작이었으나 논란이 과열되면서 관객 수가 급감했고, 결국에는 손익분기점에 미치지 못하는 660만 관객을 동원하는 것으로 극장 개봉을 마무리했다.

한 것 같아요. 식민지 과거를 청산하는 문제는 물론 일본한테 사죄를 받는 것이 우선이지만, 우리 내부에도 청산해야 할 것들이 많잖아요. 그런 일이 다시 일어나지 않으리라는 법이 없다면, 그럴 때 어떻게 할 건지 기준이 있어야 한다는 생각을 했었어요. 그런데 솔직히 말하면 지금으로서는 그 시대를 다시 다루고 싶지 않아요. 외부의 평가에 흔들리지 않을 자신이 있어서 '돌 맞아 죽어도 이 이야기는 한다'는 강단이 생길 때까지는. 지금도 그때를 생각하면 감독과 스태프와 배우들을 보호하지 못했던 것이 너무너무 미안해요. 그래서 내가 해야 했던 역할이 무엇인가, 제작자는 과연 어떤 사람인가를 계속 복기했어요. 예컨대 시나리오가 문제였다면 어디가 문제였는지 반성하고 다음 영화에 반영할 수 있겠지만, 내가 작품에 대해 어떤 자세로 내 입장을 말했어야 하는가는 그런 기술적인 문제가 아니잖아요. 그때는 어떤 말을 해도 소용이 없을 것 같았고, 모두가 '너 한번 죽어봐라' 하는 걸로 느껴졌기 때문에 "그러면 제가 돌을 맞겠습니다"라고 했던 거예요. 그런데 맞고 나서 보니까 나뿐 아니라 감독, 배우, 스태프 모두가 피투성이가 되어 있더라고요.

제작자는 생각하고 맡기고 믿어주는 사람

현장에는 많이 안 나가시는 편이라고 들었어요. 제작자의 역할을 어떻게 생각하고 계신가요?

텍스트 안으로 들어가면 제가 감독만큼 높은 함량으로 이야기하지 못하는 건 분명해요. 제작자의 역할은 내가 선택한 감독의 판단을 믿는 것이라고 생각하거든요. 저는 뭐 사줄 때만 현장에 가요. 현장에서 날개를 펴고 신나게 일해야 할 배우나 감독이 다른 사람 신경 쓰게 하는 건 불필요한 일이더라고요. 류승완 감독은 제가 현장에 오는 걸 되게 불편해했어요. 사실 그건 맞다고 생각해요. 예전에 좋은영화사에서 류 감독이 〈피도 눈물도 없이〉를 할 때, 제가 거기 기획실장이었거든요. 그때 김미희 대표님이 "남편 영화를 네가 컨트롤하는 것처럼 되면 모두가 불편해지는 상황이 생길 수 있다"고 하시면서 저더러 뒤로 빠지라고 하셨는데, 그게 저한테는 지금까지도 중요한 기준 중의 하나예요. 그런데 제가 류 감독 현장에는 안 가면서 다른 감독 현장에 가 있으면 '얼마나 못 믿으면 그러겠어?'라고 생각할 수 있잖아요. 〈사바하〉 찍을 때 이정재 씨가 저한테 현장에 너무 안 온다고 해서 "편집본 보니까 잘 찍었고, 스케줄 예산 잘 가고 있고, 배우랑 감독이랑 잘하고 있는데 내가 현장에 가서 뭘 해? 거기 앉아 있으면 불편하기만 하지. 왜 아마추어같이 그래요. 프로들은 안 가." 그랬더니 막 웃으면서 "그 말이 맞다"고.

현장은 그렇지만, 예컨대 작품을 선택하거나 시나리오 작업을 할 때는 적극적으로 역할을 하시지 않나요?

그렇죠. 제 역할은 기획부터 캐스팅까지가 다라고 생각해요. 제 승부는 거기서 나는 거죠. 사실 회사의 특성이라는 게 있잖아요. 회사에서 가장 중요한 역할을 하는 감독이 저와 개인적 관계가 있기도 하고, 예전에는 저희 회사가 프로듀서 중심이라고 할 수는 없었죠. 하지만 이제는 그렇지 않아요. 예를 들어 프로듀서가 뭔가 큰 결정을 내려야 할 때 저한테 보고를 하고 "이런 상황입니다. 어떻게 할까요?"라고 하면 저는 "네 판단은 뭔데?" 하고 물어요. 그리고 "현장을 가장 많이 보고 책임지고 있는 네가 판단하는 게 맞는 거야"라고 이야기하죠. 그렇게 할 수 있을 때 훨씬 결과가 좋은 것 같아요.

제작사 필름 K와는 지속적으로 협업을 해오셨죠?

필름 K의 김정민 대표가 저희 회사의 창립 공신이에요. 〈베를린〉을 할 무렵에 독립해서 필름 K를 차렸죠. 외부에서 좋은 제안을 받아서 독립했는데, 저희가 〈베를린〉을 찍는 동안 그쪽 프로젝트는 진행이 잘 안 돼서 3년이 그냥 지나간 거예요. 그래서 저희가 〈베테랑〉할 때 원년 멤버를 전부 다시 불렀어요. 그때 그 친구가 "법인 접을까요?"라고 해서 그러지 말라고 했고요. 지금까지 따로 또 같이 방식으로 협업을 해온 거죠. 〈베테랑〉과 〈군함도〉를 필름 K랑 같이 했고, 또 그쪽 프로젝트였던 〈너의 결혼식〉(2018)은 저희가 함께 했어요. 〈사바하〉랑 〈엑시트〉 할 때는 시나리오 회의 같은 초반 작업의 많은 부분에서 김정민 대표의 역할이 있었어요. 지금 류 감독이 찍고 있는 〈모가디슈〉도 필름 K와 공동 제작하는 작품인데, 현재로서는 협업하는 마지막 작품이 되지 않을까 생각해요. 이후에 또 어떤 게 있을지 모르겠지만. 〈군함도〉의 4인방이 있어요. 류승완, 저, 김정민 그리고 현재 외유내강 부사장으로 있는 조성민 피디까지. '이 네 사람이 마무리로 멋있게 한 작품 했으면 좋겠다, 그게 이 영화였으면 좋겠다, 폼 나게 하고 멋있게 헤어지는 것도 괜찮겠다'라고 생각하고 있죠.

2005년에 영화사 설립하고 지금 거의 15년이 됐는데, 그 사이에 현장이 많이 변했잖아

요. 기술적인 변화도 있었고, 표준근로계약서 도입이나 주 52시간 근무제 같은 노동 환경의 변화도 있었고요. 그러한 변화를 어떻게 느끼시나요?

강
혜
정

워낙 민감한 사안이어서 함부로 말하기는 어렵지만 기술적인 부분에서는 이제 한국 영화에서 불가능은 없다고 생각해요. 자본력의 차이 때문에 할리우드만큼 할 수 없는 것은 있겠지만 그걸 제외하면 테크니컬한 부분에서는 할리우드에 뒤지지 않는다고 생각해요. 탁월한 CG 회사, 슈퍼바이저, 테크니션들이 있으니까요. 노동 환경의 변화와 관련해서 보면, 모든 스태프들의 노동력이 제대로 평가받고 보상받는 건 굉장히 반가운 일이죠. 그런데 노동 환경의 변화를 말하기에 앞서 선배 영화인들의 고군분투가 떠올라요. 그분들은 표준근로계약서는커녕 계약서 자체가 없던 시절, 말하자면 한국 영화의 흑역사를 온 몸으로 살아내면서 한국 영화의 바탕을 만들어낸 산증인들이잖아요. 선배들이 그렇게 생존의 역사를 만들어왔다면, 저를 비롯한 후배 세대들은 전문화의 역사를 쓰고 있다고 생각해요. 주 52시간 근무제나 표준근로계약서의 도입은 한국 영화의 산업적 가치를 기반으로 자본과 노동이 어떻게 상생할 것인가를 고민한 끝에 나온 가장 구체적인 발전상이라고 할 수 있죠. 영화라는 콘텐츠의 특성상 새로운 제도를 현실에 맞게 합리적으로 운용할 필요가 있긴 하지만, 일단은 모든 영화인이 함께 힘을 모아 제도와 원칙을 의식적으로 안착시키고 있다는 것에 자부심을 느끼고 있어요. 작품의 규모나 각 프로덕션의 상황에 따라 다소 편차는 있지만, 대부분의 제작사와 스태프들이 표준근로계약서와 주 52시간 근무제가 제작 현장의 큰 변화를 견인하고 있다는 데에는 이견이 없을 거라고 생각해요. 철저한 준비와 전문성으로 돌파구를 만들어가고 있어요. 〈베테랑〉, 〈군함도〉 때 산업 노조와의 협상을 통해 보다 합리적인 현장 운용의 결과물을 만들었던 노하우가 〈모가디슈〉에서 큰 힘을 발휘한 것 같아요. 100퍼센트 아프리카 올로케이션, 해외 스태프들과의 공동 작업co-work이라는 다소 어려운 조건 속에서도 표준계약서 작성과 이에 입각한 주 52시간 촬영을 유지했다는 점을 스스로 높게 평가하고 싶어요. 새삼스럽지만 '우리나라 스태프들, 정말 세계 최고!'라는 자부심을 가지게 된 작품이에요.

전문성과 관련해서 보자면, 예컨대 할리우드에서는 직업 조감독이 있잖아요. 그러니까 다음에 뭘 하기 위해서 지금 조수를 하는 게 아니라 그 일 자체가 직업이고 그에 따라 정당한 대가를 받는 거요. 예전에 한국에서 저임금 착취가 가능했던 건 미래를 담보로 잡았기 때문이었죠.

그렇죠. 도제 시스템이 그런 기능을 했죠. 지금은 거의 사라졌지만요. 예를 들면 '이 감독님 밑에서 몇 작품을 해야 내가 촬영감독으로 데뷔할 수 있어'라는 게 사라진 거죠. "쟤 좀 찍는다"라고 하면 "야, 너 나하고 드라마 하나 찍자" 해서 바로 데뷔할 수도 있고요. 예전이랑 비교하면 작품 편수가 말도 안 되게 적은데, 잘 찍고 데뷔 잘해서 안착한 친구들도 많아요. 아까 세대 문제라고 했는데 이 젊은 친구들이 변화하는 시스템, 발전하는 장비, 새로 나오는 테크닉에 빨리 적응하고 처세에도 훨씬 능하다면, 40~50대들은 의리, 관계 같은 걸 여전히 중시하는 면이 있죠. 그런 맥락과도 관계가 있을 것 같은데요, 예전의 저한테는 명분이 굉장히 중요했어요. 그런데 〈군함도〉 이후 카오스를 거치면서 내가 옳다는 생각을 버려야 하는구나 생각하게 됐어요. 그런 생각을 내가 쥐고 있으면 그게 누군가를 찌르는 죽창이 될 수도 있는 거니까. 제가 막 찔려보니까 알겠더라고요. 제가 집에서 아이들한테도 그런 얘기를 했어요. "이것이 옳다는 생각보다 더 중요한 건 상황 자체를 볼 수 있는 힘이야. 지금 무엇이 제일 효과적인 판단인가를 잘 생각해봐야 해." 그게 사실 저한테 하는 말이기도 하거든요. 소신껏 의미 있는 작품을 하려고 할 때는 그 작품이 어떤 돌을 맞아도 괜찮다는 용기가 있어야 하는 거지, 이렇게 저렇게 눈치 보면서 '이게 손익분기점이 얼만데' 하고 있다면 그 작품은 하면 안 되는 거죠. 그러면 정말 이도저도 아닌 작품을 하게 될 확률이 높거든요.

미래에 대한 계획이나 앞으로의 방향은 어떻게 잡고 계신가요?

12월 18일에 개봉하는 〈시동〉이라는 작품도 있고, 〈인질〉도 있고, 그다음에 류 감독의 복귀작 〈모가디슈〉라는 영화도 있어요. 올해는 운이 좋아서 〈사바하〉도 〈엑시트〉도 좋은 평가를 받았고, 특히 회사가 류승완 프로덕션을 벗어나 프로덕션다운 모습을 갖추었다고 인정받아서 정말 감사하죠. 탁월하게 일해준 저희 피디들과 스태프들에게 어떤 보상을 할지 기준을 명확히 해야겠구나 생각하고 있

© 외유내강.

어요. 드라마를 제작하는 문제나 새로운 플랫폼에 대한 고민도 있고, 투자 라인을 다각화하는 것도 생각하고 있어요. 장기적으로는 한국 감독들, 스태프들과 함께 글로벌 프로젝트에 도전하려고 하고요.

글로벌 프로젝트요?

감독 한 명이 외국 자본에 고용되는 방식이 아니라, 우리 기획으로 우리 스태프들과 함께 제작의 주요한 역할을 충분히 인정받으며 해외에 진출하는 거죠. 한국 영화의 리메이크일 수도 있고, 해외 각본을 바탕으로 한 오리지널 제작일 수도 있겠죠. 보다 큰 시장을 염두에 둔 글로벌 프로젝트로 한국의 영화인들과 한국 콘텐츠의 수준을 드러내는 일들을 생각하고 있어요. 아직은 초기 구상 단계라 구체적으로 말씀드릴 만한 이야기가 없어서 좀 아쉽네요.

류성희
미술감독

영화의 시각 요소를 총괄하는
창의적 프로덕션 디자이너

사춘기 시절에 〈엘리펀트 맨〉(1980)을 보고 영화를 꿈꿨지만 대학과 대학원에서는 도예를 전공했다. 영화 미술을 배우기 위해 뒤늦게 미국 유학길에 올랐고 한국에 돌아와서 〈꽃섬〉(2001)의 미술감독으로 데뷔했다. 다음 작품인 〈피도 눈물도 없이〉는 영화의 모든 시각 요소를 일관된 계획 안에서 구현하는 프로덕션 디자인 개념을 본격적으로 적용한 영화였다. 〈살인의 추억〉(2003), 〈올드보이〉(2003), 〈달콤한 인생〉(2005) 등 2000년대의 대표적인 장르였던 느와르의 주요 작품들에서 미술감독을 맡아 2000년대 이후 한국 영화의 획기적 발전에 기여했다. 류승완, 봉준호, 박찬욱, 김지운, 최동훈, 김태용 등 한국을 대표하는 감독들과 지속적으로 작업하고 있으며 특히 박찬욱 감독과 함께한 〈아가씨〉(2016)로 칸국제영화제에서 벌컨상을 수상했다.

"〈고지전〉을 할 때는 여자가 전쟁영화를 만들면 좀 다른 것이 나올 수 있지 않을까 하는 생각도 했어요. 단순히 피투성이의 느낌을 만들어내는 것이 아니라 전체가 하나의 그림처럼 보일 수 있는 우아함이랄까요. 조금 떨어진 시선으로 이 비극을 바라보도록 만들 수 있지 않을까, 그런 점에서 남자들과는 좀 다른 성향을 드러낼 수 있지 않을까 생각했던 거죠. 그전에도 저는 남성들이 중심이 되는 장르영화를 많이 했는데, 그건 저 스스로 여성이 되기를 회피해서가 아니라 오히려 제가 가진 여성성을 믿고 존중하기 때문이었어요. 남성 장르에서 내가 만드는 그림은 다를 거라는 믿음이 있어요."

방구석 사춘기 소녀의 세계를 바꿔놓은 〈엘리펀트 맨〉

●이순진
●류성희

먼저 데뷔 이전의 이야기를 들어볼까 해요. 영화에 입문하기 전의 예술적 경험에 대해서 기억나는 것들을 얘기해주세요.

어릴 때부터 외계 문명에 대한 공상이 많았고 판타지를 좋아하는 성향이었어요. 지금은 사회생활을 하는 데 많이 훈련이 되었지만, 원래는 혼자 공상하고 다른 세계를 꿈꾸곤 하는 아이였어요. '왜 나를 안 데려가지? 가서 할 일이 많은데' 같은 고민도 하고. (같이 웃음) 사춘기 때는 감수성 예민한 소녀들이 대개 그렇듯이 뭘 하면서 살아가야 할지 고민도 많았고 반항심도 있고 그랬죠. 그 무렵 텔레비전의 〈명화극장〉에서 하는 〈엘리펀트 맨〉이라는 영화를 봤어요. 데이비드 린치 감독의 초기작인데, 그게 사춘기 소녀한테는 완전히 세상을 다시 보는 계기가 된 거예요. 괴물 같은 얼굴을 가지고 태어난, 그래서 '코끼리 맨'이라고 불리는 아름다운 영혼을 가진 남자의 일대기였어요. 서커스에서 채찍으로 맞으며 쇼를 하는 사람으로 키워지다가 의학적 실험의 대상이 되기도 하는 등 추악한 사회에서 학대받으면서도 그 사람의 아름다운 영혼은 더럽혀지지 않아요. 거기서 고귀한 느낌을 받았어요. 그때 저는 반항하던 사춘기 소녀였잖아요. 그 영화를 보면서 '저런 흑백영화 한 편이 방구석에서 괴로워하는 소녀가 세상을 다시 보게 하는구나. 나도 저런 작품을 만들어서 사람들한테 이야기를 건네고 위로가 될 수 있다면 좀 멋지지 않을까?'라고 생각했던 것 같아요.

저도 〈명화극장〉에서 그 영화 봤어요. 저한테 제일 충격이었던 건 너무나 아름다운 엄마가 그렇게 추악한 외모의 아들을 낳고 버렸다는 것. 그 엄마와 아들의 이야기 있잖 아요.

그 영화를 보면서 제 취향도 형성된 것 같아요. 그전에는 〈바람과 함께 사라지다〉 (1939)처럼 멋있고 예쁜 영화들을 보면서 '아, 저런 거구나' 생각했는데, 〈엘리펀트 맨〉은 사실 그로테스크의 끝장이잖아요. 그런데도 감동을 줘요. 영화를 예쁘게 만들어서 감동이 있는 게 아니었어요. 오히려 그 영화는 냄새가 나는 것 같은 느낌이 있었어요. 미술을 너무 잘해서 인물이 시궁창을 지나가는데 마치 냄새가 나는 것 같았죠. 질감 표현이 너무 잘 되어서 공감각적인 느낌이 생생했어요. 거기에서 어렴풋이 '아, 이런 게 미술이구나'를 느꼈어요. '눈에 보이는 아름다운 것만 중요한 게 아니라, 어떤 것을 전달하기 위해서 저렇게 배경을 보여줄 수도 있구나. 진짜 멋있다'라는 생각을 처음 했던 것 같아요.

류
성
희

예전에 하신 인터뷰를 보니까 그 영화 말고도 〈아웃 오브 아프리카〉(1985)를 언급하셨던데요.

〈아웃 오브 아프리카〉는 여성 캐릭터 때문에 기억에 많이 남아 있어요. 저희 어릴 때 받은 교육에서는 20대 후반, 늦어도 30대 초반에는 결혼을 해서 아이를 낳고 사는 게 일반적이라고 했잖아요. 그래서 그 영화를 봤을 때 이해가 안 갔어요. '사랑하는 남자를 만났는데 왜 같이 안 떠나지?' 사실 그녀는 그 경험을 다 끌어안고 다음 단계로 성장하는 인물이었던 거잖아요. 지금은 페미니즘 논의가 활발해져서 '여성의 성장'이라는 개념이 있지만 저희 때는 그런 인물이 당연하게 여겨지지 않았어요. 그래서 영화 속 여성 캐릭터들한테 정말 많은 영향을 받았죠. 돌이켜 보면 우리 세대는 영화를 통해서 그런 식의 자극을 계속 받아왔던 것 같아요. '나는 무엇이고, 사회적 존재로서 어떻게 살아야 하는가'와 같은 질문을 할 수 있는 교육 환경이 아니었잖아요. 영화를 보면서는 그런 질문들이 가능했죠. 좋아하는 영화가 뭐냐고 물어보면 맨날 바뀌는 게 좋아하는 영화가 너무 많은 거예요. 예를 들면 〈카사블랑카〉(1942)나 〈티파니에서 아침을〉(1961) 같은 대중영화도 사회적인 의미로 보면 다르게 해석되는 작품들이거든요. 〈티파니에서 아침을〉은 로맨스영화처럼 보이기도 하지만 계급에 대한 영화이기도 하죠. 가난한 여성이 아침마다 옷을 예쁘게 차려 입고 보석상 앞에서 뭔가를 먹으며 보석들을 바라보잖아요. 어렸을 때는 그 이미지가 아름다운 오드리 헵번으로만 보였겠지만, 그것이 오랫동안 마음에 남은 이유는 그 공간과 그녀의 사회적 배경이 함께 있기 때문이라는 생각이 들어요. 그런 것들을 만드는 일이 멋지다고 생각했고, 그 일에 종사하고 싶다는 욕망, 바람이 점점 커졌죠.

미국으로 영화 공부를 하러 가셨잖아요. 그때 상황을 설명해주세요.

영화를 좋아하기는 했지만 우리 때는 영화 스태프가 눈에 잘 띄지 않았으니 영화를 해볼 생각을 구체적으로 하지는 못했어요. 그래서 미대에 진학했죠. 대학원에서는 도예를 전공했고요. 도예도 재미있기는 했지만, 그건 공간에 놓이는 조형적 아름다움을 추구하는 거라서 어릴 때부터 꿈꿔왔던 것과는 좀 달랐어요. 저는 시간의 흐름을 담는 스토리텔링을 하고 싶었거든요. 정지된 공간에 있는 어떤 것보다는 시간의 흐름 안에서 이미지를 찾는 것이 더 흥미로웠기 때문에 도예를 할 때도 연작을 만들면서 그런 부분을 극복해보려고 했었죠. 그런데 '내가 관심 있는 건 정지된 공간에 있는 조형이 아니라 시간의 흐름 안에 있는 공간, 변하는 공간이구나. 공간감이나 조형감도 시간을 담지 않으면 나는 흥미를 못 느끼는구나'를 대학원 공부까지 하고 나서야 깨달았어요. 그리고 그때는 학교에서 선생님들이 남자들 위주로 밀어주셨어요. 남자들만 조교가 되고 조교수가 되고, 성적으로 편파적인 분위기가 있었죠. 그런 어려움을 다 뚫고 도예를 계속하기에는 영화에 대한 동경이 컸어요. 도예에 대한 근본적인 고민이 있었기 때문에 아예 빨리 벗어나자고 생각했죠. 그런데 그때는 한국에 영화 미술을 공부할 수 있는 곳이 없었어요. 부모님한테는 도예 공부한다고 하고 일단 미국으로 갔죠. 가서 급하게 알아봤더니 AFIAmerican Film Institute라는 학교가 있었는데, 나중에 알고 보니 그래도 괜찮은 학교였더라고요.

들어가기 꽤 어려운 학교로 알고 있는데요.

네. 그런데 그때는 몰랐어요. 인스티튜트라고 하니까, 나는 전공을 안 했으니 이 정도 학교에 가야 하지 않을까 생각했죠. 또 데이비드 린치가 나온 학교였는데, 그가 나온 학교에 가면 열심히 공부할 수 있겠다 싶었고요. 다행히 입학 허가가 나서 2년 동안 정말 열심히 공부했어요. 오랫동안 꿈꾸긴 했지만 감히 할 수 없을 거라 생각했는데 진짜로 전공을 하게 됐으니 정말 열심히 했죠. 친구들하고 어울려 다니면서 계속 단편영화 만들고, 잠도 안 자고 고민하고……. 그런 고민을 하는 것 자체가 새롭고 좋았어요. 그렇게 학교생활을 했어요.

작가주의 영화에서 대중영화로

미국에 가시던 무렵에는 한국 영화에서 미술이 존재감을 얻기 어려운 형편이었잖아요. 공부를 하고 돌아와서 한국의 영화미술을 바꿔놓겠다는 생각을 하셨나요?

기존의 환경을 잘 몰랐기 때문에 '내가 가서 이런 거 이렇게 바꿀 거야'라는 생각을 구체적으로 하지는 않았어요. 학교 마치고 미국의 인디영화 일을 하다가 '돌아가야겠다'라고 생각했던 계기가 있어요. 서부영화를 만드는 데 참여하고 있었는데, LA에서 차 타고 몇 시간 가서 세트를 짓다가 다시 돌아오고 그랬거든요. 작품을 다 끝내고 돌아오면서 술도 좀 사고 비디오테이프를 빌려왔어요. 오랜만에 쉬는 거였으니까. 그때 봤던 영화들이 〈동사서독〉(1994)이랑 기타노 다케시의 영화들이었어요. 〈동사서독〉에서 임청하가 술을 먹고 술병을 던지고, 칼을 휘두르며 달려가면서 깔깔깔깔 웃는 장면을 보는데 가슴이 후련한 거예요. 웨스턴 바를 지을 때 너무 힘들었는데, 그건 사실 공부해서 지은 거잖아요. 어릴 때부터 서부영화를 많이 보고 자라서 익숙하기는 했지만 그 세트를 만드는 일에는 뭔가 갑갑함이 있었거든요. '내가 원했던 일을 하고 있고, 하나씩 단계를 밟아 나가고 있는데 왜 이렇지?'라고 생각했는데, 임청하가 강변 모래사장을 뛰어가며 펼치는 무협활극을 보니 뭔가 확 왔어요. '내가 지금 미국의 사막에서 뭘 하고 있는 거지? 문화마다 전통이 있고 잘할 수 있는 게 따로 있는데, 내가 왜 시간과 열정을 흉내 내는 데 쓰는 거지?' 그러면서 동양 문화권 영화들의 정서가 보이는 거예요. 동양의 세계관이나 표현들이 직관적으로 이해가 됐고, '저걸 하고 싶다'는 생각이 들었어요. 기타노 다케시의 〈소나티네〉(1993)를 보면서도 이야기, 정서, 철학, 이미지들이 한꺼번에 확 다가왔고요. 내가 이렇게 힘들게 서부극을 하는데 성취감이 왜 안 쌓이는지 그 이유를 알 것 같았어요. 그런데 한국 영화는 그때는 아직…… 친구들이 한국 가면 새벽까지 일하다가 입 돌아가서 죽는다고 다 말렸어요. (같이 웃음)

영화 현장에서요?

네. 스태프들이 밤을 새우면서 일하다가 새벽에 길거리에서 입 돌아가서 죽는대요. 그러면서 다 뜯어 말렸는데 입이 돌아가서 어떻게 될지언정 '내가 할 일은 저기 있지 않을까?'라고 생각했어요. 한국 영화가 아직은 좀 그런 상황이라 굉장히 무거운 마음이었지만, 그래도 그때 딱 결정을 했던 것 같아요. '한국 영화를 아직은 잘 모르지만 내가 젊었을 때 뭔가를 해야 한다면 바로 저것이 아닐까?' 그래서 시스템을 바꾼다는 생각을 한 게 아니라 '돌아가서 내가 할 수 있는 일들을 해야겠다'는 정도의 비전을 가지고 짐 싸서 들어왔죠.

돌아온 직후에는 막막하셨을 것 같아요. 아는 사람도 없고. 힘차게 돌아왔는데 영화계가 워낙 인맥으로 움직이는 동네라.

맞아요. 현실을 모르니까 돌아온 거예요. 큰 꿈을 안고 왔는데 정말 한 사람도 모르는 거예요. 그래서 직접 출력하고 오려서 명함을 만들고, 유명하다는 영화사들에 포트폴리오를 들고 찾아갔어요. 약속 잡기가 쉽지 않았지만, 여러 번 전화하

니까 만나주셨어요. 가서 열심히 이야기하고 포트폴리오도 보여주고 했어요. 그러고는 연락을 기다리는데 아무 연락도 오지 않았죠. 나중에 들었는데 그때 이미 입소문은 조금씩 나기 시작했대요. 그러니까 "야, 류성희라는 사람이 있는데 저러고 돌아다니면서 포트폴리오를 보여주는데 걱정이다"라고요. 다들 "야, 너네 한테도 갔었냐?" 그러고. (같이 웃음) 어쨌든 조금씩 이야기는 돌고 있었는데 그러다가 송일곤 감독님을 만났어요. 그분은 폴란드에서 공부하셨던 분이니까 처음으로 문을 열어주셨죠.

미국에서 배웠던 방식이 있을 테고, 한국의 현장은 또 그 나름대로 해오던 방식이 있었을 텐데요. 게다가 〈꽃섬〉은 한국의 일반적인 방식이라고도 말할 수 없는 작가주의 영화였잖아요. 한국에 돌아와서 첫 작업을 하면서 어렵지는 않으셨나요?

굉장히 고민을 많이 했어요. 작가주의 영화에 대한 동경이 있긴 했는데, 내가 한국에서 그런 영화를 해야 할까 아닐까 생각이 많았지요. 영화는 좋았고 작업하는 것도 좋았는데, 독립영화 작업을 계속한다는 것에 대한 고민이 생긴 거예요. 사실 제가 도예를 전공하다가 영화로 가야겠다고 결심한 계기 중 하나가 도예과 대학원에서 했던 전시회였거든. 현대백화점 앞에 있는 갤러리에서 전시를 했는데, 거기에 사모님들이 오시는 거예요. (같이 웃음) 아니면 도예과 선생님들이나 지인들. 나는 이런 주제를 많은 사람들하고 나누고 싶어서 하는 건데, 너무 특정한 소수가 보는 기분이었어요. 물론 그런 것도 필요하지만, 제가 감동을 받았거나 하고 싶었던 작품은 그런 종류가 아니다 보니까 거기서 갈등이 생긴 거죠. '내가 열심히 해서 퀄리티를 높일 수는 있겠지만 소통할 수 있는 사람은 굉장히 한정적이겠구나.' 그래서 나는 이 길이 아닌가 보다 생각했어요. 〈엘리펀트 맨〉이나 다른 영화들은 제가 불특정 다수로서 받은 선물이었잖아요. 내가 만든 어떤 것들이 저 멀리 멕시코에 있는 사람에게 뭔가를 줄 수 있다면 나도 그런 일을 하고 싶다고 생각했거든요.

〈꽃섬〉을 만들고 나니 이와 비슷한 생각이 들었어요. 영화제에서 수상도 많이 한 좋은 영화인데 관객과 만날 수 있는 기회가 적으니까 그에 대한 고민과 갈증이 생겼죠. 시스템 문제도 있었고요. 작가주의 영화는 늘 한정된 예산 안에서 하다 보니까 역량이 쌓인다기보다는 능력을 가진 개인이 자신의 혼을 다 불어넣어서 해야 하는 작업이었어요. 그런데 저는 혼자가 아니라 주변의 전문가들과 함께 일해서 10년, 20년 후에는 할리우드에 부끄럽지 않은 한국의 영화미술을 하고 싶었어요. 그러니까 팀으로 일을 해서 전문가를 키워내는, 말하자면 산업적인 시스템이 필요하다고 생각한 거죠. 제가 미국에서 그런 시스템을 배우기도 했으니까요. 미국에서 학교 다닐 때 그쪽 사람들은 한국에 영화가 있는지도 몰랐고, 한국이라는 나라 자체에 대해서도 정말 무지했어요. "한국? 한국에서는 공주쯤 돼야 유학 오는 거 아니야?"(같이 웃음) 특히 영화 쪽에서는 더 그랬죠. 지금 생각하면 기적 같은 일이에요. 그 사이에 훌륭한 감독이 많이 나왔으니까. 그때는 '한국에도 이런 아름다운 영화가 있어. 이런 걸 할 수 있지 않을까?'라는 꿈을 꿨어요. 지금 생각하면 막연하고 까마득한 꿈이었지만……. 송일곤 감독님한테 "너무 죄송하지만 제가 계속 작가주의 영화를 할 자질은 아닌 것 같습니다. 저한테 다른 꿈이 생겼습니다"라고 말씀드렸어요. 감독님도 같이 고민을 해주시면서 후회할 수도 있다고, 대중영화는 작가주의 영화와는 또 다른 문제가 있다는 이야기를 해주셨죠. 그건 지금도 여전히 염두에 두고 있는 문제긴 해요. 예산이 크고 대중의 기호에 맞추는 영화는 제가 감독과 함께 만들어가고 싶은 미술보다는 보편적으로 알아차리기 쉬운 미술을 해야 하니까요. 그때도 고민을 많이 했는데, 결국 '아니야. 그래도 나는 다수가 보는 영화를 끌어올리는 일을 하고 싶어. 우리 대중영화도 그렇게 후지지 않아. 이 정도는 돼'라고 말할 수 있는 일에 내 시간과 노력을 쓰고 싶다고 마음을 먹었어요. 그래서 상업영화의 길을 가게 됐죠.

2000년대의 느와르 영화들과 프로덕션 디자인

돌이켜 보면 그 타이밍이 절묘했다고 해야 할까요? 2000년대 초반은 흥행도 잘 되면서 작가적 개성도 강한 영화가 많이 등장하던 시기였잖아요.

제가 생각해도 너무 신기한 타이밍이었죠.

그 시점에 상업영화를 만들면서도 개성을 드러내던 작가들, 예컨대 〈꽃섬〉 이후에 처음으로 작업하신 〈피도 눈물도 없이〉의 류승완 감독님부터…….

봉준호, 김지운, 박찬욱 감독님이 다 그 시기에 나오셨는데, 아마 모두 비슷한 생각을 하고 있었겠죠. 마침 그게 한 스프가 되어 끓어 넘친 거예요. 참 신기한 일 같아요. 운이 너무 좋았죠, 제가.

그 시기에 그런 감독님들이 정말로 필요로 한 인력이 바로 류성희 감독님 같은 분이었을 거

177

예요.

**류
성
희**

그래서 저는 판단의 근거라고 할까, 그 일을 하는 이유가 중요하다고 생각해요. 내 인생을 움직이는 선택의 순간에 그게 등불이 되어주니까. '〈엘리펀트 맨〉이나 그 밖의 다른 여러 영화들이 나한테 주었던 감정을 다른 사람들에게도 느끼게 해주고 싶다.' 이런 생각을 하다 보니 미국으로 공부도 하러 가고, 대중이 보는 영화를 하자는 결정도 내리게 되었잖아요. 다행히도 제가 그런 선택을 했을 때가 뛰어난 장르영화들이 만들어지면서 관객들의 관심을 받기 시작하던 시기였고요. 평범한 멜로드라마나 보편적인 가족영화라면 미술을 그렇게 중요하게 생각하지 않았을 텐데, 장르영화에서 특별한 느낌을 구현하고 싶어 하는 감독들이 쏟아져 나오면서 영화의 형식적인 부분, 스타일에 대한 관심이 커졌죠.

그런 뛰어난 장르영화들의 출발점이 된 게 류승완 감독의 〈피도 눈물도 없이〉였죠? 당시 류승완 감독은 독립영화 〈죽거나 혹은 나쁘거나〉로 확 부상했던 시점이잖아요. 그래서 〈피도 눈물도 없이〉는 그의 첫 상업영화로 많은 기대를 모았지요.

맞아요. 저도 〈죽거나 혹은 나쁘거나〉를 보면서 충격을 받았어요. 〈꽃섬〉 이후 장르에 대한 관심이 커지고 대중과 소통하는 방법을 생각하고 있던 차였는데, 류승완 감독님이 건너건너 제 이야기를 듣고는 인터뷰를 제안하셨어요. 그때는 시나리오가 아니라 타란티노 영화에 대한 이야기를 2~3시간 동안 막 떠들었지요. 류승완 감독님도 시네필이다 보니 할 얘기가 많았어요. 이명세 감독님의 〈인정사정 볼 것 없다〉(1999) 같은 독보적인 영화가 있기는 했지만 당시는 본격적인 느와르나 장르영화가 대중의 사랑을 받지는 못하던 시기였어요. 첫 만남 이후 한국의 상업영화 경험이 전무한데도 감독님이 전격적으로 저를 고용해주셨어요. 고마운 인연이죠. 그 일을 시작으로 류승완 감독님이 주변의 친한 감독님들한테 저를 소개해주면서 여러 인연을 만났죠.

〈피도 눈물도 없이〉에서는 기존의 한국 영화와는 다른 방식으로 작업을 하셨던 것 같은데요.

네. 그런 점이 있었죠. 미국에서도 당시에 코엔 형제나 타란티노 영화들 같은 새로운 장르영화들이 쏟아져 나왔어요. 미국에서 그런 새로운 흐름을 접하고 들어온 터라 '한국 영화도 이런 것들을 통해서 어떤 돌파를 하면 좋겠다'라고 생각했어요. 특히 이런 장르에서는 미술의 각 분야가 같은 그림 안에서 움직여야 하기 때문에 프로덕션 디자인 시스템으로 일을 하겠다고 마음먹었죠. 당시에는 감독이 소품 따로, 세트 따로, 의상, 분장 다 따로따로 컨펌을 해주는 방식이었거든요. 류승완 감독님이 그 모든 미술적 요소가 다 같이 큰 팔레트 안에서 표현되어야한다는 제 생각에 동의하고 저를 전적으로 믿어주셨어요. 그래서 세트도 기존에 하던 분들이 아니라 제 또래 젊은 분들이 맡았고, 의상도 그랬어요. 요즘 굉장히 활발하게 활동하는 조상경 의상감독이 그때는 학생이었는데 같이 작업했어요. 그렇게 해서 하나의 그림을 향해 가는 시스템을 구현하려고 애를 썼지요.[1]

시각적인 면이 조화를 이룰 수 있도록 전체를 총괄하는 영화미술의 작업 방식, 그러니까 프로덕션 디자인이라는 개념이 그 영화를 통해서 본격적으로 한국 영화에 도입됐다고 말할 수 있겠네요.

그렇죠. 그런 부분을 감독님이 인식하고 계셨기 때문에 제게 그런 자리를 맡길 수 있었다고 생각해요. 프로덕션 디자이너라는 타이틀도 한국 영화계에는 없었어요. 그때 처음 썼을 거예요. 그런 시스템 안에서 처음으로 일을 했어요.

그 시스템을 가지고 다음 작품들인 〈올드보이〉와 〈살인의 추억〉으로 넘어가신 건가요?

네. 하지만 시스템이라는 게 어느 한순간에 만들어지는 건 아니니까 그냥 개념만 가지고 사람들을 모아서 만들었죠. 제가 운이 좋아서인지 좋은 사람들을 만났고, 생각했던 것을 어느 정도 구현할 수 있었어요.

영화의 시각 요소를 전체적으로 설계하고 실행하는 프로덕션 디자인 방식이 들어오면서 한국 영화의 시각성이 확 바뀌는 시점이 2000년대 초반이었던 것 같은데요, 그 무렵에 그런 변화를 주도하면서 현장에서 어려움은 없었나요?

---

1   프로덕션 디자인은 영화의 주제, 시공간, 인물 등을 위해 영화의 전체적인 스타일 혹은 분위기를 시각적으로 구현하는 작업이다. 세트나 가구, 의상 등을 선택하고 디자인하는 작업부터 영화 전반의 시각 요소를 시공간적 배경에 따라 조율하는 일까지, 시나리오 분석부터 각 시대의 건축 양식이나 역사적인 고증까지 아우르는 다양한 지식과 재능을 요구한다. 해방 후 한국 영화가 새롭게 출발하던 1950년대 이래로 세트를 짓거나 소품을 마련하는 일은 연극에 종사하던 이들이 겸하는 영역이었고, 사극을 제외하면 의상과 분장은 배우 개인이 알아서 해결하는 경우가 많았다. 당시에는 미술의 각 분야에서 이루어지는 작업을 연출자가 최종 확인하는 방식으로 진행되었다. 미술에 대한 전문적인 감각과 식견을 지닌 사람이 세트, 의상, 분장, 소품 등 영화의 시각 요소들을 전반적으로 설계하고 책임지는 프로덕션 디

굉장히 많았죠. (같이 웃음) 육두문자 욕도 많이 들었고요. 그런 방식이 아마 선배들이 쌓아온 권위에 대한 도전처럼 느껴졌을 거예요. 〈피도 눈물도 없이〉를 할 때 젊은 사람들하고 작업을 했던 건 그런 이유 때문이기도 했어요. 그 작품 이후로 그런 방식을 계속 이어나갔는데 여러 가지 어려움이 있었어요. 예를 들어 원하는 그림을 만들려면 조명도 생각해야 하거든요. 화면 안의 색은 조명의 영향을 받을 수밖에 없으니까요. 그러다 보니까 '저 사람은 왜 남의 영역까지 침범하나, 굉장히 건방지다'라고 느낄 수도 있는 거죠. 당시에는 우리가 흔히 '때깔'이라고 말하는 화면의 느낌을 색보정 같은 후반 작업을 통해서 만들어간다는 개념이 강했어요. 그런데 〈살인의 추억〉은 좀 달랐어요. 우리끼리는 그 작품을 농촌 느와르라고 불렀는데, 한국적인 느와르를 만들어내기 위해서 후반 작업이 아니라 촬영에서부터 미술적인 요소들의 톤을 일관되게 유지하는 작업을 하고 싶었어요. 여러 가지 시각 요소를 컨트롤해야 하니까 자연스럽게 의상, 소품, 세트 등을 총괄할 수밖에 없었죠. 저보다 훨씬 오래 일하신 분들도 있으니 모두의 동의를 얻는 게 쉽지는 않았어요. 그분들 입장에서는 도제 시스템 안에서 오랫동안 일을 하다가 이제야 책임자 위치에 올랐는데, 감독이 아닌 다른 사람이 와서 개입하는 게 좋을 리가 없잖아요. '우리가 원하는 팔레트가 있고, 이걸 위해서는 이렇게 하셔야 한다'고 참견하는 사람이 하나 더 생긴 거니까. 힘든 그 마음을 너무 잘 이해하죠. 당시는 대중이 원하는 수준의 장르영화로 넘어가는 시기였고, 그런 문제들도 그 과정의 하나였지만 현장에서는 조금 어려움이 있었죠.

다른 한편으로 감독마다 나름의 작가적 개성이 있잖아요. 시각적인 차원에서 미술감독인 나의 개성이 있고, 그게 감독의 개성과 만나 무엇인가를 만들어갈 때 그 과정이 어떻게 진행되는지 궁금합니다.

감독님마다 참 많이 달라요. 그 이후에 봉준호, 박찬욱, 김지운 감독님이랑 연달

자인의 개념이 한국 영화에 본격적으로 도입되고 미술감독이 영화의 시각 영역 전반을 총괄하게 된 것은 2000년을 전후한 시기부터였다. 류성희는 이와 같은 변화를 주도한 미술감독이다. 프로덕션 디자인이라는 개념이 등장하고 관련 전문 인력이 출현한 것은 한국 영화가 세계적인 경쟁력을 갖춰가는 과정에서 핵심적인 사건이었다.

아 일을 했는데 저마다 개성이 뚜렷하세요. 사실 작업할 때 제일 영향을 많이 받는 건 감독님의 세계관이에요. 영화미술은 저의 예술 세계를 펼치는 게 아니니까 감독의 세계관을 이해하려 애를 쓰고, 그 안에서 제 개성이 들어갈 수 있으면 최대한 하는 거죠. 봉준호 감독님은 자기가 원하는 세계가 워낙 구체적이어서 그 비전에 맞춰 만들어가려고 애를 썼어요. 박찬욱 감독님은 비유하자면 오케스트라의 지휘자처럼 여러 사람이 내는 의견을 하나씩 하나씩 즐긴 다음 그 가운데 몇 가지를 골라 맞춰가는 방식이에요.

미국에서 서부영화 작업을 하실 때, 그리고 작가주의 영화를 하실 때는 채워지지 않는 어떤 게 있었다고 하셨잖아요. 2000년대에 장르영화를 중심으로 작업할 때는 어떠셨어요?

기본적으로 장르영화 작업은 아주 신이 나서 했어요. 대중이 익숙하게 알고 있는 장르적 코드를 따라가는 일이 당시의 젊은 저한테는 훨씬 편한 가이드가 된 거죠. 하고 싶은 이야기를 느와르라는 형식 안에 녹여내면서 자신의 개성을 드러내는 감독들의 스태프로 일한다는 것의 재미가 있어요. 극복해야 할 한계도 매번 달라지고, 감독들에게 적응하면서 하나의 세계를 만들어가는 건 진짜 흥미로운 일이거든요. 자기 세계관만 갖고 하면 지루한 일인데, 새로운 사람을 만나면서 매번 새롭게 해석하고 변형도 하잖아요. 〈피도 눈물도 없이〉, 〈살인의 추억〉, 〈올드보이〉, 〈달콤한 인생〉까지 다 느와르 형식을 따라가지만 감독의 개성이 다르고 그에 따라 결도 다르죠. 그런 것들이 굉장히 재미있어요. 스태프로서 제가 할 수 있는 역할도 분명히 있었고요. 저 자신도 그분들과 같은 세대로서 장르영화를 통해 작가적인 개성을 구현하는 것에 함께 열광하던 시기였다고 생각해요.

바깥으로 나가는 해방감

류
성
희

2000년대에는 느와르 액션 작업을 많이 하셨고 그 뒤에는 작품 경향이 훨씬 다양해졌어요. 〈변호인〉(2013), 〈국제시장〉(2014) 같은 현대사를 다룬 시대극이나 식민지 시대를 배경으로 한 〈암살〉(2015), 〈아가씨〉가 있었고, 최근에는 〈나랏말싸미〉(2019)라는 사극도 하셨어요. 중간에 〈고지전〉(2011)이라는 전쟁영화와 〈만추〉(2010)도 있었고요.

〈박쥐〉, 〈마더〉 작업을 했던 게 2009년이고, 그다음에 작업한 〈만추〉가 저한테는 전환점이 된 작품이었어요.

〈만추〉 당시의 인터뷰를 보니까 '바깥으로 나가는 해방감'을 언급하셨던데요. 관객의 눈에 미술이 두드러져 보이는 것은 세트를 만들어 찍는 경우잖아요. 로케이션 촬영이 중심인 〈만추〉 같은 영화의 미술은 접근 방식도 많이 다를 것 같아요.

그전에 했던 작업들은 세트가 많았고, 로케이션이라고 하더라도 어떤 콘셉트 안에서 통제된 공간을 만들어서 찍었어요. 그렇게 10년이 지나고 다른 장르, 다른 이야기, 다른 결을 해보고 싶다는 욕구가 솔솔 올라오던 때 〈만추〉를 하자는 제안이 들어왔어요. 그때 시애틀로 로케이션을 나간 한국 스태프는 김태용 감독님, 저, 김우형 촬영감독님 이렇게 세 명이었고 나머지는 전부 미국 스태프들이었거든요. 덕분에 시스템에 대해서 새롭게 고민할 수 있는 기회가 되었어요. 미술이라는 건 원래 전체적인 룩을 다루는 거니까 〈만추〉에서는 배우가 서는 배경을 선정할 때도 제가 관여를 했어요. 로케이션 매니저 같은 기분으로 어떤 공간에 직접 가서 보고 결정하고 컨트롤을 했죠. 세트를 짓지는 않지만 그 무드에 걸맞도록 전체 배경을 만들어가면서 미술에 대해 새롭게 정리할 수 있었어요. 예를 들면 이런 거죠. 원래 시나리오에는 두 사람이 만나서 경험하는 그 하루가 〈로마의 휴일〉처럼 관광엽서에 나올 것 같은 상징적인 공간들로 이루어져 있었어요. 그런데 저는 다른 제안을 했죠. 왜냐면 영화가 〈로마의 휴일〉 같은 기조가 아니니까요. 〈만추〉에서 공간은 여주인공의 내면을 투영하는 것이잖아요. 〈로마의 휴일〉은 공주가 새로운 공간에 가는 거니까 관광엽서처럼 새롭고 재미있게 보여야 하지만, 〈만추〉의 여주인공은 예전에 자기가 살았던 시애틀에 다시 간 것이었기 때문에 관광객의 시선으로 보게 되지는 않죠. 원래 알았던 공간인데 이 사람이랑 돌아다니면서 이전과는 다른 감정을 느끼는 거잖아요. 그래서 시애틀의 관광명

소가 아니라 시장이나 공원을 다니게 했죠. 원래 시나리오에는 시장 같은 건 없었어요. 공원도 밤에 폐쇄된 공간으로 나오고, 항구에 서 있는 것도 그렇고 사실 톤이 조금 우울하죠. 미술이라는 게 세트만 만드는 것은 아니잖아요. 저는 미술이 두드러지지 않아도 감정이 잘 전달되는 영화들을 좋아했고, 저도 그런 영화를 하고 싶었어요. 뭘 많이 만들어야 한다는 강박에서 벗어나 지금 있는 것에서 아름다움을 보고, 거기서 같이 골라내고 하는 것들이 당시의 저한테는 필요한 작업이었어요.

〈고지전〉은 감독님의 필모그래피에서 좀 예외적으로 느껴져요.

전쟁영화를 군이 내가 할 필요가 있을까 싶기도 했는데, 그 작품을 한 몇 가지 이유가 있었어요. 시나리오를 보면서 그림이 떠올랐어요. 〈고지전〉은 남한군과 북한군이 하나의 고지를 두고 서로 뺏고 뺏기는 이야기였는데, 그 고지의 모습을 상상해보니까 히에로니무스 보쉬의 〈지옥도〉가 떠오르더라고요. 정치적인 결정에 따라 전쟁터에서 실제로 싸움을 치러내는 사람들이 겪어야 했던 일들과 매일매일 벌어지는 치열한 전투 때문에 자연이 초토화되는 모습이 비극적이었어요. 정말로 지옥 같기도 했고요. 한국전쟁 당시 고지전을 치렀던 곳의 자료사진들을 찾아봤는데 산의 형태가 계속 바뀌는 거예요. 그런 것들을 보면서 '아, 이런 그림이라면 만들어보고 싶다'는 생각이 들었어요. 또 하나는 오랫동안 세트 짓는 작업을 중심으로 하면서 인공적인 공간을 다루다 보니까 흙을 밟고 싶었어요. 흙을 밟고 공기도 마시고, 만들어내는 공간이 아닌 진짜 공간에 가서 부딪쳐보면 어떤 느낌일까 궁금했죠. 다른 한편으로는 여자가 전쟁영화를 만들면 좀 다른 것이 나올 수 있지 않을까 하는 생각도 했어요. 단순히 피투성이의 느낌을 만들어내는 것이 아니라 전체가 하나의 그림처럼 보일 수 있는 우아함이랄까요. 조금 떨어진 시선으로 이 비극을 바라보도록 만들 수 있지 않을까, 그런 점에서 남자들과는 좀 다른 성향을 드러낼 수 있지 않을까 생각했던 거죠. 그전에도 저는 남성들이 중심이 되는 장르영화를 많이 했는데, 그건 저 스스로 여성이 되기를 회피해서가 아니라 오히려 제가 가진 여성성을 믿고 존중하기 때문이었어요. 남성 장르에서 내가 만드는 그림은 다를 거라는 믿음이 있어요. 또 〈만추〉 때 김우형 촬영감독님과 워낙 호흡이 잘 맞아서 그분과 함께하면 좀 다른 그림의 전쟁영화를 찍을 수 있겠다 싶기도 했고요.

〈고지전〉은 좀 독특한 전쟁영화였어요. 휴전 협상이 진행되는 가운데 다른 한편에서 치러지던 정말로 소모적인 전투에 주목한 전쟁영화는 거의 없었던 것 같거든요. 그런 설정에서 나오는 이미지는 과거의 한국 전쟁영화들과는 다를 수밖에 없었고요.

류
성
희

그랬다면 다행이고요. 정말 하리라고는 생각도 못했던 게 전쟁영화였는데…….
진짜 힘들게 하기는 했어요, 육체적으로. 그런데 그때는 그런 게 필요한 시기였던 것 같아요.

과거와 미래에 대한 상상력

〈나랏말싸미〉 같은 사극영화의 미술은 좀 다른 전문성이 필요한가요?

다르게 만들고 싶다는 의지가 강하지 않으면 사극은 좀 한계가 있어요. 정해진 예산 안에서 하다 보면 의상이나 소품을 예전에 썼던 것을 다시 써야 하는 경우가 많으니까. 그래서 '사극을 미술적으로 다르게 구현할 수 있을까, 그게 재미가 있을까?'라는 생각이 있었는데 〈나랏말싸미〉는 독특한 지점이 있었죠. 일단 불교와 연관된 영화라는 점이 남달랐어요. 불교는 긴 역사를 갖고 있고 아름다운 유산들이 많지만 그동안 많이 다루어지지 않았잖아요. 언젠가는 한국적이면서 범아시아적인 그림을 만들고 싶다는 생각이 있는데, 그것을 위해서도 불교를 공부할 필요가 있어요. 〈나랏말싸미〉는 불교나 조선시대 초기에 대해 공부하는 계기가 됐어요. 예전에 임권택 감독님의 〈아제아제 바라아제〉(1989)와 장선우 감독님의 〈화엄경〉(1993) 같은 불교영화가 있었지만 어느 순간에 멀어진 얘기가 되었죠. 제가 지금도 너무 아쉬운 게 한국 영화사를 전혀 못 배웠잖아요. 서양 영화를 보면서 공부한 사람이고, 과거의 한국 영화를 볼 수도 없었고, 지금도 너무 모르고 있고…… 언젠가 기회가 와서 범아시아적인 상상력에 기반을 둔 영화들을 만든다고 했을 때 불교는 정말 중요한 요소예요. 그리고 이 영화는 글자가 주인공이니까 그 부분을 미술로 구현하는 것이 재미있겠다고 생각했어요. 영화를 보면 한글을 창제하는 과정에서 여러 글자들이 계속 나오는데, 저희가 거의 600장 정도의 글자 그림을 그렸어요.

세종도 우리가 알고 있는 이미지하고는 좀 달랐어요. 병들고, 힘들고, 외로운 느낌이었죠. 의상도 새로 제작하신 것 같아 보였어요. 누비 옷 질감을 사극에서 처음 본 것 같은데, 그것뿐 아니라 의상 색깔도 파스텔 톤을 많이 쓰시고 흉배도 없고.

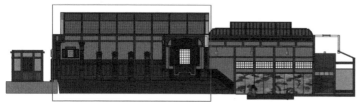

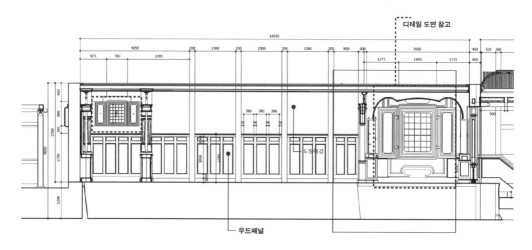

영화 〈아가씨〉의 저택
스케치와 설계 도면.

네. 그건 개인적으로 야심을 가지고 했던 부분이에요. 자료를 찾아보니까 실제 의복은 우리가 사극에서 많이 봤던 울긋불긋한 색이 아니라 파스텔 톤이고 굉장히 고급스럽더라고요. 관복이 거의 핑크색이나 코럴 계열이었어요. 그런 점에서 오히려 충실하게 고증을 하려고 한 거죠.

조선시대 사극뿐 아니라 현대사를 다룬 〈변호인〉, 〈국제시장〉이나 일제강점기를 배경으로 한 〈암살〉, 〈아가씨〉 등도 공부가 많이 필요한 작업이었을 것 같아요.[2]

그렇죠. 네 작품 다 조금씩 차이가 있지만 시대극이잖아요. 〈변호인〉은 1970~80년대, 〈국제시장〉은 1950년부터 현재까지의 이야기죠. 〈변호인〉을 먼저 시작했고, 그걸 하는 와중에 〈국제시장〉도 하게 됐어요. 약간 물려서 작업했죠. 〈변호인〉을 하면서 노무현 대통령 시대를 조사했는데 그러는 중에 대통령 선거가 있었고 박근혜 대통령이 당선되었죠. 그때 세대 간의 차이나 갈등에 대한 이야기가 많이 나왔잖아요. 어르신들의 생각이나 투표 성향이 젊은 사람들과 부딪치니까 그들이 생각하는, 보고 있는 그 시대는 어떤 모습인지가 궁금했어요. 그 시대를 직접 살았고, 우리나라를 발전시켰고, 지금은 기득권이라고 불리는 분들의 생각을 알고 싶었죠. 〈국제시장〉은 물론 정치적으로 보수를 대변한다는 점 때문에 비판을 받기도 했지만 참여하는 사람 입장에서는 '어쨌든 그것도 우리 역사 안에 있는 것들이니 공부를 하면서 구현해보자' 생각했어요. 독일에 파견된 간호사와 광부도 나오고, 베트남전도 나오고, 이산가족 상봉도 다루는데 그게 바로 어르신들이 보는 역사인 거잖아요. 그걸 다 끌어안아서 잘 만들어보고 싶다는 욕심이 있었죠.

〈국제시장〉의 이산가족 찾는 장면 있잖아요, 그건 컴퓨터 그래픽의 도움을 받은 건가요?

일부 그렇죠.

---

2   류성희는 2016년에 〈아가씨〉로 칸국제영화제에서 벌컨상Vulcan Award of The Technical Artist 을 수상했다. 관련 기사의 일부를 소개하면 다음과 같다.
   "벌컨상. 칸국제영화제에서 기술상에 해당하는 상이다. 2003년에 만들어졌지만 그 이전에 도 'Technical Grand Prize'란 이름으로 스태프의 업적을 찬양해왔다. 수상한 면면도 화려하다. 수많은 거장들의 영화에 참여한 스태프들이 상을 받아왔다. 그 상을, 한국인 최초로 류성희(48) 미술감독이 받았다. 제69회 칸국제영화제 경쟁 부문에 초청된 〈아가씨〉는, 감독도 배우도 아닌 류성희 미술감독에게 수상의 영예를 안겼다. 〈아가씨〉를 본 관객들이라면, 박수를 칠 만큼 당연한 결과다."(전형화, 「류성희 미술감독 "〈아가씨〉 벌컨상 수상, 실감 안 난다"」, 『스타뉴스』, 2016년 6월 3일)

판타지나 시대극 장르뿐만 아니라 요즘에는 대부분의 영화가 그런 방식으로 전환되고 있어요. 지금의 프로덕션 디자인에서는 VFXVisual Effect(시각적 특수효과) 쪽 회의가 굉장히 많아요. 그런데 우리나라에는 그것이 아직 완전히 자리 잡지 못했기 때문에 회의에서부터 누가 하느냐를 두고 언쟁이 조금 있거든요. 아직 역할이 명확하게 정리가 되지 않아서 지금은 그에 대한 논의가 한창 활발하죠. 20년 전에 제가 했던 고민은 '프로덕션 디자인이 있어야 하느냐 아니냐, 누가 어떻게 컨트롤할 것이냐' 이런 거였는데, 지금은 초점이 좀 달라졌죠. 우리가 원하는 것을 구현하는 데 VFX라는 새로운 분야가 등장해서 그 비중이 점점 커지고 있어요. 그러면서 또 다른 세대로 넘어가는 거겠죠.

VFX와도 관련이 있다고 할 수 있는데, 디지털로의 전환이 영화를 만드는 방식을 많이 바꾸었잖아요. 또 그것이 새로운 시대를 여는 중요한 계기가 된 것처럼도 보이고요.

2010년 이후에 스케치업이라고 하는 컴퓨터 프로그램이 보급됐는데, 지금은 미술팀들이 모두 그걸 사용해서 작업해요. 10년 전에는 손으로 도면을 그렸으니까 시간이 많이 걸리고 이런저런 한계가 있었죠. 스케치업이 영화의 품질을 향상시키는 데 굉장히 큰 도움을 줬어요. 도면 디자인도 그렇고, VFX적인 것도 그렇고. 사실 영화가 이 정도로 상업적인 성공을 거두는 나라가 전 세계에 몇 없잖아요. 우리나라가 돈이 많은 것도 아닌데 큰 스케일의 영화들을 만들고, 해외에서도 기술력을 높이 평가받는 건 영화 인력들이 컴퓨터 프로그램 툴을 잘 다루기 때문이에요. 그러니까 겁 없이 도시 전체를 상상하고 지어낼 수 있는 거죠. 〈국제시장〉이나 〈암살〉이 그랬고, 지금 하고 있는 최동훈 감독님의 SF영화는 훨씬 더 큰 세트와 VFX가 들어가고 아예 컴퓨터 애니메이션으로 만든 3D 캐릭터도 등장해요. 20대, 30대 친구들이 손재주가 워낙 좋고 머리도 좋으니까 그걸 해내는 거예요. 할리우드가 그렇게 할 수 있는 건 오래된 사람들의 노하우가 있어서인데, 우리는 젊은 친구들이 툴을 잘 다루면서 그들을 넘볼 수 있게 된 거죠.

미술팀은 어떻게 운영하고 계신가요?

늘 같이 하는 친구가 있고, 프로젝트가 크면 거기에 좀 더 보강을 해요. 지금 하고 있는 영화가 두 편인데 김태용 감독님 영화와 최동훈 감독님 영화예요. 김태용 감독님 영화는 예산이 많지는 않지만 SF적인 요소가 있어서 신인을 많이 고용했어요. 과반 이상을 대학을 갓 졸업한 친구들로 채웠어요. 그런 사람들을 만나고 싶더라고요. 최동훈 감독님 영화는 규모가 크니까 그동안 저와 함께 했던 백전노장을 모아서 그들의 축적된 경험을 활용하려고 하고요. 새로운 생각을 하는 친구들과 얘기를 나누면서 일하는 것이 즐거워요. 배우는 것도 많고요. 우리나라에서도 이제는 SF판타지가 조금씩 만들어지기 시작하는데 앞으로 점점 더 많아질 것 같아요. 하지만 완벽하게 나오기까지는 시간이 걸리겠죠. SF영화를 잘 만드는 미국을 보면 공상과학소설이라는 문학적인 성취들이 있고, 영화에서의 노하우도 많이 축적되었잖아요. 우리는 항상 미국의 그림을 통해서 미래를 상상해왔던 것 같아요. 나사NASA의 옷을 입은 사람이 별나라에 가고, 서양 문명의 끝으로서의 미래를 그려보는 데 익숙해요. 그런데 동양적인 시각으로 보는 미래도 있을 거 아니에요? 우리가 SF영화를 만들면서 그들을 따라하면 더 잘할 수는 없다고 생각해요. 그건 서부극 세트랑 같은 거예요. 내가 아무리 잘해봤자 그냥 비슷한 서부극 세트인 것처럼, 미국 영화를 흉내 내면서 더 잘하거나 유니크할 수는 없겠죠. 우리는 우리의 미래를 상상해야 하는데 그게 뭔지가 아직 없잖아요. 서양 문명의 끝에서 보는 것과는 다른 미래를 그려내려면 무엇을 어떻게 디자인해야 할까. 이런 생각을 하면 아찔한 거죠. 그래서 역사 공부도 하는 거지만, 다른 한편으로는 젊고 재능 있는 친구들과 함께 작업하면서 새로운 것을 시도해보려는 마음도 커요.

최은아
음향 편집기사

더 좋은 노동 환경이
더 좋은 소리를 만든다

어릴 때부터 부모님에게 '결혼은 하지 않아도 된다. 본인이 즐겁게 살면 된다'는 교육을 받았다. 좋아하는 일이어야 평생 할 수 있다는 생각에 음향 편집기사의 길에 들어섰다. 2000년에 블루캡에 입사하여 2001년 〈와이키키 브라더스〉로 다이얼로그 에디터가 되었다. 블루캡에서 〈복수는 나의 것〉(2002), 〈태극기 휘날리며〉(2004), 〈사랑니〉(2005), 〈타짜〉(2006), 〈우리 생애 최고의 순간〉, 〈화차〉(2011), 〈베테랑〉, 〈암살〉, 〈아가씨〉 등의 대사 편집을 맡았으며 2018년부터는 프리랜서로 활동하고 있다. 음향 편집기사의 열악한 노동 현실을 개선하기 위해 노력하고 있으며, 2019년에 후배들과 함께 노조를 결성했다.

"욕심이 별로 없는데…… 대사 에디팅은 제일 잘하는 사람이고 싶어요. 내가 경력이 더 되고, 경제적으로도 여유가 생기면 독립영화의 좋은 작품들을 작업하고 싶고요. 좋은 감독님들이 저예산 영화를 가지고 도와달라고 찾아오시는 경우가 종종 있어요. 그런데 정말 적은 작업료를 들고 오시거든요. 사운드 회사 입장에서는 그 돈으로 여러 사람한테 일을 시켜야 하니까 받기가 어려운 거죠. 제가 그랬어요. 1년에 한두 작품만 받으면, 내가 주로 일을 할 테니까 대표님은 하루나 이틀 음악 넣고 믹싱하는 일을 해주면 좋겠다고요. 좋은 영화들에 제가 도움이 될 수 있다면 더 바랄 게 없을 것 같아요."

재미있는 일이어야 평생 할 수 있을 것 같았다

● 이순진
● 최은아

음향 편집기사가 되겠다는 생각은 어떻게 하게 되셨나요?

저희 집이 딸만 넷인데 제가 셋째예요. 어려서부터 엄마가 "여자는 능력이 있으면 결혼 안 해도 된다. 그냥 본인이 즐겁게 살면 된다"고 항상 말씀하셨어요. 그래서 그런지 큰 언니만 결혼을 했고 밑의 셋은 각자 하고 싶은 일 하면서 함께 살고 있어요. 언니는 동물을 좋아해서 '동물권행동 카라'에서 활동하고 있고, 동생은 대안학교 관련 기획 일을 하고 있어요. 다 가난해요, 그런데. (같이 웃음)

하고 싶은 일 하면서 살면 가난하기 쉽죠. (웃음) 그런데 딸 셋이 결혼을 안 했는데 부모님이 섭섭해하지 않으세요?

예. 안 섭섭해 하셨어요. 얼마 전에 아버지가 돌아가셨거든요. 그런데 아버지가 병원에 누워 계실 때 그러셨어요. "너희는 다 각자 좋아하는 거 해서 아빠가 마음이 좋다."

남다른 부모님이시네요.

그렇죠. 그래서 저도 어려서부터 혼자서 살 수 있는 직업을 찾아야겠다는 생각을 많이 했어요. 화학 계통의 회사에서 사무직으로 한 2년 일했는데, 재미있는 일이어야 평생 할 수 있을 것 같더라고요. 음악 듣는 거 좋아하고 여행 좋아하고 영화 보는 거 좋아하고, 그 셋 중에서 갈 길을 찾아보자 했죠. 처음에는 라디오 방송 쪽을 생각해서 MBC 아카데미 6개월 과정에 들어갔는데 같은 반 수강생 중에 〈투캅스 2〉(1996) 스크립터를 했던 친구가 사운드 회사를 소개해줬어요. 영화 사운드에 대해서 잘 알았던 것은 아니지만 영화를 보면서 하는 일이면 평생 할 수 있겠다 싶었죠. 또 제가 기억력은 좋은 편이라서 '나는 똑같은 소리를 금방 기억해내니까 소스를 금방 갖다 붙일 수 있을 거야'라는 단순한 생각이었어요. 2000년에 블루캡이라는 회사에 들어가면서 음향 편집기사 일을 시작했죠.

음향 편집이라는 게 워낙 전문적인 분야라서 좀 생소하기도 해요. 먼저 음향 편집의 전반적인 작업 과정은 어떻게 되는지 설명해주시면 좋겠어요.

촬영할 당시에 녹음한 사운드, 그러니까 동시녹음 소스가 기본적으로 있어요. 우선은 그 데이터를 받아요. 동시녹음 데이터 안에 여러 가지 정보를 가지고 있는 메타데이터가 있는데, 영상 편집본이 오면 그 메타데이터를 이용해 동시녹음 소스와 영상을 맞춰서 사운드 편집을 해요. 대사나 호흡이 비었으면 추가할 동시녹음 소스가 있는지 다른 테이크를 좀 찾아보기도 하고요. 그러니까 일단 동시녹음 소스를 가지고 사운드 편집을 하고, 거기에 보충하거나 대체할 것들을 후시로 작업해서 넣는 거죠. 예전에는 현장 노이즈를 빼는 기능이 그렇게 좋지 않아서 조금만 나쁘면 대체할 소리를 후시로 녹음했어요. 요즘에는 소프트웨어가 좋아져서 노이즈가 잘 빠지니까 후시 작업이 많이 줄었고요. 반면에 예전에는 동시녹음 상태가 나쁘면 '이건 포기하고 바로 후시를 하면 되겠다' 했었는데, 좋은 소프트웨어들이 생기면서 동시녹음 소스를 손보는 작업이 많이 늘어났어요. 배우나 감독님들도 기본적으로는 동시녹음을 선호하니까 최대한 동시녹음 소스를 살려보려고 하죠.

기사님의 분야는 다이얼로그 에디터dialogue editor라고 알고 있는데요, 음향 편집의 분야에 대해서 설명해주시고, 그 가운데 어떻게 다이얼로그 에디팅을 하게 되셨는지 말씀해주세요.

다이얼로그 에디터는 동시녹음 소스를 가지고 클리닝cleaning을 하거나, 대사가 튀는 부분을 조절하거나, 발음이 씹힌 부분을 다른 테이크에서 찾아서 넣거나 하는 작업을 해요. 동시녹음 소스가 사용할 수 없을 만큼 안 좋으면 후시녹음을 따로 하기도 하고요. 대사 이외에 사운드 이펙트Sound Effect와 폴리Foley가 있는데, 빗소리라든가 차 사고 나는 소리 같은 것이 이펙트이고 발소리처럼 사람이 움직일 때 나는 소리를 만드는 것이 폴리예요. 크게 그 정도가 있는데, 제가 블루캡에 들어갔을 때 이펙트와 폴리는 이미 담당이 있었어요. 주로 김석원 대표님이 대사와 폴리를 하셨죠. 회사는 논현동에 있었지만 폴리는 영화진흥위원회의 남양주종합촬영소에 가서 작업을 했어요. 대표님이 폴리 작업하러 남양주에 가시면서 저한테 "여기서부터 여기까지 대사를 한번 정리해봐라"라고 숙제를 주셨어요. 레코딩 버튼 하나만 가르쳐주고. (같이 웃음) "녹음할 때 이거 누르면 된다" 그러면서. 그렇게 처음 참여했던 작품이 심은하 씨가 나왔던 〈인터뷰〉(2000)였어요.

본격적으로 다이얼로그 에디터로 작업하신 첫 작품은 무엇이었나요?

회사에 들어간 지 한 1년 정도 됐을 때였는데, 임순례 감독님의 〈와이키키 브라더스〉로 첫 작업을 했죠. 김석원 대표님이 그때 저희 회사에서 이펙트 작업을 했던 김창섭 기사님(지금은 독립해서 모노콘 대표님이 되셨죠)한테 믹싱을 맡기고, 저한테는 대사를 하라고 하셔서 본격적으로 대사 작업을 하게 되었어요. 〈와이키키 브라더스〉가 음악영화잖아요. 대표님은 음악 쪽 작업을 주로 하시고 저희한테는 그 외의 장면들을 하라고 맡겨주셨죠.

그때 굉장히 긴장하셨겠어요. 경력도 짧은데.

처음이니까 이게 제대로 하는 건지 잘 모르겠는데 대표님이 참견을 안 하시고 진짜 다 맡기셨어요. "너희한테 좋게 들리는 게 좋은 거야"라면서요. 그렇게 맡기셔서 눈치 안 보고 그냥 작업을 했어요. 그때부터는 자신감이 조금 붙어서 계속할 수 있었던 것 같아요. 그때 동시녹음을 맡았던 분이 한철희 기사님이셨는데, 제가 작업하는 걸 매의 눈으로 보셨죠. (같이 웃음)

제가 자료를 좀 찾아보니까 김석원 대표님은 훨씬 더 옛날 세대하고 연결되어 있는 분이더라고요. 영화진흥공사가 거의 독점해왔던 사운드 분야를 민간이 주도하도록 바꾸신 분이고, 다른 한편으로는 한국 영화 사운드에 디지털 기술을 도입하는 선구적인 역할을 한 분이시기도 하더라고요.[1]

예, 맞아요. 예전 방식의 작업도 능수능란하게 하셨던 분이고, 지금도 마찬가지예요. 진짜 장인이시죠. 제가 들어갔을 때 블루캡은 이미 모든 작업을 디지털로 하고 있었어요. 필름으로 작업하던 시절에는 영화진흥공사가 한국 영화의 거의 모든 녹음을 다 했는데, 블루캡에서 디지털을 본격적으로 도입하면서 사운드 작업의 주도권이 민간으로 넘어오게 되었죠. 예전에 영화진흥공사에서 필름으로

---

1   김석원은 서울오디오에서 광고음악 작업을 하면서 사운드에 입문했고, 리드사운드를 거쳐 1995년에 블루캡을 설립했다. 블루캡은 〈돈을 갖고 튀어라〉(1995)를 시작으로 〈쉬리〉, 〈공동경비구역 JSA〉, 〈복수는 나의 것〉, 〈올드보이〉, 〈태극기 휘날리며〉 등을 작업하며 한국 영화 사운드 분야에서 디지털 기술에 기반한 작업 방식을 개척했다. 김석원과 블루캡에 대해서는 『우리 시대 영화 장인』(주성철 엮음, 열화당, 2013)을 참조할 수 있다.

작업하셨던 분들은 디지털로 넘어오지 못하고 은퇴를 하셨고요. 영화진흥공사가 영화진흥위원회로 바뀌고, 컴퓨터로 작업할 수 있는 젊은 분들을 기용하면서 한동안은 영진위와 민간업체가 경쟁을 하기도 했어요. 제가 일했던 시기 중에서 초기 5~10년 정도는 영진위가 작업한 상업영화가 꽤 많았어요. 그런데 그쪽은 단가가 싸니까 블루캡 대표님은 차별성을 갖겠다는 생각에 '우리는 주말에도 일한다. 아침부터 밤까지 일할 수 있다. 영화팀이 수정을 원하면 아무 때나 할 수 있다'는 서비스를 해주기 시작하셨어요. 영진위는 주말에 일 안 하고, 퇴근 시간 되면 작업을 딱 멈추고 그랬으니까 감독님들이 좀 불만이 있었거든요. 그런데 그 부분을 우리 대표님이 충족시켜줬던 거예요.

어쩔 수 없는 상황도 있었겠지만, 그래도 그건 노동 조건을 악화시키는 방식이잖아요.

그렇죠. 그런데 당시는 그런 부분에 민감할 때가 아니었으니까. 대표님 본인도 계속 그렇게 일하셨던 분이고요. 대표님은 원래 광고 쪽 작업을 하셨어요. 광고 쪽은 신속하게, 심지어 새벽에도 수정해주고 그랬으니까요. 광고에 비하면 영화는 오랫동안 할 수 있으니까 대표님 기준으로는 여유로운 작업이었던 거죠. 제가 블루캡에 있었던 10~15년 동안은 주말도 거의 없었고요, 새벽 6시에 회사에 가면 밤 10시, 11시쯤 집에 왔죠. 그러니까 거의 회사에서만 살았어요. 저는 이 일이 하고 싶었기 때문에 별 문제를 못 느끼고 그냥 쭉 했죠.

사실 정부 돈으로 후반 작업 시설을 갖추고, 그걸로 상업영화를 제작한 기관의 역사가 엄청 길어요. 1950년대에는 공보처에서 운영하던 대한영화사라는 데가 있었고, 1972년에 설립된 영화진흥공사도 그렇고요. 원래 취지는 녹음 같은 후반 작업 설비에 민간이 투자할 여력이 부족하니까 정부가 대신 투자해서 영화 제작 설비를 갖춘다는 것이었는데, 결과적으로는 민간업체가 생존하기 어려운 환경을 만든 측면도 있죠. 그런데 그런 관행이 한국 영화의 산업화가 꽤 진행된 2000년대까지도 계속되었다는 거잖아요.

그렇죠. 그래서 블루캡 대표님이 영진위에 대해서 비판을 많이 하셨어요. "영진위는 상업영화 하지 말고 지원작만 해라. 영진위는 좋은 시설을 이용하니 따지고 보면 단가가 비싼 작업을 하면서 돈을 적게 받는 거니까 공정한 경쟁이 안 된다"는 얘기를 많이 하셨죠.

지금은 프리랜서로 작업하신다고 들었는데요, 블루캡에서 나와 프리랜서로 활동하게 된 상황에 대해서 말씀해주세요.

제가 블루캡에서 일하기 시작했을 때에 비해서 요즘이 오히려 작업 환경이 더 나빠졌어요. 사운드 분야 예산도 줄어들었고요.

그건 왜 그렇게 된 거예요? 혹시 경쟁업체가 많이 생겼나요?

경쟁이 심해지면서 단가를 낮춰 부르는 업체들이 많이 생기기도 했죠. 저쪽은 얼마인데 이쪽도 그렇게 해주시면 안 돼요? 이런 식으로 단가가 낮아지면서 살기가 점점 힘들어졌어요. 〈신기전〉(2008) 할 때쯤이 고비였던 것 같아요. 그때부터 사운드 분야의 경기가 점점 안 좋아졌죠. 당시 블루캡은 파트가 확실히 구분되어 있고, 전체가 팀으로 움직이는 시스템이었거든요. "너는 평생 대사만 해도 돼. 경력이 됐다고 해서 굳이 믹싱을 할 필요는 없어." "너는 평생 이펙트만 해도 살 수 있어." 사장님이 이런 식으로 교육을 하셨어요. 그래서 우리는 흩어지면 안 되는 팀으로 구성이 되었죠. 경기가 점점 어려워지면서 초반에는 우리가 스스로 월급을 깎아서 받았어요. 회사에 돈이 없으니까. 그런데 회사에 일이 없을 때도 월급이 나가야 하는 상황이 자꾸 생기면서 회사도 어렵고 우리도 어렵고……. 그래서 그다음엔 회사를 살리기 위해서 작업이 있을 때만 우리가 돈을 받는 식으로 갔어요. 그러다가 팀장으로 있던 분이 독립해서 모노콘이라는 회사를 차렸는데, 그분이 김창섭 대표죠. 그분이 "은아 씨가 모노콘의 작업을 해줄 수 있으면 나는 대사 파트 맡을 사람을 안 뽑겠다"고 하고, 김석원 대표님도 "창섭이가 회사를 차렸는데 대사가 중요하니까 은아가 도와줘야지" 하셔서 양쪽 일을 하게 됐어요. 그렇게 어느 정도 일을 하다가 결국 2018년에 블루캡을 정리하고 완전히 프리랜서로 일하게 됐죠.

다이얼로그 에디터 말고 사운드의 다른 분야를 더 해보실 생각은 안 하셨어요?

예전에 영화진흥공사에서 필름 작업을 하셨던 분들은 처음 회사에 들어오면 폴리 녹음을 했어요. 그러다가 시간이 조금 지나면 대사 작업을 하고, 조금 더 경력이 높아지면 이펙트 작업을 하고, 그다음에는 믹싱을 하는 식이었죠. 그러니까 당시에는 경력이 쌓이면서 하는 일이 점차 바뀌어갔죠. 하지만 블루캡 대표님은 모든 파트가 다 중요한데, 경력에 따라 옮겨가는 게 말이 되냐고 항상 말씀하셨 어요. 외국에서는 한 번 다이얼로그 에디터면 그게 평생 간다면서요. 저도 그렇 게 생각하고요.

맞는 말씀이기는 하지만 다른 분야도 하시면 프리랜서로서 조금 더 경쟁력이 있지 않을까 싶어서요. 앞으로도 계속 다이얼로그 에디터만 할 생각이신가요?

욕심이 별로 없어요. 욕심이 별로 없는데……. 대사 에디팅은 제일 잘하는 사람 이고 싶어요. 내가 경력이 더 되고, 경제적으로도 여유가 생기면 독립영화의 좋 은 작품들을 작업하고 싶고요. 좋은 감독님들이 저예산 영화를 가지고 도와달라 고 찾아오시는 경우가 종종 있어요. 그런데 정말 적은 작업료를 들고 오시거든 요. 사운드 회사 입장에서는 그 돈으로 여러 사람한테 일을 시켜야 하니까 받기 가 어려운 거죠. 모노콘 대표님은 그런 작품은 작업자들한테 미안해서 못 받겠다 고 하세요. 그런데 제가 그랬어요. 1년에 한두 작품만 받으면, 내가 주로 일을 할 테니까 대표님은 하루나 이틀 음악 넣고 믹싱하는 일을 해주면 좋겠다고요. 그런 작품들은 대개 이펙트나 폴리 작업을 많이 하지 않고, 믹싱하기 전까지 동시녹음 소스를 가지고 대사 중심으로 작업하고 있어요. 작년에는 한국예술종합학교 영 상원 학생이 만든 〈샘〉(2018)이라는 작품을 했고 올해도 이야기 중인 작품이 있 어요.

최근에 작업하신 임순례 감독님의 〈리틀 포레스트〉는 저예산 영화였던 반면에 〈공작〉 (2018)은 대작이었어요. 예산 규모에 따라 작업에 차이가 있나요?

작업을 하다 보면 욕심이 많은 감독님들이 있어요. 또 '이 정도 인건비를 주고 작 업을 해달라고 하는 건 이 사람들한테 미안한 일이다'라는 마음으로 오시는 감독 님들도 있고요. 임순례 감독님은 후자 쪽이세요. 예산이 적은 영화였잖아요. 그 래서 별로 크게 요구하지 않으셨고, 동시녹음 소스 위주로 작업했어요. 거의 90 퍼센트가 동시녹음 소스였을 거예요. 우리는 빈익빈 부익부라고 많이 이야기하 는데, 저예산 영화는 예산이 별로 없으니까 경력이 적은 동시녹음 기사님이랑 주 로 작업을 하게 돼요. 그러면 현장 녹음 상태가 별로 좋지 않죠. 그런데 〈공작〉은 동시녹음 상태가 정말 좋았어요. 실력 있는 기사님이 동시녹음을 한 영화는 제가 작업할 게 별로 없어요. 노이즈 빼는 일도 많지 않고요. 그래서 그런 영화들은 목소리의 톤을 맞춰보는 여유가 생겨요. '황정민 배우 목소리는 조금 무게감 있게 저음을 넣어줄까? 조진웅 배우도 조금 단단하게 만들어볼까? 힘 있게?' 이런 식으로 작업할 여력이 생기는 거죠.

그러니까 목소리의 톤 조절 같은 것도 후반 작업 때 하시는 거예요?

그렇죠. 노이즈 빼는 일이 많은 영화는 그 작업을 못 하죠. 노이즈 빼는 것만 하고도 '아, 힘들다' 이렇게 되니까.

작업하실 때 특히 사운드에 민감한 감독님이 있나요?

박찬욱 감독님은 엄청 예민하시죠. 정지우 감독님도 예민하시고. 정지우 감독님 영화는 카메라가 멀리 떨어져 있어서 붐 마이크가 가까이 들어가기 힘든 컷들이 많아요. 그런데 감독님은 동시녹음을 너무 좋아하세요. 동시녹음 때 감독님이 오케이하신 연기가 있으면 그걸 꼭 써야 해요. 〈사랑니〉 할 때는 그냥 가정집에서 찍어서 소스가 진짜 안 좋았어요. 우리는 "이건 극장에서 나갈 수 없는 사운드다"라고 했지요. '이 정도는 모르시겠지' 하면서 살짝 다른 테이크로 바꿔놨는데 "이거 제가 오케이한 거 아닌 것 같은데요" 그러셨어요. (같이 웃음) 우리가 모르는 감정까지 잡아내시는 거죠.

1980~90년대에는 한국 영화를 볼 때 대사가 잘 안 들려서 힘들었는데, 그때를 생각하면 지금은 많이 좋아진 것 같아요.

지금도 많이 안 들릴 텐데요?

그래도 그때에 비하면……. 그런데 지금은 어떤 문제가 있어요?

우선 동시녹음 마이크 자체가 멀어요. 할리우드에서는 마이크가 엄청 가까이 들어온다고 들었어요.

마이크가 먼 이유는 촬영 현장의 상황 때문인가요?

그렇죠. 동시녹음 기사님이 현장에서 파워가 좀 약하거든요. 붐 마이크가 화면에 들어오면 NG인 거잖아요. 화면에 붐이 들어오면 안 되고, 그림자가 떨어져도 안 되고. 그러니까 일단은 멀리 떨어져야 하는 거죠. 그런데 좀 싫은 소리를 들어도 욕심을 내는 기사님이 몇 분 계세요. 제가 사랑하는 분들이죠. (웃음) 그런 분들은 싸우게 되더라도 과감하게 들어가 녹음을 하시는데, 안타까운 건 그분들이 별로 인기가 없어요. 그런 분들은 일할 때 까칠하고 까다롭고 요구사항도 많고, '여기 는 시끄러워서 안 된다, 저기도 안 된다' 싸우면서 작업하시니까 현장에서는 분 위기가 안 좋을 때도 많을 거예요. 그런 분들의 동시녹음 소스가 정말 좋은데, 사 실 동시녹음이 잘되었는지 아닌지는 사운드 후반 작업하는 저희밖에 모르잖아 요. 완성본만 보면 원래 동시녹음이 좋았던 건지, 나빴던 걸 이렇게 만진 건지 구 별하기 어려우니까.

영화의 질을 높이는 데 사운드가 엄청 중요한데요.

그렇죠. 그리고 그게 배우의 연기하고도 관계가 있어요. 배우들이 현장에서 했던 연기를 후시녹음으로 다시 하려고 하면 잘 안 되잖아요. 그러니까 연기를 진짜 잘하시는 분들은 화를 많이 내세요. 이걸 내가 어떻게 다시 하느냐고. 유해진 배 우는 애드립을 잘하시잖아요. 애드립이 많은 신을 후시로 다시 해달라고 하면 진 짜 힘들어하셨죠. "이걸 다시 하라고요?" (같이 웃음) 류승범 씨 같은 분도 그렇고. 동시녹음 소스가 나빠서 후시로 다시 녹음하면 연기를 잘 못한 것처럼 보일 수 있으니까 화를 내실 만하죠.

디지털 카메라가 도입된 이후에 여러 대로 촬영하는 현장도 많아졌고, 또 근래에는 주 52 시간 근무제가 자리 잡으면서 사운드 작업 환경도 변했을 것 같아요.

주 52시간 근무제 때문에 촬영이 빨리 진행되니까 요즘에는 사운드 NG가 나도

영화 〈웰컴 투 동막골〉 왈라walla(군중이 만드는 배경음)
녹음 현장.

제대로 말을 못 하고 지나가는 경우가 많다고 들었어요. 카메라가 두 대, 세 대 사용되면서 풀숏을 잡는 카메라 외에 단독 숏을 잡는 카메라가 별도로 있어요. 그런데 사운드도 카메라랑 똑같거든요. 초점을 여기에 맞추느냐, 저기에 맞추느냐에 따라 다르니까 붐 마이크의 위치가 중요해요. 붐 마이크를 아무 데나 띄워놓으면 그냥 전체적으로 맞춰놓고 소리를 들으라는 얘기인 거죠. 개별적으로 와이어리스wireless 마이크를 사용하기도 하는데 아무래도 음질이 안 좋죠. 영화의 사운드는 우리가 귀로 듣는 것과 똑같아야지 '우리가 평상시에 들던 소리가 아닌데'라는 느낌이 들면 몰입도가 떨어져요. 그래서 붐 마이크가 잘 들어가야 해요.

말씀하시는 걸 들어보니 작업 환경 면에서 사운드 쪽은 특히 어려움이 많은 것 같아요.

이게 티가 잘 안 나요. 영화인이 아니더라도 그림은 'CG를 잘했네, 못했네'라고 말할 수 있을 만큼 티가 나잖아요. 그런데 사운드는 문제가 있어도 작업을 제대로 못한 건지, 극장의 사운드 시스템이 안 좋은 건지 잘 구별이 안 가니까요.

말씀하신 대로 극장의 사운드 시스템도 있겠지만, 요즘은 영화를 PC나 텔레비전을 통해서도 많이 보잖아요. IPTV나 넷플릭스 같은 서비스가 활성화되어서요. 그런 작업은 안 하세요?

영화 쪽이 단가가 내려가니까 사운드 회사들에서 넷플릭스 드라마나 TV 드라마도 많이 하죠. 그런데 저는 그게 좀 안타까워요. 극장에서 소리가 제대로 나오게 하려면 1부터 10까지를 작업해야 하는데 TV는 1에서 5까지만 해도 별 문제가 없거든요. 1에서 10까지 할 수 있는 사람이 1에서 5까지만 하는 일로 돈을 버는 게 안타깝죠. 모노콘 대표님이랑 "우리 굶어 죽기 전까지 드라마는 하지 말자"라는 이야기를 하기도 했었는데, 최근에 우리가 가진 기술로 최대치를 한번 해보자

영화 〈4등〉 프리믹싱 작업 현장.

는 생각으로 넷플릭스 드라마 하나를 계약하기는 했어요. (웃음) 모노콘에서 한동안은 중국 영화도 해보려고 했었어요. 그런데 결국은 "우리는 영화가 좋아서 일을 시작한 사람들인데 우리말로 알아들을 수 있는 영화를 하자. 못 알아듣는 영화 하지 말고" 하고 말았어요.

언어도 문제가 있겠네요, 소리니까.

영화 사운드 에디터들의 노동 현실

2019년에 '대중문화예술 제작스태프대상'에서 문체부 장관 표창을 받으셨어요. 영화 현장의 근로 환경 개선을 위해 끊임없이 노력해왔다는 것이 시상 이유 중 하나던데요.

영화노조에서 추천을 해주셔서 그렇게 됐어요. 〈신기전〉 때부터 이대로는 안 되겠다고 사운드 에디터들 사이에서 계속 얘기가 있었는데, 사실 답이 없었어요. 직원이 진짜 적거든요. 사운드 분야는 5인 이상의 작업장이 둘밖에 없고 대부분은 사장님이랑 에디터 하나 아니면 둘, 많아 봐야 셋이니까 사장님한테 요구하기가 쉽지 않은 거예요. 저만 해도 경력이 오래 됐으니까 사장님이 나가라고 하면 다른 데서 일할 수가 있는데, 3~5년 된 에디터들은 월급을 조금 받아도 이 회사 안에 있는 게 안전하다고 생각하는 거죠. 블루캡에 있을 때 새로 들어온 친구들이랑 이야기하다가 "어느 회사는 계약서를 쓴대" 하는 이야기를 들었어요. 우리는 계약서도 없이 일했거든요.

영화 현장에서는 이미 표준근로계약서가 도입되어서 조수들도 모두 개별 계약을 한 지가 꽤 됐는데요.

후반 작업 쪽은 그렇지가 않았어요. 촬영 현장에 표준근로계약서가 적용되면서 후반 작업은 더 열악해진 면도 있는 것 같아요. 현장 스태프들의 인건비가 올라가면서 비용이 증가하니까 후반 작업 예산은 오히려 줄어들었거든요. 이렇게는 도저히 못 살겠다고, 그래서 경력이 5~10년 정도 되는 에디터들하고 뭔가를 해보려고 모색했어요. 언니가 일하는 '카라'의 노무사를 소개받아서 상담을 했더니 그분이 영화 쪽에도 노조가 있다고 거기에 가보라고 하셨어요. 저는 이미 프

리랜서가 된 이후였는데, 2018년에 블루캡 직원과 함께 영화노조 부위원장을
만났어요. 그런데 후반 작업 인력은 다른 현장 스태프들하고는 조건이 달라요.
현장 스태프는 개별 계약이지만 후반 작업은 제작사들이 업체랑 계약을 하거든
요. 우리는 그 업체 소속 노동자이니 노동 조건과 관련해서는 사운드 회사 대표
랑 이야기를 해야 되는 거예요. 우리가 제작사하고 직접 계약을 하면 단가를 올
려달라고 할 수가 있겠는데, 사실상 우리는 그 사람들과 계약하는 당사자가 아닌
거예요. 더구나 사운드는 한 작품에 몇 명이 일하는지 기준이 없어요. 현장에서
는 인력이 바로 눈에 보이잖아요. 촬영감독, 두 번째 카메라 하는 식으로. 그런데
사운드는 몇 명이서 작업을 한 건지 눈에 보이지가 않아요. 블루캡이나 라이브톤
같은 큰 회사는 한 열댓 명이 하지만 작은 회사는 하나둘, 아니면 두셋이 2, 3개
월 동안 한 작품을 하기도 하고, 어떨 때는 프리랜서에게 맡기기도 해요. 그러니
까 영화 한 편을 작업하려면 최소 몇 명이 필요하다는 기준이 없는 거예요. 2018
년에 영화노조 부위원장님을 만났을 때 영화 쪽 노조보다는 일반 회사의 노조를
알아보는 게 낫겠다고 말씀하셔서 진짜 절망적이었어요. 그런데 정말 다행인 게
라이브톤에 있는 젊은 에디터들이랑 블루캡에서 나온 젊은 에디터들이 계속 만
나면서 올여름에 노조를 만들었어요. 그 친구들이 저도 거기에 끼워줬죠. 그렇게
영화노조의 사운드 지부가 2019년 8월에 만들어졌어요. 이제부터는 사운드 회
사 대표들과 만나서 협상하는 일을 해야죠.

사운드 에디터들은 주 52시간 근무제에도 해당이 안 되나요?

대부분은 안 돼요. 그게 적용되는 유일한 회사가 라이브톤인데, 그쪽은 CG를 하
는 덱스터라는 업체가 인수를 해서 직원이 300명 이상인 회사 소속이 됐어요. 그
래서 계약서도 쓰고, 주 52시간 적용도 받고, 출퇴근 시간도 찍고 그런다고 하더
라고요. 그런데 거기도 초과 근무나 주말 특근 같은 걸 다 포함한 계약을 한대요.
그래서 라이브톤 친구들은 그 계약서를 바꾸고 싶어 하고, 다른 회사에 다니는
친구들은 계약서를 쓰고 싶어 하죠. 걱정되는 일 중의 하나는 인건비가 너무 낮
으니까 남자들이 안 하려고 해요. 10년 차 된 남자 직원들한테 내가 그동안 블루
캡에서 받았던 월급이랑 지금 모노콘에서 받는 작업료를 얘기해준 적이 있는데
무척 암담해 해요. "아, 선배님. 이거 받고 작업하셨어요?"라고요. "선배님이 그렇
게 일했기 때문에 우리 월급도 안 오르는 거예요"라고 얘기하는 친구들도 있고
요. 저보다 더 오래 일한 에디터가 있는데, 그 친구한테도 어떤 후배가 "선배님 월
급 보면 창피해요"라고 했대요. "선배님은 도대체 지금까지 뭘 한 거예요?"라고

하길래 "우리는 주는 돈 받고 그냥 일만 했지"라고 했죠. 그게 후배들한테는 풀어야 할 과제가 되어버렸으니 좀 미안해요. 지금은 사운드 에디터의 3분의 2 정도가 여자들이에요.

아, 그래요? 언제부터 그렇게 된 거예요?

한 5~6년? 여자들은 월급이 적어도 그냥 이렇게 저렇게 하는 경향이 있는데, 남자들 중에는 한 1~2년 하다가 그만두는 친구들이 많더라고요. (한숨) 이 상황으로 계속 가면 대표만 남자고, 에디터들은 대부분 여자로 채워질 거예요. 그런데 회사 규모가 작으니까 여성 에디터가 출산 휴가를 간다든지 하면 대체할 인력이 없어요. 같은 일을 하는 사람이 두세 명이 있으면 한 사람이 빠져도 다른 사람이 채워줄 수가 있잖아요. 그런데 대부분의 회사에 파트별로 한 사람씩밖에 없고, 심지어는 한 사람이 두 파트를 하기도 하니까 여자들 중에 이 일을 하면서 결혼한 친구들이 별로 없어요. (한숨) 저랑 같이 일했던 친구 중에도 결혼하면서 그만둔 친구가 있어요. 저랑 비슷한 시기에 시작한 친구인데 2005년 정도까지 일하다가 결혼하면서 그만뒀죠. 또 경력이 한 5년쯤 된 친구들이 있는데, 한 명은 결혼을 안 했고 한 명은 결혼은 했는데 애기 안 낳고 맨날 밤새면서 일해요. 그런데 돌이켜 생각해보면, 일하는 여성에 대한 편견이 저 자신한테도 있었던 것 같아요. 블루캡에서 일을 시작할 때부터 "저는 결혼 안 하고 평생 이 일을 할 거니까 저 자르지 마세요." 계속 그렇게 이야기했어요. 그런데 그게 다른 여자 직원들한테 피해를 줬을 것 같다는 생각이 지금은 좀 들어요. 미안한 생각이.

그건 전문가로 크겠다는 의지와 각오를 표현한 말이었을 텐데요.

그렇긴 한데, 블루캡에서 저랑 십 몇 년을 같이 일한 여자 직원이 있었어요. 저랑은 성향이 많이 다른 친구였죠. 저는 쉬는 날 시간이 남으면 그냥 일이나 하지 뭐 그런 주의였고, 이 친구는 자기 시간도 좀 필요하고 결혼도 하고 애기도 낳고 싶고 일도 잘하고 싶어 하는 사람이었어요. 그 친구가 한 10년 정도 됐을 때 결혼을 하고, 조금 있다가 애기를 가졌어요. 애기를 낳고 조금 쉬다가 복직을 했는데 결국은 그만뒀어요. 이 친구는 저랑 비교되는 게 계속 스트레스였던 것 같아요. '아, 이렇게 일만 하는 게 결코 전체 여성에게는 도움이 되지 않는구나' 하는 생각이 그 친구를 보면서 많이 들었어요. 지금 생각해보면 저도 그 친구를 잘 수용하지 못했던 것 같아요. 결혼생활과 육아를 해야 하니까 우리가 감안해야 할 부분이 있었는데, 우리 일이 그렇지 않으니까요. 그리고 저도 그때 어머니도 아프시고 해서 위로를 받아야 하는 상황이었거든요. 그 친구를 봐줄 수 있는 마음의 여유가 없을 때였어요. 그게 그 시기만 아니었으면. (한숨) 그게 제일 후회돼요.

옛날에 대사가 안 들려서 괴로웠던 때에 비하면 한국 영화 사운드가 전반적으로 많이 좋아져서 뭔가 많이 좋아진 줄 알았어요.

일은 좀 쉬워졌죠. 그런데 기본적으로 한 사람당 장비만 2000~3000만 원 정도가 필요하거든요. 스피커를 둬야 하니까 공간도 넓어야 하고요. 요즘 드는 생각인데 저희는 기생충 같아요. 공간이 비싸니까 거의 지하에 들어가서 일하거든요. 해 뜰 때 지하로 들어갔다가 껌껌해지면 밖으로 나오고. (같이 웃음) "아, 우리 계속 이렇게 햇빛도 못 보고 살아야 되냐" 해서 모노콘 대표랑 "우리 지상으로 올라가보자, 올라가보자" 계속 그러는데 쉽지가 않아요.

영화노조 사운드 지부에 모인 에디터들은 얼마나 돼요?

스물셋 정도 돼요. 전체 인원을 추산해보니까 주로 영화 쪽 작업을 하는 에디터가 한 100명 안팎이더라고요. 그래서 "4분의 1은 모였다"고 했죠.

앞으로는 어떤 계획을 갖고 계신가요? 계속 다이얼로그 에디터로 일하면서 노조와 관련된 일도 하실 테고, 다른 계획도 있으세요?

동시녹음 기사님들하고 같이 사는 방법을 찾아야죠. 요즘에는 SNS로 뭔가를 할까, 아니면 사운드 하는 사람들끼리 '올해의 붐 맨' 같은 걸 선정해볼까 하는 생각을 하고 있어요. 어느 감독님이나 자신의 작품을 최상의 수준으로 만들고 싶

영화 〈리틀 포레스트〉의
강아지 소리 후시녹음 현장.

은 욕심이 있잖아요. 그러니까 감독님들한테 어떤 동시녹음 기사님은 어떤 장점이 있다는 걸 보여줄 객관적인 자료를 우리가 준비해야 할까 싶기도 해요. 아니면……. 우리가 작업할 때는 CG 하기 전에 화면에 붐이 아직 안 지워진 채로 하거든요. 잘하는 동시녹음 기사님 영화를 보면 붐이 정말 이만큼 가까이 가 있어요. 그러면 막 감동받아서 그거 캡처해놓고 그래요. 우리끼리는 "이게 표준이다"라고 말하는데 그걸 SNS 같은 데다가 올리면 좀 도움이 될까 하는 생각도 하죠. 동시녹음 기사님들은 "에이, 영화마다 환경이 다른데 그게 효과가 있겠어?" 그러시는데, 객관적인 기준을 한번 생각해봐야죠.

음향 편집기사로서 직업적으로 더 성취하고 싶은 것이 있으세요?

성취하고 싶은 건 특별히 없고요. (웃음) 좋은 독립영화들 보면서 '아우, 저거 내가 조금만 만져주면 좋았겠다' 하는 때가 있어요. 최근에 봤던 영화 중에 돌아가신 위안부 할머니 이야기를 다룬 〈김복동〉(2019)이 정말 좋았거든요. 할머니 보면서 엄마 생각도 많이 나고 너무 좋았는데, 그걸 보면서 제가 요즘 쓰는 노이즈 빼는 소프트웨어로 한 번만 작업을 했더라면 어땠을까 했어요. 그 영화 보면 옛날 인터뷰들이 많이 나오잖아요. 내레이션 쭉 나오다가 인터뷰 대사가 나올 때 노이즈가 들쑥날쑥 하니까 안타까웠죠. 그런 좋은 영화들에 제가 도움이 될 수 있다면 더 바랄 게 없을 것 같아요.

남진아
조명감독
촬영감독

영화 속 모든 빛을 창조하고
기록하고 싶은 사람

1991년 박만창 조명감독의 문하에서 조명 조수 생활을 시작했다. 1999년 〈만날 때까지〉의 조명을 책임졌으나 조명감독협회의 데뷔 기준에 미치지 못해 크레딧에는 조수로 이름이 올랐다. 같은 해에 조명 퍼스트를 맡았던 〈이재수의 난〉 촬영 중에 사고가 나서 조명 조수 두 명이 숨졌고, 이 사건의 충격으로 2년 가까이 영화 일을 쉬었다. 2001년 〈2009 로스트 메모리즈〉의 조명감독으로 데뷔한 이후 〈봄날의 곰을 좋아하세요〉(2003), 〈령〉(2004), 〈므이〉(2007), 〈김복남 살인사건의 전말〉(2010), 〈신촌좀비만화〉(2014) 등의 조명을 담당하며 한국 최초의 여성 조명감독으로서 현재까지 활발히 활동하고 있다. B 카메라를 맡았던 〈김복남 살인사건의 전말〉부터는 조명과 촬영을 함께 하고 있다.

"우리가 막 일을 배워갈 때는 각자 포지션에
맞춰서 '나는 조명감독이니까 조명만,
나는 촬영감독이니까 촬영만' 이랬었어요.
촬영과 조명을 같이 하기 시작했을 무렵에
혹시 조명만 해줄 수 있느냐는 사람이 간혹
있었어요. 너무 미안해하면서. 그때는 '내가
촬영까지 험난하게 왔는데 다시 조명만 할
수는 없다'는 생각도 없지 않아 있었어요.
하지만 이제는 한 발 떨어져서 영화 자체를
즐긴다면 조명만 해도, 촬영만 해도 혹은
스테레오그래퍼만 해도 좋아요."

기집애는 안 된다던 조명 일

●이순진
●남진아

영화에 관심을 갖게 된 계기부터 제작 현장에 들어가게 된 상황까지를 이야기해주세요.

대학에서 가야금을 전공했는데 사실은 그다지 재미가 없었다고 해야 할까요? 전공에 마음을 못 붙이던 상황에서 1990년대 홍콩 누아르 영화 붐이 일었고, 저도 흠뻑 빠졌죠. 극장에 들어갈 때부터 그 향기 있잖아요. '촤르륵' 필름이 돌아갈 때 어딘가 동화되는 느낌도 좋았고, 계속 보다 보니까 만들고 싶다는 생각이 들더라고요.

영화를 하겠다고 마음먹으면 보통은 연출을 생각하지 않나요?

저는 처음부터 만드는 게 아니라 찍고 싶었어요. 그때는 조명에 대한 정보가 없었으니까 영화를 찍는다고 하면 카메라를 생각했지요. 연극배우 선배들을 통해서 영화하는 분들을 만났는데 그분들 말이 촬영을 잘하려면 빛을 알아야 한다는 거예요. 그렇다면 조명으로 시작해서 촬영을 잘해봐야겠다는 생각에 조명부에 들어갔지요.

좋아했던 영화로 왕가위의 〈열혈남아〉(1987)를 얘기하신 적이 있던데, 저는 그 인터뷰를 읽으면서 '왕가위 영화를 보면서 촬영에 더 매력을 느끼셨나?' 하는 생각도 잠깐 했었거든요.

그런 것 같기도 하네요. 감각적으로, 영상으로 전달하는 일에 좀 더 매력을 느꼈어요. 그러니까 이야기보다는 시각적으로 전달하는 것이요. 듣고 보니 그랬던 것 같네요. (같이 웃음)

그래서 조명팀에 들어갔을 때는 어떠셨어요?

처음에 조명감독님을 만났을 때 그분이 격하게 "기집애는 안 된다. 못 버틸 거다"라고 하셨어요. 지금은 작고 가벼워졌지만, 그때는 장비들이 남자도 혼자 들기 버거울 정도로 크고 무거웠어요. 그래서 진짜 떼를 썼지요. 나는 잘할 수 있다, 유단자다, 남자하고의 경쟁에서 져본 적이 없다. 그랬더니 조명감독님이 "두세 달 정도 수습 기간을 가져보자. 해도 되겠다 싶으면 팀으로 받아주겠다"라고 하셔서 시작하게 됐어요. 그때 그 감독님이 박만창 감독님이었어요. 얼마 전에 돌아가셔서 너무 가슴이 아파요. 박만창 감독님이랑 두세 작품 하고서 그분이 원래 모셨던 최입춘 감독님한테 가게 되었죠. 최입춘 감독님 밑에서 처음에 했던 건 〈김의 전쟁〉(1992) 일본 로케이션 촬영이었어요. 거기서 신세계를 맛봤죠.

어떤 면에서요?

저희 부모님이 딸을 곱게 키웠으니까요. 물론 제가 곱게 크지는 않았으나 (웃음) 돈 많이 드는 악기도 시켜주시고 그랬는데, 영화를 한다고 때가 꼬질꼬질해서는 꼭두새벽에 나가서 꼭두새벽에 들어오고 애가 너무 초췌해지니까 심하게 반대를 하셨어요. 일본에 촬영을 가는데 5000원 들고 공항으로 도망갔어요. 아빠가 못 가게 해가지고. 그랬는데 최입춘 감독님이 전폭적인 지원을 해주셨죠. "너 괜찮다. 잘 해봐라." 그렇게 총애를 받으면서 (같이 웃음) 일을 배워나갔죠.

그 무렵은 조명 분야에 여성이 없던 때잖아요?

전무했죠. 막내는 뭘 하고 세컨드, 퍼스트는 뭘 하고 이렇게 역할이 나뉘어 있는데 저는 체력의 한계가 있으니까 막내로 일하는 데 어려움이 있었죠. 막내가 하는 일이 장소를 지정해주면 무거운 장비를 세팅하는 건데 그 일을 저 혼자 하기 버거우니까 다른 팀원들도 힘든 거예요. 그들은 세 가지, 네 가지씩 들고 한 번에 옮기는 걸 저는 두 번을 해야 되니까요. 아무리 노력을 해도 안 되는 부분이 있더라고요.

팀의 다른 분들이 불만을 갖지는 않았어요?

뭐라고 얘기를 해야 하나. 그걸 배려라고 얘기해야 할지……. 그런 문제가 많지는 않았어요. 다만 일본 촬영을 갈 때는 제작비 때문에 팀원 수에 제한이 있었어요. 조명팀 몇 명, 이런 식으로. 당연히 퍼스트는 남자가 가길 원했죠. 그런데 최입춘 감독님이 "얘는 데려가겠다"라고 하시고, 인원은 다섯 명밖에 안 되니 퍼스트는 자기가 해야 할 일이 더 많다고 생각했을 거예요. 저도 처음에는 모든 걸 할 수 있다고 생각했는데 체력적으로 한계가 오니까 '아, 이건 아닌 것 같다. 다른 방법을 찾아야겠다' 그때쯤 그런 생각을 했어요. 그래서 제가 최초로 스크립트라는 걸 시작했어요.[1]

스크립트는 어떤 내용으로 구성되는 거예요?

그때는 일이 체계화되지 않아서 조명 하는 사람들은 카메라와 상관없이 조명만 했어요. 자기가 그동안 숙지했던 걸 그대로 하는 거죠. 그런데 저는 빨리 배우고 싶었어요. 카메라에도 관심이 있었고요. 그래서 필름을 뭘 쓰는지, 그에 따라 조명은 어떻게 달라지는지를 기록했죠. 눈치를 보니까 달라지더라고요. 대개 막내들은 시키는 대로만 하지만 저는 어떤 필름을 쓴다고 하면 '아, 이 라이트는 안 쓰겠다. 저 필름에 맞는 다른 라이트를 쓰겠구나' 하면서 시키기 전에 필터를 먼저 가져간다든가 하는 식으로 좀 더 빨리 움직였죠. 그렇게 시작했던 것 같아요.

시키는 대로 하는 게 바로 도제 방식, 어깨 너머로 배우는 거잖아요. 조명감독님한테 따로 교육을 받는 일은 없었나요?

도제 시스템이라는 게 앉혀놓고 '이건 이거다, 저건 저거다' 하는 건 아니지만, 저한테는 그런 기회가 조금 있었어요. 당시 조수들은 세팅을 끝낸 다음에 모니터 앞에 함부로 못 갔어요. 모니터는 연출, 촬영, 조명감독님의 전유물이었고, 배우

---

1   남진아가 말하는 스크립트는 연출부에 소속되어 있는 스크립터가 촬영 현장의 전반적인 상황을 기록하는 것과는 다르다. 여기서의 스크립트는 촬영 및 조명과 관련한 사항들, 예컨대 필름의 종류와 조명기의 용량, 위치 등을 기록하는 것을 말한다. 한꺼번에 무거운 조명기를 옮겨야 하는 당시 조명 조수의 일이 여성으로서는 버거웠기 때문에 이를 극복하기 위해서 남진아는 자발적으로 조명 상황을 기록하기 시작했고, 그 덕분에 일을 빨리 터득하게 되어 현장에서 남들보다 한 걸음 먼저 움직일 수 있었다. 자기 나름의 방식으로 신체적 한계를 극복한 것이다.

들에게도 잘 안 보여주던 때였지요. 그런데 저는 세팅이 끝나면 무조건 모니터 옆에 가 있었어요. 스크립트를 해야 하니까. 그래서 다른 조수들보다는 감독님하고 접촉이 있던 편이라 이것저것 여쭤보게 되었죠. 이론을 배웠다기보다는 '왜 여기에서 이 필터를 썼고 이런 라이트를 썼는지, 왜 각도는 거기였는지' 같은 걸 여쭤보면서 많이 배웠어요.

스크립트는 자발적으로 혼자 시작하신 거지요?

시작은 그랬는데 재촬영할 때 이게 도움이 되니까 감독님들이 좋아하셨어요. 처음에는 세팅하러 오라고 부르는데도 제가 스크립트한다면서 "잠깐만요!" 하니까 꺼리기도 했던 것 같은데, 정착이 되니까 감독님들이 "그때 필터 뭐 썼냐?" 같은 걸 물어보며 편리하다 생각하셨죠.

지금은 조명팀에서 스크립트를 하는 게 일반적인가요?

다 그렇지는 않은 것 같습니다. 큰 작품들은 그렇죠. 그리고 조명감독의 의지가 필요한 일이에요. 제가 시작할 때만 해도 스크립트하기가 괜찮았어요. 대부분 카메라가 한 대였으니까. 지금은 일곱 대씩 돌아가니까 스크립트도 쉽지 않아요. 그러니까 조명감독이 의지가 있다면 스크립트할 사람을 따로 쓰죠. 병행하기가 쉽지 않아요.

영화를 그만두어야겠다

〈이재수의 난〉 때는 굉장히 가슴 아픈 일이 있었잖아요.

당시에는 조수로 몇 작품 이상을 해야 감독으로 데뷔할 수 있다는 인준 기준이 협회에 있었어요. 그때 제가 한 작품이 모자라서 기준에는 못 미쳤는데 같이 일했던 조명감독님한테 작품이 하나 더 들어온 거예요. 그래서 작은 작품을 저한테 해보라고 하시더라고요. 원래 감독님이 하시던 〈이재수의 난〉은 예산이 거의 80억이나 되던 굉장히 큰 영화였어요. 〈이재수의 난〉을 찍던 제주도에 제 바로 밑에 있던 잘하는 친구를 보내고, 저는 다른 작품 〈만날 때까지〉(1999)를 서울에서 하고 있었죠.

〈이재수의 난〉은 사고가 나서 두 달 정도 촬영이 중단된 상황이었어요. 서울에서 준비했던 작품은 규모가 그렇게 크지 않아서 끝내고 제주도에 바로 내려갔죠. 수습할 사람이 필요해서. 팀을 다시 꾸려서 마무리했어요.[2]

마무리하기 너무 힘드셨겠다.

아, 정말 날마다 진짜⋯⋯. 오래된 얘기인데도⋯⋯. 그때는 정말 작품을 마쳐야 한다는 생각, 동생들 생각뿐이었어요. 그 애들 중 하나는 그 영화가 처음이었어요. 제가 뽑아서 보냈죠. 그런 얘기를 했던 게 기억이 나요. "너 영광인 줄 알아라. 영화 인생을 이렇게 큰 작품으로 시작한다는 거." 그렇게 말하며 보냈는데 이런 말도 안 되는 사고가 일어난 거죠. 사고 이후에도 너무 많은 일들이 벌어져서⋯⋯. 그 현장을 목격했던 우리 팀원 중에서 잘못된 친구도 있어요. 그걸 다 봤으니까. 사실 제가 있었다고 해서 사고가 안 일어났을 거라고 생각하지는 않는데, 영화를 처음 하는 그 친구는 크레인에 안 올라가도 되는 친구였어요. 적어도 제가 있었으면 그 친구는 못 올라가게 하지 않았을까? 다른 방법이 있지 않았을까? 하중을 좀 더 체크하고 올려 보내지 않았을까? 정말 오만 팔천 가지 생각이 들면서 뭘 어떻게 해야 할지 모르겠더라고요. 개인적 상처라 하면 이 상황을 수습해야 했다는 것인데⋯⋯. 정말 하루에 한 번씩 일이 벌어지더라고요. 현장 분위기가 어땠겠어요? 그러니까 날마다 술 먹고 사고 나고, 사고 나고. 어쨌든 영화는 마무리해야 하니까 다독거리면서 하긴 하는데 그게 너무 고통스러웠어요. 그러고 나서 한동안 영화를 그만뒀어요. 못 하겠더라고요. 라이트를 위로 올려야 하는데 크레인을 못 쓰겠는 거예요. 그래서 쉬었습니다. 그만두어야겠다 생각하고.

2　　1999년 기획시대 제작, 박광수 감독 연출의 〈이재수의 난〉 제주도 촬영 당시에 크레인이 무너지면서 조명팀 조수 두 명이 사망하는 사고가 있었다. 당시 언론에서는 이 상황을 간략하게만 전했다.
　　　"촬영 작업도 고투의 연속이었다. 다양한 장면 연출을 위해 수중, 항공 촬영을 비롯해 모형 헬기, 지미집 크레인, 스테디캠 등을 사용했고 30미터짜리 국내 최장 촬영용 레일을 제작했다. 촬영 중 제작진 두 명이 목숨을 잃기까지 했다(「〈이재수의 난〉 촬영도 '난리'의 연속」, 『경향신문』, 1999년 3월 11일).

2년 정도 쉬신 것 같아요. 다시 영화를 하겠다는 마음은 어떻게 갖게 되셨어요?

**남
진
아**

너무 하고 싶었어요, 진짜. 너무 좋아하는 일을, 10년 정도 날마다 했던 일을 안 하고 있으니까 사람이 뭐 엉망진창이 되었죠. 그러다가 영화를 조금씩 보기 시작했어요. 그전에는 보고 싶은 영화를 하루에 다섯 편씩 봤다면, 이때는 한 편을 100번은 봤던 것 같아요. 반복해서. 현장에서 배운 게 있으니까 '여기는 왜? 이 컷 넘어갈 때 이건 왜?' 이런 것들을 분석하면서 봤죠.

그때는 화질이 굉장히 안 좋았잖아요. 1990년대에는 저도 우리나라에 들어오지 않았던 영화들을 비디오로 보면서 공부했는데 나중에 보니까 딴 영화더라고요. (같이 웃음) 특히 조명 같은 건 색감이 중요한데, 비디오를 가지고 공부하기는 어려웠을 것 같아요.

그렇지만 그것보다 더 좋은 걸 본 적이 없으니 비디오만 가지고도 했지요. 그리고 그때 제 관심은 조명뿐이 아니었어요. 저는 조감독 거의 막바지였고, 콘티라는 게 정착되던 시기였어요. 조명을 하려면 작전을 세워야 되잖아요? 사람이 이렇게 있다가 저리로 움직이면 조명은 어떻게 해야 하는지 내러티브를 중심으로 움직여야 한다는 것에 눈을 뜰 때였어요. 그러다 보니 영화를 반복해서 보면서 분석을 하게 되더라고요.

〈이재수의 난〉 하시기 전에 온라이팅이라고 하는 회사를 만드셨잖아요. 장비를 구비해놓고 대여하면서 교육도 하고 그런 곳이었던 것 같은데.

저는 데뷔하기 전이었는데 선배들하고 같이했죠. 그때는 영화과도 많지 않았고, 있다고 해도 연출 위주였기 때문에 체계적으로 조명을 배울 기회가 없었어요. 남자들은 군대도 갔다 와야 하니까 10년 혹은 그 이상을 해야 데뷔를 하는 거예요. 체계적으로 배우면 데뷔 시기도 좀 빨라지지 않을까 하는 생각에 온라이팅을 만들었죠. 영어로 된 책을 구해다가 번역을 맡겨서 책도 좀 만들었고요. 출판을 한 건 아니고, 배워야 할 것들을 여러 책에서 뽑아서 편집을 했죠. 그때 했던 공부가 지금 강의하는 데 기초가 된 것 같아요. 촬영감독님들이 오셔서 각자가 가진 노하우를 강의하거나 후반 작업이 어떻게 진행되는지를 함께 공부하기도 했죠. 사무실은 구리에 있었는데, 장비도 보관하고 강의도 하려고 반지하지만 작지 않은 공간을 마련했어요. 돈 많이 벌 줄 알았는데. (같이 웃음)

본격적으로 장비를 대여하는 렌트 회사 개념은 아니었고, 그냥 조명감독들 몇 명이 모인 거였어요. 보통 조명감독들이 개인 장비를 가지고 있기도 했지만 종종 렌트 회사에서 빌리기도 했거든요. 기왕에 빌릴 거면 우리끼리 빌려주자는 것이었죠. 조명감독은 네다섯 명이지만 장비는 두세 명이 쓸 만큼만 있으면 스케줄이 다 다르니 맞출 수 있을 거라고 생각했어요. 장비를 쓰는 사람이 장비 사용료를 내고, 조수들도 공유하고요. 조수들은 1년에 한 작품 해서는 먹고살 수가 없으니까, 말하자면 공동체 혹은 조합 개념이었어요. 네다섯 팀의 조수들을 모으고, 공부하고 싶다는 친구들까지 받다 보니까 스무 명이 넘었던 것 같아요. 그 친구들 밥값 대느라고 운영이 안 되더라고요. 그러던 중에 〈이재수의 난〉 사고가 벌어졌어요. 애들도 너무 힘들고 다들 너무……. 아침에 보고 점심에 보고 저녁에 봤던 친구였으니 타격이 컸어요. 그때 조명에 회의를 느낀 친구들은 뿔뿔이 흩어졌지요. 운영도 많이 힘들었고요.

막막한 마음에 세트장 바닥에 누웠다

다시 돌아와서 하신 작품이 〈2009 로스트 메모리즈〉인가요?

〈이재수의 난〉 할 때쯤 저한테 제법 시나리오가 들어왔는데 제가 못 하고 있었거든요. 크레인 공포증이 있는데 뭘 하겠어요? 그러고 있다가 〈2009 로스트 메모리즈〉가 들어왔는데 너무 하고 싶었어요.

그게 대작이었잖아요. 게다가 공상과학영화, 가상세계 이야기였죠. 당시에 쉬고 계셨고, 조명 일과 관련한 트라우마도 있었던 데다가, 조명감독으로는 첫 작품이었는데 그 일이 들어온 게 이례적으로 느껴져요.

그게 히스토리가 좀 있는 게 제가 그 작품 시작할 때부터 합류했던 건 아니에요. 거기도 사건사고가 많아서 조명감독과 촬영감독 사이에 불화가 있었어요. 시작하고 얼마 안 돼서 팀이 와해가 된 거지요. 어느 쪽 소속도 아닌 사람이 필요하지 않았나 싶어요. 기회가 왔는데 그때도 고민을 하다가 개런티를 많이 달라고 했어요. 안 하겠다는 생각이 반이었거든요. 그런데 주겠다는 거예요.

남
진
아

욕망이 앞섰던 것 같아요. 가서 보니까 세트가 500평 규모라 어마어마한 거예요. '내가 진짜 데뷔작을…… 미쳤나 보다.' 뭐 이런 생각도 하고. 투입되고 얼마 안 지나서 세트 촬영에 들어갔는데, 저는 일단 세트장에 가서 누워 있었어요. 일어났다, 앉았다, 섰다, 누웠다……. 어떻게 해야 할지 생각이 안 나서요. 전체적인 계획을 세울 겨를도 없이 닥치는 대로 해나가야 했어요.

닥치는 대로 했다고 하시지만, 그래도 일정한 톤이 있고 계획도 있었을 것 같은데…….

물론이죠. 촬영 당시에 급급했다는 말씀을 드리는 것이고, 시나리오를 봤을 때는 '아, 이게 내가 꿈꿔왔던 〈잃어버린 아이들의 도시〉 같은 것을 표현할 수 있는 영화겠다' 하는 생각이 들었어요. 그 작품도 올 세트였던 걸로 기억하는데 '스모그는 이렇게 썼네. 블랙 톤은 이렇게 갔네' 하는 식으로 장면을 하나하나 뜯어보면서 굉장히 좋아했던 영화예요. 〈2009 로스트 메모리즈〉의 시나리오를 받는 순간 그게 생각이 났어요. 그러니까 그 영화처럼 전체 톤을 구현해볼 수 있겠다는 욕심에 덜컥 시작했던 것 같아요. 꿈을 야무지게 품고 갔는데 가서 보니 세트 규모도 어마어마하고, 처리해야 할 일도 너무 많았죠.

그래도 결과적으로는 좋은 평을 받으셨잖아요.

많이들 도와주셨죠. 특히 이시명 감독님이 본인도 데뷔작인데 정말 많이 도와주셨어요.

나중에 공포영화도 여러 작품 하셨죠? 뭐랄까, 현실적인 이미지가 아니라 조명으로 만들어내는 가공적인 이미지나 다른 세계를 표현하는 게 더 좋으신가요?

'여자니까 멜로를 잘할 거다. 여자라서 디테일하니까 보편적이지 않은 색을 잘 쓸 거다.' 이런 편견이 있는 것 아닌가 싶어요. 그런 시나리오가 많이 들어왔어요. SF영화로 데뷔를 했는데도 액션보다는 멜로나 공포 쪽이 더 많이 들어왔죠. 그런데 말씀하신 것처럼 저에게는 강하게 표현할 수 있는 것들이 좀 더 매력적이었고 공포영화가 재미있더라고요.

공포영화가 빛을 특별히 민감하게 다루는 장르가 아닐까 싶어요. 영화 장르에 대해서는 어떻게 생각하세요?

남진아

전에는 코미디영화는 재미없다, 콘트라스트가 강하지 않고 리얼리티가 강조된 영화는 재미없다고 생각했는데, 나이가 들고 여러 작품을 하다 보니까 한 작품 안에 모든 장르의 성격을 녹여낼 수 있는 사람이 잘하는 사람인 것 같아요. 어렸을 때는 군이 장르를 구분해서 생각했지만요. 멜로영화도 감성을 빛으로 보여줄 수 있는데 나 또한 편견을 갖고 있었던 것 아닌가 하는 생각이 들어요. 하지만 군이 꼽는다면 SF나 공포영화가 재미있죠.

디지털로의 전환

일을 하시는 중간에 필름에서 디지털로 넘어가는 시기가 있었잖아요. 전환기의 상황이라고 할까, 적응기라고 할까? 그때 얘기를 좀 해주시죠.

디지털이 필름에 비해 제작비가 덜 든다는 얘기는 단순한 생각에서 나온 것 같아요. 찍어보니 그렇지가 않더라고요. 더 예민하고, 빛을 받아들이는 저장 방식이 다르고, 특성이 다르고, 깊이감을 표현하는 게 다르다 보니 필름만큼 우아한 그림을 내려면 더 많은 라이트를 써야 하고 더 많은 디테일이 필요해요. 그 무렵 제작자와 감독들이 디지털을 선호하는 경향도 있었죠. 필름 쓰는 것에 대한 부담이 덜하니까. 많이 써도 되잖아요. NG 컷은 지우면 되고, 여러 번 찍어도 부담이 덜 되니까요. 촬영감독이나 조명감독들도 필름을 고집할 수가 없다 보니까 빨리 바뀌었어요. 그때 세대교체가 확 된 것 같아요. 처음에는 필름만 있다가 저예산 영화에서 조금씩 디지털이 시작됐어요. 싸다고 생각했으니까. 그렇게 반반 정도로 가다가 나중에는 필름이 완전히 없어졌죠. 현상소 없어지고, 필름 파는 사람도 없어지고. 이렇게 흘러가다 보니 이제는 필름으로 찍고 싶어도 못 찍는 상황이 되었어요.

〈령〉은 필름으로 하신 작업이죠?

네. 그때 필름 사고가 나서 난리였어요. 현상소에서 필름 2000자feet 정도에 스크래치가 나는 대형 사고가 일어났어요. 2~3일 정도 재촬영을 하고 나머지는 필름

복원을 했지요. 〈사랑을 놓치다〉(2006)와 〈김복남 살인사건의 전말〉은 디지털이었어요.[3]

그런데 감독님도 필름으로 배우셨잖아요. 디지털이라는 새로운 기술이 등장했을 때 적응하는 과정이 힘들지는 않으셨어요?

처음에는 카메라가 디지털로 바뀌어도 조명은 똑같이 하면 된다고 생각했는데 당황스러운 결과가 나온 거예요. 필름의 느낌으로 콘트라스트의 비율이나 색을 맞췄는데, 나온 걸 보고 깜짝 놀랐어요. '아, 큰일 났다!' 그때부터 공부를 했죠. 당시에 촬영감독협회를 중심으로 디지털에 대한 강의나 컨퍼런스, 세미나들이 많았어요. 조명감독은 안 껴주는데 저는 비집고 들어갔어요. 그런 곳에 많이 쫓아다니면서 카메라를 배우기 시작했지요.

조명하고 촬영은 협력 관계인데 조명감독을 같이 교육시켜야 되는 거 아니에요?

당시에는 후반 작업 전반을 촬영감독이 책임졌어요. 그러다 보니까 결국 카메라와 후반 작업 교육은 촬영감독 위주로 돌아갔죠. 안 된다는 말은 아무도 안 했지만, 조명은 자연스럽게 배제가 되었어요. 공부하러 온 사람한테 '너 나가라' 하지는 않았으나 달가워하지는 않는 분위기랄까요? 그런데 저는 여자라서 오히려 관대하게 대하셨던 것 같아요.

디지털이 들어오면서 조명 분야에는 어떤 영향을 미쳤나요?

일단 카메라가 다양해졌어요. 필름 시대에는 선택할 수 있는 필름이 데이 필름, 텅스텐 필름 두 가지였어요. 데이 필름과 텅스텐 필름 안에서 선택의 폭도 넓지

---

3   디지털 기술이 영화 산업에 전면적으로 적용되기까지는 여러 단계를 거쳤다. 세계 최초로 디지털 방식의 네트워크 배급을 했던 조지 루카스의 〈스타워즈: 에피소드 1〉(1999)은 아날로그 카메라로 촬영되었다. 디지털 시스템을 기반으로 영화를 제작하는 것은 저예산 영화들에서 먼저 시작되었는데, 한국에서는 2000년대 초반에 임상수 감독의 〈눈물〉(2000), 문승욱 감독의 〈나비〉(2001)를 비롯해 여러 작품이 디지털 카메라로 촬영되었다. 2006년에는 CGV가, 2008년에는 메가박스가 네트워크 배급 방식을 도입하면서 디지털 배급이 일반화되었다. 2000년대는 제작에서 배급까지 영화의 전 과정이 아날로그에서 디지털로 옮겨가는 과도기였다고 할 수 있다.

않았고요. 그러니까 작품을 웬만큼 했으면 거의 다 써봤다고 할 수 있는데, 지금은 카메라 종류도 많고 특성이 다르니까 똑같은 조명을 해도 결과가 달라요. 경우의 수가 너무너무 많아진 거죠. 공부 안 하고는 살아남을 수가 없어요. 그리고 요즘에는 룩을 미리 만들어놓고 시작을 해요. 연출, 촬영, 조명감독이 얘기를 해서 어떤 룩을 만들겠다고 하면, 그 룩에 대한 테스트를 거쳐서 찍는 방식이 체계화되었죠. '마지막을 이렇게 만들겠다' 하고 합의가 된 상태에서 들어가는 거예요.

디지털로 전환되는 시기와 감독님이 조명과 촬영을 겸하게 된 시기가 겹치는 것처럼 보이는데요, 어떤 관계가 있나요?

제가 촬영으로 옮기기가 쉽지 않았던 이유 중 하나가 도제 시스템이었어요. 촬영팀과 조명팀 사이에 보이지 않는 벽이 있었고 팀을 바꾸는 건 배신처럼 느껴지기도 했었거든요. 조명감독으로 어느 정도 일을 하고 보니 촬영을 해야겠다는 생각이 들었는데, 그때 맞물려서 디지털화가 이루어졌어요. 그때가 저 같은 사람이 요구되는 시기가 아니었나 싶어요. 필름을 고집하는 촬영감독은 거의 세대교체가 되었고, 디지털을 잘 아는 사람들은 아직 경험이 없는 어린 친구들이었으니까. 그 친구들하고 경력 있는 조명감독이 붙으니까 아무래도 제가 카메라 쪽을 같이 컨트롤하는 경우가 많아진 거예요. 이게 우리나라에서는 촬영감독, 조명감독으로 나뉘지만 해외에서는 촬영을 컨트롤하는 일과 조명의 색을 총괄하는 일이 함께 가거든요. 저한테 계기가 됐던 작품은 〈봄날의 곰을 좋아하세요?〉였는데, 당시에 작품도 많이 들어오고 좀 힘이 들어가 있는 때라 후반 작업을 하는 조건으로 계약을 하겠다고 했어요. 크레딧에는 조명감독으로만 들어갔지만, 결과적으로는 색 보정 작업에 제가 깊이 관여했어요. 촬영감독님이 다음 작품 때문에 지방에 내려가 있어서 후반 작업을 할 스케줄이 안 되기도 했고요. 자의반 타의반으로 색 보정을 제가 했어요.

〈김복남 살인사건의 전말〉에서는 B 카메라를 맡으셨어요.

〈김복남 살인사건의 전말〉이 제가 상업영화에서 처음으로 카메라를 잡은 작품이에요. 그전까지는 단편에서만 해봤지요. 계약할 때 B 카메라를 하는 걸 조건으로 걸었어요.

그때 이후로는 촬영과 조명을 겸하고 계시잖아요. 당시에는 촬영감독협회와 조명감독협회 간에 벽이 없었나요? 겸하는 게 문제가 되지는 않았어요?

물론 계속 있습니다. 지금도 있어요. 그런데 저는 마이웨이로 가고 있어서. 그러든가 말든가. (같이 웃음)

옛날 시스템이 존재하던 시기에 영화계에 들어와 변화에 적응하는 한편 새로운 일도 많이 하셨잖아요. 그게 어떻게 가능했을까 궁금해졌어요.

저는 주변 조건을 봐가면서 이걸 해야겠다 하지는 않았던 것 같아요. 그냥 새로 나온 카메라가 궁금해서 공부했고, 시대는 디지털로 변하는데 전에 했던 대로 하면 그림이 안 나오니까 화가 나서 공부했어요. 스테레오그래퍼(3D 영상 총괄감독)를 한 번 한 적이 있어요. 그때도 3D를 해야 살아남겠다는 생각이 아니라, 그 기술이 너무 궁금했던 거예요. 그래서 3D 교육하는 데 쫓아가서 공부하다 보니까 기회가 오더라고요.

영화가 상영되는 플랫폼도 많이 변했어요. 웹상에서 하기도 하고, IPTV랑 동시 개봉을 하기도 하잖아요. 방송과의 경계도 흐려진 것 같고요. 기술 쪽에서 일하는 분들은 다른 미디어에서도 활동하실 수 있지 않나요?

최종 완성본을 어디서 보느냐에 따라 과정이 달라지게 되었어요. 쉽게 생각하면 영화는 어두운 환경에서 큰 화면으로 보니까 아무래도 디테일하게 해야 하고, 디스플레이는 커봐야 80~100인치이고 드라마를 시청하려고 불을 끄지는 않으니까 방송 콘텐츠는 콘트라스트가 좀 더 부드러운 식인 거죠. 조명 쪽에서는 강약을 조절할 수밖에 없는 게 요즘 대부분 풀 HD잖아요. 너무 선명해서 그림자가 극명한 게 조악해 보여요. 그러니까 빛을 점점 부드럽게, 곱게 만들게 되죠. 지금은 전기를 덜 먹고, 더 소프트하고, 색깔을 정확하게 낼 수 있는 라이트들이 많이 나오고 있어요.

여성과 남성 모두에게 달라지고 있는 현장

2000년대 중반에 영화노조와 한국영화제작가협회가 단체협약을 맺고, 표준근로계약서 가 도입되면서 현장의 노동 조건이 많이 변했잖아요. 그런 변화를 어떻게 느끼 셨어요?

제가 일을 시작할 무렵에는 대장이 모든 것을 통틀어서 계약하고 조수들은 그것 을 나눠서 받는 방식이었어요. 그때는 그냥 당연한 거라고 생각했는데 차츰 분배 가 체계적이지 않다는 생각을 하기 시작했죠. 분배에 불균형이 있었던 거예요. 막내는 10만 원만 가져가고 퍼스트가 400만 원을 가져가는 팀도 있고, 막내가 100만 원, 퍼스트는 250~300만 원을 가져가는 팀도 있고요. 그런 상황이다 보 니 조수들에게 불만이 쌓였지요. 그러다가 조수 계약과 감독 계약이 나뉘고, 개 별 계약을 하는 시스템이 되었어요. 처음에는 개별 계약에 대해 제가 오해를 했던 부분이 있어요. 조명감독이 컨트롤할 때는 '이 친구를 쓸 것이냐 말 것이냐'에 대 한 전권이 감독한테 있었는데, 개별 계약을 하면 갑과 을이 회사와 조수잖아요. 그렇게 되면 이 아이는 내 아이고 오래 같이 일한 팀인데, 만에 하나 이 친구가 회 사하고 불협화음이 있으면 아웃당하는 상황이 벌어질 수도 있는 거잖아요. 다행 히 그런 일이 벌어져도 회사에서 조명감독에게 먼저 상의를 하지 일방적으로 조 수를 아웃시키는 일은 거의 없더라고요. 영화계에서 계약서가 지닌 불안정성을 균형 있게 잘 해결하고 있다는 생각이 들어요. 개별 계약을 하면서 조수들도 좀 더 독립적으로 일하게 된 것 같고요. 시키는 것만 하는 게 아니라 자기네들끼리 체계를 만들어서 일하더라고요. 작업 시간 문제도 점점 체계를 갖추고 있어요. 전체적으로 보면 저는 지금 시스템이 맞다고 생각해요. 그런데 문제는 호흡이라 는 게 있잖아요. 찍어서 마무리해야 할 것들이 있는데, 놓고 가야 하는 상황이 벌 어지는 거지요. 물론 영화도 산업이다 보니까 약속이 중요해요. 그런데 하다 보 면 나중에 생각난 게 훨씬 아름다워 보이겠다는 판단이 들 때가 있잖아요. 그럴 때도 시간이 다 되어서 그냥 가야 하는 상황이 생기는 거예요. 물론 처음부터 베 스트의 선택을 하면 좋겠지만 그렇지 않을 때도 있는데, 감독 입장에서는 포기해 야 하는 부분이 좀 더 많아지는 그런 쓸쓸함이 있어요. 물론 조수들 생각하면 지 금의 방식이 맞죠. 정해진 시간만큼 일을 하고, 개인적인 시간을 갖는 것이요.

사실 저는 피해자로서의 여성 서사를 좋아하지는 않아요. 피해를 당하는 부분도 분명히 있긴 하지만 여성 영화인들은 대개 그런 것들을 극복하면서 자기가 하고자 하는 일들을 해온 사람들이니까요. 하지만 예전에 특히 기술 분야에서는 '여자가 카메라 만지면 재수 없다'는 식의 말이 횡행하는 등의 일을 우리가 많이 겪었잖아요. 처음 영화계에 들어온 무렵부터 그런 편견 때문에 힘들었던 일이 있었다면 이야기해주세요.

사실 이 인터뷰에서 제일 부담스러운 부분이 이거였어요. 남자들만 있는 데 들어가서 차별을 받았을 거라고 다들 생각하시더라고요. 이런 질문을 받을 때마다 '내가 문제의식을 별로 느끼지 못하고 여태까지 일했던 것 아닌가?' 하는 고민을 하게 돼요. 오히려 '나랑 같이 일했던 남자 친구들이 역차별을 받지 않았나?'라는 생각도 있고요. 그때만 해도 조명팀이나 촬영팀에는 거친 친구들이 많았어요. 감정을 완곡하게 표현하지 않고 그냥 치고 받고 싸우는 경우도 허다했고요. 그런데 그런 친구들의 가장 큰 장점은 처음에는 받아들이지 않다가도 동료라고 생각하면 그다음부터는 허물이 없어진다는 거예요. 오히려 데뷔를 할 때쯤 문제를 느꼈던 부분이 있는데 그때는 목욕탕 문화가 있었잖아요. 촬영 끝나고 많은 일들이 거기서 벌어지더라고요. 목욕탕에 같이 갔다가 술 같이 먹고, 담배 같이 피우고 하면서 친해지고, 작품도 같이하게 되는데 저는 그게 안 되니까요. 예를 들어 오늘 회의에서 이렇게 하기로 얘기를 했는데, 그들이 같이 목욕탕에 갔다 온 다음 날 결론이 바뀌어 있다거나 하는 일들. 오히려 조수 때는 그런 게 별로 없었던 것 같아요. 그때는 역할이 확실하게 나뉘어 있었으니까.

저는 당구장 문화요. 대학교 때 영화 동아리에서 활동했는데 같은 학번에 여자는 저밖에 없었거든요. 그런데 어느 날 동아리방에 가봤더니 아무도 없는 거예요. 나중에 알고 보니까 자기들끼리 당구장 가서 얘기해가지고는 시위 현장에 촬영을 나간 거예요. 그게 여자라서 편견을 갖고 차별을 하려고 했던 게 아니라, 남성 중심으로 돌아가는 문화 속에서 정보에 소외된 결과죠.

그들이 일부러 배제한 건 아닌데 그렇다고 목욕탕에 같이 갈 수는 없고, 그들 입장에서는 '촬영 끝났으니까 오로지 놀기만 하자' 할 수도 없는 거니까요. 거기에서 나왔던 얘기들이 구체화돼서 영화를 찍는 데 반영이 되기도 했는데, 그걸 차별이라고 말하기는 좀 그렇지만…….

일부러 차별하는 건 아니지만 현장이 남성 중심으로 돌아가니까 벌어지는 일들인 거죠. 그

제가 영화를 시작했을 땐 분장팀도 팀장급은 다 남자였는데, 그 밑에 있던 여자들이 성장해서 지금은 팀장급으로 올라섰어요. 조수 막바지 즈음에는 분장하는 분들은 거의 여자였고, 연출부에도 하나둘은 있었죠. 초기에는 여자들이 거의 없어서 지방 촬영을 가면 자는 것도 문제였어요. 분장팀에 가서 자라고 했는데, 저는 그게 너무 힘든 거예요. 조명팀, 촬영팀은 마무리를 해야 하니까 마지막까지 일을 해요. 그런데 분장팀은 1~2시간 먼저 일어나서 세팅을 해요. 그러니까 제가 분장팀에 가서 자면 잠을 2시간도 못 자는 거예요. 아침부터 배우들이 방에 와서 분장을 하고 그러니까. 그래서 형님들 방에 가서 끼어서 자기도 하고, 일본 촬영 갔을 때는 분장팀 방의 벽장 안에 들어가서 자기도 하고 그랬죠. 퍼스트 정도 되고 큰 작품을 할 때는 방을 따로 주더라고요. 지금은 성비 자체가 거의 반반인 것 같아요. 그러다 보니 남성 중심의 문화였던 게 자연스럽게 바뀌는 거죠. 앞으로는 여자들이 더 많아지지 않을까 싶은 게 영화를 전공하는 학생들을 보면 7 대 3인 경우도 있어요. 여자들이 많아요. 교수님들이 입을 모아서 말씀하시는 게 뛰어난 애들 중에는 여자가 많다는 거예요. 그런데 후반이 문제인 거지. 결혼을 하면 여자들은 전업주부가 되는 경우가 많으니까. 장비들도 소형화되고 무선으로 콘트롤할 수도 있어서 이제는 체력이 문제가 되지는 않아요. 중요한 건 '누가 끝까지 남느냐'인 거죠.

앞으로도 촬영하고 조명을 겸할 생각이세요?

이제는 선택의 여지가 없는 것 같습니다. 아무도 저를 조명만으로는 안 써줘요. 그런데 지금은 한 발 떨어져서 영화 자체를 즐기는 느낌도 좋은 것 같아요. 우리가 막 일을 배워갈 때는 각자 포지션에 맞춰서 '나는 조명감독이니까 조명만, 나는 촬영감독이니까 촬영만' 이랬었어요. 촬영과 조명을 같이 하기 시작했을 무렵에 혹시 조명만 해줄 수 있느냐는 사람이 간혹 있었어요. 너무 미안해하면서. 그때는 '내가 촬영까지 험난하게 왔는데 다시 조명만 할 수는 없다'는 생각도 없지 않아 있었어요. 하지만 이제는 한 발 떨어져서 영화 자체를 즐긴다면 조명만 해도 촬영만 해도, 혹은 스테레오그래퍼만 해도 좋아요. 사실 촬영하고 조명을 같이 하니까 너무 바쁘더라고요. 역할을 나누는 데는 역시 이유가 있는 것 같아요. 촬영하는 사람이 세팅을 하고 한 발 떨어져 있고, 조명하는 사람이 그 공간을 채우죠. 그동안에 촬영하는 사람은 생각을 해요. 자기 시간을 갖고 '다음 컷은 어떻게 찍고, 요건 요렇게 만들어야겠다' 이런 생각들을 하죠. 조명하는 사람들은 카메라를 돌리는 동안에 다음 걸 생각하고요. 자기 생각을 정리할 겨를이 있어야 하는데 촬영과 조명을 같이 하니까 그 시간이 없더라고요.

그래도 내가 원하는 화면을 만드는 충족감은 클 것 같아요.

그것 때문에 다른 걸 버리고 가는 거죠. 촬영은 '빛을 기록하는 것'이라고 하잖아요. 어떤 형태로, 어떤 색감으로 만들어야 하느냐를 전부 계산하고 확인할 수 있는 게 가장 큰 장점이죠.

남들이 뭐라고 하건 나한텐 중요한 일이고 기억됐으면 좋겠다, 사소하거나 사적으로 보여도 역사라는 게 기본적으로 사람 사는 이야기니까 나한테는 이게 중요한 일이고 그런 점에서 역사다. 그렇게 말할 만한 것이 있다면요?

영화를 찍으면서 '이미지를 전달한다'는 건 굉장히 매력적인 일이에요. 그런데 안전사고 같은 것이요, 너무 피곤하고 작업 환경이 열악해서 벌어지는 일들을 환기하는 것이 중요하다고 생각해요.

신민경
편집감독

장르 사이를 유영하며 파격을 구사하는
창조적 편집자

『씨네21』 제공.

고등학교와 대학교에서 영화를 전공했고, 양윤호 감독의 〈유리〉(1996) 현장에서 스크립터로 일하던 중에 이경자 편집기사를 만났다. 이경자 편집실에서 편집 조수로 일하다 〈싱글즈〉(2003)의 편집을 맡으면서 정식 편집기사가 되었다. 〈범죄의 재구성〉(2004), 〈타짜〉, 〈도둑들〉(2012), 〈암살〉 등 최동훈 감독의 작품을 비롯해 2000~2010년대 한국 장르영화의 대표작들을 다수 편집했다. 브라운아이드걸스, 아이유, 인피니트 등의 뮤직비디오와 빅뱅의 공연 영상을 편집하거나 드라마 작업에도 참여하는 등 다른 매체와 장르에서도 왕성하게 활동하고 있다. 최근에 작업한 대표적인 영화로는 〈살인자의 기억법〉(2016), 〈더 킹〉(2016), 〈국가 부도의 날〉(2018), 〈완벽한 타인〉(2018), 〈생일〉(2018), 〈82년생 김지영〉(2019) 등이 있다.

"저는 데뷔가 빨랐기 때문에 저희 세대가 관객의 메인 타깃층이었어요. 그러니까 저는 저한테 재미있는 영화를 만들면 됐던 거예요. 할리우드 영화를 보면서 성장했고, MTV에도 노출되고, 저는 또 미국 드라마를 좀 일찍 접했기 때문에 그런 것들의 영향이 작용했죠. '내가 재미있으면 관객도 재미있어'라는 생각에 철저했어요. 물론 슬럼프는 있었어요. 30대 후반쯤에 '아, 이제 나도…… 감이 안 되는구나. 요즘 아이들은 이런 걸 좋아하지 않는구나'를 깨달았죠. 그래서 본질로 돌아가는 걸 고민하게 된 거고요."

먼저 수련 과정에 대한 이야기를 들을까 해요. 예술고등학교에서 영화를 전공하고, 대학 때 이미 편집 일을 시작하셨어요. 진로 결정이 남다르게 빨랐는데, 그렇게 할 수 있었던 배경이 무엇이었는지 궁금해요.

그렇게 보면 굉장히 어렸을 때부터 영화를 너무너무 사랑한 것 같지만 진짜 절대 아니고요. (웃음) 중학교 때 그림을 하다가 슬럼프가 와서 예고 입시 준비 타이밍에 그림을 놓았어요. 그러다가 '그림을 다시 하고 싶은데'라는 생각이 들어서 예고를 가려니 준비가 안 되어 있잖아요. 그래서 일단 성적과 대사 읽기로만 시험을 보는 연극영화과로 들어가서 전과를 할 계획이었죠. 예고에 가서는 '그림보다 사진이 재미있네?'라는 생각이 또 들더라고요. 현상하고, 슬라이드 찍고 하는 게 너무 재미있었어요. 공부하기 싫은 마음도 살짝 있었고요. 그래서 '일단 좀 다녀 보면서 나중에 사진으로 정할까?' 했는데 영화과 수업에서 영화사를 공부하고, 영화 분석을 하다 보니까 정지 사진보다는 움직이는 사진이 나을 것 같더라고요. 공부하는 과정에서는 촬영도 해보고, 연출도 해보고, 시나리오도 써보고, 편집도 해보고 그랬죠. 그게 뭐 거창한 작업은 아니었지만 그래도 하다 보니까 연출에 제일 맞닿아 있는 게 편집이었어요. 현장에서 일하기에는 체력이 열세이기도 했고요. 그러다가 대학교에 갔는데, 저는 고등학교 때 단편을 열 편 정도 찍어봤으니까 사실 제 입장에서는 했던 걸 또 해야 하는 상황이었어요. 그럴 게 아니라 현장에 가야겠다 싶어서 양윤호 감독님의 〈유리〉라는 작품의 스크립터를 하게 됐죠. 그때 이경자 편집기사님을 만났어요. 기사님이 학교 다니면서 편집실에서 일하지 않겠느냐고 하셔서 남들보다 빨리 일을 시작하게 된 거예요. 제가 운이 좋았던 게 사실 그 당시는 조수들이 편집하는 룸에 들어갈 수가 없었어요. 그런데 저는 이경자 기사님이 많이 예뻐해주셔서 편집할 때 꼭 옆에 앉혀놓고 보게 해주셨어요. 감독님과 편집기사님의 대화를 거의 8년 동안 매일 들었던 거죠. 이경자 기사님은 편집하는 중간 중간 "너라면 어떻게 하겠니?" 하고 자주 물어보셨어요. 그러면서 자연스럽게 배우게 된 거죠.

이경자 선생님이 참 좋은 사수셨네요. 선생님의 작업 방식 가운데 기억나는 게 있다면 말씀해주세요.

네, 진짜 좋은 분이시죠. 이경자 기사님은 본인 생각을 직접 보여주세요. 그럴 수밖에 없었던 게 당시는 컴퓨터로 편집하는 게 아니라 필름을 자르고 붙이는 거였으니까. 그때는 16밀리로 축소해서 편집을 했는데 그런 방식을 개발한 분이 신상옥 감독님이라고 들은 것 같아요. 이경자 기사님한테서요. 축소를 하면 필름의 고유 번호가 잘 안 나오니까 동기화되는 장비에 두 필름을 걸어서 사람이 수성펜으로 일일이 마킹을 했어요. 그러다 보면 필름을 자르고 붙이는 게 용이하지 않았어요. 필름 조각을 잃어버릴 수도 있으니까. 이경자 기사님은 일단 감독님이 원하는 걸 다 해주시고 대안을 따로 만드세요. 항상 '플랜 B'를 갖고 계셨죠. '나라면 이렇게 할 것 같은데'라면서요. 그걸 보면서 정말 많이 배웠죠.

이경자 편집실에 계셨던 8년의 끝 무렵에 〈싱글즈〉로 데뷔를 하신 건가요?

그 작품은 그냥 저 개인한테 들어온 건데, 어떻게 보면 그 작업은 편집 조수 생활을 그만두게 되는 과정이었어요. 제가 편집실에 근무하던 후반기에는 기사님도 연세가 많으셔서 들어오는 작품이 아주 많지는 않았어요. 그래서 시간이 좀 여유로우니까 제가 아르바이트로 뮤직비디오도 하고 CF도 하는 등 영화 이외의 매체들도 했던 거죠.

다른 매체에서 작업한 경험이 이후에 극영화를 편집하는 데 많은 도움이 됐을 것 같아요.

뮤직비디오라는 장르는 영상보다 아티스트가 중요하거든요. 그러니까 배경이 어떻든, 카메라가 어떻게 움직이든, 조명이 꺼졌든 켜졌든 아티스트가 좋다면 쓸 수 있어요. 영상을 하는 입장에서는 '어머, 어떻게 저런 걸 써?'라고 할 수도 있겠지만요. 저도 처음에는 그랬죠. 편집을 하는 방식에는 스토리 위주의 편집과 캐릭터 위주의 편집이 있는데, 뮤직비디오 작업을 하면서 캐릭터 위주의 편집을 배우게 되었어요. 영화 작업에서도 '배우만 보자'라고 생각할 수 있게 되었죠. 그전에는 스토리, 카메라의 언어, 미술의 언어 같은 것들이 중요하다고 배웠는데, 뮤직비디오에서는 카메라가 이미지 라인을 넘어가도 상관없고, 뭐 정말 법칙이 없어요. 음악의 가사와 감성, 악기의 비트에 따라 너무나 자유로운 거예요. 사운드가 중심이기 때문에 컷을 엄청나게 많이 써도 거슬리지가 않아요. 영화는 하나하나 따박따박 완성해가는 언어라면 뮤직비디오에서는 그냥 좋으니까 쓸 수도 있는 거죠. 그 훈련을 많이 해서 제가 지금도 '그냥 좋아' 이런 거? (웃음) 어떤 비논리적인 연결 같은 것도 할 수 있는 것 같아요. 이것이 연출 라인과 부딪칠 수도 있는데, 그러면서 또 새로운 게 나올 수 있으니까. 연출자가 얘기하고자 하는 주제와 언어 안에서 표현할 수 있는 방식을 자유롭게 찾아갈 수도 있는 거잖아요.

224

학교에서 배우는 고전적인 편집 체계가 있잖아요. 그와 같은 장르영화의 안정적인 문법 안에서, 때로는 그것을 위반하는 파격적인 편집을 잘 구사하신다는 인상을 받았던 이유를 알겠어요. 그걸 여쭤보고 싶었거든요. 장르적 관습 안에서 어떻게 새로운 편집 체계를 만들어가는가.[1]

저는 사람이 중심이에요, 캐릭터. 거기에 더해서 '내가 보고 싶은 감정이 무엇이냐?'인데 장르영화를 할 때는 사실 감정보다는 정보가 중요하죠. '여기서 얼마만큼의 정보를 줄 것이냐, 그래서 이 캐릭터가 뭘 느끼게 할 것이냐'의 싸움이라고도 할 수 있어요. 뮤직비디오나 CF를 하는 건 학교에서 배운 영화적 문법과 언어를 없애는 과정이었어요. 그쪽 감독님들한테 정말 많이 배웠죠.

계속 함께 작업하셨던 최동훈 감독님 영화들도 그렇지만 〈더 킹〉이나 〈용의자〉(2013) 같은 영화들도 배우의 매력이 굉장히 잘 살아 있어요. 〈감시자들〉(2013)도 복잡한 이야기 안에서 여러 인물을 따라가면서 다양한 공간을 오락가락하는데도 인물 중심을 확실하게 하니까 혼란도 없고 배우의 매력도 충분히 살았던 것 같아요. 캐릭터 중심의 편집을 훌륭하게 구사한 결과가 아닌가 싶어요.

감독님들이 워낙 잘 살려서 오세요. 저는 그냥 정리만 하는 거죠. 어떻게 보면 그런 감독님들을 만난 제가 오히려 운이 좋은 거죠.

빅뱅의 뮤직비디오도 편집하셨더라고요.

빅뱅은 오히려 이후고요. 그전에 이경자 편집실 막바지에 뮤직비디오가 한참 전

---

1   1930년대 할리우드의 스튜디오 시스템에서 구축한 고전적인 편집 체계는 시공간의 연속성을 보장하기 위한 '180도 규칙'이나 '30도 규칙' 같은 여러 가지 규칙으로 이루어져 있다. 연속 편집이라고도 불리는 이러한 편집 체계는 할리우드 영화뿐 아니라 전 세계의 대중적인 장르영화들이 따라야 할 규범으로 여겨져왔다. 현대 영화는 이러한 규범을 창의적으로 위반함으로써 새로운 영화 언어를 모색하는 경향이 있다.

성기였는데, 그때 아르바이트 개념으로 들어온 걸 선배들하고 같이 했었어요. 제가 제대로 했다고 생각하는 뮤직비디오는 브라운아이드걸스의 '아브라카다브라' 정도부터예요. 영화로 데뷔하고 나서 근 7~8년을 안 하다가 황수아 감독님이랑 같이 브라운아이드걸스나 아이유, 인피니트의 뮤직비디오를 하게 됐어요. 황수아 감독님은 영화도 만드시는 분이라 스토리와 뮤직비디오의 허용치 사이에서 적절한 균형점을 잘 찾으세요. 그런 밸런스에 대한 감각을 그분과 작업하면서 익혔죠. 사실 뮤직비디오는 영화 스케줄 사이사이에 하는 것이기 때문에 거의 밤을 새워야 해요. 낮에는 영화 작업 하고, 밤에는 뮤직비디오 작업을 해야 하니까 체력에 한계가 오기도 하죠. 하지만 저한테 뮤직비디오는 놀이터 같은 거예요. 자유롭잖아요. '아, 요즘 대중음악은 이런 게 있구나'를 알게 되고 다른 가수들 뮤직비디오도 찾아보고 그러죠. 일이기는 한데 저한테는 그냥 즐거운 놀이터, 그런 거죠. (웃음)

뮤직비디오 하실 때 아티스트들이 직접 개입하는 경우도 있나요?

그건 감독님이 알아서 하세요. 황수아 감독님은 본인의 세계가 확고한 분이라 그런 일은 없었던 것 같아요. 물론 기획사나 아티스트와는 대화를 많이 하시겠죠. 영화도 그렇고 CF나 드라마도 그렇고, 영상물은 영원히 기록되고 반복해서 재생되는 것이잖아요. 예를 들어 '움짤' 같은 것도 어떤 사람한테는 평생 갈 수 있는 일이거든요. 정말 조심스럽게 선택해야 하니까 감독님께서 정확하게 하나하나 다 동의를 얻으세요. 개입이라기보다는 서로가 정말 괜찮은지 확인하는 과정이겠죠.

뮤직비디오는 편집 방식에도 파격이 있지만 새로운 기술이나 특수효과 같은 것도 많이 활용하지 않나요? 예컨대 빅뱅 공연 영상에는 스크린엑스[2]를 사용했다고 하던

2 　 스크린엑스Screen X는 2012년에 CGV와 카이스트가 공동으로 개발한 대형 화면 기술이다. 정면에 위치한 스크린 이외에 좌우의 벽면을 스크린으로 활용하여 270도 화면을 관객에게 제공한다.

스크린엑스나 3D는 메커니즘에 대한 이해만 있으면 할 수 있어요. 영화를 휴대폰으로 볼 때와 극장에서 볼 때 사람의 시선이 먼저 꽂히는 지점이 다르잖아요. 그에 따라서 편집점도 달라져야 하거든요. 스크린엑스는 좌우가 넓기 때문에 센터를 좀 더 많이 보게 되죠. 더구나 공연 영상은 가수가 무대에 서 있기 때문에 센터가 확연히 눈에 띌 수밖에 없거든요. 거기에 먼저 시선이 꽂히고 그다음에 좌우로 펼쳐지는 타이밍을 조금 계산해주면 되는 거고, 3D는 튀어 나오는 건데 약간의 테스트를 해보니 정면, 그러니까 센터감을 유지해주는 게 더 효과가 좋더라, 이런 것들을 고려하는 거죠. 기본적으로는 스토리와 캐릭터 위주로 편집을 해주고, 나머지는 기술의 메커니즘에 따라서 앵글 선택이나 숏의 길이를 다르게 해주면 돼요. 예를 들어 숏이 너무 빨리 지나가면 스크린엑스 같은 경우에는 어지러울 수 있어요. 최종 결과물을 확인하면서 그런 지점들만 수정하면, 결국에는 선사시대 벽화나 지금의 영화나 이야기를 한다는 점에서는 같다고 생각합니다.

드라마도 하신 적 있으세요?

많이는 아니고 미니시리즈 하나랑 베스트극장 하나를 했죠. 〈국가가 부른다〉(2010)라는, 최저 시청률을 자랑하는 (같이 웃음) 미니시리즈를 했는데, 그 작품은 1회부터 거의 실시간으로 찍은 거예요. 첫 회 때 방영 시간이 10시인데 촬영분이 6시에 왔어요. 처음부터 최악의 상황을 겪었고, 제작사도 문제가 많았어요. 미지급의 아이콘이죠. (같이 웃음) 드라마 스태프 임금 미지급 문제가 나오면 항상 그 작품이 거론되곤 해요. 그런데 드라마를 하는 일이 저한테는 굉장히 새로웠어요. 영화는 서사가 짧고 압축적인 데 반해 드라마는 기니까요. 드라마는 사람이 완전히 빨려 들어가서 보면 힘들 것 같아요. 16시간을 그런 식으로 볼 수는 없잖아요. 그래서 방영 시간을 나누는 거겠죠. 한 회의 마지막에 '다음 시간에To be continued'를 위한 떡밥을 던져줘야 하고, 다음 회에는 이전 회를 안 봤던 사람들을 위한 요약도 들어가야 하는데 그게 굉장히 어렵더라고요. 전 회에서 방영했던 화면을 그대로 붙일 수는 없으니까 엄청 머리싸움을 하게 돼요. 또 드라마는 영화처럼 의자에 묶여서 보는 게 아니라 자유로운 상태에서 보잖아요. 예를 들어 휴대폰을 보면서 볼 수도 있고, 물을 마시러 갔다 올 수도 있고. 그런 걸 배려해야 하더라고요. 그런데 저는 그걸 몰라서 배려를 못 했죠. (웃음) 매체에 대한 이해가 이제야 비로소 된 것 같아요.

신민경 지금 두 편 정도 준비 중이에요. 영상물에 대한 관객의 욕구도 다양한 것 같아요. 압축해서 이야기하는 영화에 매력을 느끼는 사람도 있고, 드라마처럼 길게 이야기하는 걸 좋아하는 사람도 있고, 또 그 사람들이 어떨 때는 CF나 뮤직비디오처럼 쇼트 필름에 매력을 느끼기도 하잖아요. 그런 다양성이 재미있어요. 플랫폼도 다양해졌죠. 유튜브도 있고 넷플릭스도 생겼으니까. 그러니까 저도 '먹고살려면 열심히 공부하면서 일해야겠다' 그렇게 생각하죠. (같이 웃음)

디지털 시대가 되면서 편집자가 더 중요해졌다

영화 이야기로 돌아가서요. 〈싱글즈〉를 하시던 무렵에 현장 편집이라는 새로운 영역이 생겼어요. 그게 왜 생겼고 어떤 기능을 했는지 말씀해주세요.

사실 저는 현장 편집이 왜 생겼는지 이해할 수 없는 사람 중 하나였어요. 저는 편집실의 조수였으니까. 조수로서 궁금했던 건 현장에서 다 조정해서 만들어진다면 후반 작업을 하는 편집실에서는 어떤 역할을 해야 하는가였어요. 그래서 〈싱글즈〉를 하기 전에 〈중독〉(2002)이라는 영화의 현장 편집을 한번 해봤는데 굉장히 어렵더라고요. 콘티에 따라 장면을 찍으니까 현장 편집은 콘티대로 맞춰주는 게 기본적인 소임이라고 할 수 있어요. 그런데 현장 편집을 하다 보면 플랜 B나 C가 떠오를 때가 있거든요. 그걸 말해야 될지 말아야 될지를 결정하는 게 굉장히 어려웠어요. 예를 들어 콘티에는 바스트 숏bust shot으로 되어 있지만 측면 숏을 찍어두면 후반 작업에서 활용할 수 있을 것 같은데, 이런 이야기를 해도 되는지 잘 모르겠더라고요. 다행히 감독님과 제작사가 필요한 것 있으면 말하라는 분위기여서 자유롭게 다 얘기했어요. 그걸 하다 보니까 현장 편집을 했던 사람이 본편 편집까지 맡으면 바로 정리가 되겠다는 생각이 들어서 〈싱글즈〉 때는 현장 편집과 본편 편집을 동시에 해봤는데 그 이후에는 현장에 안 나갔어요. 본편 편집을 할 때가 너무 지옥이더라고요. 현장 편집만 할 때는 원래의 의도를 생각하면서 2시간짜리 영화면 넉넉하게 2시간 반 안에 정리해서 소위 납품을 하면 일이 끝나거든요. 〈싱글즈〉는 현장 편집본이 좀 길어서 3시간 반짜리가 나왔어요. 그런데 본편 편집을 할 때 현장에서 나눴던 이야기가 다 기억이 나니까 아무것도 뺄 게 없고 다 중요하게 느껴지는 거예요. 이건 이런 의도가 있었고, 이건 이래서 찍었는데 싶으니까 줄이거나 뺄 수가 없어서 정말 패닉이 오더라고요. '아, 이게 롤이 다른 거구나. 편집실에서는 첫 번째 관객의 모드로 일을 해야만 제 몫을 다하는 스태프가 되는구나' 생각하고 이후에는 현장에 안 나가기로 했죠. 그러다가 요즘은 거꾸로 부분적으로는 나가야겠다는 생각이 들기도 해요. 예를 들어 CG 시퀀스는 현장에서 보는 게 필요한 것 같아요. 제가 〈해운대〉(2009)를 할 때만 해도 "여기 쓰나미 그려주세요"라고 할 수 있었는데, 이제는 그런 식으로는 CG의 퀄리티를 보장할 수가 없어요. 퀄리티를 높이기 위해 미리 계획을 세워서 작업하는 프리비주얼 단계가 생겼거든요. 그러면서 어떤 숏에 대해서는 처음부터 같이 고민할 필요가 있게 된 거죠.

〈싱글즈〉는 디지털로 찍으신 건 아니죠?

필름으로 찍었고요, 편집은 미디어백이라는 디지털 장비로 했어요. 촬영부터 후반 작업까지 완전히 디지털로 했던 작품은 〈달콤 살벌한 연인〉(2006)이 처음이었어요. 제가 마지막으로 했던 필름 작업은 이정호 감독님의 〈베스트셀러〉(2010)예요.

아날로그로 배운 다음 본격적인 작업은 디지털로 하신 거잖아요. 그런 변화를 겪으면서 어떤 생각을 하셨나요?

필름으로 작업할 때는 여러 버전을 만들어놓고 그 필름을 조각조각 붙이곤 해요. 저희는 은어로 '걸레가 됐다'고 했는데, 필름에 테이프 자국이 어마무시하게 났거든요. 저는 학교 다닐 때 단편영화 만들면서도 그게 싫어서 필름을 비디오카메라로 다시 찍어서 비디오 편집기로 편집한 다음 그걸 틀어놓고 그에 맞춰서 편집을 했어요. 그래서 디지털이 도입되었을 때 제 입장에서는 특별히 어색하지 않았죠. 저도 결정을 잘 못하는 편이라 이렇게도 만들어놓고 저렇게도 만들어놓고 버전을 계속 쌓았다가 다시 합치는 방식으로 작업하는데, 그러기에는 디지털 장비가 좋아요. 또 예를 들어 페이드아웃[3]을 넣으려면 필름으로 할 때는 따로 작업을 해와야 하는데 그게 답답했어요. '여기는 페이드 아~웃' (같이 웃음) 이렇게 상상을 하면서 작업해야 하니까. 그런데 디지털 장비로 하면 제가 만들 수 있으니까 바로바로 확인이 되고 음악도 깔아볼 수 있고, 또 이 장면은 너무 밝은 것 같다 싶으면 간단하게 조정해볼 수도 있고요. 어설프게나마 이런저런 시연이 가능하다는 게 디지털의 가장 큰 장점이라고 생각해요.

디지털로 바뀌면서 촬영 소스가 너무 많아지지 않았어요?

**신
민
경**

(작은 소리로) 많아졌죠. (같이 웃음) 병이 났죠. 그런데 그러면서 편집의 중요도는 더 올라갔다고 생각해요. 필름 소스가 폭주한 것은 지금이 아니라 2000년대 중반 정도였어요. 〈용의자〉는 액션 장면을 찍을 때 카메라가 열여섯 대인가 그랬는데, 편집 중간에 안경 캠으로 찍은 장면이 나오기도 했어요. (같이 웃음) 2차 편집 끝나고 그게 왔어요. 촬영 소스가 많아지니까 편집 기간도 정말 오래 걸렸죠. 그러면서 편집에 따라 영화가 달라지는 시대가 왔다고 생각해요. 소스가 많아지면서 다양한 화면에 대한 감독의 욕구가 폭발했고, 다른 한편으로는 편집자의 능력이 드러나는 시대가 된 것 같아요.

〈용의자〉 이후에는 그렇게 촬영 소스가 쏟아지는 시대는 좀 지나갔나요? 지금은 어때요?

지금은 어느 정도 진정이 됐죠. 거기에 따르는 부작용을 다들 겪었으니까. 그래서 좀 더 정제되는 방향으로 가고 있는데, 예를 들면 이런 거죠. 그때는 서너 대의 카메라로 찍었다면 지금은 두 대로 정확하게 찍어요. 조명과 카메라가 갈 자리는 서로 피해야 하기 때문에 카메라가 많아지면 조명이 디테일하지가 않거든요. 그러니까 영상의 퀄리티가 달라질 수밖에 없어요. 지금은 모든 사람이 휴대폰으로 영상을 찍고 올리는 시대이기 때문에 이제는 관객도 전문가거든요. 요즘 관객은 내가 휴대폰으로 찍는 정도의 영상을 원하지는 않으니까 당연히 한 숏 한 숏 공들여 찍을 수밖에 없죠. 편집에서도 어떨 때는 정말 왜 썼는지 모를 컷들이 쉴 새 없이 '다다다' 나오기도 했는데, 이제는 어느 정도 정제되고 다져지는 시기가 온 것 같아요. 어떻게 보면 다시 고전적인 방식으로 돌아가는 거죠. 저 역시도 요즘엔 '정말 필요한 컷일까? 하지만 길어' 이런 생각을 많이 해요. 그런 점에서 오히려 히치콕 영화 같은 고전물이 더 살아남는 시대라고 볼 수도 있죠.

---

3   페이드 아웃fade-out은 영상이 서서히 어두워져 암전이 되도록 하는 기법이다.

말씀을 듣다가 생각이 났는데, 제가 예전에 1970년대 초반에 활동했던 제작자와 인터뷰를 한 적이 있거든요. B급 공포영화를 제작하던 분이셨는데, 어떤 영화는 1200자 분량을 찍어서 최종 편집본을 1000자로 만든 적도 있다고 하셨어요. 당시에는 필름 값이 비쌌으니까 촬영을 최소한으로 하면서 제작비를 절감했다는 거죠. 이게 B급 영화만의 이야기가 아닌 게 임권택 감독님도 이후 세대에 비하면 필름을 아주 적게 쓰는 작업 스타일이라고 들었어요.

그럴 수 있죠. 그런 경우에는 머릿속에서 계산을 다 하고 찍어야 하기 때문에 훨씬 공을 들이게 되죠. (같이 웃음) 맞아요.

왜 한국 영화는 대사가 끝나고 나서야 컷이 바뀔까?

제 개인적인 소견이지만 한국 영화가 1980년대까지는 너무 안 좋았는데 그걸 돌파하는 방향이 1990년대에는 작가의 발견이었다면, 2000년대 이후에는 장르에 대한 새로운 접근이었다고 생각해요. 2000년대 이후의 중요한 작품들을 많이 편집하셨는데 과거의 장르 관행에 대해서 어떻게 느끼셨고, 그에 대해 어떤 도전을 하셨나요?

저는 아주 심플했어요. 예고를 나왔기 때문에 저도 프랑스문화원에서 마야 데런의 댄스 필름도 보고 〈시민 케인〉(1941)도 보고 세계 영화사에 나올 법한 고전 영화들도 봤지만, 결국 저희 세대는 〈건담〉(1979~), 〈ET〉(1982), 〈터미네이터〉(1984~) 같은 할리우드 영화를 보면서 성장했잖아요. 〈싱글즈〉를 작업할 때 저의 미션은 딱 하나였어요. '왜 한국 영화는 대사가 다 끝나고 나서야 컷이 바뀔까? 외국 영화는 대사 중에 막 바뀌는데. 음, 나는 이것이 데뷔작이자 유작이 될 테니 그냥 대사 중간에 컷을 바꿔보자.' 저는 데뷔가 빨랐기 때문에 저희 세대가 관객의 메인 타깃층이었어요. 그러니까 저는 저한테 재미있는 영화를 만들면 됐던 거예요. 할리우드 영화를 보면서 성장했고, MTV에도 노출되고, 저는 또 미국 드라마를 좀 일찍 접했기 때문에 그런 것들의 영향이 작용했죠. '외국 영화들은 스릴러도 이렇게 액티브하네? 그냥 그런 것들을 하면 안 돼?' 이렇게 생각했기 때문에 편집 스타일도 내가 재미있고, 나한테 익숙한 쪽으로 하게 된 거죠. '내가 재미있으면 관객도 재미있어'라는 생각에 철저했어요. 물론 슬럼프는 있었어요. 30대 후반쯤에 '아, 이제 나도…… 감이 안 되는구나. 요즘 아이들은 이런 걸 좋아하지 않는구나'를 깨달았죠. 그래서 본질로 돌아가는 걸 고민하게 된 거고요.

신
민
경

황수아 감독님의 〈우리 집에 왜 왔니〉(2009)라는 작품에서 그 고민을 굉장히 많이 했어요. 그 작품이 이국적인 분위기가 있거든요. 그런데 감성 자체는 굉장히 한국적이에요. 또 리듬감은 뮤직비디오 같은데 이야기는 그렇지 않고. 그래서 '그냥 감으로 만드는 시대는 끝났구나. 좀 더 정제해야겠다'라는 생각이 들었어요. 최근에 했던 작품 중에는 〈완벽한 타인〉이나 〈82년생 김지영〉도 그랬지만, 특히 고민을 많이 한 작품은 〈생일〉이에요. 얘기 자체가 너무 무겁잖아요. 그 작품을 하면서 '함부로 만들면 안 되겠구나' 하는 생각을 새삼 했지요.

한국 영화의 장르적 관습에 도전하면서 감각적이고 재미있는 방식으로 편집하던 것에서 더 정제된 방식으로 옮겨가는 과정을 겪고 있다는 말씀으로 들리는데요. 과거에는 나한테 재미있는 것을 추구했다고 한다면, 지금은 그 재미를 대체할 만한 작업 원칙이 무엇일까요?

이 장면, 이 이야기가 정말 필요한가? 신이 백 몇 개가 있고, 그것이 계속 흘러가는데 이 신이 이 인물의 무엇을 표현하는가? 이 신이 없을 때, 이 컷이 없을 때 관객이 전혀 다른 이야기로 느끼지 않는다면 그건 필요 없는 것이 아닌가? 이런 고민이 중심이 되었죠.

편집의 원칙이 재미든 필요든 간에 감독님하고 의견이 다를 수 있잖아요. 감독님과의 협업은 어떻게 진행하세요?

예전에는 우기거나 싸우기도 많이 했어요. 지금은 좀 달라진 게 결국 영화의 책임자는 감독이거든요. 물론 저도 연대 책임이 있지만 배우들과 감독이 제일 책임을 많이 질 거예요. 그래서 요즘에는 세 번 정도 얘기를 하죠. "진짜 괜찮으시겠습니까?" 그렇게 질문을 하고, 감독이 고민 끝에 결정을 내리면 그 후에는 얘기 안 해요. (같이 웃음) 그런데 감독들도 제 의견뿐 아니라 연출부나 제작사, 투자사의 의견을 듣고 심사숙고하니까 사실 그렇게 부딪칠 일은 없어요. 우리에게는 모니터라는 양날의 검 같은 도구가 있으니까 그걸 잘 활용하면 결과를 미리 확인할 수 있잖아요. 그러니까 투자사에서 아침부터 편집실에 들이닥쳐서 문 열어달라고 하는 그런 불미스러운 사태는 거의 없다고 볼 수 있죠. (같이 웃음)

한 번 있었어요. 아마도 러닝 타임 문제였겠죠. 뭐, 지루하다거나 그런. 저는 문을 안 열었어요. (같이 웃음) 실제로 다른 스케줄이 있었고.

그런 외적인 문제들 있잖아요. 예컨대 등급 판정이나 러닝 타임 때문에 투자사에서 압박을 하는 일도 있나요?

저는 그런 일은 겪지 않은 편이에요. 투자사에서 편집실에 찾아오거나 하는 일도 없고요. 작업 과정에서 대화를 충분히 하고 마지막에 확인하는 정도예요. 제일 많은 제약이 따르는 부분은 '19금' 문제죠. 15세 관람가냐 아니냐에 따라서 시장 규모가 달라지니까 그에 대해서는 저도 할 말이 없죠.

편집하실 때 15세 관람가에 맞추기 위한 가이드라인 같은 게 혹시 있나요? 예컨대 폭력이나 노출은 어디까지 된다든가.

노출이 정말 필요한가? 폭력도 정말 필요한가? 이것이 캐릭터나 감성에 도움이 되는가? 이 부분을 제일 중요하게 생각하죠. 그다음에는 예산 규모에 따라 손익분기점이 달라지니까 그걸 고려해서 편집을 해요.

과거에, 그러니까 권위주의 정권 시절이던 1970~80년대의 검열시행세칙 같은 걸 보면, 예컨대 노출 장면에서는 유두가 나오면 안 된다거나 그런 거 있었잖아요. 15세 관람가를 지키려면 그런 식으로 뭐는 들어가면 안 된다 같은 가이드라인이 혹시 있나요?

그런 건 없는 것 같아요. 어떨 때는 살짝 보여도, 예를 들어 〈타짜〉의 아름다우신 그 배우님의 뒷모습은 원래 콘티에는 없던 거거든요. 감독님이 현장에서 만드셨는데, 그것이 저는 되게 아름다웠어요. 폭력도 그런 것 같아요. 이게 불쾌한 폭력인지 아닌지, 노출도 이게 관음증에서 멈추는 것인지 아니면 필요한 표현인지. 그게 가장 큰 기준이죠. 잔인한 것도 노출도. 네! (같이 웃음)

신필름 편집실에서 일했던 양성란 선생님하고 인터뷰한 적이 있는데, 선생님 말씀이 신상옥 감독님은 영화를 개봉하고 나서도 뭔가 포기를 못 해서 편집기사를 계속 극장에 보냈다는 거예요. 감독님의 지시대로 필름 프린트를 잘라 붙이려고 극장을 하도 자주 드나드니까 극장 사람들이 자기 얼굴을 다 알았다고 하시더라고요.

프린트를? 와, 대단하시다. 완벽주의자시구나.

네. 나중에 북한 갔다 오시고 난 다음에도 한국영상자료원에 있는 (작은 소리로) 자기 영화를 가져다가 또 편집하기도 하셨다고 들었어요. 아카이브에 들어간 것을 그렇게 하면 안 되는 거거든요.

그렇죠. 그 당시의 기록이니까. 그래도 존경할래요. 전 존경할래요. (같이 웃음) 완성도에 대한 그 대단한 집념.

신상옥 감독님도 그렇고, 감독님의 스승이었던 최인규 감독님도 그렇고 편집에 그렇게 집착을 하셨다고 해요. 그런 일화가 많이 전해지는데, 혹시 같이 작업했던 감독 중에서 그런 분이 있었나요?

다 그렇죠. 감독들이 편집에 집착할 수밖에 없는 게 이게 최종 언어의 정리거든요. 윤제균 감독님도 한 열 번쯤 'A로 갔다 B로 갔다, A로 갔다 B로 갔다' 하셨고, 최동훈 감독님도 1차 편집 때 "아, 이건 아니야!" 이랬다가 다시 또 돌아갔다가 하셨어요. 그런데 사실 편집의 과정이란 게 'A일 것 같아. 아니야, B일 것 같아'를 막 왔다 갔다 하다가 A에 조금씩 B가 섞이고, 거기서 또 C가 나오고, 다시 B로 가서 A가 섞이고 이렇게 하다가 최종적으로 좁혀지는 것이기 때문에 자연스럽다고 봐야죠. 그런 면에서 모든 감독님이 다 똑같은데요. (웃음)

아, 그런가요? 보통 편집에는 어느 정도의 시간이 주어지나요?

요즘의 작업 방식과 예전의 작업 방식이 다른데요. 예전에는 찍으면 바로바로 편집해서 촬영 끝나고 2주 안에 1차 편집 끝. 그다음에 다시 붙어서 하는 방식이었는데 최근에는 이 방식에 회의가 생겼어요. 왜냐면 순서대로 찍는 게 아니니까 '이 앞의 신이 어떻게 찍힐지 모르는데 이걸 내가 편집해놓는 게 맞아?'라는 생각이 들었거든요. 그래서 제작사와 투자사는 싫어하지만 다 찍을 때까지는 촬영분만 보고요, 엔딩까지 다 찍고 한 달에서 두 달 사이에 1차 편집본을 정리해요. 〈살인자의 기억법〉 같은 경우는 1차 편집만 거의 3개월이 걸렸어요. 보통 1차가 나오고 나서는 감독이 생각한 것과 비슷하면 정리가 빠르고, 다르면 시간이 늘어나고 그렇죠. 어떨 때는 "감독님 버전을 한번 만들어주세요. 볼게요" 하기도 하고요. 작업을 나눠서 하기도 하고, 같이 하기도 하고. 그건 감독마다 조금씩 달라요. 최동훈 감독님은 1차 나오고 나서 같이 만드는 스타일이시고, 1차를 같이 보고 감독이 지적해주면 저 혼자 2차를 만드는 경우도 있고, 1차를 아예 각자 만드는 방식도 있고요. 그런 경우는 제가 만든 1차와 감독이 만든 1차를 보면서 장단을 확인해서 바로바로 뽑기도 하죠.

그렇구나. 그렇게 각자 1차 편집본을 만들었던 작품은 어떤 게 있었어요?

〈7년의 밤〉(2018)의 추창민 감독님도 그랬고, 〈더 킹〉의 한재림 감독님도 그랬고, 〈국가 부도의 날〉도 그랬고요. 영화사 집이 제작한 영화는 그렇게 각자 만드는 편이었어요. 사실은 같이 만드는 감독님이 더 적어요. 말하는 것보다는 그냥 각자 해서 보는 게 빠르니까. 어릴 때 같이 시작한 감독님들 중에는 같이 만드는 분들이 많았고요.

노동 환경과 플랫폼의 변화, 여성 영화인의 과거와 미래

2000년대 이후 기술적 변화뿐 아니라 산업적 변화도 컸잖아요. 기술적 변화는 지금까지 쭉 말씀해주셨는데, 산업의 변화에 따른 노동 환경의 변화는 어떻게 느끼셨는지요?

지금은 많이 좋아지긴 했는데, 후반 작업 쪽은 아직 개선되어야 할 게 너무 많아요. 표준근로계약서가 도입되면서 현장은 계약의 주체가 개인이 되었지만 후반 작업은 여전히 하청업체 구조이기 때문에 사실은 좀 힘들죠. 저는 조수들도 제작사가 직접 계약하는 게 맞다고 생각하거든요. 저희는 편의상 개인 사업자 구조를 갖고 있지만 사실은 개인이 움직이는 거고 정산만 그렇게 할 뿐인데, 이게 회사 계약으로 가니까 후배들한테도 저한테도 좋지 않아요. 후반 작업, 그러니까 편집, CG, 녹음 같은 분야는 앞으로도 바뀌어야 할 부분이 많아요. 그래도 현장이 변했으니까 후반 작업 쪽에도 변화가 분명히 오겠죠. 어쨌든 좋은 방향으로 나아가고 있다고 생각해요. 일할 때 시간 약속 철저하게 지키고 비용 제대로 지불하면 머지않아 '워라밸' 하는 삶으로 갈 수 있겠죠. 저도 적어도 조수들한테는 야간 근무 안 시키려고 해요. 해야 한다면 제가 직접 하는 편이고요. 그게 안 되면 추가 비용을 받아내서 조수들한테 주거나. 그럴 수 있는 문화가 조금씩 생겨서 다행이에요. 아마 후반 작업 쪽도 2~3년 안에 어떤 변화가 있지 않을까요? 제발 좀 그랬으면 좋겠다. (같이 웃음)

영화 산업에 주 52시간 노동이 적용되면서 변화가 많은가요?

저는 없고요, 저랑 같이 일하는 후배들은 있죠. 칼퇴근을 시키니까요. 물론 작품별로 두세 번 정도는 추가 근무를 할 수도 있지만, 그럴 경우에는 탄력적으로 어떤 날을 잡아서 따로 쉬게 해요. 일을 맡기러 오시는 분들도 "우리 직원들은 6시 이후에는 절대 안 됩니다. 무슨 일이 있어도 퇴근시킵니다"라는 말에 다 동의하세요. 오시는 분들의 마인드가 1, 2년 사이에 급격하게 바뀌었어요. 그래서 좀 행복하죠, 이제는. (같이 웃음)

플랫폼이 다양해지면서 영화를 보는 방식도 각기 다르다고 하셨는데, 그와 같은 매체 환경의 변화가 편집 작업이나 나아가 영화라는 장르에 어떤 영향을 미칠 거라고 생각하세요?

다양성이 확대된다고 해야 하나? 넷플릭스가 나오면서 배급망이 엄청 복잡해졌잖아요. 넷플릭스는 전 세계를 상대하는 플랫폼이에요. 그래서 산업이 급격히 세계화됐죠. 예전에도 한류 때문에 일본 사람이 한국에 와서 영화를 보기는 했지만, 그건 팬덤이 오는 거지 일반적인 건 아니었죠. 저기 미국에 있는 존슨이 갑자기 극장에 와서 내 영화를 볼 수 있는 건 아니잖아요. 그런데 넷플릭스는 그렇게 만들 수 있는 거고요. 사실 영화뿐만 아니라 모든 문화 산업이 세계로 가고 있으니 그것이 좀 무섭기는 해요. 나라마다 각기 다른 정서가 있는데, 전 세계가 통합되니까 '우리는 빅브라더의 세계에 살고 있나'라는 생각이 들 때도 있어요. 한국적인 것이 세계적인 것이라고 쉽게 이야기하지만, 한편으로는 '이건 외국 영화에서나 먹혀'라고 하는 게 분명히 있어요. 그런 것들을 넷플릭스를 통해서는 할 수 있으니까 그 다양성이 굉장히 설레기는 해요. '시장이 넓어지니까 사람들의 취향이 다양해지겠네. 넓어진 시장에서는 조금 더 자유롭지 않을까? 어쩌면 한국 영화도 그렇게 할 수 있지 않을까?' 이런 생각을 해보는 거죠. 예전에 데이비드 핀처의 〈파이트 클럽〉(1999)이라는 영화는 홍콩 버전, 오스트레일리아 버전, 미국 버전 다 다르게 만들었거든요. 우리도 그렇게 가야 하지 않을까 하는 생각도 해봐요. 중국 버전, 한국 버전, 미국 버전 따로요. 물론 지금도 심의 때문에 중국 버전은 따로 만들기도 하지만, 이제는 상업적인 플랫폼에서도 그렇게 작업해야 할 시기가 된 것 같아요. 저는 그런 게 좀 기대가 되죠.

여성 영화인의 역사를 보면, 이름을 남기지 않은 스크립터를 제외하고는 편집 쪽이 여성이 가장 많이 활동했던 분야였어요. 여성 편집기사의 계보에서 가장 위쪽에 있는 이경자 선생님 밑에서 배우셨고, 또 2000년대 이후 한국 영화의 대표작들을 많이 편집하셨는데요. 영화계에서 여성으로 살아가는 것은 어떤가요? 또 선배나 후배, 동료 여성 영화인들에 대해서 느끼는 감회랄까, 하고 싶은 말이랄까 그런 게 있다면요.[4]

저는 사실 인류를 '사람 그리고 영화인'으로 규정해서 여성, 남성 안 따지고 작업하기는 해요. 그렇지만 여성으로서 영화계에서 일해온 시간을 돌아보면, 정반합이 잘되었다고 할까 그런 면이 있어요. 근래에 여성 감독이 많이 늘어났지만 여전히 남성 감독이 많은데, 각 분야에서 활동하는 여성 스태프들이 중요한 역할을 할 수 있다고 생각해요. 영화 산업 안에서 여성 관객의 지위도 상당히 높거든요. 예를 들어 시선의 문제와 관련해서 보면 여성들만이 알 수 있는 지점이 있어요. 이렇게 관음증적인 시선이 정말 필요한가라는 질문을 하면서 매체 안에서 여성이 재현되는 방식에 문제 제기를 할 수 있거든요.

---

4   여성 스태프를 찾아보기 힘들었던 영화사 초창기부터도 편집은 여성이 많이 진출하던 분야였다. 식민지 시대부터 편집 일을 시작해서 1960년대 초까지 활동한 김영희와 1950년대 편집기사로 데뷔하여 2000년대까지 일했던 이경자, 그리고 1960년대에 신필름 전속 편집기사로 활동했던 양성란 등이 그 선구자들이었다. 1990년대 이후에는 박곡지, 경민호, 남나영, 신민경, 김선민에 이르기까지 많은 여성 편집기사들이 한국 영화사의 대표적인 작품들을 편집해왔다.

237

2000년대 이후의 한국 영화는 대체로 남성 장르가 이끌어왔잖아요. 그에 대해서 비판적인 이야기도 많이 나왔고요. 이번에 여성 영화인 인터뷰를 하면서 이런 생각을 하게 됐어요. 흔히 남성의 장르라고 이야기되는 영화들의 제작 현장에서 굉장히 많은 여성이 거의 동등하게 노동을 해왔는데, 연출 이외의 영역에서는 그 역할이 좀 폄하되어왔던 것 아닌가. 예를 들어 류성희 미술감독님은 "자신의 여성성을 믿는다. 다른 감수성이 작품에 기입될 거라 생각한다"라고 말씀하시더라고요. 그분의 작품들을 보면서 그 말씀에 공감이 되기도 했고요.

신
민
경

네, 맞아요. 실제로 편집 과정에서도 그런 점이 있어요. 마케팅하는 분들 중에도 여성이 많고, 여성 제작자 분들도 많잖아요. 저도 "요즘은 여성에 대해 이렇게 표현하시면 안 돼요" 같은 말 진짜 많이 하는데, 남성 감독들이 많이 물어보시기도 해요. "이거는 괜찮아? 이런 표현은 어때?" 뭐 이렇게. 그런 점에서 정반합이 잘 이루어지는 면이 있죠. 〈생일〉이랑 〈82년생 김지영〉은 여성 감독님이랑 했는데 진짜 너무 행복했어요. 말하지 않아도 알고. (같이 웃음) 저는 한국 영화가 균형점을 잘 찾아가고 있다고 봐요.

영화 마케터
마케팅 대행사 앤드크레딧 대표

박혜경

마케팅은 본질에서 출발해
가장 예쁜 얼굴을 찾는 것

광고회사에서 일하다가 영화라는 꿈을 좇아 뒤늦은 나이에 영화사 봄에 입사했다. 입사한 직후인 2003년 〈장화, 홍련〉과 〈스캔들: 조선남녀상열지사〉의 마케팅을 진행하면서 영화의 본질이 가진 힘이 마케팅의 진정한 자산이라는 것을 알게 되었다. 2009년에는 영화 마케팅 대행사인 앤드크레딧을 설립했고 〈마더〉, 〈신세계〉(2013), 〈설국열차〉(2013), 〈도희야〉(2014), 〈밀정〉(2016), 〈아수라〉(2016), 〈택시운전사〉(2017), 〈기생충〉 등 한국 영화사에 남을 중요한 영화들의 마케팅을 해왔다.

"〈기생충〉은 스포일러 때문에 정말 머리를 쥐어뜯어가며 고민했어요. '최소를 보여주되 훅을 걸면서 이상한 영화다'까지 보여줘야 했어요. 봉준호 감독님 영화는 일하기에 재미있는 게 언제나 새 과제거든요. 같은 영화를 한 번도 안 만드니까. '이제부터 새로운 미션, 새로운 장르다. 심지어 장르가 없어. 규정할 수 없어' 뭐 이런 거죠. 가릴 것은 가리면서 알릴 수 있는 건 본질에 맞게 최대한 알려야 하는 게 보도자료인데, 그럴 때 배우나 감독, 스태프의 생각을 듣는 게 정말 중요해요. 〈기생충〉 보도자료는 그에 입각해서 썼어요."

영화 일을 어떻게 시작하게 되셨나요?

저희 세대는 텔레비전에서 하던 〈명화극장〉, 〈주말의 명화〉, 〈토요명화〉를 통해 영화를 봤는데, 그때부터 영화가 좋았어요. 영화랑 만화가 삶의 엔진이었죠. 어릴 때부터 취향은 확실했던 게 히치콕 영화는 좋아했는데 로맨스영화는 안 좋아했어요. 영화 관련 일을 해보고 싶다는 꿈은 있었지만, 제 주제 파악은 확실히 하고 있었죠. 우리 집이 그런 예능적인 것을 할 수 있는 집구석이 아니라는 거. 일단 그건 금전적인 거고, 그다음에 재능도 그렇고요. 제가 그리 크리에이티브하지 않다는 걸 아주 어릴 때 깨달았어요. 학교를 졸업하고는 먹고살아야 하니까 입사 원서를 여기저기 아무 데나 다 냈어요. 한 70군데 떨어졌을 거예요. 그러던 중에 어떤 광고회사가 당시로는 이례적으로 이력서에 학력, 전공 같은 것을 못 적게 했던 거예요. 거기에 자기소개서를 내고 필기 전형을 거쳐서 면접 보고 붙었어요. 그런데 도저히 꿈이 포기가 안 되더라고요. 그때 제가 결혼을 해야 하는 것도 아니고, 딱 저만 살면 되는 거였거든요. 그래서 한겨레문화센터에서 하는 심산 선생님의 시나리오 강좌를 들었는데, 그 무렵에 영화사 봄에서 신입을 뽑는다는 얘기를 듣고 미친 척하고 지원서를 냈죠. 사실 제가 그 분야를 생각했던 것은 아니었어요. 편집을 굉장히 해보고 싶었거든요.

영화 편집이요?

예. 고등학교 때 봤던 올리버 스톤의 〈살바도르〉(1986)라는 영화가 있는데, 편집이 대단한 일을 해낸 것 같았어요. 그게 그렇게 좋아 보이더라고요. 그런데 그 꿈은 따라갈 수 없었죠. 먹고살아야 하는 상황이었고, 편집에 대해서는 배운 것도 없고……. 그래서 그나마 정직원이고, 배운 도둑질의 연장선상에 있는 영화 마케팅을 시작한 거예요. 오정완 이사님 아니었으면 영화 쪽으로 못 왔겠죠. 실장보다 나이가 많은 사람을 그 아래로 받은 거니까. 제 직속 상관이 변준희 실장님이었는데, 그분이 저보다 어렸거든요.

1990년대가 대중문화와 문화 담론이 폭발하던 시기잖아요. 그때는 영화계에 들어오시기 전이었을 것 같은데, 당시의 문화적 경험 중에 기억할 만한 것이 있다면요?

김광석 씨 돌아가셨던 거? 그때는 사무실에서 담배를 피울 때였는데, 차장님이랑 둘이 회사에서 창밖을 보면서 담배 피우던 기억이 떠오르네요. 또 한국 영화가 기지개를 켠다고 해야 되려나? 〈해피엔드〉, 〈접속〉, 〈박하사탕〉 이런 작품들을 회사 선배들이랑 극장에서 봤던 기억이 나요. 배창호 감독님 영화만 보며 크다가 한국 영화에 본격적으로 관심을 가진 시기였어요. 이명세 감독님 영화들도 있었죠. 저한테는 〈개그맨〉(1988)이 되게 충격적이었거든요. '이렇게도 영화를 만드는구나.' 그리고 '배창호 감독님이 연기를 저래 잘했네' 하고 깜짝 놀랐던 영화였죠. 그 한쪽에 정말 이상한데 재미있고 새로운 영화를 내놓는 장선우 감독님도 계셨고요. 이창동 감독님의 〈박하사탕〉은 진짜 엄청난 충격이었어요. 그때는 자리가 없어도 극장에 넣어줬잖아요. 〈박하사탕〉을 서서 울며불며 봤던 기억이 나요, 코아아트홀에서. 또 기억나는 건 일본 영화가 수입되기 시작한 것. 제가 미야자키 하야오 애니메이션을 너무너무 좋아하거든요. 그때 불법 비디오 팔러 다니는 아주머니가 계셨어요. 회사가 시청 앞에 있었는데, 거기 각 부서를 돌면서 접수를 받으셨죠. 그러다가 일본 영화 수입이 개방되면서 구로사와 아키라 영화가 들어오고, 〈나라야마 부시코〉(1982)가 들어오고, 미야자키 하야오 영화가 개봉하기 시작했어요. 〈바람계곡의 나우시카〉(1984), 〈이웃집 토토로〉(1988) 이런 거.[1]

영화의 본질이 마케팅의 출발

영화사 봄에서 마케팅한 작품은 뭐가 있나요?

첫 작품은 〈쓰리〉(2002)라는 옴니버스 영화였고, 그다음은 〈장화, 홍련〉이었어요. 제가 운이 참 좋았어요. 2003년에 한국 영화가 워낙 다이내믹했는데 그중에

---

[1]   1945년 해방 이래로 영화를 포함한 일본 대중문화는 수입이 금지되었다. 한일협정이 체결된 1960년대 중반을 전후하여 일본 대중문화 수입 개방에 대한 논의가 이루어지기도 했으나, 식민지배에 대한 국민 감정과 일본 영화의 시장 잠식에 대한 우려 때문에 반대 여론이 높았다. 1998년이 되어서야 일본 영화 수입이 시작되었는데, 처음에는 국제영화제 수상 작품 위주로 수입이 허가되었고 2004년까지 4차에 걸쳐 점진적으로 시장이 개방되었다.

서도 〈장화, 홍련〉과 〈스캔들: 조선남녀상열지사〉를 경험했거든요. 제작사에서 마케팅 일을 시작한 덕분에 시나리오 리뷰부터 영화 제작의 전 과정을 볼 수 있었어요. 그때는 현장에도 많이 갔었기 때문에 '아, 영화 만드는 일이 이렇게 돌아가는구나'를 알게 됐죠. 열정이라고 해야 될지, 헌신성이라고 해야 될지. 그게 제일 높은 게 영화 같아요. 사실 엄밀히 따지면 영화는 감독의 것인데, 현장이 내뿜는 기운 같은 게 있더라고요. 좋은 영화가 태어나는 순간들을 옆에서 지켜보면서 '마케팅이라는 게 이 사람들이 집단으로 창작해낸 것을 예쁜 얼굴로 세상에 나가게 하는 참 보람 있는 직업이구나'라는 것을 느꼈죠.

2003년은 한국 영화가 폭발하듯 터져 나오던 해였죠. 〈살인의 추억〉 나오고 〈올드보이〉도 나오고.

그해가 끝내줬어요, 정말. 〈지구를 지켜라〉를 보고 나왔을 때의 충격. 그리고 세상에! 한 달인가, 두 달인가 후에 〈살인의 추억〉이 개봉을 하는 거예요. 그 후로 한동안은 우리가 맡은 영화 하느라고 맛이 가 있었죠. 〈장화, 홍련〉이 6월 13일에 개봉했으니까. 11월에는 〈올드보이〉가 턱 하니 나오고.

〈스캔들〉이나 〈장화, 홍련〉은 그중에서도 특히 개성이 강한 영화였어요.

그렇죠. 좀 이종이죠. 〈여고괴담〉 말고는 양산형 기획 공포영화밖에 없던 상황에서 〈장화, 홍련〉은 호러의 길을 다른 쪽으로 터버렸으니. 깜짝 놀라게 하고 '소름 끼쳐. 무서워' 하는 원초적인 감정만을 자극하는 게 아니라 소녀들의 성장사에 슬픔이 녹아들게 했죠. 또 되게 예뻤잖아요.

공포영화들이 대체로 B급이었는데 그 영화는 고급스러웠죠.

당시 제작비가 27억이었나 그랬고, 무모한 캐스팅이라는 얘기를 들으며 시작한 영화예요. 그때 변준희 실장님 빼고는 시작한 지 얼마 안 된 친구들이었는데, 오정완 이사님이 "들어오자마자 이렇게 흥행작 만나기가 쉬운 줄 아냐? 너네 복 받은 줄 알아라"라고 하셨어요. 사실 그 영화가 객관적인 조건은 그리 좋지 않았어요. 문근영 씨 빼고는 스타가 없었거든요. 염정아 씨도 당시에는 산업에서 환영받는 캐스트 리스트에 있는 분이 아니었고, 임수정 씨는 거의 초기였거든요. "아니, 여자애들 나오고 이게 되겠어?" 다들 그랬단 말이에요. 그랬는데 영화가 서서

"우리 집에 놀러오쳬요"

장화, 홍련

〈조용한 가족〉 김지운 감독의 두번째 '가족괴담'

히 올라가는 걸 지켜보면서 영화의 본질이 가진 힘이 마케팅에서 가장 중요한 자산이라는 걸 알게 됐어요. '마케팅이 이런 일을 할 수 있구나'를 깨닫게 된 작품이죠. 특히 포스터 반응이 정말 좋았어요. 처음 아이디어를 냈을 때는 사람들이 "어머, 어떻게 지저분하게 잠옷에 피를 뿌리니?" 막 이랬거든요. (같이 웃음) 오형근 선생님이 사진을 찍으시는데, 피를 계속 더 뿌리라고 하시더라고요. 일반 시사할 때는 10대 여학생들의 반응이 정말 뜨거웠어요. 관객들이 정확하게 반응을 하는데 그게 얼마나 행복했는지 몰라요. 그래서 감독님한테 전화를 걸어서 "감독님, 극장 안이 롤러코스터예요. 오, 신기해요. 이런 거 처음 봤어요"라고 말씀드렸죠. 300만 명이 들었으니 당시로서는 흥행작이었는데 평론가들의 평은 굉장히 안 좋았어요. 그게 김지운 감독님 영화의 특징이에요. 낯선 것을 먼저 보여주다 보니까. 작품에 대한 평가는 결국은 관객이 완성한다는 말의 의미도 그때 알았고요. 〈스캔들〉은 스티븐 프리어스 감독의 〈위험한 관계〉(1988)를 가져온 건데 단순 리메이크가 아니라 조선시대의 맥락에 맞게 옮겨오고 재창조하는 과정이 재미있었어요. 약간 도발적인 게 재미있는 것 같아요. 콘텐츠가 새롭고 도발적이면 사람들이 더 좋아한다는 걸 알았죠. 마케터가 관객을 재단하면 안 된다, 관객이 훨씬 똑똑하고 새것에 민감하다는 생각을 많이 했어요. 어쨌든 그렇게 해서 시작은 하게 된 거죠.

영화 마케팅 환경의 변화

제가 1995년에 영화사 백두대간에서 타르코프스키의 〈희생〉을 개봉하는 일을 했거든요. 그때만 해도 신문 광고, 지하철 광고, 그리고 평단의 평가가 중요했던 기억이 나요. 그런데 2000년대 넘어오면서는 많이 바뀐 것 같아요. 매체도 달라지고, 평론의 비중도 달라지고. 2000년대 마케팅에 대한 이야기를 해주시죠.

2000년대 초에는 『씨네21』, 『무비위크』, 『씨네버스』와 같은 일련의 영화지들이 있었고, 그 밖에 스포츠지, 일간지를 대상으로 홍보를 하면 됐어요. 그때는 온라인으로 자료를 전송하는 게 활성화된 시기는 아니라서 보도자료를 뽑고, 사진을 두세 장 정도 클립에 끼워서 회사 봉투에 넣어 언론사에 보냈죠. 저희 팀이 다섯 명이었는데, 언론사의 위치와 각자의 주거지를 고려해서 가져다줄 곳을 나눴어요. 저는 집이 신대방동이라서 목동에 있던 『스포츠조선』하고, 영등포 넘어와서 『스포츠서울』에 가져다주고 그랬죠. 그때는 스포츠지가 중요했고 일간지, 특히

'조중동' 기자님들이 갑 중의 갑이었지요. 예고편 잘 만드는 게 무척 중요했고요.

박
혜
경

그때는 촌지 관행은 없어졌을 때인가요?

암암리에 있었을 수도 있어요. 저희는 안 하는 회사였으니까. 오정완 이사님이 그런 꼴 못 보는 스타일이라. "나 쓸 돈도 없는데 왜 기자들한테 돈을 줘야 돼?" 그 러셨어요. 기자들한테 선물은 했어요. 명절에 개봉작이 있을 때 지갑을 사서 드 린 적은 있죠.

예전에는 한국 영화 제작사들이 내부에 마케팅팀을 갖고 있었잖아요. 그게 분리되어 투자 사와 제작사, 마케팅 대행사의 관계가 재정립된 것도 2000년대였던 것 같은데 그 과정을 설명해주시죠.[2]

명필름, 싸이더스, 영화사 봄, 좋은영화사 같은 제작사들은 내부에 마케팅 인력 을 데리고 있었어요. 그때는 기획실이라고 불렀는데, 마케팅 업무만이 아니라 시 나리오 개발부터 모든 과정을 같이하는 방식이었죠. 투자사에서 마케팅비를 따 로 받았는데, 마케팅 명가라고 인정받던 명필름이나 봄은 다른 제작사들보다 조 금 더 받았던 걸로 알아요. 투자사들은 진행비를 정산하는 정도의 마케팅 관리만 했어요. 영화 편수도 적었고, 제작자들이 짱짱한 분들이었잖아요. 개성도 강하 지만 생각도 분명하시고, 콘텐츠에 대한 자부심과 자신감도 있는 분들이었고요. 그러다가 투자사가 마케팅 역량을 강화하기 시작한 게 2005년경이었던 걸로 기 억해요. 그때부터 투자사의 목소리가 커지고 제작사의 입지는 점점 줄어들었어 요. 사실 마케팅만 하는 친구들을 제작사가 상주 인력으로 데리고 있기에는 경상 비가 너무 많이 들어요. 그래서 이후로는 제작사가 점점 슬림해졌지요. 지금은 제작사의 정직원이라고는 회계 담당 직원 하나고, 나머지는 프리랜서 프로듀서

---

2   1980년대까지 한국 영화의 제작비를 대는 사람들은 주로 극장 운영을 겸하던 지방 흥행업 자들로 이들은 '전주鐵主'라고 불렀다. 대기업이 영화 산업에 진입한 1990년대부터 투자사 라는 명칭이 생겼다. 처음에는 삼성, 대우, 현대, SK 같은 회사들이 투자사로 진출했는데, 이후 이들이 영화 산업에서 철수하면서 한동안은 투자금융회사들이 그 자리를 대신하기도 했다. 현재는 CJ, 쇼박스, 롯데 같은 회사들이 극장 및 다른 문화 콘텐츠 사업과 함께 영화 산업에도 투자하고 있다. 신씨네, 기획시대, 명필름, 영화사 봄, 좋은영화사 같은 제작사들 이 막강한 콘텐츠 파워를 갖고 있던 1990년대와 2000년대 초까지는 그야말로 '투자'를 하 는 역할에 머물던 이 기업들은 점차 스스로 콘텐츠 역량을 확보하면서 영화 산업에 대한 지배력을 강화하기 시작했다. 2000년대 중반 마케팅을 통제하는 권한이 제작사에서 투자

나 작가들이잖아요. 투자사가 주도를 하고, 마케팅 대행사가 따로 있고, 제작사가 있고. 그런 식의 구조가 그때 막 태동했고 지금은 완전히 굳어졌죠. 그런데 사실 그 힘의 관계는 제작사가 어떤 회사냐에 따라 많이 달라요. 목소리가 큰 감독이나 제작자가 아닌 경우는 투자사가 마케팅을 많이 끌고 가죠. 투자사에 기자들 상대하는 홍보팀을 둔 게 그다음 흐름이에요. 처음에는 기자 상대하는 것도 대행사에 맡겼는데, 이제는 투자사가 직접 하죠. 큰 회사들은요. 예를 들면 CJ, 쇼박스, 뉴 같은 곳은 다 홍보팀이 있어요.

제작사가 슬림해지는 과정이 곧 제작사의 힘이 빠지고 투자사가 장악력을 키워가는 과정 이라고 할 수 있을까요?

한 해에 100편씩 제작에 들어가는 시대가 되면서 그렇게 된 거죠. 제작 편수가 늘어나고 시장이 커지면서 자연스럽게 돈을 쥐고 있는 쪽의 힘이 커졌어요. 시장의 원리라고 할까요. 제가 대행사를 차렸을 때쯤에는 이미 투자사들의 목소리가 많이 커져 있었거든요. 지금은 균형을 찾아가는 과정 같아요. 제작 쪽을 존중하는 마인드가 없지는 않아요. 제작사에 따라, 감독에 따라 많이 달라요.

마케팅 대행사 앤드크레딧은 어떻게 시작하게 되셨어요?

봉준호 감독의 〈마더〉는 제가 개인 자격으로 PT를 하고, 제작사 바른손에서 저를 선택해서 제가 팀을 꾸렸어요. 회사를 차리겠다고 생각했던 것은 아니에요. 제작사 안에서 계약직으로 〈마더〉를 하려고 했는데, 투자사에서 제작사랑 마케팅 계약을 안 하겠다고 한 거예요. 그때가 투자사들이 직접 마케팅을 관리하면서 대행사 시스템으로 넘어가는 과도기였거든요. 바른손의 최재원 대표님이 저더러 개인 사업자를 내라고 하시더라고요. "그거 어떻게 내는 거예요?" 그랬더니

사로 넘어간 것은 그와 같은 변화를 보여주는 예다. 배급사는 완성된 영화를 극장에 배급하는 역할을 하는 곳으로, 투자사 가운데는 극장 운영을 함께할 뿐 아니라 배급사도 겸하고 있는 경우가 많다. 투자사-배급사-극장이 통합되어 있는 이와 같은 독과점 구조 때문에 특정 영화의 스크린 과다 점유가 문제가 되고 있어 영화 산업의 독과점을 규제할 법적 장치들에 대한 논의가 진행 중이다.

세무서에 가면 된대요. 저는 개인 사업자라고 해서 회사 이름 같은 건 없어도 되는 줄 알았어요. 세무서에 갔더니 회사 이름이 뭐냐고 하는 거예요. 근데 없잖아. (같이 웃음) 그래서 그냥 '마더'라고 그랬거든요. 엉겁결에 회사를 차리게 됐는데 그때도 회사를 한다는 생각은 없었어요. 제가 뽑은 친구들하고도 "우리는 헤쳐 모여다" 이러고 시작을 한 거죠. 그런데 〈마더〉를 길게, 진짜 한 8~9개월 했어요. 현장도 20회차 넘게 가고, 진짜 재미있었어요. 그 영화의 엔진이 김혜자 선생님이었으니까, 혜자 선생님한테 완전 '몰빵'을 하면서 고민도 많이 했고요. 시간에 구애받지 않고 일했죠. 그 와중에 어려운 환경에서 찍고 있던 허진호 감독의 〈호우시절〉(2009)이랑 이재용 감독의 〈여배우들〉(2009)까지 맡아서 하고 있는데, 김지운 감독님이 〈악마를 보았다〉(2010)를 들어간다는 거예요. 그렇게 흘러가다 회사가 돼버렸어요. 그러면서 나갈 친구들은 나가고, 그다음부터 뽑는 친구들은 정직원이 되고. 〈호우시절〉 언론 시사를 해야 하는데 명함이 있어야 될 거 아니에요? 그전에는 바른손 사무실에서 일하면서 바른손 명함을 들고 다녔거든요. 〈호우시절〉 언론 시사 일주일 전이었나. 이사하고 나서 앤드크레딧으로 회사 이름을 정하고 사업자 등록을 갱신했죠. 그렇게 된 거예요.[3]

예전에 하던 신문 광고나 지하철 광고는 거의 사라졌지요? 오프라인 매체보다 온라인이 중요해지고.

오프라인 쪽도 여전히 많아요. 디자이너가 죽어나지요. 광고 물량이 너무 많아졌어요. 주요 거점 극장에는 광고가 다 들어가잖아요. 지하철은 스크린도어 위하고 옆, 그다음에 교대역이나 사당역, 강남역 같은 곳의 기둥들, 벽에다 바르는 것, 외벽 광고 등등 별별 매체가 다 있어요. 그런데 온라인이 훨씬 더 드라마틱하게 변해요. 전에는 네이버 모바일이 핵심이었는데 2, 3년 전부터는 유튜브나 SNS 광고가 중요해졌어요. 온라인팀은 정말 죽을 맛일 거예요. 유튜브만 해도 인기 유

3 박혜경은 2004년 민주노동당 천영세 의원의 보좌관으로 잠시 일했고, 다시 영화사 봄으로 복귀하여 〈달콤한 인생〉의 마케팅을 했다. 이후에는 영화사 반짝반짝의 〈천하장사 마돈나〉(2006), 〈헨젤과 그레텔〉(2007), 〈좋은 놈, 나쁜 놈, 이상한 놈〉(2008), 영화사 집의 〈행복〉(2007) 등의 마케팅을 맡았다. 2000년대 후반은 제작사에서 마케팅이 분리되던 과도기였고, 이 시기에 박혜경은 이른바 인하우스 외주 방식으로 여러 영화사를 넘나들며 많은 작품의 마케팅을 진행했다. 그가 현재 운영하고 있는 마케팅 대행사 앤드크레딧의 시발점이 된 영화는 영화사 바른손에서 인하우스 외주 방식으로 작업한 봉준호 감독의 〈마더〉였다.

튜버가 계속 바뀌어요. 예를 들면 어느 날은 피키캐스트가 떴다가 어느 날은 딩고가 떠. 다음 날은 또 바뀌어. 거기다가 계속 새로운 윈도우들이 생기잖아요. 각각에 맞는 광고를 해야 하니까 광고의 툴, 프로그램, 콘텐츠가 다양해지면서 일이 더 많아졌죠.

스마트폰 등장 이후에도 많이 달라졌을 것 같아요.

엄청 달라졌죠. 네이버에 많이 끌려 다녔어요. 동영상 길이도 확 짧아졌고요. 전에는 1분 30초 정도 되는 극장 예고편이 중요했어요. 지금도 긴 것을 만들기는 하지만, 그건 최초 공개 때나 보는 거고 대개는 30초, 15초, 20초 이런 거 보거든요. 주의력을 집중할 수 있는 시간이 굉장히 짧아진 데다가 너무나 많은 이슈들이 쏟아져 나오기 때문에 계속 새 '떡밥'이 나가야 한다는 게 참 힘들죠. (같이 웃음) SNS도 엄청나죠. SNS가 양날의 검이잖아요. 붐업이 되기도 하지만 공격의 대상이 되기도 쉽기 때문에 리스크 관리를 잘해야 해요. 홍보의 윈도우가 넓어진다는 건 그만큼 리스크도 커진다는 뜻이에요. 그 댓글 문화라는 게 영화를 '골'로 보내기가 얼마나 쉬워요. 〈만추〉는 현빈 씨가 엄청 떠 있을 때라서 겨우 개봉할 수 있었거든요. 그 영화는 광고비도 없고 그랬는데, SNS를 통해서 붐업이 엄청 됐어요. 극장 스코어하고 무관하게 붐이 일어나는 영화들이 있어요. 네티즌들이 '화르르륵' 달라붙는 영화들이요.

2020년대 영화 마케팅의 A to Z

요즘은 마케팅 업무가 전반적으로 어떻게 진행되는지 얘기해주세요.

저는 제작사와 밀접하게 일을 하니까 일반화하기 어려운 측면이 있어요. 그냥 저희 팀 스타일로 얘기할게요. 저희 팀은 시나리오 모니터를 충실히 해드리는 편이에요. 영화 산업은 젊은 여성 관객이 '코어 타깃core target'이잖아요. 그렇다 보니 제작사에서 우리 팀 친구들이 시나리오를 어떻게 보느냐를 궁금해들 하세요. 그다음에는 첫 보도자료가 언제 나가느냐가 중요한데, 대개 고사 지내고 시나리오 리딩 사진 담고 그런 형태로 나가죠. 저는 첫 보도자료에 공을 많이 들이는 편이에요. 왜냐하면 영화의 로그 라인log-line, 즉 '어떤 영화고, 어떤 배우가 나오고, 이 영화의 세일즈 포인트, 강점, 매력은 이것이다'를 한마디로 어필해야 하니까요. 매체가 많아지면서 이제는 특정 매체와 적이 되지 않는 게 중요해졌어요. 특히 수요가 높은 영화들 있잖아요. 화제작, 기대작을 할 때는 욕먹지 않으면서 영화의 본질을 잘 드러내는 게 굉장히 큰 미션이에요. 적을 만들면 안 돼요. 기자들도 SNS의 영향을 굉장히 많이 받거든요. 포털에서 조회 수가 얼마 나오느냐에 따라 기자의 고과가 결정되는 시스템이 있는 한 이건 바뀌지 않을 거예요. 첫 보도자료를 쓴 다음에는 이런 걸 하죠. 예를 들면 '이 영화는 현장감이 중요해'라고 판단이 되면 촬영 회차표를 보고 '아, 이 장면 찍을 때 이 부분을 홍보용으로 따로 좀 찍으면 좋겠다' 하고 현장에 가요. 그런 것들을 주도면밀하게 관리를 하죠. 우리는 세팅을 못 하잖아요. 그러니까 세트가 있을 때 찍어야 하거든요. 그때 이미 한 번 콘셉트 회의를 해요. 수많은 윈도우가 있고, 유튜버랑 하는 무슨무슨 콜라보, 웹툰 등등 정말 별별 짓을 다 하거든요. 펭수 데리고 〈천문: 하늘에 묻는다〉(2018)도 하고, 〈백두산〉도 한다잖아요. 그렇다 해도 여전히 제일 중요한 것은 포스터와 예고편 같아요. '포스터가 왜 이렇게 구려? 이 영화 구린가 보다' 하는 즉자적 반응 있잖아요. 저희가 했던 영화 중에도 포털에서 검색하기 부끄러운 것들이 있어요. 그 포스터를 볼 때마다 가슴이 미어져서. (같이 웃음)

개봉 일정이 어느 정도 나오면 콘셉트 회의를 정식으로 하죠. 그때는 전체 대행사가 다 모여요. 대행사들이 어디 어디가 있느냐면 우선 오프라인에서 발로 뛰는 저희가 있죠. '백조의 발'이라고 보시면 됩니다. '영화가 백조고 우리가 발이다' 이렇게 생각하면 제일 편해요. 인스타그램, 포털, 유튜브 쪽 담당하는 분들이 계시는 온라인 대행사, 매체 바잉buying하고 플래닝planning하고 충고해주는 광고 대행사, 그다음으로 옥외 광고 대행사. 여기까지 모여서 다 같이 콘셉트 회의를 해요. 투자사가 키 콘셉트key concept라는 걸 주면 그에 기반해서 제작사까지 참여하는 마케팅 회의를 하는데, 이때 논의가 많이 오고 가요. 카피라든가 시놉시스 같은 기본 텍스트가 어느 정도 정리되면 홍보를 실행하는 액티비티activity 회의를 따로 해요. 그때 "인터뷰는 이 매체와 하고요, 요즘 이 사람이 뜨니까 이 사람하고 하죠. 이 영화는 시사를 많이 하는 게 좋으니까 한 5만 석 할까요?" 이런 것들을 논의하고, "예능에 나가는 게 맞을까요? 배우 분들과는 무엇을 할까요? SNS 아이템은 뭐가 좋을까요?" 등에 관한 회의도 해요. 그다음에는 실행하는 거죠. 제작 보고회가 완전히 정착된 게 2000년대 말 정도인데, 보통 6주~4주 전에 하는 제작 보고회로 본격적인 마케팅이 시작되는 거예요. 그 직전 주에 예고편과 포스터가 처음으로 나가죠, 티저요. 그다음에 언론 시사 하고, 일반 시사 하고, 무대인사 하고……. 이런 툴로 쫙 굴러가죠.

〈기생충〉은 처음에 스틸 사진 몇 장이 공개됐는데, 그것만으로도 영화가 너무 보고 싶더라고요.

아, 그 사진 진짜 힘들게 골랐습니다. 스포일러 안 하는 게 중요한 영화였잖아요. 모르고 봐야 재미있는 영화라서. 그런데 또 영화는 알려야 하잖아요. 남매가 앉아 있는 사진은 처음부터 '아, 이게 첫 사진이 될 수도 있겠다'라는 생각이 들었어요. 감독님도 많이 좋아하셨던 사진이거든요. 모든 작품에서 첫 사진은 굉장히 중요해요. 예를 들어서 〈택시운전사〉는 송강호 선배님이 환하게 웃고 있는 스틸로 갔잖아요. 그게 포스터가 될 거여서 저는 그 사진으로 하지 말자고 했는데 쇼박스가 "상관없다. 이거 하자" 해서 그 스틸이 나갔어요. 영화의 분위기를 압축해서 보여줘야 하고, 또 가장 오래 보게 되는 게 첫 사진이거든요. 그래서 진짜 고심해서 골랐어요. 아무래도 송강호 선배님이 계시면 한 장은 송 선배님 사진이 나가는 게 상식이잖아요? 그래서 그 영화의 성격을 보여줄 수 있는 남매 사진과 송 선배님의 그 이상한, 덜 떨어진 백수 사진과 부잣집 부부 사진, 이렇게 나갔죠.

그 부부 사진도 뭔가 이야기가 있을 것 같아 보였어요.

스토리가 있는 사진을 우선 고르기는 해요. 스틸을 봤을 때 음악이 들릴 것 같다든지, 그냥 정사진인데 여기서 스토리 혹은 다음 동작이 궁금해지면 굉장히 좋은 사진이에요.

〈기생충〉은 포스터도 그랬어요.

아, 포스터는 김상만 감독님이 하셨는데 그분의 아이디어예요. 카피는 저희가 썼지만. 스포일러 때문에 정말 머리를 쥐어뜯어가며 고민했어요. '제시카가 그 집에 과외 선생으로 가는 것까지 까도 되냐'까지 고민을 했으니까. 그래서 좀 재미있는 영화였어요. '최소를 보여주되 훅을 걸면서 이상한 영화다'까지 보여줘야 했어요. 봉준호 감독님이나 김지운 감독님 영화는 일하기에 재미있는 게 언제나 새 과제거든요. 이 두 사람은 같은 영화를 한 번도 안 만드니까. '이제부터 새로운 미션, 새로운 장르다. 심지어 장르가 없어. 규정할 수 없어' 뭐 이런 거죠. 마케터들은 메이킹 인터뷰도 중요하게 생각해요. 가릴 것은 가리면서 알릴 수 있는 건 본질에 맞게 최대한 알려야 하는 게 보도자료인데, 그럴 때 배우나 감독, 스태프의 생각을 듣는 게 정말 중요해요. 〈기생충〉 보도자료는 그에 입각해서 썼어요. 구라는 안 쳐요. 그건 전 업계가 그럴 거예요. 구라 쳐봤자 SNS 시대라 개봉하면 하루 만에 끝나요, 진짜.

그런데 그 본질이라고 하는 게 결국은 영화에 대한 이해도 같은 건가요?

그렇죠. 이 사람들이 말하고자 하는 바가 무엇인지, 이 영화의 장점은 무엇인지를 전달하는 거죠. 그게 가장 중요한 것 같고, 또 좀 새로운 것? 예를 들어서 〈기생충〉 포스터가 좋다고 하셨잖아요. 그것도 사실 그 설정이 골 때리잖아요. 눈 가린 것도 그렇고, 다리가 나와 있고. 새로우면서도 〈기생충〉의 본질과 어긋나지 않잖아요. 시각적으로도 뛰어나고. 그런 걸 하면 되는 것 같아요. 포스터, 예고편이 정보만 전달하는 것은 아니라고 생각하거든요. 다른 예를 들면 〈범죄와의 전쟁: 나쁜 놈들 전성시대〉(2011)도 굉장히 좋아하는 포스터예요.

그 포스터 진짜 재미있어요. (웃음) 인물들이 앞으로 걸어 나올 것 같아요.

그게 실제 스틸이니까 힘이 있는 거거든요. 연출해서 찍은 게 아니에요. 거들먹거리면서 이상한 바지에, 분장에…… 촌스러우니까 새로웠던 건데 그렇다고 그게 격이 떨어지지 않잖아요. 사람들은 그런 걸 좋아한다고 생각해요.

마케팅이라는 게 감각적으로 현재를 따라가야 하는 일이잖아요? 나이가 들면서 그런 면에서 어려움은 안 느끼세요?

저는 예능을 아예 안 봐요. 할 게 얼마나 많은데 내가 지금 저 사람들 나와서 떠들고 있는 걸 봐야 하나 싶죠. 물론 트렌드에 대한 강박이 없다고 할 수는 없어요. 하지만 SNS를 '눈팅'만 해도 대충 알 수는 있는 것 같고, 또 저 혼자 하는 일이 아니잖아요. 우리 회사 친구들이 있으니까. 저는 주로 본질에 대한 고민을 하면 된다고 생각해요. 매체 환경의 변화는 자동으로 따라가게 돼 있더라고요. 트렌드를 따라잡는 문제보다는 오히려 너무 늘 하던 대로만 하는 거 아닌가 고민될 때가 있어요. 예를 들면 〈설국열차〉를 할 때는 새로운 아이디어를 많이 시도했거든요. '요즘 나는 그렇게 새로운 걸 하고 있나?' 이런 생각이 들기도 해요.

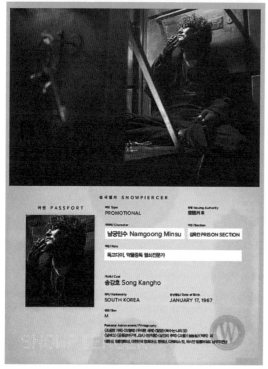

박혜경

탑승권 이벤트가 정말 재미있었어요. 사실 아무것도 없이, 뭘 줄지도 모르고 이벤트를 그냥 질렀어요. (같이 웃음) 일단 지르고 나서 뭘 줄지 생각했죠. '팬덤이 큰 영화니까 탑승권을 만들어서 드리자' 했던 거예요. 광고비도 많이 안 썼어요. 당시 네이버에 1~2시간밖에 광고를 안 했거든요. 그런데 4만 명이 접속해서 4만 명이 신청을 했어요. 그 사람들한테 저희가 오프라인으로 탑승권을 발송해줬어요. 그게 사실 시대에 역행하는 거잖아요. 옛날식 프로모션의 전형인데, 완전 대박이었어요. 여권 만들고, '윌포드 인더스트리' 브로슈어도 만들고, 맵도 넣어주고. 탑승권 받은 분들을 모아서 상암동에서 '탑승객 페스티벌'이라는 말도 안 되는 짓을 했어요. 그 사람들 초대해서 봉준호 감독님 전작들도 보여주고, 영양갱 나눠주고, 여권 스탬프도 찍어주고…… 그 여권은 정말 지금 봐도 '고퀄'이에요. 그리고 윌포드 인더스트리 홈페이지도 만들었어요. 그건 많이 못 알렸는데 영어로 진짜 있는 회사처럼 쫙 만들었죠. 그런 장르는 그런 재미가 있답니다.

요새는 관객들이 나서서 직접 만들잖아요. 예를 들면 〈아수라〉 같은 경우.

예. 〈불한당〉(2016), 〈미쓰백〉(2018)도 그랬죠.

그런 팬덤의 움직임에 마케팅 회사가 관여하기도 하나요?

〈무뢰한〉은 '무뢰한당'이라는 게 있었어요. 그때는 적극 케어를 했죠. 〈아수라〉는 우리가 뭘 할 틈도 없었어요. 자기들이 너무 잘해서. 그분들 촛불집회 때 깃발 들고 나왔잖아요. 안남대학, 안남시 홈페이지도 직접 만들고. 제작사에서 그분들을 대상으로 GV를 하기도 했어요. 그때는 저희가 전혀 개입하지 않았어요.

아픈 손가락, 〈도희야〉 마케팅

〈도희야〉 같은 독립영화 마케팅은 봉준호 감독이나 김지운 감독의 영화와는 좀 다른가요?

〈도희야〉는 〈우리들〉이나 〈벌새〉, 〈소공녀〉 같은 독립영화들과 달리 제작사 쪽에서 상업영화처럼 마케팅하기를 원하셨어요. 그래서 좀 아픈 손가락이에요. 볼 때마다 억장이 무너지는 포스터 중의 하나예요. 여담이지만, 〈달콤한 인생〉 포스터도 너무 속이 터져요. 좋은 포스터 많았는데 군이 그걸 대문에. (같이 웃음) 〈도희야〉는 소녀의 성장 이야기였죠. 퀴어적 코드도 있었고요. 서로 위로가 되는 관계지만 이 둘이 걸어가야 할 길이 어떻게 될지 모르는 슬프고 잔혹한 결말이잖아요. 배우들이 연기를 너무나 빛나게 해줬고, 그 영화 특유의 공기 같은 게 있었거든요. 그걸 잘 살리지 못했어요. 저는 잘하지 못했다고 생각합니다. 그래서 너무 아픈 손가락이에요. 저희가 마케팅을 제대로 못해서 속상한 작품들이 있어요. 영화는 정말 좋았는데, 그 좋은 것을 제대로 전달하지 못했을 때요. 〈도희야〉는 좀 특수한 경우라고 할 수 있는 게 독립영화지만 배두나 씨, 송새벽 씨, 김새론 씨가 나오면서 다른 식의 기대가 있었거든요. 그런데 독립영화는 워낙에 시장을 예측할 수가 없잖아요. 상업영화만 해도 '이 정도 인지도에 이만큼 쓰면 첫날 이만큼은 들 거야'라고 예측이 되는데 독립영화는 그게 어렵죠.

기본적으로 개봉관의 숫자에 따라서 마케팅 전략도 좀 달라지지 않아요? 예컨대 개봉관이 많지 않은데 상업영화의 방식으로 마케팅을 하는 건 어려운 일 아닌가요?

그래서 〈도희야〉는 이도저도 아니지 않았나 하는 생각이 드는 거예요. 차라리 독립영화 관객층에 맞게 했더라면 좋았을걸. 아무래도 독립영화는 광고를 많이 못하니까 GV를 많이 하는 편이에요. 상업영화라도 예산이 큰 영화와 적은 영화는 접근이 좀 다르고요. 일반 시사를 많이 하는 게 마케팅인 영화들이 있어요. 저희가 했던 것 중에 제일 큰 규모의 시사를 했던 게 〈택시운전사〉거든요. 5만인가 8만을 했으니까. 〈기생충〉 같은 영화는 아예 시사를 안 합니다. 할 필요가 없기도 하고 SNS상에 떠도는 스포일러를 막을 수 없기 때문에. 〈기생충〉은 스포일러를 막는 게 마케팅의 주요 과제인 영화였어요.

영화 마케터들의 노동 환경과 새로운 움직임

2013년 기사를 보니까 영화마케팅사협회를 만드셨더라고요. 지금도 활동하고 있나요?

그럼요. 지금은 퍼스트룩의 강효미 대표님이 회장을 맡고 계세요. 일종의 직능단체인데 사실은 애매하죠. 노사가 같은 협회에 들어가 있으니까. 처음 의도는 계약이나 업무 관행을 표준화해보자는 거였어요. 그게 투자사별로, 영화별로, 또 힘의 관계에 따라 다르니까. 좀 더 정당하고 합리적인 노동을 해보자는 취지였어요. 그러니까 주로 투자사를 대상으로 목소리를 내는 단체일 수밖에 없었어요. 단가표를 만들고, '앞으로 이런 일은 이러이러하게 해주셨으면 좋겠습니다' 하는 공문도 발송하고. 미수금이 발생하면 협회 변호사님을 통해서 공동 대응하거나 보이콧을 진행하기도 하죠. 예를 들어서 '그 대표가 다른 회사와 일할 때 정산하지 않은 것을 해결하기 전에는 어떤 회사도 해당 회사의 일을 맡을 수 없다.' 이런 식으로 단체행동을 할 수 있게 된 거죠. 일이라는 게 하다 보면 많이 늘어날 때가 있거든요. 그러면 '2주 차 무대인사까지를 기본으로 하고, 그다음부터는 새로 협의해야 돼'와 같은 식의 가이드라인을 만들어가는 거예요. 지금도 계속 하고 있는 상황이에요. 계약 관계 일도 있지만 행사 일정이 겹치지 않게 조율하는 일도 해요. 협회에서 만든 네이버 밴드에 행사 일정을 올려서 조정하지요. 1년에 한 번 총회를 하는데 다 모일 수가 없어요. 어떤 영화든 몇 개는 개봉을 하고 있기 때문에. (같이 웃음)

조직 구성은 어떻게 되나요? 마케팅사 대표들이 멤버가 되는 건가요?

대표는 이사회 소속이 되고 직원들은 회원이 되는 건데, 물론 본인의 의사를 존중해요. "난 하기 싫어" 하면 저는 그냥 안 하게 놔둬요.

주 52시간 근로제나 표준근로계약서가 도입되면서 프로덕션 과정의 노동 조건이 개선되었잖아요? 마케팅 회사는 어떤가요?

주 52시간은 2021년부터는 5인 미만 사업장에도 의무 적용이 돼요. 그런 업무 합리화를 하려고 만든 게 협회예요. 그런데 영화를 너무 많이 하고 있으면 근로시간을 지켜주고 싶어도 못 지켜주죠. 영화 개봉이라는 게 일정이 바뀌고 일이 몰릴 수가 있어요. 사실 제가 봐도 대행사의 노동 환경이 많이 열악해요. 우리 팀은 그나마 영화가 많지 않아서 놀 때는 노는데, 한 달에 한 편씩 개봉하려면 아마 야근을 많이 해야 할 거예요. 우리도 개봉 날짜가 바뀌어서 2주 간격으로 작품을 개봉시켜야 했던 시기가 있었는데, 그러면 진짜 사람이 미쳐요. 그래도 주말에는 무대인사 빼고는 일 안 해, 하여튼 간에. (웃음)

그런데 작품을 많이 안 하면 급여를 많이 주기가 어렵잖아요.

그냥 제가 개념이 많이 없으면 돼요. 제가 제 급여 책정을 안 해놨거든요. 그냥 없으면 없는 대로 해요. 제대로 계산하면, 지금처럼 이렇게 살면 안 될 수도 있어요. 올해(2019년)도 〈나랏말싸미〉 하고 난 후에 영화가 없어요. 내년 걸 당겨서 쓰고 있다고 봐야 하는 거죠. 그런 어려움이 있어요. 제가 숫자에 약하고, 전형적인 인문계라서……. 없이 살아서 그런가 싶기도 하고요. 없이 살면 이명박처럼 돈독이 오르든지, 아니면 아예 돈이 뭔지를 모르게 되는 것 같아요.

업무의 특성상 주 52시간을 지키는 데 어려운 점이 많을 것 같은데요.

어렵긴 하지만, 조금 좋아진 것은 투자사들에도 주 52시간 근로가 적용되고 있거든요. 아무래도 예전보다는 좋아졌죠. 자기들 컴퓨터도 꺼지는데 뭐. 그런데 이놈의 카톡이 문제인데, (같이 웃음) 이 일은 마감이 있잖아요. 그러니까 '광고가 언제 업로드되어야 하고 심의는 언제까지 나와야 해. 심의를 오늘 접수해야 내일 필증이 나오고, 네이버에 광고를 할 수 있고, CGV 페이스북에 최초 공개를 할 수 있어' 이런 것들이 있어서 그럴 때는 좀……. 저희는 제때 퇴근시키는 편이기는 한데 개봉 때나 행사 있는 날은 야근을 하죠. 행사하고 들어와서 보도자료도 써야 하거든요. 행사 영상 녹취록도 봐야 하고. 이런 날은 새벽까지 일하기도 해요. 저 개인적으로는 〈밀정〉하고 〈아수라〉가 3주 간격으로 왔을 때 정말 힘들었어요. 우리가 1년에 겨우 네 편 하는데 같은 날 두 편을 개봉시킨 적도 있어요. 〈신세계〉랑 〈라스트 스탠드〉(2013). 〈신세계〉는 사나이픽처스 영화라서 놓을 수가 없었고, 〈라스트 스탠드〉는 김지운 감독이라서. 둘 다 단골이니까 어쩔 수 없이 동시에 진행했어요.

마케팅이 기본적으로 영화와 관객을 소통하게 하는 것이기도 하고 만드는 사람, 돈 대는 사람과의 커뮤니케이션도 중요하잖아요. 어쨌든 커뮤니케이션이 핵심인 것 같아요.

제 직업의 본질이 커뮤니케이션이라고 생각합니다.

커뮤니케이션을 잘하는 게 쉽지 않은 일이잖아요. 잘하기 위해 특별히 노력하시는 게 있다면요?

역지사지가 우선이죠. 신입사원한테 이런 이야기를 해주기도 해요. "내가 커뮤니케이션하는 상대방이 다 클라이언트라고 생각하면 편해. 내가 이 말을 어떻게 전하면 이 사람이 제일 잘 알아들을까를 고민하는 거지. 네가 전하고자 하는 바를 저 사람의 기분까지 생각해서 전달하는 거야." 또 스태프에 대한 존중도 굉장히 중요하다고 생각해요. 저도 그걸 어길 때가 많아요. 욱할 때도 있고요. 그러지 않으려고 엄청 애쓰고 있어요. 그리고 "남을 위해 일하는 것을 좋아해야 한다"라는 말도 많이 합니다. 말이 참 꼰대스럽다. (웃음) 사실 신입 하나 정착시키려면 시간이 꽤 오래 걸려요. 일이 힘들잖아요. 저희가 하는 업무 분야가 너무 많아서 이게 다 내 직업이라고 생각해야지, 자존심 상한다고 생각하면 못 하는 거거든요. 그거 뭔지 아시죠? 예를 들면 제작부는 쓰레기를 주워야 해요. 그게 일이에요. 물론 줍는 게 다는 아니지만. 저희가 하는 일 중에도 그런 서포트 업무가 굉장히 많단 말이죠. 하지만 저는 무엇보다도 뜻과 재능을 모아서 만들어준 영화를 제대로 팔고 좀 더 예쁘고 멋있는 상품으로 보이게끔 관람 가이드를 잘 주는 일이 진짜 중요하다고 생각해요.

미래에 대한 생각을 좀 들려주세요. 개인적인 희망일 수도 있고, 한국 영화 산업의 전망일 수도 있고요.

관객이 '아, 한국 영화 참 좋아' 혹은 '재미있어' 혹은 '아, 내가 이 영화를 보고 이런 생각을 하게 됐어' 등등 보고 나면 할 말이 있는 영화 있잖아요. 누워서 천장에 떠오르는 것이어도 좋고, SNS에 쌍욕을 하든 뭘 하든 생각할 거리를 던져주었으면 좋겠어요. 그리고 모든 창작물은 시대를 반영할 수밖에 없는데, 특히 영화나 드라마 같은 대중문화는 더욱 그렇다고 생각하거든요. 한국 영화가 시대의 창구로서 역할을 잘하면서도 외면받지 않고 계속 앞으로 나아갔으면 좋겠어요. 저는 마케터이기 이전에 극장에서 영화를 보는 관객이고 싶으니까요. 물론 넷플릭스나 왓챠도 보겠지만요. 비관론도 많은데, 저는 그래도 빛나는 재능들이 계속 유입되고 있으리라 믿어요. 또 제작비가 많이 올라갔다고 걱정들 하시는데 그 역시 적응해낼 거라고 믿습니다. '무슨 이런 영화를 만들었어?' 하는 영화들도 물론 있겠죠. 그런 영화는 어느 시대에나 있었고, 앞으로도 있을 것이지만 관객이 잘 판단할 거라 믿는 편이에요. 그냥 저는 좋은 영화를 많이 할 수 있었으면 좋겠어요.

김영덕

부천국제판타스틱영화제 프로그래머

영화 프로듀서

넷플릭스와 유튜브의 시대,
영화제의 미래를 상상하다

1998년 부산국제영화제의 프로그램 팀장으로 영화 일을 시작했다. 2000년에 유니코리아로 옮겨 〈박하사탕〉, 〈오! 수정〉(2000)의 해외 마케팅을 맡았고 부산영화제에서 인연을 맺은 류 빙지엔 감독의 〈크라이 우먼〉(2002)이라는 한국·중국·프랑스 3국 합작 프로젝트를 성사시키기도 했다. 2001년 부천국제판타스틱영화제에 프로그래머로 합류했다. 2004년 말에 부천 영화제 집행위원장 해촉 사태를 겪으며 영화제를 떠났다가 2016년 복귀했다. 2011년에 〈하나안〉이라는 합작 영화를 제작했으며, 현재까지 영화제 프로그래머와 영화 프로듀서를 겸하고 있다.

"저는 지금은 다양한 정체성을 저글링하고 있는 사람이에요. 그런데 저는 뭘 하더라도, 예를 들어 애를 키울 때도 제 주관대로 키우고, 영화제를 할 때도 내가 생각하는 원칙을 실천하고, 예술영화를 공동 제작할 때도 나의 관점이나 취향, 원칙을 집어넣어요. 생각해보면 저는 안 하고 싶은 것은 확실히 안 하는 삶을 살았던 것 같아요. 하고 싶은 것 가운데서도 할 수 있는 것을 하다 보니까 지금 내 삶의 형태가 만들어졌구나 그렇게 생각해요."

1990년대 영화광이 사는 법

● 이순진
● 김영덕

영화 일은 처음에 어떻게 시작하셨어요?

1994년에 학교를 졸업하고 해운회사를 거쳐 유학원에서 일했어요. 그 뒤에 '문화학교 서울'에서 자막 번역을 하다가 1998년에 당시 부산영화제 프로그래머였던 이용관 교수님의 제안을 받고 프로그램 팀장이 되었죠. 프로그램 팀장의 업무는 외국에 보내는 팩스를 쓰고, 작품 정보를 정리하고, 필름 트래픽이라고 영화 상영본을 수급하는 일이었어요. 작품 수가 정확히 기억은 안 나지만 100편은 넘었던 것 같은데, 꽤 많은 필름을 들여오고 내보내다 보니까 1, 2회 때는 필름 트래픽 사고가 많이 났나 봐요. 이쪽으로 보내야 되는데 저쪽으로 가고, 늦게 도착하고, 세관에 묶여 있고. 그런데 제가 해운회사에서 일한 경험이 있으니까 로지스틱스 관련 업무가 익숙했거든요. 또 전 과정을 매뉴얼화해서 그게 지켜지는지 감시하는 일도 했는데, 이 두 가지 경험을 다 활용해서 프로그래밍 매뉴얼과 영화 분류 체계를 만들었어요. 그때 제가 마스터 리스트를 처음 만들었는데 지금도 여러 영화제에서 그 마스터 리스트 포맷을 쓰고 있어요. 필름 트래픽 매뉴얼도 만들고, 선적 지시서shipping instruction처럼 운송회사에서 쓰는 서식도 만들었죠.[1]

뜻밖에 해운회사에서 쌓은 노하우가 영화제에서 활용되었네요. (웃음)

그때는 20~30킬로그램 되는 프린트 릴을 해외에서 받았다가 다시 돌려주었는데, 그것도 중간에 세관을 통과했다가 재반출해야 되거든요. 그러니까 관세와 운송 업무를 알아야 하는데 영화하는 사람들은 그런 거 잘 모르잖아요. 저는 기본 프로세스를 알고 과정을 컨트롤하는 서식들이 있었으니까 그걸 응용해서 만들었죠.

---

1   디지털 기술이 영화에 도입되기 전이었던 1990년대에 영화의 수출입은 필름을 직접 들여오거나 내보내는 방식으로 이루어졌다. 촬영용 원본 필름인 네거티브 필름으로 만든 상영용 필름을 프린트라고 하는데, 영화를 수출입할 때 오가는 필름이 바로 이 프린트 릴이다. 김영덕이 맡았던 프로그램 팀장은 영화제에서 상영될 프린트 릴을 수급하는 업무를 담당한다.

부천영화제와 부산영화제가 모두 1990년대 후반에 만들어졌잖아요. 문화 지형이 크게 변화하던 시기였죠. 그 시기가 자신의 행보를 결정하는 데 어떤 의미가 있었다고 생각하시나요?

제가 부산영화제에 가서 미친 듯이 영화를 봤을 때를 떠올려보면 그때 영퀴방(영화퀴즈방) 애들하고 갔거든요. (같이 웃음) 1996년은 제가 유학원에서 일할 때인데, 그때 영퀴를 정말 많이 했어요. 영퀴를 한다는 건 자신의 영화 데이터에 대한 자신감의 표현이잖아요. 청계천을 뒤져서 로만 폴란스키의 〈차이나타운〉(1974)이니 김기영 감독 영화니 하는 걸 찾아서 보고, 그걸 네트워크를 통해서 확인하는 것이 PC통신의 영퀴방이었다면 영화제는 공식적인 장이었지요. 그래서 엄청나게 열광했어요. 칸영화제 수상 작품을 한국의 극장에서 볼 수 있다니. 그 흥분이란! 이시이 소고 감독의 작품은 굉장히 마니아적인 영화인데 그런 것도 있고, 뭐 장난이 아닌 거지요. 우리가 전설처럼 얘기하던 영화를 극장에서 본다는 것만으로도 엄청 흥분되는 일이었어요. 부산영화제는 그런 의미였죠. 그렇게 보면 1990년대는 비디오와 스크린이 오버랩되는 상황이었다고 할 수 있겠네요. 그 전에는 1990년인가? '24시간학교' 처음 시작할 때 마음먹고 영화 공부를 했는데…….

'24시간학교'가 뭐예요?

'영화공간 1895'라는 데서 한 건데 그때 여러 선생님들이 강의를 하셨어요. 전양준 선생님이 앙겔로플로스의 〈안개 속의 풍경〉(1988) 장면 분석을 하시고, 이효인 선생님이 한국 영화사, 이광모 감독님이 연출론을 강의하셨죠. 나중에 알고 보니까 봉준호 감독도 '24시간학교' 수업을 들으셨더라고요. 그때는 서로 못 알아봤지만. (웃음)

영화를 꿈꾸는 사람들이 찾아다니는 공간들이 있었지요. '문화학교 서울'이나 '영화공간 1895'도 그렇고, 독립영화협의회의 워크숍도 있었고.

'영화공간 1895'는 전문가들이 하는 강의라고 해서 가서 들었어요. 제가 스터디 하던 곳은 '11월 13일'이라고 노문연(노동자문화운동연합)의 영화 분과였어요. 영화운동이라고는 했지만 저는 운동의 '운'자도 못 뗐던 것 같고, 계속 공부만 했는데 그때 조민호 감독이 같이 계셨지요. 사실 저는 영화 쪽 길로 가고 싶어서 어학연수도 다녀온 거였어요. 결국 유학은 포기하고 유학원과 해운회사에서 일하며 영퀴를 하는 걸로 위안을 삼았지만.

그 시기의 이례적인 영화 붐을 어떻게 평가하세요? 1990년대가 어떤 시대였던 것 같아 요? 요즘에 1990년대를 회고하는, 이를테면 '응답하라 시리즈'라든가 여러 가 지 대중문화 재현물이 인기를 끌잖아요. 학술적인 조명도 이루어지고 있고.

1990년대는 영화의 시대이면서 또 해외여행이 자유화된 시기죠. 저는 1993년 에 어학연수를 갔는데, 해외여행이 자유화되고 얼마 지나지 않았던 때라 제 또 래 중에는 어학연수를 간 친구들이 별로 없었어요. 어쨌든 그전까지는 몇 단계를 거쳐야 볼 수 있던 문화적 산물들을 직접 보거나 비디오테이프로 들고 들어온 걸 가공해서 보여주는, 예를 들면 '문화학교 서울'에서 자막 넣어서 보여주는 영화 들이 등장하기 시작했죠. 이런 식으로 대중문화가 사적인 통로를 통해서 유입되 던 시기가 아니었나 싶어요. 그런 것들이 폭발적으로 퍼졌죠. 영화가 간접 체험 의 매체잖아요. 감정적인 체험도 하지만, 외국의 역사나 삶의 방식도 영화를 통 해서 알게 되는 거죠. 한국 문화가 그렇게 다양하지는 못했기 때문에 문화적인 갈증을 간접적으로 많이 채워준 게 영화였다고 생각해요.[2]

'소 뒷걸음 프로듀서'의 합작영화 제작

합작영화 제작도 하셨다고 들었어요. 영화제에서 일하다가 어떻게 영화 제작을 하게 되셨나 요?

제4회 부산영화제가 끝나고 2000년에 유니코리아라는 필름 투자회사에 갔습니

---

[2]   1987년에 발효된 6차 개정 영화법에 따라 수입이 자율화될 때까지 30여 년간 한국에서 볼 수 있는 외국 영화는 작품 수도 적고 내용도 다양하지 못했다. 영화법 발효 이후 외화 수입 편수가 늘어나고, 88올림픽을 계기로 확산된 비디오 매체를 통해 영화를 볼 수 있는 기회가 확대되기는 했지만, 한국에서는 여전히 영화사에서 언급되는 고전이나 예술영화를 볼 기 회가 드물었다. 해외에서 영화를 공부하고 온 사람들이 개인적으로 들여온 비디오에 직접 한글 자막을 넣어 보여주었던 '문화학교 서울'이나 '영화공간 1895' 같은 사설 시네마테크 들이 1990년대 영화광들의 환영을 받았던 것은 그 때문이다. 1990년대 말부터 시작된 천 리안, 하이텔, 나우누리, 유니텔 같은 PC통신의 영퀴방과 더불어 이런 사설 시네마테크는 1990년대의 영화광들이 함께 공부하고 소통하는 공간이었다.

다. 유니코리아는 영화 산업의 엔젤 투자사 같은 회사였어요. 상업영화가 아니라 이창동, 홍상수, 장선우, 이현승, 홍기선 감독의 작품들에 투자를 했으니까요. 그때 완성된 작품이 홍상수 감독의 〈오! 수정〉과 이창동 감독의 〈박하사탕〉이었는데, 저는 해외 홍보 및 마케팅 관리 업무를 맡았죠. 투자사에서 해외 업무를 한다는 건 지금 생각하면 진짜 갑이었던 시절이었는데……. (같이 웃음) 해외 마케팅 팀장을 하면서 〈오! 수정〉팀, 〈박하사탕〉팀과 같이 칸영화제에 가서 세일즈 회사를 선정하고, 그 회사가 세일즈를 잘하나 감시하거나 협조하는 작업을 했어요. 그때가 이를테면 투자사의 입장에서 해외 영화제에 가본 것이었죠. 2001년부터 2004년 말까지는 부천영화제에서 프로그래머를 했는데 그때 제가 영화 한 편을 공동 제작했어요.

부천영화제 프로그래머를 하던 중에요?

예. 유니코리아에 있을 때 저한테 계속 시나리오를 보내던 중국 감독이 있었어요. 제가 그 시나리오들을 다 읽어본 뒤 그중에서 한 작품을 가지고 2001년에 부산영화제 프로젝트 마켓(PPP)에 나갔어요. 저는 부천영화제 프로그래머였는데 유니코리아에서 가지고 있던 프로젝트가 성사되면서 PPP에 프로듀서로 가게 되는 재미있는 경험을 한 거지요. 결국 그 작품을 한국·중국·프랑스 3국의 공동 제작으로 성사시켰어요. 어떻게 하다 보니까 첫 작품이 잘 풀려서 PPP에서 코닥 어워드라는 상을 받고, 영화를 완성한 2002년에는 칸영화제 '주목할 만한 시선' 섹션에서 프리미어를 하고, 그 이후에도 토론토, 부산 등 많은 영화제에서 초청을 받았어요. 소 뒷걸음질하다 쥐 잡는 격으로. 그래서 저는 스스로를 '소 뒷걸음 프로듀서'라고 불러요.

영화 제목이?

〈크라이 우먼〉이라고 류빙지엔이라는 중국 감독 작품이었어요. 그분이 부산영화제에 왔었는데, 제가 수행은 아니었지만 감독 혼자 쓸쓸히 있으면 가서 "식사하셨어요?" 하고 묻고 그랬어요. 그때 부산에서 할 일이 없어서 중국어 공부를 했거든요. 중국어로 말을 거니까 제가 기억에 남았던 모양이에요. 제가 유니코리아에 가게 됐다는 소식을 듣고 시나리오를 보내주셨던 거죠.
2011년에는 허은경이라는 친구와 같이 영화사 자미라는 제작사를 차렸어요. 그 친구가 돈을 끌어왔죠. 자미를 차리기 전에 제가 제작을 시작한 〈하나안〉이라는 영화가 있었어요. 어느 날 한국예술종합학교에 계시던 박광수 감독님이 전화를 하셨어요. "우리 영상원 예술전문사 과정[3]에 우즈베키스탄 감독이 하나 있는데 그 친구 작품 좀 도와줘라." 그래서 만나봤는데 이 친구가 강제 이주 4세대, 그러니까 고려인이었어요. 영화는 그 친구 졸업 작품이자 장편 데뷔작이었죠. 로드무비에 예산도 크길래 그 작품을 영진위에서 하는 코비즈 프로그램[4]의 한불 공동 제작 캠프로 가져갔어요. 마침 그때 한국, 프랑스 간 공동제작조약co-production treaty이 발효되어서 작품을 모색하는 상황이었거든요. 그래서 캠프에 나갔는데 결국 성사되지는 못했죠. 〈하나안〉은 제가 단독으로 제작하다가 자미에서 완성해서 로카르노국제영화제 신인 감독 경쟁부문에 선정되고, 타이베이영화제에서도 최우수상을 받고, 토론토국제영화제와 하와이국제영화제에도 나갔어요.

뒤를 돌아보니 사람들이 따라오고 있었다

부천영화제 프로그래머로 4년 일하고, 그다음에 부천영화제 김홍준 위원장 해촉 사태가 발생했던 그 시기를 맞으셨잖아요.

격랑의 시기.

네, 그때 이야기를 해주시죠.

2004년에 부천시의 원혜영 시장이 국회의원 선거에 나가면서 부시장이었던 분이 시장이 되었어요. 이분이 영화제 끝나자마자 김홍준 위원장을 무리하게 해촉했어요. '우리가 육성했으니까 우리 사람으로 채울 거야.' 이런 생각이었던 것 같은데, 사실 영화제가 너무 리버럴하다 보니까 부천의 어르신들로 구성된 집행위

---

3   한국예술종합학교 영상원에는 영화과, 방송영상과, 영상이론과 등 각 학과마다 학부 과정에 준하는 예술사, 대학원 과정에 준하는 예술전문사 과정이 개설되어 있다.

4   2011년 영진위에서는 한국 영화의 해외 진출을 지원하는 포털 사이트 코비즈Kobiz(Korean Film Biz Zone)를 만들었다.

원들한테 그전부터 반감을 샀었어요. 그래서 그분들이 부추겼던 면도 있죠. 집행위원장 해촉은 표결이라는 절차를 밟아야 하는데, 그분들이 해촉하자는 쪽의 손을 들어주신 거예요. 우리는 원혜영 시장님이 영화제에 간섭하지 않고 지원만 해주시던 따뜻한 환경에서 일하다가 갑자기 이런 일이 생기니 너무 당황스러웠죠. 영화계가 일단 세게 반발했고, 그런 일이 생기고 보니까 갑자기 영화제의 정체성이나 지원하는 지자체와의 관계, 언론 대응 등을 고민해야 하는 상황이 됐어요. 김홍준 위원장님을 제외하고는 제가 리더 역할을 해야 하는 상황이었어요. 채플린의 〈모던 타임스〉(1936)에 나오는 것처럼 뒤를 돌아보니까 막 사람들이 따라오고 있는 그런 모양새라고 할까요. 진짜 힘들었죠. 별로 의식도 없는 사람이 기자들한테 계속 전화를 받고, 상황이 그렇다 보니까 제가 입장 정리도 많이 했어야 했고요. 처음에는 좌충우돌하고 감정적인 모습도 많이 보였어요. 김홍준 전 위원장님 원망도 좀 했고요. 당시에 위원장님은 본인이 해명하고 그런 것들을 싫어하셔서 칩거를 하셨거든요.[5]

그래서 대신 인터뷰를 많이 하셨지요?

예. 영화계에서는 지자체가 영화제를 흔드는 것에 강하게 반발을 했는데, 당사자다 보니까 의도치 않게 리더가 돼서 입장을 정리해 내놓아야 했죠. 그렇게 싸우다가 결국 부천영화제와는 별개로 리얼판타스틱영화제를 하게 됐어요. 그동안준비해왔던 작품들을 관객들한테 보여줄 유일한 방법이었고, 또 부천시에 대한강력한 항의이기도 했지요. 그래서 저랑 김도혜, 손소영 프로그래머, 디자이너박시영 씨, 인터넷 담당 윤영진 씨, 홍보 담당 서경화 씨, 그리고 자원 활동가들이함께 김홍준 위원장님을 다시 모시고 리얼판타스틱영화제를 했습니다. 다행히후원금을 많이 보태주셔서 빚을 지지는 않고 잘 마무리했어요. 그때 영화인들하고, 이전 부천영화제의 관객 팬들이 많이 도와주셨어요.

---

5   2004년 말에 시작된 부천영화제 사태는 영화제를 지원하는 지자체와 그것을 운영하는 영화인들이 충돌한 첫 번째 사건이었다. 이 사건을 계기로 영화계에서는 지자체와 영화제의 관계에 대한 활발한 논의가 일어났으며, 김영덕은 다양한 매체와 인터뷰하면서 영화제의 자율성 확보를 공론화하는 일에 앞장섰다. 당시 언론에서는 이에 대해서 다음과 같이 썼다. "부천영화제는 이제 루비콘강을 건넜다. 김홍준 감독에 대한 일방적인 해촉을 시작으로, 신임 정흥택 집행위원장의 돌발적인 사퇴, 집행위원장 없이 영화제를 진행하겠다는 이사회의 폭탄선언에 이어 부천 쪽은 드디어 기존 프로그래머 해고라는 마지막 방아쇠를 당겼다. 문화적 무지를 넘어서 행정적 파시즘의 새로운 경지를 보여주는 부천시장과 이사회의 이번 행보에 국내외 영화계는 경악하는 중이다."(「전 부천국제판타스틱영화제 프로그래머 김영덕, 김도혜」, 『씨네21』, 2005년 3월 3일)

그 이후 부천영화제 프로그래머로 복귀하기까지 거의 12년 정도 걸렸죠? 그 기간 동안 어떻게 지내셨어요?

리얼판타스틱영화제가 끝나고 나서 부산영화제로 다시 갔어요. 당시 부산영화제에서는 아시아 필름 마켓을 시작하려고 준비하고 있었는데, 2005년 8월에 합류해서 세계 영화 마켓에 대한 조사보고서를 내고 이어서 자연스럽게 마켓의 팀장 격으로 가게 됐지요. 거기서 옛날 해운회사의 경험을 살려서 또 매뉴얼을 만들었어요. 배급자 매뉴얼. (웃음) 배급자들이 와서 부스를 설치하고, 어떤 사항을 스크리닝하고, 어떻게 오더를 해서 온라인으로 결제를 하는지 등에 관한 매뉴얼을 다 만들었어요. 만들 때는 재미있었는데 한 번 하고 나니까 그다음부터는 쉽거든요, 다 만들어놨으니. 이제 나는 영업을 잘하면 되는데 하기가 싫더라고요. (웃음) 2006년에 PPP 프로젝트 심사를 하러 오신 영화사 봄의 오정완 대표님을 만난 적이 있어요. 마침 사람을 구하고 있었는지 영화제 끝나고 나서 연락이 왔어요. 영화 제작을 배워볼 생각이 있느냐고 해서 좋다고 했죠. 영화사 봄이 범접하기 어려운 이미지가 있었거든요. 그전에 유니코리아에 있을 때도 봄 얘기를 많이 들었어요. 오정완 대표님이 되게 멋있잖아요. 내가 말을 섞을 수 없는 사람 같은 느낌인데 "한번 일을 해보겠니?" 해서 저는 너무 주눅이 들면서도 좋은 경험을 할 수 있을 것 같아서 그쪽으로 갔지요.

이재용 감독님의 〈귀향〉이라는 프로젝트를 가지고 홍콩에 있는 프로젝트 마켓에 가는 일부터 시작했는데, 6월쯤에 청어람에서 프리프로덕션까지 준비했던 〈밤과 낮〉(2008)이 갑자기 영화사 봄으로 왔어요. 청어람에서 준비하던 프로듀서랑 제가 함께 프로듀싱을 하게 됐죠. 이 작품을 완성해서 2008년 베를린영화제에서 월드 프리미어를 했어요. 제작사의 일원으로 영화제에 가는 건 투자사에 있으면서 갈 때와 다르더라고요. 관리할 사람이 훨씬 더 많았어요. 직접적으로는 감독이나 배우의 매니지먼트, 일정 관리, 홍보나 세일즈 등의 일을 했죠. 또 영화사 봄은 라이브러리를 가지고 있어서 저작권을 관리하는 일도 있었고요. 그 뒤에도 몇 가지 프로젝트가 있었어요. 저는 독립적으로 프로젝트를 담당하는 프로듀서라기보다는 회사의 많은 프로젝트를 관리하는, 그러면서 오정완 대표님을 보좌하는 역할이었어요. 구체적으로 말하면 작품을 서포트하고, 프로젝트도 개발하고, 완성된 프로젝트의 세일즈를 관리하고, 저작권이 돌아온 영화들을 정리하고, 네거티브 필름과 물품을 관리하는 일 등을 했죠.

영화제를 영화의 국제적인 네트워크라고 한다면, 부산영화제와 부천영화제를 경험한 후에는 영화 제작자로서 네트워크 관련 활동을 한 거잖아요. 그런 네트워크를 가능하게 했던 1990년대의 자율화라는 것이 다른 한편으로는 시장의 자유를 무한정으로 확대하면서 이루어졌던 일이기도 하죠. 국제적인 활동을 하면서 시장의 자유라든가 자율화 문제에 대해서 어떤 생각을 하셨나 궁금해요.

시장의 자유 문제는 저는 잘 모르겠고, 다르게 이야기하자면 영화판이 굉장히 특수하고 문턱이 높았어요. 내가 쉽게 들어갈 수 있는 업계가 아니었다는 거죠. 그냥 영화광일 뿐이지 '내가 영화계라는 곳에 한 발을 담근다'라는 상상은 감히 할수 없었어요. '그냥 구경하고 평론하는 정도는 할 수 있겠다'라는 선을 딱 가지고 있었어요. 그런 제가 영화 산업에 들어가게 된 것은 영화제가 생기고, 그다음으로는 한국 영화가 해외에 진출하면서였거든요. 결국 해외 산업이라는 영역이 생겼기 때문에 제가 들어갈 수 있었어요. 저는 스스로 주변부성을 가지고 있다고 생각하는데, 메인 투자사에서도 일하고 여러 가지 일을 했지만 영화판의 중심으로는 못 들어간 사람이라고 생각하거든요. 내가 할 수 있는 영역이 생겼기 때문에 들어간 거죠. 불신도 있었어요. '내가 가서 일할 곳이 못 된다. 나의 논리가 안통할 거다.' 영화판은 위계질서가 강하고, 몇 년은 박박 기어야 한다는 얘기를 들었거든요. 그런 걸 저는 못 할 것 같았어요. 그런데도 영화를 워낙 좋아하다 보니 영화와 관련된 뭔가를 늘 하고 싶었죠. 영화 산업의 중심으로 들어간다는 생각은 해보지 못했지만요.

그런데 사실은 1990년대가 스스로 주변부라고 생각하는 사람들이 예외를 계속 만들고, 그런 예외가 대세가 돼서 문화장이 확 바뀌는 시대였던 것 같거든요. 1990년대 이전에는 별로 기대할 수 없었던 성공 사례들이 있잖아요. 그런 새로운 시도들의 한가운데에 계셨던 것 같아요. 예컨대 〈박하사탕〉이나 〈오! 수정〉 같은 작품의 해외 마케팅처럼. 해외 합작 방식으로 제작하셨던 작품도 그렇고요.

좋게 말하면 개척자 같은 역할을 한 건데, 다르게 보면 영화계에는 오랫동안 일했던 선배들이 있잖아요. 나이는 같아도 1990년대 초부터 영화판에서 제작보부터 했던 친구들. 이런 사람들이 보기에 저는 '어쩌다 굴러들어 왔는데 바로 제작하는 너무 이상한 케이스', 그러니까 돌연변이 같은 느낌인 거죠. 다들 내내 제작보만 하다가 10년 만에 프로듀서가 됐는데 저는 유니코리아에 있다가 갑자기 〈크라이 우먼〉을 만들어서 제작자가 되고, 그다음에 영화사 봄에 가서 바로 프로듀서를 하고, 이런 게 부당하게 보이는 측면이 있었을 거예요. 그런데 제 입장에서는 '영화계는 이래야 돼'라는 걸 인정하기 어려웠죠. 저는 다른 시각을 가지고 있었고, 예를 들면 해운회사의 노하우를 영화제 프로세스에 적용한다든지 아니면 '해외에서는 이렇게 하더라'라면서 외국의 자료를 찾아서 끌어온다든지. 저는 한국의 도제 시스템에서 오랫동안 일해온 방식이 전혀 아니었기 때문에 선배에 대한 존경이 별로 없었어요. 스스로 그런 걸 많이 느꼈어요.

영화제라든가 해외 마케팅은 사실 새로 생긴 분야이기 때문에 상대적으로 새로운 도전이 덜 힘들었을 것 같아요.

예, 맞아요.

그렇긴 해도 1990년대 한국 영화계의 큰 변화 중 하나가 전통적인 도제 시스템이나 과거의 관행에서 예외가 되는 사람들이 많이 등장했다는 거예요. 그런 점에서 1990년대에 등장한 전형적인 인력의 사례인 것 같아요. 1990년대에 그런 새로운 도전이나 새로운 문화의 분출이 왜 가능했을까요?

그때 IMF도 터지고, 저도 제 살 길이 바빴던 측면이 있어요. 그래서 유학도 포기하고 일을 했던 건데……. 사실 저는 1980년대 후반에 학교를 다녔고, 졸업할 무렵에는 헤맨 기억들이 많아서 1990년대는 잘 정리를 못 하겠어요. 그저 주변부에서 영화를 쫓아다니는, 그런 정도의 느낌이죠. 기억나는 건 제가 해운회사에 다닐 때 처음으로 인터넷을 했거든요. 당시에는 미국 국방 시스템에서 조금 더 상업화된 정도였지만 그래도 해외 선사들 홈페이지에 가보면 굉장히 신선했어요. 네트워크를 통해서 정보를 얻을 수 있다는 것을 알게 돼서 그때는 뭐든지 미친 듯이 다운로드를 받았어요. 당시 저에게 인터넷은 지금처럼 사회적 관계를 맺는 도구라기보다는 어디에서도 구할 수 없는 전문 정보를 찾는 통로였고, 인간관계는 사실 PC통신을 통해서 했죠. 그렇게 양쪽으로 갈라져 있었는데, 저는 정보도 추구하고 네트워크를 통해 사람들도 만나고 싶었어요. 천리안, 하이텔, 나우누리, 유니텔까지 다 영퀴방이 있었는데, 거기에 다 가입했어요. 지금 영화 기자나 제작자, 감독 중에 그때 영퀴방 했던 사람들 한 무리가 있어요. 요즘도 가끔 그때 얘기를 하죠. 영퀴방이라는 것도 영화를 전문적으로 하기 전의 어떤 과정 같다는 느낌이 들어요.

김
영
덕

그 시기의 영화제는 영퀴방 같은 비공식적인 통로를 통해서 영화광으로 살아왔던 사람들이 한순간에 커밍아웃하는 무대였다고 생각해요. 또 그 무렵에 그걸 뒷받침하는 영화 비평 담론이 활성화되기도 했잖아요? 그런데 이제는 영화 비평은 힘을 못 쓰고, 영화를 볼 수 있는 플랫폼이 엄청 다양해졌어요. 지난번에 칸영화제에서 넷플릭스가 제작한 〈옥자〉(2017)가 문제가 됐던 것처럼. 그러한 상황에서 영화제라는 게 어떤 사회적 의미를 가질 수 있다고 생각하세요?[6]

우리도 회의할 때 우리의 가장 큰 경쟁자는 넷플릭스라고 얘기해요. 특히 영화제 프로그래밍을 하는 입장에서는 더 그렇죠. 우리가 선택한 영화의 30퍼센트 정도는 넷플릭스가 가져가거든요. 그러니까 넷플릭스에서 별로 쳐다보지 않는 마이너한 영화들이 우리 영화제의 반을 차지하고, 예전처럼 〈메멘토〉(2001) 같은 영화의 프리미어를 영화제에서 하기는 어렵게 된 거예요. 넷플릭스가 돈을 가지고 있기 때문에 좋은 영화들을 가져가고 영화제에는 안 풀면 그만인 거라서. 그 단계에 들어가기 전인 영화를 빨리 찾거나, 아니면 거기서 선택하지 않은 영화들을 살펴서 그 가운데서 발굴, 채굴하는 느낌이에요. 그러니까 일을 하기가 더 힘들어진 거죠. 그래서 어떻게든 넷플릭스나 구글, 아마존 등 OTT와의 관계를 전향적으로 바꿔가야겠다는 생각을 하고 있어요. 다른 한편으로는 영화제만이 제공할 수 있는 극장 경험을 고민하고 있어요. 어떻게 특별한 경험을 만들어줄지에 대해 제일 고민을 많이 해요. 감독이 와서 관객과의 대화를 한다든가 하는 식으로 상영관에 가지 않으면 안 되는 이유를 만들어주면 성공하거든요. 일반적인 극장 상영은 다른 플랫폼으로도 많이 대체가 되니까 영화제는 모든 상영을 특별하게 만들어줘야 하는 상황이 되었어요.

---

6   넷플릭스에서 제작한 봉준호 감독의 〈옥자〉는 2017년 칸국제영화제 경쟁부문에 초청받았으나 스트리밍 서비스에 기반한 넷플릭스의 배급 방식에 대한 극장업계의 반발로 여러 논란을 낳았다. 국내 개봉 당시에도 같은 문제 때문에 CGV, 메가박스, 롯데시네마의 메이저 극장 체인에서는 상영되지 못했다. 이는 넷플릭스와 아마존 스튜디오 같은 OTTOver the Top(인터넷을 통해 영화나 방송 프로그램 같은 동영상을 제공하는 서비스)와 전통적인 영화 산업이 고수해온 영화 유통 방식이 충돌하면서 빚어진 과도기적인 현상으로 여전히 관련 논쟁이 진행 중이다.

미래의 영화제는 새로 등장하는 플랫폼들과의 관계를 재설정하고, 동시에 영화제가 줄 수 있는 현장감을 강화하는, 쉽게 말하면 이벤트를 늘리는 방향으로 가야 한다는 말씀을 하신 거네요.

저희 부천영화제는 뉴미디어에 주목하고 있어요. 뉴미디어를 단지 기술적인 차원에서만 보는 게 아니라 몰입하는 매체에 대한 근본적인 고민과 함께 바라보고 있죠. 세계관이 바뀌고 있다고 느껴요. 뉴미디어든 올드미디어든 기본적으로 스토리텔링을 하는데 왜 그게 그렇게 파워풀한 것인지도 따져보고 있어요. 스토리텔링을 기준으로 우리 페스티벌을 재편할 생각을 하고 있거든요. 지금 구체적으로 얘기하기는 힘들지만 어쨌든 뉴미디어를 확대한다는 방향은 분명하죠. '필름 페스티벌은 이러해야 한다'는 고정관념을 깨고 완전히 새로운 방식의 페스티벌로 가보자는 생각도 하고 있습니다.

그와 관련해서 지금 준비하는 게 있어요?

지금은 내년의 모토를 브레인스토밍하고 있는 단계예요. 누구나 유튜브를 하고 창작을 하는 시대인데, 그중에서도 어떤 창의성이 중요한가, 영화제라는 장은 그 창의성을 극대화하는 데 어떻게 기여할 것인가? 이런 문제를 많이 고민하고 있어요. 다른 한편으로는 영화를 직업으로 하는 창작자들에게 영화제가 어떤 기여를 할 것인가 하는 문제도 있죠. 물론 전통적으로 영화제가 해왔던 기능, 예컨대 부천시가 워낙 큰 스폰서이기 때문에 도시를 홍보하고 시민에게 문화 복지를 제공하는 기능을 기본적으로 충족시켜야 하지만, 그것만 생각하면 결국은 모든 영화제가 비슷해질 수밖에 없어요. 부천영화제는 기본적인 기능 이외에 어떤 독창성을 가질 수 있는가? 지금 같은 뉴미디어의 시대에 가장 파괴력 있는 핵심이 무엇인가? 결국은 사람들의 자발성인 것 같아요. 그래서 그것을 어떻게든 영화제와 접목시키려 하고 있죠. 예를 들면 우버 같은 공유 경제나 유튜브 같은 매체가 이렇게까지 지배적이 된 것을 보면서 학습하고 고민하고 있어요.

지자체의 후원에 의존하는 한국의 영화제 구조 안에서 새로운 시도를 하는 것에 어려움은 없나요? '지원은 하되 간섭은 하지 않는다'라는 모토는 원칙적으로는 맞지만 지켜나가기가 쉽지는 않을 것 같은데요.

그거 너무 힘들어요. 항상 고민하는데 너무 많은 요소가 있어요. 최고경영자라고 할 수 있는 시장의 마인드나 이해도, 비전도 중요하고 공무원들의 행정 시스템하고도 관련이 있지요. 부천영화제는 그 문제로 2004년과 2005년에 큰 타격을 입었어요. 2016년에 최용배 집행위원장님이 오셔서 영화인들과 화해하면서 온전한 모습을 되찾았다고 자평하고 있지만 내부적으로는 여전히 문제가 있거든요. 스태프들은 정규직이 되었는데, 집행위원장이나 프로그래머는 다 비정규직이에요. 시의 권력이 바뀌면 언제든지 윗자리는 물갈이할 수 있게 되어 있어서 좋다고만은 볼 수 없죠. 어디까지 안정화해야 할지는 모르겠지만 '프로그래머가 최소한의 지속성은 가지고 있어야 되지 않나?'라고 생각해서 프로그래머 직을 비상근에서 상근으로 바꾸자고 얘기하고 있어요.[7]

스태프의 정규직화는 매우 중요한 문제고 결국 그렇게 실현된 건 잘된 일이지만, 집행부나 프로그래머들을 비정규직으로 놔둔 건 문제가 있는 구조 아닌가 싶네요.

맞아요. 프로그래머는 근로기준법 적용도 못 받아요. 현재 보험모집원과 같은 직종으로 구분되어 있어요. 열심히 호소하고 있죠. "우리도 근로자다. 근로기준법을 지켜라. 겸직하고 싶지 않다." 급여만으로는 생활하기가 어려우니까 강의를 해야 하고, 특강 제안이 오면 다 뛰어야 해요. 심사 들어오면 다 해야 하고. 그래서 쉬는 시간이 없어요. 영화제 일 하고 휴식 시간에는 딴 일을 해야 생계가 유지되니까. (웃음) 남들이 보기에는 화려하고 언론에도 나오지만……. 제 친구들이 우리 중에서 제일 성공한 사람이 저라고 하는데 사실 저는 언제 잘릴지 모르는 삶을 살고 있어요. 그러니까 마음의 준비를 하죠. '이 화려함은 언젠간 끝날 것이다' 하고요.

---

7 인터뷰 이후 프로그래머의 계약이 갱신된 2019년 10월부터 부천국제판타스틱영화제의 모든 프로그래머는 4대 보험에 가입하게 되었다. 또한 2020년 1월부터는 프로그래머 가운데 2명이 상근 형태로 근무하고 있다.

그런 노동 조건을 포함해서 그동안 겪어온 여러 일들 때문에 주변부 정체성이 지속되었을 것 같아요.

그래서 어느 순간부터는 영화에 올인하지 않아요. 지금 합창단을 하고 있는데 영화랑 상관없는 취미생활 겸 커뮤니티가 있으니까 좋더라고요. 2015년에는 성미산마을로 이사를 와서 마을 공동체의 삶을 누리고 있어요. 나의 정체성을 분산 투자한다고 해야 할까요? 영화계에서 떠나도 마을 공동체나 합창단을 통해서 내 정체성이 지속될 수 있는 일종의 보험 같은? 아, 표현이 이상하다. 그런데 저한테는 많이 위안이 되는 활동이에요. 우리 영화제에도 일을 너무 열심히 하는 친구가 있는데 어느 날 건강이 나빠지거나 '부천영화제 계약 종료 땅땅!' 이렇게 되면 그 친구는 도대체 어떻게 살까? 내가 막 걱정이 되는 거예요. 건강 관리하라고 하고, 영화에 올인하는 건 위험하다고 말해주죠. 제작 쪽은 더할 것 같아요.

마이너리티라고 하는 의식, 불안정한 존재 조건 같은 것이 영화인들한테는 늘 있는 것 같아요. 그런데 사실은 마이너리티와 관련된 얘기를 단순화하기 어려운 게 사람에게는 여러 가지 정체성이 있잖아요. 예를 들어서 내가 좋은 학교를 못 나와서 마이너리티라고 생각할 수도 있고, 좋은 배경이 없어서 그렇다고 느낄 수도 있고, 여성이라서 그렇다고 느낄 수도 있고요. 어느 한 가지 때문에 내가 마이너리티가 되는 건 아니지만 그 많은 것들이 다 마이너리티로서의 나를 구성하잖아요. 그런 마이너리티 정체성 가운데서 특히 나한테 중요한 것이 뭐라고 생각하세요?

요즘 제가 여성이라는 걸 많이 생각해요. 많은 걸 매일 발견해요. 과거를 회상하면서 '아, 그게 이런 거였네' 하고요. 예전에 무심코 흘려들었던 말들을 곱씹어보면서 '이런 건 상징적인 폭력이다'라고 생각하기도 하죠. 예를 들면 남편이 바람을 피워서 이혼을 했는데 사람들이 여자한테 "네가 이러고 있으니까 남편이 바람을 피우지" 한다든지, 아들은 공부를 못하고 딸은 잘하는데 "왜 너만 공부를 잘하니? 너 혼자 하지 말고 좀 가르쳐줘라" 한다든지, 아들이 중요하다며 밥을 먼저 퍼준다든지. 이런 일상적인 일들이 굉장히 폭력적이었다는 것을 새삼 깨닫고 있어요. 물리적인 폭력을 당해서가 아니라 상징 폭력을 평생 당해왔구나 하고요. 최근에는 일에서도 이런 생각이 드는데, 예를 들면 분명히 남자가 잘못했어요. 그런데 남자들은 늘 '내가 잘못할 리가 없어'라고 이미 답을 정해놓고 누군가 덮

어씌울 사람을 생각하는 거예요. 그런 모습을 보면 '저건 가부장제에서 자라왔기 때문이 아닐까?'라는 생각이 들죠. 군이 이해를 하자면요. 저 사람은 죄의식이 전혀 없구나, 다른 사람을 비난하는 것을 당연하게 생각해. 학교에서도 그렇고 집에서도 그렇고. 그 사람들이 그러려고 그랬다기보다는 가부장제가 곧 상징 폭력의 체계였기 때문이구나. 이런 걸 너무 많이 깨닫고 있어요. 일에 대해 지적하면 지적 자체가 무례한 게 되는 거예요. "잘못하기 전에 미리 와서 부드럽게 충고했어야지"라고 하죠. 가부장은 면죄부를 받아야 하는 존재라는 생각이 너무 오랫동안 자리 잡고 있었다는 걸 새삼 느끼고 있어요.

여러 조직에서 일을 해오셨는데, 영화사 봄은 예외지만 대부분 상관이 남성 아니었어요? 그게 우리 세대한테는 당연했던 것 같은데 지금 생각해보면 어때요? 봄에서 일할 때가 더 편했나요?

지금 생각하니까 봄에서는 불편한 일은 없었어요. 오히려 더 믿어주는 측면이 많았지요. 물론 여자 대표들이 살아남기 위해서 보이는 명예 남성적인 측면이 있기는 해요. 그래도 여자를 더 키우려고 하는 경향이 있죠. 솔직히 말해서, 작년하고 올해 특히나 올드 보이들이 돌아오고 있다는 걸 느껴요. 전체적으로 베이비붐 세대가 은퇴하는 시기에 많은 자리가 생기고, 군이 또 영화제가 만들어져요. 정권이 바뀌고 새로운 부분에 공적 자금을 투여하려는 정책적인 기조가 있는데 거기에 치고 들어가서 '이거 하자, 저거 하자'는 다 남자들이 하잖아요.

그게 젠더의 문제도 있고, 다른 한편에 세대의 문제도 있는 것 같아요. 너무 은퇴를 안 해요, 그 세대가.

세대와 젠더가 합쳐져서 공고하게 서로 밀어주고 당겨주는 게 있어요. 세대론이

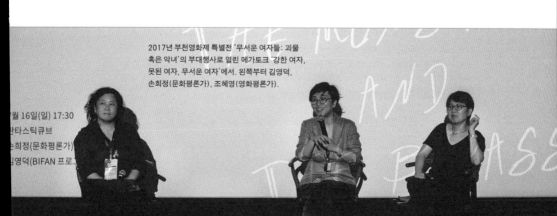

2017년 부천영화제 특별전 '무서운 여자들: 괴물 혹은 악녀'의 부대행사로 열린 메가토크 '강한 여자, 못된 여자, 무서운 여자'에서. 왼쪽부터 김영덕, 손희정(문화평론가), 조혜영(영화평론가).

맞는지는 모르겠지만 적어도 제가 보기에 영화제의 세대교체는 이루어지지 않았고 오히려 역행한 것 같아요. 어느 날 갑자기 40대가 집행위원장이 되면 저는 프로그래머 일에서 은퇴해야 할지도 모르겠다고 생각하고 있어요. 저조차도 세대교체의 대상이라고 생각하거든요.

내가 일하는 영역에서 사회적인 이슈에 대해 발언하는 것

이제 이야기를 마무리하는 차원에서 질문을 하나 할게요. 많은 분야에서 여러 일을 해오셨는데, 시간이 지나고 나서 돌이켜 봤을 때 '내가 관련되었거나 내가 직접 했던 일 중에서 이런 것은 역사에 기록됐으면 좋겠다' 하고 생각하는 일이 있어요?

저는 2017년과 2018년에 부천영화제에서 '장르와 여성' 특별전을 했던 걸 기억해줬으면 좋겠어요. (웃음)

어떤 점에서요?

옛날에 좌충우돌하면서 했던 일들, 예를 들어 리얼판타스틱영화제 같은 것도 기억해주면 좋기는 하겠지만, 그건 100퍼센트 제가 좋아하는 방식은 아니에요. 저는 내가 있는 장에서 내가 할 수 있는 일로 최선을 다하는 게 더 좋아요. 내 일터에서 내가 할 수 있는 방식으로 사회에서 일어나는 현상에 긍정적인 기여를 하려고 '여성 괴물' 특별전을 했던 거예요. 저 자신에게도 장르 영화가 어떻게 여성을 괴물로 그려왔는지를 돌아볼 수 있는 기회였고, 사회적으로도 시의적절한 특별전이었다고 생각해요. 영화제 프로그래머로서 그런 일을 할 수 있다는 것이 좋았어요. 리얼판타스틱영화제는 특수한 상황에서 할 수밖에 없었던 일이지 제가 보람

8 　김영덕은 부천영화제의 프로그래머로서 여성 이슈와 관련한 프로그래밍에 지속적인 관심을 기울여왔다. 본인이 언급한 대로 2017년에는 '무서운 여자들: 괴물 혹은 악녀', 2018년에는 '시간을 달리는 여자들: SF 영화에서의 여성 재현'이라는 주제로 장르 영화 속 여성 재현에 관한 특별전을 기획했으며 2019년에는 '웃기는 여자들, 시끄럽고 근사한'이라는 제목으로 여성과 웃음의 관계를 탐구하는 특별전을 열었다.

을 느낄 만큼 바람직한 방식이었다고는 생각하지 않아요. 자기가 일하는 영역에서 사회적인 이슈에 대해 발언하는 것, 그렇게 해서 좋은 사람을 만나고 좋은 관객을 만드는 일이 프로그래머로서는 가장 보람 있는 일이죠. 부천영화제 초창기에 쇼브라더스 회고전을 할 때 찾아온 무협 팬들, 그리고 발리우드 특별전을 할 때 만난 발리우드 팬들에게 자유롭게 놀 수 있는 마당을 만들어준 일도 보람이 있었어요. 하지만 지금 이 시점에서 보면 여성 괴물이나 여성 장르를 다루는 것이 좀 더 심화된 작업이었다고 할 수 있죠.[8]

본인의 직업적 정체성을 얘기하자면 프로그래머가 가장 강력한 정체성인가요? 지금 프로듀서도 하고 있잖아요.

프로듀서 일은 거의 취미로 하는 것이나 마찬가지예요. 돈도 거의 못 벌고, 누가 와서 하자 하면 하는 거여서. (웃음) 잘 모르겠어요. 프로그래머로서의 정체성도 있고, 프로듀서도 있고, 합창단원도 있고, 래오 엄마도 있고. 저는 지금은 다양한 정체성을 저글링하고 있는 사람이에요. 그런데 저는 뭘 하더라도, 예를 들어 애를 키울 때도 제 주관대로 키우고, 영화제를 할 때도 내가 생각하는 원칙을 실천하고, 예술영화를 공동 제작할 때도 나의 관점이나 취향, 원칙을 집어넣어요. 생각해보면 저는 안 하고 싶은 것은 확실히 안 하는 삶을 살았던 것 같아요. 하고 싶은 것 가운데서도 할 수 있는 것을 하다 보니까 지금 내 삶의 형태가 만들어졌구나 그렇게 생각해요.

2017~19년
김영덕이 기획한
부천영화제 특별전
포스터.

3부

단단한 자기 중심과 새로운 감수성

2010년대 이후

제정주

영화 제작자
영화사 아토 대표

작더라도 내 이야기를 하고 싶다

2002년 〈마들렌〉의 막내 제작부원으로 영화 일을 시작했다. 〈밀양〉과 〈오래된 정원〉(2006)
의 제작실장을 거쳐 〈무서운 이야기〉(2012), 〈환상 속의 그대〉(2013), 〈용순〉(2016), 〈어
른도감〉, 〈살아남은 아이〉, 〈우리집〉 등을 프로듀싱했다. 1990년대 다양한 장르와 재능 있는
감독들을 배출한 선배 여성 프로듀서들의 '대단한 기획'을 흠모하지만, 작지만 관객들과 공감
할 수 있는 영화를 만들고자 한다. 프로듀서 네 명이 모여 만든 제작사 아토의 대표로 현재 신
동석 감독과 퀴어영화를 준비하고 있다.

"저는 영화 산업 안에서 크게 영향력을 행사하고
있는 대규모 상업영화, 장르영화에 대한 갈증이
전혀 없어요. 1000만 영화나 블록버스터영화
같은 거요. 많은 사람들이 원하는 것이지만,
저는 좀 다른 걸 하고 싶어요. 동시대를
살아가는 사람들의 고민, 사회적 이슈가 담긴
좋은 이야기요. 소위 비주류, 마이너한 주제라고
불리는 이야기들이요."

영화를 만드는 주체가 되고 싶다

● 주진숙
● 제정주

어떻게 영화 일을 하게 되었나요?

저는 부산에서 나서 대학 졸업 때까지 부산에서 계속 지냈어요. 영화를 좋아하기 시작한 것은 초등학교 때부터였고요. 학교 마치면 친구 집에 몰려가서 홍콩 영화 시리즈물을 섭렵하고, 비디오방 다니고, 만화책도 좀 봤죠. 중고등학교에 진학하면서는 언니들이 보던 소설책을 몰래 훔쳐 읽었고요. 비디오가 한창 붐이었던 때라 주말이면 여러 개를 빌려다 밤새도록 보고 월요일에 등교하면서 반납하곤 했어요. 쉬는 시간마다 친구들을 붙잡고 지난밤에 본 영화 이야기를 하는 게 큰 즐거움이었죠. 애들한테 "재밌지 않냐?"라고 하면 그렇다고 해주는 친구들도 있고, '우리가 지금 고3인데 얘 얘기를 계속 들어줘야 하나' 하는 표정인 친구들도 있었죠. 지금 생각하면 뭔 내용인지 졸리기만 한 예술영화들도 봤는데 영화 촬영을 하는 오빠의 영향이 좀 컸어요. 특히 에밀 쿠스트리차의 〈집시의 시간〉(1989), 스티븐 소더버그의 〈섹스, 거짓말 그리고 비디오테이프〉(1989), 그리고 아키 카우리스마키 감독의 영화들을 많이 좋아했어요. 잘 몰라도 그런 영화들을 볼 수 있다는 것만으로도 즐거웠어요.

대학 입시가 끝난 후에 처음 한 일이 '시네마테크 1/24'이라는 영화 단체에 찾아간 거예요. 예술영화에 대해 알고 싶기도 했고, 영화 보는 사람들하고 교류도 하고 싶었거든요. 그런데 담배 연기 자욱한 너구리굴 같은 곳에 모여 있는 사람들한테서 너무 '덕후' 기운이 넘쳐서 몇 번 나가다 말았어요. 마침 대학교 1학년 때 문화의 불모지인 부산에 부산국제영화제가 생겼고, 남포동이며 수영만 요트 경기장이며 쏘다니면서 영화를 보았죠. 그러다가 우연히 자막팀 스태프로 일을 하게 되었어요. 그 시기가 이란 영화를 많이 상영할 때였는데, 모흐센 마흐말바프 감독님 가족을 만나기도 했어요. 매진된 티켓을 구하려고 밤새 기다리는 사람들, 남포동 거리와 수영만의 포장마차를 가득 메운 인파, 모두가 들뜬 분위기……. 이 모든 것이 제 눈에는 신기하고 너무 좋았어요. 또 영화 상영하는 내내 자막이 잘못 나갈까 봐 바짝 긴장해서 영화를 보다 보니 영화 내용보다 관객들의 반응을 보게 되었어요. 어둠 속에서 관객들이 같은 마음으로 오롯이 영화에만 집중한 채 함께 울고 웃고 감동하는 모습이 꼭 판타지 같았어요.

스태프로 일하면 영화 한 편도 제대로 보기가 어려운데 자막팀에서 일한 것은 행운이었네요.

그러다가 '나도 영화를 해야겠다'고 마음먹은 계기는 민병훈 감독님 때문이에요. 〈괜찮아, 울지 마〉(2001)를 상영하고, 주연 배우와 감독이 함께 나와서 관객과의 대화를 하는 시간이었어요. 이용관 선생님이 모더레이터moderater(진행자)로 대화를 진행하시는데, 좁은 극장을 꽉 메운 사람들의 흥분 가득한 들숨과 날숨에 머리가 다 아플 지경이었죠. 모두가 영화에 흠뻑 빠져 있다는 느낌을 받았어요. 외국인이라 말이 잘 통하진 않지만 수줍게 웃는 주연 배우와 힘들게 영화를 찍고 이 자리에 섰다는 감독님에게 관객들이 열광적인 지지를 보내는 모습을 봤어요. 이용관 선생님이 "괜찮아, 민 감독. 울지 마. 이 관객들을 봐. 이렇게 소통할 수도 있어"라고 위로의 말씀을 전하셨는데 감독도, 배우도, 관객도 모두 울컥했고 저는 뭔가에 단단히 홀린 기분이었어요. '나도 이런 거 해보고 싶어. 영화를 만드는 주체가 되고 싶어. 이런 기분을 느끼고 싶어!' 나중에 우연히 민병훈 감독님을 만났을 때 "당신이 바로 내가 영화를 하도록 이끈 장본인이다!"라고 했더니 별 반응이 없으시더라고요. 쳇. (웃음) 그때부터였죠. 영화를 만드는 감독이나 스태프들이 하는 일이 궁금해 미칠 것 같았어요. 어떻게 하면 나도 그 일에 참여할 수 있는지, 영화학교에 가야 하는 것인지, 뭘 어디서부터 시작해야 하는지 알고 싶었어요. 부산에 있으면 아무것도 못 할 것 같았어요. 가슴이 쿵쾅거렸어요. 상사병에 빠진 거죠.

그때가 몇 학년 때예요?

대학교 4학년 졸업할 무렵이요.

학교에서 전공은 뭐였어요?

환경공학이요. (웃음) 그런데 학교엘 잘 안 갔어요. 겨우 졸업했고요. (웃음) 아니, 가긴 갔는데 공과대학이 학교 제일 꼭대기에 있어서 정문에서 셔틀을 타야 했거든요. 매번 머뭇거리다가 도서관 가서 영화 관련 책이나 훑어보고 극장 가서 혼자 시간을 보내곤 했어요. 친구들은 취업 준비를 하는데 저는 취업은 먼 산이고 '영화를 만들고 싶다'는 마음 하나밖에 없었죠. 영화학교에 가야 하나, 뭘 어떻게 해야 하나 막막하기만 했어요. 그러다 영화 관련 책을 찾아보니 영화 제작에 대한 설명이 쫙 나와 있더라고요. 건너 건너 소개를 받아 서울에서 활동하는 부산 출신 영화 제작자 분과 상담을 하게 되었는데, 뭐가 하고 싶으냐고 하셔서 막연하게 "저는 제작자가 되고 싶습니다"라고 했죠. 그랬더니 그분이 영화를 한 편 보고 '나라면 이 영화를 어떻게 기획할 것인가'에 대한 리포트를 써 오라고 하셨어요. 그렇게 몇 번 메일이 오가고 조언을 받는데 점점 재미가 있더라고요. 이러고 있을 게 아니라 당장 서울로 가야겠다는 열망이 가슴속을 가득 채웠죠. 그렇다고 무작정 서울에 갈 수는 없어서 '필름 메이커스'라는 영화인들의 구인구직 창구를 통해 이력서를 제출해봤어요. 몇 군데서 연락이 왔는데, 가서 보니 성인영화를 제작하는 프로덕션인 경우도 있었어요. 그다음부터는 제작사의 규모, 제작진의 이력까지 자세히 살펴봤죠.

그러다가 〈넘버 3〉를 만든 '프리시네마'라는 회사에 가서 면접을 봤어요. 저의 경험이나 비전 같은 것들에 대해 재미있게, 긍정적으로 이야기를 잘 나누었죠. 전화로 결과를 알려준다고 해서 인사하고 나오는데 대학로에 위치한 한옥 사무실도 참 정겹고, 근처에 명필름도 있다고 하고 모든 게 좋았어요. 우주의 기운이 내게로 몰려드는 느낌이랄까. '아, 나도 드디어 영화인이다!' 그런데 곧 전화가 와서는 같이 못 한다는 거예요. 이미 여성 스크립터가 있기 때문에 여성 스태프를 또 충원할 수는 없다고. 저는 좀 어이가 없어서 '여자라고 차별하는 것이냐' 하고 곧바로 따져 물었어요. 그러면서 "저는 무조건 할 수 있습니다!"라며 큰소리를 쳤죠. 사실은 장롱 면허인데 운전도 잘한다고 하고, 부산에서 올라온 지 얼마 안 돼서 서울 지리도 잘 모르는데 잘 안다고 하는 등 약간의 거짓말도 보탰고요. 그렇게 약간 떼를 써서 하게 되었어요.[1]

내가 원하는 일은 무엇인가

서울에 올라올 때 부모님이 뭐라고 안 하셨어요?

2002년에 이제 제대로 일을 하면 좋겠다는 생각이 들어서 서울로 가야겠다는 마

---

[1]   당시 영화 현장에서는 여성이 많은 것이 낯선 일이었다. 스크립터가 속한 연출부와 제작부는 맡은 역할이 다른데도 현장에 여성 스태프의 숫자가 늘어나는 것 자체를 영화사에서는 부담스러워했다. 숙박이 필요한 현장에서는 당연히 부담을 더 크게 느꼈다.

음을 먹었죠. 부산에 계속 있으면 인생이 이대로 끝나겠구나 싶었거든요. 서울에 가고는 싶은데 아버지가 너무 엄해서 말도 못 하고 눈치만 보다가, 구정 연휴 끝나자마자 아버지가 출근하신 틈을 타 엄마한테 서울로 갈 거라고 통보를 했어요. 웬일인지 엄마가 너무나 쿨하게 그냥 가라고, 서울 가서 하고 싶은 거 마음껏 해보라고 하시는 거예요. 대신에 혼자 힘으로 하라고요. 그런데 일단 기차표를 취소하라고 하시는 거예요. 아니, 가라면서 취소는 왜……. 밥 해줄 테니 기차 시간을 뒤로 미루고 따뜻한 밥 먹고 가라는 말씀이셨어요. 서울은 많이 추울 거라면서요. (같이 웃음) 그래서 밥을 먹었고요, 아버지한테는 당신이 잘 말해둘 테니 걱정 말라고 하셨어요. 가서 잘 살라고 격려까지 해주시니 너무나 의아했죠. 갑자기 울 엄마가 왜 이러시지? 쏘 쿨~~!

왜 그러셨대요? 나중에 물어봤어요?

제가 아주 한심해 보였던 거죠. 제대로 된 취업을 하는 것도 아니고, 별 뾰족한 수도 없을 텐데 붙잡아놓은들 속만 답답할 테고, 몇 달 저러다 내려오겠지 하는 생각에 그냥 가라고 하셨던 것 같아요. 막상 서울에 오니 엄마 말씀대로 정말 너무 추웠어요. 그때 제겐 작은 여행용 캐리어 하나와 전 재산 100만 원이 든 통장뿐이었어요. 갈 곳도 정하지 않은 채 왔기 때문에 엄마가 마지막 밥상인 듯 해주신 따뜻한 밥 한 끼가 정말 눈물 나게 생각이 나더라고요. 불과 몇 시간 만에 저 자신이 처량해지고, '내가 무슨 생각으로 여기에 있는 거지?', '어디로 가야 하지? 어떻게 해야 하지?' 아무것도 모르겠더라고요. 그렇게 서울역 앞에서 온몸으로 찬바람 맞으며 누구한테 연락을 해보나 머리를 굴리고 있는데 오빠한테서 전화가 왔죠. 엄마한테 다 들었다면서요. 오빠가 영상원 예술전문사 과정에 다니고 있을 때였는데, 1호선 타고 외대앞 역의 ○○ 빵집 앞으로 오라고 하더라고요. 학교 앞 자취방에 저를 데려다주더니 본인은 쌩하니 촬영하러 간다고 가버렸어요. 아무리 남매지만 나이 차이 많은 오빠, 동생이 원룸에 같이 지내기가 여간 어렵고 부담스러운 게 아니었죠. 그렇다 해도 내가 어떻게 올라온 서울인데! 그날부터 오빠 집에서 더부살이하면서 나름대로 구직 활동을 하기 시작했어요. 그때 여성영화인모임에서 한 홍보 마케팅 수업도 들었죠. 부산에 있을 때 서울 가면 꼭 들어봐야지 했던 수업이었거든요. 그러고는 면접을 봤던 〈마들렌〉 제작팀 막내로 3월부터 일을 시작한 거예요.

그 두 달 새에 강의도 듣고 취업도 하고, 아주 알차게 보냈네요.

영화를 책으로 배우다가 몸으로 익혀야 하는 현장에 가니 온통 신기한 것투성이였어요. '이건 뭐고, 저건 또 뭔가. 무엇에 쓰는 물건인고…….' 촬영팀, 조명팀 스태프들 쫓아 다니면서 질문을 퍼부었죠. 하루하루 촬영장에 나가는 게 너무 재미있었어요. 현장에서 밤을 새워도, 밥을 제때 못 먹어도, 담배꽁초 줍거나 차량 통제를 하며 서 있어도, 같은 말을 무한 반복해도 하나도 힘들지 않았어요. 경험도 없고 모르는 것투성이인 내게도 아주 작은 책임이나마 주어진다는 게 좋았고, 그걸 해내고 싶은 마음에 촬영장에 나가는 게 날마다 설레었죠.

사무실 근처에 말로만 듣던 명필름 사옥이 있어서 기웃기웃 하면서 '어떻게 하면 저기서 일할 수 있을까?' 생각도 많이 했고요. 이후에 실제로 거기서 일을 하게 되었어요. 아주 엄격한 압박 면접을 거친 끝에 네 명의 제작팀장을 뽑았는데, 그중에 제가 들어간 거죠. 지금 회사를 같이하고 있는 김지혜 피디도 그때 명필름에서 같이 일을 시작했어요. 저는 임순례 감독님 작품을 개발하는 팀에 속해 있었는데, 그 무렵 명필름과 강제규필름이 MK픽쳐스로 합병되었어요. 그 와중에 강제규필름에서 진행하던 〈몽정기 2〉(2005) 스태프들이 촬영을 2, 3주 앞두고 다 하차하는 일이 있었고, 저를 포함해서 명필름에 있던 스태프들이 갑자기 차출되어 그 작업에 참여하게 되었어요. 〈몽정기 2〉는 명필름이 제작하던 영화와 결이 좀 달랐어요. 제가 명필름에서 경험해보고 싶었던 것들과 그림이 달라서 실망을 많이 했죠. '아, 이건 내가 원하던 영화가 아닌데……. 그렇다고 내가 작품을 선택해서 할 수 있는 상황이 아닌데…….' 고민을 좀 했어요. 그러다 퇴사를 하게 되었죠.

그런 판단을 하고 결정을 내리는 게 굉장히 빠른가 봐요.

스태프로 경력이 쌓이면서 어떤 영화가 좋은 영화인가, 내가 해야 할 영화, 하고 싶은 영화는 무엇인가를 고민하기 시작했고, 나의 정체성을 제대로 찾아야겠다는 생각을 했어요. 이후에 홍상수, 임상수, 이창동 감독의 작품에 차례대로 참여하게 되었는데 그분들이 가진 창작 의지, 상업영화와 예술영화, 작가영화의 의미, 무엇보다 영화를 만드는 태도에 대해 깊숙이 경험하고 느끼게 되었어요. 그중에서도 이창동 감독님과의 작업은 정말이지 고되고 지난한 과정이었죠. 하지만 그만큼 '영화를 만든다는 것'이 어떤 이야기를 섬세하고 치밀하게 파고들어 오랜 시간 공들여 빚어내는 장인의 작업과도 같다는 생각을 하게 해주었어요. 어떤 숭고한 순간들도 있었고요. 씹고 뜯고 맛보고 즐기고, 단물 빠질 때까지 또 씹고, 선택의 마지막 순간까지 고민해보는(아우, 힘들어)……. 제가 지향하는 영화들이 이와 같은 맥락 안에 있다는 생각이 들었어요. 그 영향으로 지금은 독립영화 제작을 우선하고 있어요. 저는 영화 산업 안에서 크게 영향력을 행사하고 있는 대규모 상업영화, 장르영화에 대한 갈증이 전혀 없어요. 1000만 영화나 블록버스터영화 같은 거요. 많은 사람들이 원하는 것이지만, 저는 좀 다른 걸 하고 싶어요. 동시대를 살아가는 사람들의 고민, 사회적 이슈가 담긴 좋은 이야기요. 소위 비주류, 마이너한 주제라고 불리는 이야기들이요.

그 감독님들과 작업할 때 〈마들렌〉 제작부에 들어갈 때와 같은, 여성이라서 차별받은 경우는 없었나요?

저는 여성 프로듀서, 여성 제작자와 일을 많이 했어요. 명필름에서 일하고 싶었던 이유도 심재명 대표님 때문이었고요. 흠모하는 작품들을 보고, 그 뒤에 있는 사람을 보았더니 심재명, 오정완, 김미희, 강혜정 등 모두 여성 제작자들이었어요. 기획력, 이야기를 만드는 방식, 다양한 분야의 사람들과 협업하고 일을 진행하는 태도……. 이 모든 것을 어느 한쪽으로 치우치지 않게 균형을 잘 잡고 진행하시잖아요. 그리고 제가 참여했던 현장에는 미술, 의상, 분장 스태프뿐 아니라 기술 파트, 포스트 프로덕션 파트 등 여러 분야의 여성 스태프가 많이 있었어요. 차별의 분위기가 느껴지기 전에 뭉쳐야죠. 바로잡아야죠.

영화 크랭크인할 때 무사히 영화를 잘 만들자는 다짐과 함께 '성희롱 예방을 위한 열 가지 생활 수칙'을 스태프, 배우와 함께 돌아가며 읽은 적이 있어요. 지금은 당연한 일이지만 당시엔 그런 걸 입 밖에 꺼내는 것조차 어색해하고, '이렇게까지 해야 해?'라고 멋쩍어하는 사람도 많았죠. 우리 모두가 당연히 해야 할 일이고, 지켜야 할 약속인데도 말이죠. 일하면서 이런 말을 많이 들어요. "여자는 마음이 약해서 잘 못 버틴다, 물리적으로 약할 수밖에 없다. 융통성이 없다, 기가 약하고 대범하지 못하다, 추진력이 없다." 한 남성 제작자는 저의 보이시한 외모를 보시고는 제가 아주 터프하고, 욕도 차지게 잘하고, 말술이고, 성격도 아주 드셀 거라고 당연하게 생각하셨더라고요. 저는 아주 섬세하면서도 집요하고, 책임을 중요하게 여기고, 추진력 있고, 유연하게 사고하려 하고, 공감 능력도 뛰어난데 말이죠. 저한테 자꾸만 더 강하게, 더 터프하게, "여전사의 이미지를 보여줘!"라고 주문하셨죠. 여전사라니! 여자라서, 혹은 남자라서가 아니라 어떤 정체성을 가진 사람과 함께해도 안전한 현장, 누군가 소외되거나 차별받지 않는 현장을 만들기 위해 노력해야죠. 제가 바꿔나가야 할 일이라고 생각합니다.

아토가 제작한 〈우리들〉과 〈우리집〉 두 편을 윤가은 감독과 했고요, 하반기에 개봉할 〈애비규환〉의 최하나 감독, 〈우리들〉과 〈우리집〉의 조감독이면서 아토와 차기작을 준비하고 있는 황슬기 감독, 〈딸에 대하여〉의 차정윤 감독 모두 여성이죠. 부지영 감독과도 여러 편 했고요.

숨은 인재를 발견하는 즐거움

다시 과거로 돌아가서, 공부를 해야겠다고 영상원에 들어갔잖아요. 그 학교에서 만난 피디들과 아토를 세운 거죠?

네. 현장에서 경험을 쌓으면서 정체성에 대한 고민이 생겼어요. '나는 앞으로 무엇을 꾸준히 할 수 있을까? 무엇을 잘할 수 있을까? 내가 정말로 하고 싶은 것은 무엇인가?' 이창동 감독님의 〈밀양〉을 아주 힘들고 재미나게 경험한 후에 학교에 가야겠다고 다짐했어요. 현장의 생생한 경험도 좋지만, 본연의 진짜 힘을 길러야겠다는 생각이 들었거든요. 2008년에 한국예술종합학교 영상원 예술전문사 과정에 들어갔어요. 이종필, 강진아 감독과 독립 장편영화를 찍었죠. 자신감이 넘쳤고 뭐든 할 수 있을 것 같았어요. 뭐든 해내려고 조급해했고요. 4년 동안 여러 편의 독립영화 제작에 참여했어요. 영화 산업 수업 중에 한 선생님께서 한국 영화 산업의 차후 동향에 관한 과제를 주셨는데, 저는 '앞으로는 독립영화가 대세가 될 것이다. 중·저예산 영화를 지원하고, 영화의 허리를 강화해야 한다'는 다소 무모해 보이는 대안을 제시했죠. 다들 제게 "무슨 소리를 하는 거야. 왜 상업영화를 안 하고 굳이 독립영화를 하겠다는 거야. 너는 항상 힘든 것만 찾아서 하더라. 돈도 안 되는 그런 거를, 남는 것도 없는 거를. 남 도와주는 거 이제 그만하고 진짜 네 것을 찾아야지. 대세는 무슨 대세……"라고 했어요. 그때 저는 "제작 규모도, 소재도 다양한 영화들이 많이 만들어질 수 있는 시스템이 갖춰져야 하고, 극장 관람만이 우선순위가 아니라 장르, 매체, 관객이 서로 융합된 형태의 영화가 만들어질 수 있도록 지원해야 한다"고 말했어요. 지금도 여전히 그렇게 생각하고요.
이런 고민을 같이 할 친구들을 만나고 싶었는데, 몇 명 안 되는 영상원 기획 전공 친구들 중에서 지금의 구성원들이 모여 약간은 즉흥적으로 제작사를 만들었어

6월 8일, 숨기쁜 첫사랑이 시작된다

이수정·최예봉·박준홍·정성희·장혜란·안주미 | 촬영 최예린 | 감독 신준

열여덟 여름, 마음이 달리기 시작했다

그 여름 사랑과 처음 만난 소녀

옹순

요. 나이도, 경험도, 고민도 비슷한 친구들이라 어렵지 않게 구성이 되었죠. '따로 또 같이'를 모토로요. 체계적인 계획 같은 건 없었어요. '가끔 만나서 이런 것들에 대해 수다나 좀 떨까, 아이템 얘기도 하면 더 좋고……' 하는 정도의 생각이었죠. 자주 만나기는 했는데 아무도 준비를 안 해왔어요. (웃음) "아, 해보자더니 왜 준비를 안 하는 거야? 너희 다 아무 생각이 없어?" 이러면서 맨날 티격태격하다가 시간이 흐르면서 자연스럽게 〈우리들〉도 만들고, 〈용순〉이랑 〈살아남은 아이〉도 만들게 되었네요.

끝까지 포기하지 않고 고민하며 작업하는 영화 작가들에게 영향을 받고 싶어서, 또 스스로 책임 있는 역할을 하고 싶어서 학교에 갔다고 하셨잖아요. 그런 부분은 충족이 되었나요?

학교에서 만난 사람들은 그 개개인 모두가 훌륭한 인적 자산이에요. 단편을 찍거나 시나리오를 쓰면서 본인만의 작품 세계를 촘촘히 구축해나가는 작가 감독들이 많이 있거든요. 저는 그들이 그리는 세계가 실현될 수 있도록 그들과 함께 계속 고민하고 싶어요. 저는 사람들을 아주 좋아합니다. 조심스럽고 섬세하게 관찰하고 탐구하는 걸 즐기기도 하고요. 독립영화나 다른 매체에서 활동하고 있는 배우들, 잠재력 다분한 스태프들, 내공 있는 작가와 감독들을 마음속에 저장해두었다가 그들이 빛날 자리를 만들어주기도 합니다. 숨은 인재를 발견해내는 기쁨과 성취감이 대단히 좋거든요. 〈우리들〉에서 선의 엄마 역으로 출연한 장혜진 배우는 〈밀양〉에서 교회 집사 중 한 분으로 출연하셨는데, 제가 〈우리들〉에 추천했어요. 나중에 뭐라도 같이 하고 싶어서 '나만 알고 싶은 배우 리스트'에 저장해두었던 분인데, 〈우리들〉에서 현실적인 엄마 역할을 너무나 잘하셨죠. 그걸 보시고 봉준호 감독님이 〈기생충〉에 충숙 씨로 캐스팅하셨고, 그 영화를 보시고 또 다른 작품에 출연을……. 이렇게 믿음의 벨트가 형성되었어요. 얼마나 기쁜지 몰라요. 제가 찜한 또 다른 배우들을 빨리 소개하고 싶어요. 윤가은 감독도, 〈살아남은 아이〉의 신동석 감독도 예전부터 찜해둔 분들이었어요. 재능 있는 감독을 찾아내는 일도 제 역할 중 하나죠.

시나리오의 경제성에 대해 감독과 어떻게 얘기를 하나요?

저 스스로 창작자가 되려고 합니다. 이야기를 창작해내는 작가나 감독의 지원자, 조력자만이 아니라 저 또한 창작의 주체가 되어 고민하려고 애쓰고 있어요. 이야기의 원형을 망치지 않으면서 좀 더 효율적이고 경제적이고 건강한 그림을 만들 수 있는 방법을 찾기 위해 끊임없이 수련의 과정을 거치고 있죠.

아토, 각자도생의 기획·제작 공간

아토는 어떻게 운영되고 있나요?

아토를 만든 지 햇수로 6년째인데 그동안 다섯 편의 장편 독립영화를 개봉했고, 한 편의 영화가 개봉을 앞두고 있어요. 1년에 한 편씩은 만든 셈인데 '우리 여태 어떻게 버텼지?' 하고 가끔 신기해하기도 해요. 이게 가능한 이유는 각자도생이에요. 아토 이외에 다른 곳에서 하는 일이나 아토 내에서 개인이 개발하는 작품은 전부 개별적으로 진행하거든요. 개인의 작품이 아무리 개성이 넘치더라도 아토가 지향하는 가치, 성향, 정체성에 맞지 않다고 생각될 때는 아토의 이름으로 제작하지 않고, 외부에서 제작하거나 개별로 제작하죠. 개인이 알아서 개발하고 제작할 때는 다른 구성원들은 큰 그림에서 동의는 하되 간섭은 하지 않고요. 도움이 필요하다면 나머지 구성원이 적극적인 지원의 형태로 함께하고 있어요. 주로 독립영화, 지원에 의존해야 하는 작은 규모의 영화를 만들다 보니 온몸을 갈아 넣는 피나는 노력을 해야 해요. 그래서 너무 힘이 들지요. 자꾸 어렵다는 얘기를 할 수밖에 없는데 진짜 어렵거든요. 5년 동안 급여가 없었어요. 기획 개발비 투자를 받지도 못했고, 그런 기회도 많지 않았어요. 지금까지는 독립영화를 주로 만들다 보니 각종 공적 자금 형태의 지원을 받아서 운영했고, 거기서 작게라도 시드머니가 생기면 요렇게 저렇게 불리고 불려서…… 단편영화 배급을 꾸준히 하고 있기도 하고요. 앞으로 만들 작품들은 좀 더 외연을 키워보려고 합니다.[2]

---

2   영화사 아토는 한국예술종합학교 영상원에서 기획을 전공한 제정주, 김지혜, 이진희, 김순모 네 명이 모여서 만든 영화 제작사이다. 아토는 선물이라는 뜻의 순우리말이다. 2016년에 개봉한 윤가은 감독의 〈우리들〉이 창립 작품이며, 지금까지 총 다섯 편을 제작했다. 아토는 광화문시네마와 더불어 개성 있는 독립영화들을 지속적으로 생산하는 제작사로 주목받고 있다.

경상비를 거의 쓰지 않는 방법으로 회사를 운영하죠. 고정비 지출을 줄이고, 회사는 프로덕션 사무실이 되었다가 동아리 방처럼 쓰이기도 합니다. 개봉한 다섯 편의 영화가 순제작비 1억~5억 규모로 만들어졌는데 이 정도 규모로 제작이 가능했던 이유는 '따로 또 같이'라는 모토 아래 저비용으로 움직일 수 있게 다져진 아토만의 시스템 덕분이라고 할 수 있어요. 프로듀서 개개인이 여러 가지 역할을 해요. 스태프도 하고, 강의도 하고, 심사도 하고, 자막도 만들고, 타이틀 디자인도 하고……. 제작이 선순환하려면 지원도, 수익도, 투자도, 또 재투자도 이뤄져야 하는데 한군데가 막혀 있어요. 투자가 너무 절박해요. 연락 좀 주세요. 제발.

시스템에 대한 고민이 많으시겠어요.

개봉작 다섯 편 중에 어떤 방식으로든 수익이 돌아온 건 세 편이에요. 극장에서 크게 흥행을 하지는 못했지만 작품마다 2차 부가 시장에서, 혹은 해외 시장에서 조금씩 수익이 나오고 있어요. 이 수익을 계약에 따라 스태프, 배우와 나눠 가져요. 제작사가 가지는 몫은 아주 작아요. 〈우리들〉로 수익 정산을 했는데, 해당 지분율대로 1차 정산을 했더니 한 배우 분이 혹시 계좌 이체 실수를 하지 않았느냐고, 들어올 게 없는데 뭔가 들어왔다고 하시더라고요. 그 뭔가는 몇만 몇천 몇백 원. 실수는 아니고, 진짜 수익이 났고, 그래서 그 돈을 보내드린다고 했더니 '수익'이란 걸 세상 처음 받아보신다며 모두 기뻐했어요. 다음 2차 정산은 조금 더 드릴 수 있었고, 3차는 더 드릴 수 있었어요. 이것이 영원하면 좋겠지만, 당연히 그렇지는 못했죠. 인건비도 제대로 보상하지 못하면서 시스템을 논하고 싶진 않았어요. 수익이 난다고 해서 '돈 많이 벌었다'라고 생각하면 괴롭고요, 노무 투자는 하지 않습니다. 순수익에 따른 지분 분배를 고르게 하기 위해 보다 합리적인 예산 편성을 하려고 합니다. 그 이전에 합리적인 프로덕션 운영이 기본이겠고요. 공동 창작자로서 협업 시스템, 적정한 수익 분배, 합리적이고 건강한 프로덕션 운영을 위해 오늘도 계산기를 두들겨봅니다.

독립영화라는 맨 땅에 투자하라!

독립 장편영화들이 꽤 많이 나오는데, 작품에 대한 미학적인 평가나 독립영화 자체에 대한

제
정
주

영화 산업의 어떤 부분이 기울어져 있잖아요. 영향력을 가진 메이저 자본을 중심으로 움직이니까요. 산업적인 측면에서 독립영화의 가치는 제대로 평가받을 수 없는 구조예요. 2008년에 제가 학교에서 무모하단 소리를 들으며 앞으로 독립영화, 중·저예산 영화 시장이 커질 거라고 했을 때와 지금을 비교해보면 오히려 퇴보하고 있는 것 같아요. 제작 편수는 비약적으로 많아지는데, 유통 과정에서 소비가 정체되어 있어요. 그럴 수밖에 없는 유통 구조이고요. 제작 투자는 더더욱 기대하기 어렵죠. 투자 배급사들이 경쟁적으로 판권을 사들이고, 타 플랫폼과 융합하고, 상업적 성공이 담보되는 기성 작가, 감독들에게 많이들 투자하잖아요. 그들에겐 당연한 논리겠지요. 〈살아남은 아이〉가 개봉할 즈음에 임순례 감독님을 뵀는데 저와 감독에게 영화 만들 때 모난 부분이 있어도 예쁘게 깎아내지 말고, 잘 살려보라고 하셨어요. 흔들리지 말고 휘둘리지 말고 다음 작품도 꿋꿋이 추진해보라고 따뜻한 말씀을 해주셨어요. 그러고 싶어요. 그런데 속으로는 '돈이 없어요, 감독님. 판권료를 내야 하는데……'라고 말했죠. 다음 작품으로 사고 싶은 원작 소설 판권료를 마련하기 위해 열심히 심사와 강의 아르바이트를 하고 있었거든요. 제가 돈이 있다면 최근 몇 년간 등장한 독립 장편영화 감독들에게 투자하고 싶어요. 조금만 안정적인 상황을 마련해준다면 그중에 꽤 많은 작품들이 나비 효과를 볼 수 있지 않을까요. 그런데 지금 독립영화 제작 구조는…… 흑. 맨땅에 헤딩 한번 해보는 무모함이 좀 필요하지 않을까요. 아니, 맨땅이 아니에요. 앞으로 환하게 빛날 가능성이 무궁무진한, 창의력과 신선한 아이디어로 무장한 채 단단히 벼르고 있는 독립영화 제작진이 얼마나 많은데요. 더불어 독립영화에 대한 미학적 평가도 더욱 활발해져야 할 것 같아요. 쟁점을 만들고, 길게 이야기 나눌 수 있는 평가의 자리를 만들면 좋겠어요. 그렇게 좀 발굴해주었으면 좋겠어요. 여성, 젠더, 소수자 등의 다양한 담론이 생기고, 어떤 흐름이 만들어지

영화사 이토의 구성원들.
왼쪽부터 김지혜, 이진희, 제정주, 김순모.
『씨네21』 제공.

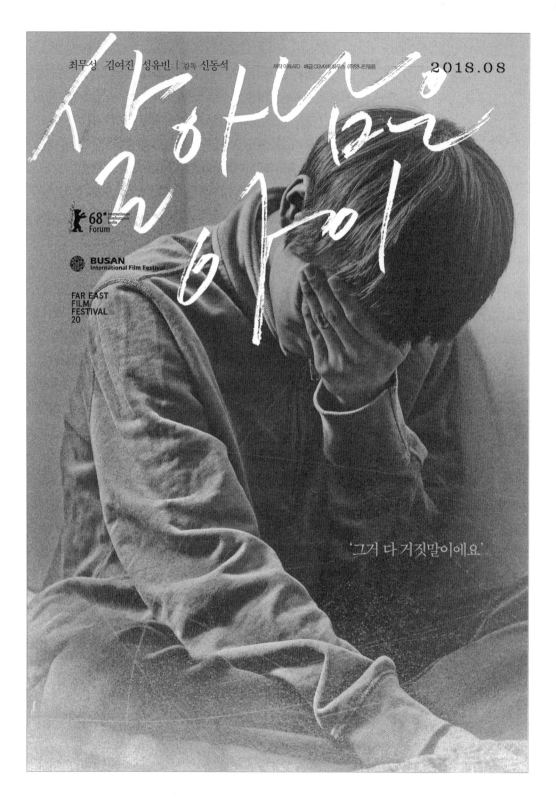

최무성 김여진 성유빈 | 감독 신동석   제작 아토ATO 배급 CGV아트하우스 (주)찬-인필름   2018.08

68 Internationale Filmfestspiele Berlin
Forum

BUSAN
International Film Festival

FAR EAST
FILM
FESTIVAL
20

'그거 다 거짓말이에요'

ⓒ아토.

는 것 또한 언제나 독립영화에서 시작되었잖아요.

**제
정
주**

10년 후에는 어떻게 변할 것 같나요?

앞으로의 10년은 이전의 10년과는 많이 다르겠죠. 달라져야 하고요. 영화를 향유하는 문화가 달라지고, 소비 형태도 달라지고, OTT나 숏폼 콘텐츠, 그 밖에 날로 확장되는 새로운 플랫폼들까지. 이러한 변화에 많은 부분들이 스며들겠죠. 그래도 변하지 않는 건 '좋은 이야기를 보고 읽고 나누고 느끼고 싶은 욕망은 변하지 않는다'인 것 같아요. 제가 좀 느려서 앞으로의 10년도 차분하게 천천히 맞이하고 싶은데, 어떻게든 초심을 잃지 않고 잘 스며들어봐야겠어요.

현재 준비 중인 영화 이야기 좀 해주세요.

먼저 하반기에 개봉할 최하나 감독의 〈애비규환〉은 'K-가부장' 가족 제도에 시원한 펀치를 날릴 가족 코미디 드라마입니다. 중년 여성들이 자아를 찾는 여정을 유쾌하게 풀어낼 〈불꽃놀이〉, 성소수자 퀴어 드라마 〈우주의 맛〉, 70대 노인 여성과 50대 중년 여성, 20대 레즈비언 커플의 이야기인 〈딸에 대하여〉, 현실 멜로 〈트루 로맨스〉, 강력계 여성 형사들의 범죄 추적극 〈물속〉 등이 개발 중에 있습니다.

심재명 대표가 한 말인데, 여성 캐릭터를 제대로 못 그리는 것은 프로듀서의 직무유기라고 했어요.

네, 동의하고 많이 고민되는 부분이에요. 제가 참여하는 작업에서도 스스로 필터링을 많이 하고 있고, 세상의 흐름을 거스르지 않으려 긴장하고 있습니다. 제가 곧잘 하는 말이 "벡델 테스트 통과 못 하는 영화는 만들지도 말자"예요.[3]

---

3   1985년 미국의 여성 만화가 앨리슨 벡델이 고안한 벡델 테스트는 남성 중심적인 영화가 지배적인 문화에서 최소한의 성 평등적 관점을 확보하기 위해 세 가지 질문을 던진다. 이름을 가진 여성 캐릭터가 두 명 이상 등장하는가, 이 여성들이 한 번이라도 대화를 나누는가, 그 대화 속에 남자 주인공에 관한 것이 아닌 다른 내용이 있는가.

다시 처음의 생각으로 돌아가 보죠. 영화제에서 사람들이 한마음이 되어 영화에 열광했던 분위기를 자신이 만든 영화를 상영할 때 느낀 적이 있나요?

〈우리들〉과 〈살아남은 아이〉를 극장에서 상영할 때요. 〈우리들〉은 아토가 제작한 첫 영화라 더 애정이 갔는데 관객이 만 명만 들면 소원이 없겠다고 생각할 정도였어요. 윤가은 감독이 한 땀, 한 땀 마음을 다해 만들어낸 영화거든요. 시사회 이후에 조금씩 기운이 느껴졌어요. 영화를 본 사람들이 영화 속 주인공을 정말로 사랑하고 있다는 것을 알겠더라고요. 개봉 이후 오랜 시간이 걸렸지만 5만 명이라는 스코어는 정말 깜짝 놀랄 숫자였지요. 초등학교 4학년 교과서에 영화의 한 장면이 삽입되었다는 이야기를 들었을 때도 굉장히 뿌듯했어요. 윤가은 만세! 신동석 감독의 〈살아남은 아이〉는 제가 만들기도 했지만 첫 관객이기도 했는데 촬영장에서, 편집실에서 매번 영화가 너무 숨 막힌다며 숨을 몰아쉬었어요. 좋아서요. 극장 관객이 만 명 정도 들었는데, '이 영화를 내가 하지 않았으면 진짜 후회했겠다' 하는 생각이 들었죠. 평점이나 스코어는 별로 중요하지 않았어요. 이 영화가 만들어져서 다행이었고, 신동석 감독을 만나게 되어 좋았고, '내 선택이 틀리지 않았구나, 계속 꿈을 꿔도 되겠구나' 하는 자기 확신 같은 걸 하기도 했어요. 관객과의 대화를 할 때도 그랬고, 베를린영화제에 가서도 비슷한 감정을 느꼈죠.[4]

그곳 관객 반응이?

관객이 무지 많았고, 아주 좋았지요. 해외 영화제에 처음 가봐서 약간 어리둥절해하고 있었는데 관객들의 관람 태도에 깊은 감명을 받았어요. 풍부하고 다양한

---

4   아토에서 제작하고 신동석 감독이 연출한 〈살아남은 아이〉는 2018년 제68회 베를린영화제 포럼 부문에 초청되었다. 그 밖에도 이 작품은 2017년 부산국제영화제 국제영화평론가협회상, 우디네극동영화제 화이트멀베리상 등을 수상했다.

해석을 하는 걸 보며 얼마나 설레었는지 몰라요. '계속해도 되겠지' 하는 용기를 얻기도 했고요.

꿈을 이뤘네요.

"나 너무 좋았어"라고 했더니 사람들이 촌스럽다고. (웃음) 꿈은 계속 이루어질 거라 믿어요.

엄혜정
촬영감독

카메라는 성별을 가리지 않는다

한국예술종합학교 영상원에 입학한 후 여성이 드문 분야라는 생각에 촬영을 전공으로 택했다. 〈핑거프린트〉(2004) 외 다수의 단편영화를 촬영했고, 영상원 재학 중에 연출한 〈즐거운 우리 집〉(2004)으로 앙리 랑글루아 국제단편영화제에서 대상과 비평가상을 수상했다. 당시 촬영으로 데뷔할 기회가 어그러지면서 뒤늦게 상업영화 촬영감독이 되었다. 필름으로 촬영을 배웠고 장편 극영화 데뷔는 디지털 카메라 알렉사로 촬영한 이수연 감독의 〈해빙〉(2017)으로 했다. 최근에는 활동 매체의 반경을 넓혀 넷플릭스 드라마 〈인간수업〉(2020)을 촬영했다. 청소년들의 성범죄라는 민감한 소재를 다룬 작품이라 성에 대한 무의식적인 시선을 카메라앵글로 걸러 내고자 고민했다.

"동일한 출발선에 서는 게 아니라 뒤에서 출발해서 쫓아가야 하는 구조예요. 그래서 제가 커리어를 사다리에 비유해요. 높이가 2미터 정도면 까치발을 하고 팔을 뻗어서 손이 닿을 수 있는 길이죠. 남자들에게 주어지는 사다리 간격이 2미터씩이라면, 여자들에게 주어지는 사다리 간격은 3미터씩이라고 볼 수 있어요. 남자들이 한 칸 한 칸 올라갈 때, 여자들은 한 칸을 간신히, 운 좋게, 잡고 올라가요. 그다음 칸은 올라가기가 쉽지 않죠. 때로는 잡고 올라갈 그다음 칸이 없을 때도 있어요. 저 같은 경우는 한 칸 잡고, 그다음 칸이 생길 때까지 놓지 않고 버텼죠."

촬영 분야는 여자에게 블루오션인 줄 알았다

● 주진숙
● 엄혜정

감독님은 대학 졸업 후에 뒤늦게 영화 공부를 시작하셨는데, 어렸을 때는 어떤 영화들을 보셨어요? 또 어떤 순간에 영화를 해야겠다고 마음먹었나요?

어린 시절엔 영화에 별 관심이 없었기 때문에 얘기할 게 없어요. 보통 영상원에 들어오는 친구들은 대부분 시네필인데, 그와 달리 저는 극장은 1년에 한두 번 친구들이 가자고 하면 가는 사람이었어요. 저는 읽는 걸 좋아했어요. 사람들이 "어렸을 때 본 영화 중에서 가장 기억에 남는 게 뭐예요?"라고 물으면 〈해바라기〉(1970)라고 하죠. 그것도 극장에서 본 게 아니라 〈주말의 명화〉에서 본 거예요. 끝이 안 보일 정도로 해바라기 밭이 쫙 펼쳐진 장면이 기억에 있어요. 기차역에서 소피아 로렌은 서 있고, 남자는 서서히 멀어지는 그 장면이 음악과 더불어 무척 슬펐어요.

무슨 책을 많이 읽으셨어요?

어머니가 책을 많이 사다 놓으셨거든요. 세계문학전집, 안데르센 동화집 등이 있었어요. 계몽사 책들도 예뻐서 꽤 오래 간직했는데, 어머니가 외사촌 조카들에게 선물로 주셔서 크게 속상한 적이 있어요. 책의 일러스트가 정말 아름다웠거든요. 그때 읽은 게 기반이 많이 되었어요. 이젠 촬영 기술과 관련한 책이나 영화, 드라마 같은 동영상을 많이 보고, '저건 어떻게 찍었지?' 하며 이것저것 찾다 보니 책을 예전만큼 못 읽어서 좀 안타깝죠. 읽을 책은 맨날 쌓여 있고요. (웃음) 사놓기는 또 많이 사놓아서 뿌듯해하며 바라봐요. 음, 책들이 쌓여 있구나. 보기 좋네.

대학 때 전공은 왜 얘기 안 하세요? 교직 과목을 들어야 하는 전공이라고만 알고 있어요.

전공에 대해선 별로 얘기하고 싶지 않아요. 그 얘기를 하면 사람들이 "너 그래서 강의를 많이 하는 거 아니야?"라고 할 것 같아서요. 그런 얘기 듣기 싫어서. (웃음)

가르치신 건 꽤 됐죠? 요즘은 어떤 강의를 하시나요?

중앙대학교와 영상원에서 강의를 해요. 중앙대는 영화과가 아니라 공간연출과에서 강의를 해요. 그 친구들의 촬영 쪽 이해도를 높이기 위한 것이죠. 무대 디자인이나 프로덕션 디자인을 하고 싶어 하는 학생들인데, 카메라에 공간이 어떻게 보여지는지에 대해 설명해줘요. 촬영감독이 아무리 잘한다고 해도 촬영이 그냥 잘 되는 게 아니라 프레임, 화면 안에 보이는 것들이 잘 갖춰져 있어야 해요. 공간의 구조, 질감, 색감과 배우의 의상 등이 그 영화의 장르, 인물의 성격, 분위기를 표현하거든요. 이러한 것들은 한 번 설정되면 바꿀 수가 없기 때문에 프로덕션 디자인이 매우 중요해요. 그래서 그것이 촬영을 통해 어떤 식으로 표현되는지, 프로덕션 디자인과 촬영의 연관성에 대해 이야기해주죠.

부산영화제에서 주최한 AFA에 조교로 참여하시고, 싱가포르에서 했던 '플라이 2018' 워크숍에도 멘토로 참여하셨던 걸 보면 잘 가르치시나 봐요. 가르치는 보람도 있지 않나요?[1]

가르치는 일이든 무엇이든 일단 주어지는 일은 열심히 하려고 하고요, 그냥 먹고 살려고 대충 강의하지는 않아요. 저의 시간을 학생들과 공유하는 거니까요. AFA에는 조교로 참여하기로 했다가 행정적인 오류로 1기 멤버가 되었어요. 그때 친구들이 많이 생겼어요. 언어는 각기 다르지만 영화에 대한 열정은 비슷해서 금세 친해졌죠. 플라이 프로그램도 AFA처럼 각기 다른 나라에서 영화하는 친구들이 네트워크를 이루는 좋은 프로그램이에요. 싱가포르 플라이는 상당히 재미있었죠. 그전까지는 한국 감독은 한국 감독끼리, 프로그램이 열리는 그 나라 감독은 그 나라 감독끼리 각각 한 팀이 되어 진행했는데, 이번엔 싱가포르 감독님(위웨이 차이)과 저, 그리고 〈살아남은 아이〉의 신동석 감독님이랑 싱가포르 촬영감독님(데릭 루) 이렇게 두 팀으로 나눠서 진행했어요. 각 팀의 멘토들끼리 성격이 비슷해서 팀별 단편영화 촬영은 진행이 잘 되었는데, 운영하는 방식은 정반대였죠. 싱가포르 플라이는 두 편의 단편영화를 완성하는 워크숍이에요. 여러 명의 연출 전공 학생들과 촬영 전공 학생들이 참여해 돌아가면서 감독과 촬영감독을 맡았

---

1   AFA는 부산국제영화제에서 설립한 '아시안필름아카데미Asian Film Academy'로 아시아의 감독과 촬영감독이 마스터로 참여하여 초보 영화인들과 단편영화를 제작하는 프로그램이다. 플라이Fly 2018은 부산영상위원회의 '한-아세안 차세대 영화 인재 육성 사업'이라는 프로젝트로, 영화인을 꿈꾸는 한국과 아세안의 청년들이 단편영화 제작의 전 과정을 직접 경험해보는 프로그램이다. 2012년 필리핀에서 시작되어 태국, 미얀마, 캄보디아 등에서 매년 열렸으며 156명의 졸업생을 배출했다.

어요. 프로덕션 기간은 2, 3일 정도였고요. 저희 팀은 프리프로덕션 때 시나리오를 화면에 띄워놓고 "이 신은 지우자. 앞에서 이미 설명한 장면이잖아. 이런 추상적인 걸 여기다 써놓으면 어떻게 표현할 거야?" 하면서 시나리오를 줄이게 했죠. 프로덕션 때는 촬영 기간도 짧고, 연출하는 학생들과 촬영하는 학생들이 서너 개의 신을 돌아가면서 연출해야 했어요. 그래서 한 명의 연출이 한 컷을 세 테이크 이상 촬영할 수 없다는 규칙을 지키게 했죠. "세 테이크 찍었지? 끝. 자, 다음 사람." (웃음) 이런 식으로. 신동석 감독님과 데릭 촬영감독님 쪽은 자분자분하게 그저 학생들이 알아서 하게 하고, 조용히 설득하는 방식으로 진행했고요. 하루 일정이 끝나면 각자의 팀 학생들이 어떻게 촬영했는지에 대해 이야기를 나누며 은근히 승부욕을 발휘하곤 했죠. 누구네 팀의 단편영화가 재미있을 것인가를 두고요. 무척 즐겁고 행복한 시간이었어요. 학생들도 기억에 남고 싱가포르 감독님, 촬영감독님과도 많이 친해졌어요.

다시 옛날로 돌아가 보죠. 영화에 대한 지식이나 업종도 모른 채 영상원 공고를 보고 그냥 지원한 건가요?

그때는 영화 잡지가 많았던 시절이라 정성일 평론가님 글이나 그 밖에 이런저런 영화 평론을 읽곤 했어요. '아, 영화를 이런 식으로 다르게 바라볼 수 있는 지점들이 많구나'라는 생각은 했죠. 동생이 영화 동아리를 해서 같이 『키노』도 보고 비디오도 빌려 봤어요. 『키노』에 현장 사진들도 많았잖아요. 재미있어 보이더라고요.

촬영감독의 사진도 그런 데서 본 거예요?

예. 커다란 카메라를 들고 있다거나 카메라 뷰파인더를 들여다보고 있다거나……. 하여튼 상당히 재미있어 보였어요.

그러면 스틸 카메라로 촬영해보거나 뭔가 해보고 싶지 않았나요?

그런 생각은 전혀 안 했고요, 저는 다 영상원에 가서 배웠어요. 처음에는 평론가가 되는 것도 나쁘지 않겠다 싶어서 영상이론과를 가려고 했는데 입시 전형이 꽤 어려운 것 같아서 (같이 웃음) 제작과 시험을 봤죠. 그래도 입시 준비를 좀 해야 되잖아요. 그래서 루이스 자네티의 『영화의 이해Understanding Movies』라는 책을 읽었어요. 그 책을 정독하고 나니 내가 모르는 다른 분야들이 있다는 게 보이고, 읽고 비평하는 것보다 만드는 게 낫겠다 싶었죠.

**엄
혜
정**
**면접관이 여성 촬영감독이 있느냐고 물어봤는데 많다고 하셨고, 그 때문인지는 모르겠지
만 불합격하셨다고요.**

그때가 1996년이었는데 당연히 모든 분야에 일하는 여성들이 있으니까 "있죠.
많이 있겠지요"라고 했어요. (같이 웃음)

그다음 해에 또 시험을 친 거예요?

예. 왜냐하면 1차에서 떨어진 게 아니라 2차 면접에서 떨어지니까 안타깝잖아요.
1년 동안 운동하고, 아르바이트하고, 책 읽으면서 지냈어요. '이제는 깊이 있게
공부하자' 하면서. (웃음) 깊이 있게 또다시 『영화의 이해』를 읽었죠. 다른 책이 있
나 찾아봤는데 그거밖에 없더라고요. 그런데 시험이라는 게 단어가 주어지면 글
을 쓰고, 음악을 들려주면 콘티 짜고, 또 사진 보면서 이야기를 구성하는 식이어
서 저한테는 어렵지 않았어요. 게다가 마침 제가 좋아하는 노래가 시험에 나왔어
요. 어떤날의 '오후만 있던 일요일'하고 정태춘, 박은옥의 '북한강에서'. 이 두 곡
을 들려주더니 한 곡을 선택해서 콘티를 짜라고 하더라고요. 그리고 사진은 〈라
제떼〉(1962)[2]에서 여자가 비명을 지르는 마지막 이미지였어요. 그게 영화라는 건
학교 들어와서 알았지만 '어, 이 사진 좋다. 흑백인데'라며 무척 열심히 (같이 웃음)
지구를 침공한 외계인을 죽이는 여자 전사 이야기를 썼죠.

영상원에 들어가 보니 다들 영화를 한참 공부하다 온 사람들이었겠어요.

고등학교 졸업하고 온 친구들은 한두 명밖에 없었고, 독립영화협회나 '문화학교

---

2   〈라제떼La jetee〉는 프랑스 감독 크리스 마께르가 3차 세계대전 이후의 미래 세계를 스틸 이
미지로 구성한 실험적인 영화다.

서울' 같은 데서 영화 제작에 대해 공부하고 온 친구들이 있었죠. (웃음) 하지만 저 같은 친구들도 있었기 때문에 서로 도와주고 했어요. 어차피 기초부터 배우는 거라서 뭐……. 조금 안타까운 건 많이 놀면서 공부했다는 거죠. 졸업하고 전문사 과정 가면서 학부 때 공부 좀 열심히 할 것을 하는 생각을 많이 했어요. 그래서 강의할 때 "공부해야 돼! 나중에 후회해!"라고 말해요. (웃음)

처음부터 촬영 전공이었어요?

한 번 떨어진 후에 영화 일에 어떤 분야가 있는지 살펴보니까 촬영 쪽에 생각보다 여성이 많지 않더라고요. '어우, 블루오션인데?'라고 생각했죠. 남성들이 이 영역을 장악하고 있어서 여성이 진입하기 어렵다는 사실은 3학년이 지나고 나서야 알았어요. 그전엔 별 의구심이 없었거든요. 그런 사실이 뒤늦게 보였죠.

아, 내가 여자라서 그랬구나

혹시 '이 일을 선택하길 정말 잘 했어'라고 할 만큼 격려를 받는다거나, "너는 촬영을 잘하는구나" 같은 얘기를 들으면서 지냈나요?

아니요. 김병서 촬영감독처럼 잘하는 선후배들이 여럿 있었어요. 제가 칭찬이나 격려를 받은 기억은 별로 없네요. 그때는 촬영을 전공하는 동기 중에 여자가 거의 없었어요. 동기 중에 여학생 비율이 3분의 1 수준이었으니까요. 요즘은 영화과 한 학년 학생의 절반 정도가 여학생이에요. 그런데도 저 학교 다닐 때보다 오히려 요즘이 더 심한 것 같더라고요. 촬영과 조명에 필요한 장비들이 무게가 좀 있지만 힘으로 든다기보다는 요령이거든요. 체력이 약하면 남자나 여자나 똑같이 힘들죠. 촬영하고 별로 연관도 없는데, 어떤 남학생은 여학생한테 "C 스탠드 c-stand 세 개 정도는 한 번에 들어야지. 못 들면 촬영을 한다고 할 수 없지" 같은 말들을 한다고 해서 한참 웃었어요. 생각해보니 학부 때 어떤 선배의 작품에 촬영팀으로 참여한 적이 있어요. 제 (남자) 동기가 퍼스트였고 저는 세컨드였어요. ARRI SR3 16밀리 필름 카메라로 찍었는데, 제 동기는 렌즈 바꾸고 포커스 팔로우하는 일을 했고 저는 큰 카메라 박스와 렌즈 박스를 옮기고 기타 잡다한 일들을 했죠. 당시는 지하철에 에스컬레이터나 엘리베이터 시설이 미비할 때라, 두 박스를 양손에 들고 계단을 오르내려야 했어요. 그런데도 저한테는 렌즈를 못 만지게 하더라고요. 그때는 그냥 그런가 보다, 주어진 일이 다르니까 하고 말았죠. 촬영이 끝난 후에 선배가 저한테 그러더라고요. "촬영 말고 다른 걸 생각해봐. 사운드나 편집이나." 처음에는 '내가 일을 그렇게 못했나?' 싶었는데 '아, 내가 여자라서 그랬구나'라고 나중에 깨달았죠. 하지만 지금 저는 촬영감독이 되었잖아요.

그때는 그냥 순응할 수밖에 없었나요?

순응을 했다기보다는 그냥 그 룰에 따르는 거죠. 예를 들면 "매니큐어 바른 채로 있다가 필름 로딩할 때 매니큐어가 떨어져서 들어가면 어떡하냐"라고 하면 "아, 거기까지는 생각 못 했습니다. 주의하겠습니다" 하고, "네가 분을 바르면 촬영감독님 대신에 뷰파인더를 봐야 할 때 파운데이션이 묻을 수도 있다"라고 하면 그 다음부터는 자연스럽게 화장을 안 했죠. 촬영 현장이 늘 바쁘게 돌아가고 항상 일찍 일어나야 하니까 그렇기도 했고요. 다른 일 때문에 머리를 짧게 자른 거지만 자르니까 편하더라고요. 그다음부터는 긴머리가 불편해서 쭉 자르게 됐어요.

그때도 운동 열심히 하고 체력적으로 난 부족하지 않다고 생각하며 지내셨죠? '여자니까'
이런 거 없이.

예. 저는 그렇게 생각했는데 보는 사람들은 그렇게 생각 안 하더라고요. 솔직히 지금 CGK에서도 키가 큰 편에 속해요. 176센티미터거든요. 그런데도 감독님들이랑 미팅하면 꼭 물어보는 게 그거였어요. 핸드 헬드 가능하냐고요. 학교 다닐 때 스테디캠을 배워서 "네, 스테디캠도 할 수 있는데요"라고 하죠. 그런데 사실 웃긴 게 저는 머리가 짧고, 키가 크고, 덩치가 있으니까 화장실에 가면 "여기 여자 화장실이에요"라는 얘기를 듣는 사람이거든요. 그러면 "아, 네. 알고 있습니다" 하고 말하죠. 그러면 사람들이 한 번 쳐다보고, 다시 나가다 또 쳐다보고 뭐 이런 일을 항상 겪을 정도인데, 남자 감독님들은 늘 "핸드 헬드는 가능하십니까? 생각보다 되게 마르셨는데요" 같은 소리를 해요. "네? 저를 어떤 분으로 상상하신 건가요?" 그랬더니 "변○○ 감독이나……." (웃음) 언젠가는 남자 친구 있느냐는 질문도 들어서 동기들한테 물어봤어요. "야, 너는 여자 친구 있느냐는 얘기 들어봤어?" "왜, 누나?" "아니, 어느 감독님 만났는데 남자 친구 있느냐고, 결혼 계획 있느냐고 물어보는데 그거랑 촬영이랑 상관없잖아?" "우리는 그런 거 안 물어보는데." (웃음) 그때 '아, 다르구나' 했죠.[3]

예. 학부 졸업할 무렵에 장편영화 촬영부 생활을 한두 작품 해야 할 것 같아서 여기저기 촬영팀을 알아봤어요. 일단 "나이가 많아요", 그리고 "지방 촬영이 많은데 숙소가 마땅치 않네요"라는 말을 들었어요. 촬영팀으로 갈 데가 마땅치 않아서 그럴 바에는 차라리 전문사 과정에 들어가서 35밀리 필름 촬영을 하는 게 낫겠다 싶었죠. 전문사 과정에서는 35밀리 필름으로 단편영화를 촬영할 수 있었거든요.

〈핑거프린트〉 등 단편작품을 보면 촬영에서 결이 다르더라고요. 미장센단편영화제에서 처음으로 촬영상을 만들어서 주었다고 하던데요?

독특하고 어둡고 이상하고 피가 보이는 종류, 그런 데 좀 특화가 돼 있어서. (웃음) 제가 3회 때 받았는데 그전엔 각 장르별로 최우수작품상, 감독상 등을 줬어요. 그 해에 처음으로 촬영상이 생겼는데, 제가 받았지요.

〈즐거운 우리집〉과 〈핑거프린트〉는 상을 여러 개 받았잖아요. 연출하신 〈즐거운 우리집〉 은 프랑스 앙리 랑글루아 국제단편영화제에서 대상도 받고요.

프랑스에서도 받고, 탐페레에서도 받고 상을 서너 개 정도 받았어요. 그때 장편 연출 제의가 꽤 들어왔어요. 그런데 연출로 상을 받았으니 '연출하는 줄 알고 촬영 안 시켜주면 어떻게 하지?'라는 생각이 더 앞섰어요. 돌이켜 생각해보면 그때 왜 그랬을까 싶어요. 저희가 하는 일은 인맥으로 펼쳐지잖아요. 그때는 조금 순진했는지 내가 촬영을 잘하는 것을 알면 제안이 올 줄 알았는데 그게 아니더라고요. 연락이 오면 "저는 연출보다는 촬영을 하겠습니다" 하고 전화를 끊었어요. 몇 년이 지나니까 '아, 사람을 직접 만나 얼굴을 맞대고 얘기했어야 하는데' 후회가

---

3   **CGK**는 (사)한국영화촬영감독조합Cinematographers Guild of Korea의 약자. 85명 정도의 촬영 감독이 모인 조합으로 네 명의 여성 촬영감독이 참여하고 있다.
핸드 헬드hand held는 카메라를 삼각대 등 거치대에 고정하지 않고 어깨에 메고 손으로 그립을 잡은 채 촬영하는 기법. 화면이 흔들리며 현장감을 준다.
스테디캠steadicam은 카메라를 몸에 부착시키는 촬영 보조장비로 핸드 헬드의 흔들림을 제거한 유연하고 안정적인 카메라 움직임을 가능하게 한다. 상체에 카메라 및 진동을 감소시키는 무게추를 달기 때문에 촬영하는 사람의 강한 체력이 요구된다.

되더라고요. 업계 사람들에게 '엄혜정은 촬영하는 사람이다'라는 인식을 심어주고 싶은 마음이 앞섰던 것 같아요.

2005~06년 당시는 투자가 잘 될 때였잖아요.

네. 카메라가 없어서 못 찍을 정도로 투자가 많이 됐던 시기죠. 그때가 끝 무렵이었고, 막차를 탔는데 쫓겨난 거예요. 그때 저도 모 감독님의 영화를 준비하고 있었어요. '나도 드디어 데뷔를 하는구나' 하고 계약서까지 쓰고 도장도 찍었죠. 그때 칸에서 제 영화 〈즐거운 우리집〉을 상영해서 "3박 4일 잠깐 칸 갔다 올게요" 하고 갔다가 돌아와 보니 그새 영화가 엎어졌더라고요. 감독이 바뀌면서 스태프 전체가 교체된 거죠. 그 시점부터 계속 일이 안 되기 시작했어요. 촬영감독으로서 계약서에 도장을 찍었기 때문에 촬영팀으로는 일할 수 없는 상황이었어요. 업계에서 저는 곧 데뷔할 촬영감독으로 알려진 거니까요. 그전에는 촬영팀으로 〈영어완전정복〉(2003) 촬영부에서 인턴으로 일하고, 〈얼굴 없는 미녀〉(2004) 촬영부에서 필름 로더로 일했어요.

어떤 촬영감독의 조수로 일했나요?

김형구 촬영감독님과 김우형 촬영감독님이었죠. 〈얼굴 없는 미녀〉에서는 촬영부 서드여서 35밀리 필름을 로딩하는 일과 카메라 액세서리 박스를 옮겨주는 일을 했어요. 저는 그때 조명을 보는 게 중요했어요. 촬영팀에서 자기 파트의 일을 하느라 정신 없이 움직이다 보면 조명을 세팅하는 모습을 제대로 보기가 쉽지 않아요. 그냥 틈틈이 로딩하지 않을 때 살짝 봤죠.

그래서 두 작품에 참여하고, 영화가 엎어지고 난 후에…….

이수연 감독님과 단편 두 편, 그리고 옴니버스 영화를 촬영했죠. 계속 엎어지는 작품을 만났어요. 그러다 보니 생활하기가 힘들더라고요. 때마침 선생님들이 "강의를 하면 어떻겠니?" 하셔서 강의하고, 알음알음 홍보영상 촬영 같은 일을 했죠.

그러면 〈해빙〉까지 몇 년을 그렇게 지내셨어요?

〈해빙〉을 2015년에 촬영했으니까 10년이죠. 사람들은 보통 시대가 좋아져서 실력만 있으면 촬영을 할 수 있고, 촬영을 못 하면 실력이 없는 거라고 생각해요. 하지만 그 실력이라는 것도 끊임없이 기회가 주어져야 인정받을 수 있고 늘기도 하는 거거든요. 예전에 어떤 여학생이 촬영감독이 되고 싶은데 어떻게 생각하느냐고 묻길래 "솔직히 말리고 싶다"고 했어요. 문화는 그 사회를 반영하잖아요. 동일한 출발선에 서는 게 아니라 뒤에서 출발해서 쫓아가야 하는 구조예요. 그래서 제가 커리어를 사다리에 비유해요. 높이가 2미터 정도면 까치발을 하고 팔을 뻗어서 손이 닿을 수 있는 길이죠. 남자들에게 주어지는 사다리 간격이 2미터씩이라면, 여자들에게 주어지는 사다리 간격은 3미터씩이라고 볼 수 있어요. 남자들이 한 칸 한 칸 올라갈 때, 여자들은 한 칸을 간신히, 운 좋게, 잡고 올라가요. 그다음 칸은 올라가기가 쉽지 않죠. 때로는 잡고 올라갈 그다음 칸이 없을 때도 있어요. 저 같은 경우는 한 칸 잡고, 그다음 칸이 생길 때까지 놓지 않고 버텼죠.

건강해야 오래 버틴다

그 10년간 분노도 쌓이고, 심리적으로 힘들었을 것 같아요. 가르치는 것으로는 그런 게 풀리지 않잖아요.

예전에 누군가 이런 얘기를 했어요. 만들 수 있는 사람은 창작을 하지만 만들 수 없는 사람은 선생을 한다고. 그런 거죠. 분명히 2006년에 같이 계약서에 도장 찍고 출발했는데, 누구는 중견 촬영감독이 됐고 나는 이제 신인인 거죠.

어떻게 견뎌냈어요?

운동했어요. (웃음) 처음에 영상원 떨어졌을 때 어머니가 운동을 권하셨어요. "너물 무서워하니까. 네가 강물에 빠지면 남편은 시어머니를 구해주지 널 안 구해줘. 너 혼자 살아남아야 해. 그래서 수영은 할 줄 알아야 해." 그래서 1995년부터 배우기 시작해서 지금까지 꾸준히 수영을 해요. 어렸을 때 물에 빠져 죽을 뻔한 트라우마도 극복했어요. 생각보다 나한테 맞는 운동이더라고요. 영상원 다니면서는 '아, 근육을 키워야 하는구나' 해서 헬스클럽에서 웨이트 운동도 했고요. 안타까운 것은 있어요. 사람들은 키가 크면 낮은 굽을 신지만 저는 높은 굽 있는 구두가 예뻐서 (웃음) 보통 5~7센티미터 높이 구두를 신고 다녔어요. 대학 졸업할 때 아버지께서 무지 예쁜 7센티미터 높이 까만 롱부츠를 사주셨어요. 전문사를

졸업한 후에 그 부츠를 신으려는데 지퍼가 올라가지 않는 거예요. 항상 무거운 것 들고 메고 옮기는 일을 많이 하니까 종아리가 굵어진 거죠. 그래서 1학년 2학 기 때 찍었던 필름을 찾고 있어요. 그때까지만 해도 예뻤던 내 다리를 보려고요.

수영을 어느 정도 하세요?

그냥 40바퀴 정도 돌아요, 한 50분 동안. 수영장을 한 바퀴 돌면 50미터니까 다 돌면 2킬로미터 정도. 학생들한테도 항상 그래요. "체력이 떨어지면 온전히 못 찍는다." 몸이 피곤하면 다 귀찮아지고 짜증나고, 그러면 대충 찍게 되거든요. 나 중에 편집실에서 보면 대충 찍은 건 다 알 수 있어요. 예전에 허우샤오셴 감독이 AFA에서 이런 말씀을 하셨어요. "영화를 찍는다는 것은 돌에 그림을 새기는 것" 이라고. 한 번 찍은 것은 돌이킬 수 없잖아요.

촬영 쪽 공부도 많이 하셨잖아요, 그 10년 동안. 그 사이에 기술적인 변화가 많았어요. 특 히 디지털로의 전환이 이루어졌던 시기이고요.

아마존에 촬영 분야의 책이 끊임없이 올라와요. '어, 지난번에 산 건 첫 번째 에디 션인데 세 번째 에디션은 내용이 또 달라졌네' 하면서 사서 읽고 수업할 때 추가 해요. 그리고 미국촬영감독협회The American Society of Cinematographer(ASC)에서 발 행하는 잡지 『아메리칸 시네마토그래퍼American Cinematographer』도 항상 챙겨 읽 어요. 기술적인 부분이 바뀌면 첨언을 많이 하는 편이에요. 디지털로 전환되어 정말 안타깝죠. 제 동기들은 대부분 첫 장편영화를 필름으로 촬영했는데 저는 못 했으니까 아쉬웠어요. 디지털 공부도 하면서 필름은 필름대로 계속 공부했어요.

〈해빙〉을 디지털로 찍으면서 두려움 같은 건 없었어요?

디지털 카메라로 촬영하는 게 두렵지는 않았어요. 그보다는 '중간에 잘리지는 않 을까?' 하는 두려움이 있었죠. 그 당시엔 중간에 감독이나 촬영감독이 교체되는 일이 많았거든요. 그래서 일단은 잘 끝내는 게 중요하다고 감독님이랑 저랑 얘기 하고 그랬어요. 조진웅 씨의 첫 주연 영화였고, 이제까지와는 전혀 다른 이미지 의 역할이라 그것을 어떻게 보여줄 것인가에 초점을 많이 맞췄어요. 감독님이 워 낙 꼼꼼하시고, 본인이 정확한 그림을 갖고 계셨어요. 그래서 하루 12시간 촬영 을 지킬 수 있었죠. 개인적인 팬으로서 이수연 감독에게 연출할 수 있는 기회가 더 많아지면 좋겠어요. 왜 투자자들은 모를까요? 보면 안타까운 게 학교에서도 여학생들이 정말 잘하거든요. 그런데 졸업하고 나가면 현장에 많이 없어요.

이수연 감독님은 〈4인용 식탁〉과 〈해빙〉에서 꽤 밀도 있는 서사와 이미지를 담아내셨어요. 기다리고, 기다리며 작업하는 거 보면 참 대단해요.

시나리오(텍스트)로 이루어진 세계를 이미지(영상)로 바꿀 때 어떻게 표현하면 좋을지 구체적인 그림을 가지고 있는 몇 안 되는 감독님이라고 생각합니다. 이수연 감독님을 만날 때면 늘 "우리 꼭 건강하자. 건강해야 오래 버틴다"라고 해요. 감독님의 또 다른 세계가 스크린에 펼쳐지는 순간을 오래 보자고 다짐하는 거죠.

최대한 내 여성성을 감춘다

이제 드라마로 넘어갈까요? 〈해빙〉 끝나고 그다음에 또 다른 작업도 했지요?

〈해빙〉의 촬영을 잘했다는 얘기를 많이 들었는데 영화 작업이 바로 이어지지는 않았어요. 넷플릭스 드라마 〈인간수업〉은 저를 아껴주시는 편집감독님이 시나리오를 보고 저를 추천해주셨어요. 싱가포르 플라이 2018을 마치고 귀국하자마자 다음 날 〈인간수업〉의 김진민 감독님을 만났어요. 자비에 돌란 감독의 영화 〈마미〉(2014)를 레퍼런스로 삼아 시나리오를 본 제 느낌을 이야기했죠. 의외로 흔쾌히 하자고 하셨어요. 감독님이 아주 빨리 찍는 스타일이세요. MBC에 계실 때도 정해진 시간 안에 웬만하면 밤 안 새고 빨리 찍고 어느 정도 시청률도 잘 나오는, 연출을 아주 잘하시는 분이었어요. 장편영화는 최소 1시간 30분에서 2시간 정도의 상영 시간을 고민하잖아요. 그런데 김 감독님은 더 긴 호흡으로 에피소드 열 편에 걸쳐서 캐릭터가 변화하는 것을 일관성 있게 잘 연출하시더라고요. 후반 작업 하면서 1부부터 10부까지 쭉 보는데 인물들이 달라지는 느낌이 정확하게 표현되었더라고요. 그래서 넷플릭스 관계자들도 아주 좋아했고요.

현대를 배경으로 하는 이야기인가요?

예. 고등학생들 얘기인데, 왜 저를 선택했는지 알 것 같았어요. 약간 민감한 얘기가 있고, 누구의 시선으로 찍느냐 하는 문제가 있는 작품이었죠. 그 부분을 어떻게 올바르게 표현할 것인가에 대해 노력했는데 여의치 않은 부분들도 있어서 욕을 좀 먹을 것 같아요. 호불호가 많이 갈리는 내용이라서요. 예전에 여성 영화 관련 특강을 한 적이 있는데, 대상화와 시선 처리에 대한 질문이 있었어요. 그런데 영화 속의 시선은 제가, 그러니까 촬영감독이 결정할 수 있는 문제가 아니거든요. 영화에서 모든 선택과 결정은 감독이 하는 거잖아요. 저 나름대로 피사체를 대상화하지 않으려고 노력은 하지만 어떻게 보이게 할 것인가를 최종 선택하는 사람은 감독이고, 시나리오의 맥락 안에서 고려해야 할 부분들도 있지요. 촬영 전에 "이런 식으로 바꾸면 어떨까요?"라고 얘기를 해서 그게 받아들여지면 좀 다르게 찍을 수 있긴 하죠. 여성학 강의는 들었어도 '나는 페미니스트야'라는 생각은 안 하고 살았는데 그런 질문이 들어오더라고요. 살아오는 동안 저도 본 게 있잖아요. 무의식적으로 학습된 게 있고, 때로는 내가 명예 남성처럼 굴었던 시기도 있었을 것이고요. 지금 공부하면서 다시 또 알아가야 하는 부분이 있어요. 제가 그동안 여기서 버티느라 해왔던 것들이 있는데, 하루아침에 페미니스트로서 뭘할 수 있는 것은 아니잖아요. 만약 그렇게 쉽게 되는 세상이었으면 저 말고도 여성 촬영감독이 무척 많았겠죠. 영화 현장도 그렇게 거시기하지는 않았을 테고요.

드라마를 해보니까 어때요? 촬영이 굉장히 빨리 진행되고 생각을 많이 할 시간이 없을 듯한데요.

하루에 촬영할 분량이 많다고 해서 생각을 못 하고 찍지는 않았어요. 오히려 계속 생각을 하며 촬영했지요. '어제는 2부 S#17(장면 번호 17)을 찍었지. 오늘은 그 다음 신을 찍어야 하는데 S#17의 마지막 컷이 뭐였더라' 이렇게요. 신의 순서보다는 장소 위주로 촬영할 때가 많아서 오늘 촬영하는 신이 지난번에 찍은 촬영 분량 중에서 앞, 뒤, 중간 어디에 해당하는지를 계속 고민했죠. 재미있었어요. 어떤 스태프가 해준 이야기인데요, 촬영감독의 성별에 따라 촬영할 때 보이는 특징이 있대요. 여성 촬영감독들은 숏 하나하나 실수 없이 찍으려고 한대요. 생각해 보니 그렇더라고요. 우리는 조금이라도 실수하면 안 된다는 생각을 끊임없이 하거든요. 저는 제가 찍은 숏이 거의 완전(?)하길 바라거든요. 그 신, 그 컷 안에서. 예를 들어 틸트업⁴을 하다가 화면 상단 프레임이 많이 올라갔다면 "어, 헤드 룸⁵이 너무 많네", 아니면 "이거 다시 찍어야 하는데"라고 생각해요. 남자 촬영감독들은 그냥 무심히 넘기는 경우가 많아요. 이런 차이는 여자라서 섬세해서라기보다는 스스로 잘하고 있어도 끊임없이 자신을 의심하는 데서 오는 것 같아요. 남성은 실수하면 개인의 실수이지만, 여성의 실수는 대표성을 띠게 된다는 점도 완벽하게 일하고 싶은 이유 중 하나예요.

엄
혜
정 **이제 장편 하나랑 단편 여러 편, 그리고 드라마를 했어요. 전문사를 마쳤을 때와 촬영감독으로 살고 있는 지금, 자신에 대해 어떤 생각이 드나요?**

그렇게 많이 바뀐 것 같지는 않아요. 드라마 하면서 많이 배운 것은 순발력 있게 대처하는 법이에요. 그리고 생각보다 제가 그쪽으로 능력이 좋다는 것도 알게 되었어요. 다음에도 좋은 드라마를 제안하는 분이 있으면 할 거예요. 긴 호흡의 이야기를 끌고 가는 촬영이 재미있어요. 예전과 달라진 부분이 있다면 좀 더 유연해졌다는 점이에요.

오랫동안 준비된 상태로 있다가 일을 하나하나 만나는 것 같아요.

오늘 아침에 중국에서 돌아왔는데 그 일도 어쩌면 하게 될 것 같아요. 그 중국 감독님은 10여 년 전 AFA에서 만난 친구예요. 그때 같이 고생하면서 4주 정도를 끈끈하게 보낸 기억이 있어요. 그 당시 AFA 1기들은 우스개 소리로 아시안필름아카데미가 아니라 아시안필름 '아미army'라고 할 정도였죠. 그 정도로 힘들었어요. 그 친구가 스웨덴에서 다큐멘터리도 찍고 하면서 활동해왔는데, 늘 마음에 걸리는 이야기가 있어서 영화로 만들고 싶다고 해요. 저한테 이렇게 말하더라고요. "이건 남자 촬영감독은 찍을 수 없는, 아주 섬세한 감정과 분명히 다른 여성의 시선이 필요한 일이야. 그래서 여자 촬영감독을 생각하다가 네가 떠올랐어." 상하이 아래의 쑤저우라는 도시에 가서 만났어요. 시나리오는 좋았어요. 그런데 음식이 안 맞더라고요. (웃음) 의외로 안 맞아, 잘 먹을 줄 알았더니.

아까 부츠 얘기가 다시 생각나는데요, 아버님이나 어머님이 딸에게 여성적인 면을 원하시

4 　　틸트업tiltup은 카메라를 수직으로 위를 향하여 움직이면서 촬영하는 기법을 말한다.
5 　　헤드 룸head room은 피사체의 머리 위와 화면 상단 사이의 여백을 가리키는 말이다.

어머니께서 가끔 제 어릴 적 이야기를 해주세요. 제가 가게에서 마음에 드는 예쁜 치마나 신발을 보면 사줄 때까지 움직이지도 않고 서 있었대요. 지금은 예쁜 옷이나 신발을 보면 예쁘기는 하지만 내가 저걸 입거나 신을 일이 있으려나 하면서 그저 보기만 하죠. 아버지는 제가 처음에 이렇게 머리를 싹둑 잘랐을 때 막 화를 내셨어요. 예전에는 저도 치마를 입고 다니기도 했는데 영상원 오면서 바뀌었다니까요. 영상원 동기들은 1학년 때 부츠에 가죽치마 입고 다니던 저를 기억하죠. 그랬던 친구가 이제는 화장도 안 하고 다닌다고 하죠.

부모님은 지금 이렇게 작업하시는 것을 보고 뭐라고 하세요?

저희 어머니는 제가 한 10년 동안 힘들었을 때 이렇게 말씀하셨어요. "영화가 인생의 다가 아니야. 다른 거 하면서 사는 것도 나쁘지 않아"라고요. 그때 어머니한테 참 고마웠죠.

아버님은?

아버지는 좀 남다른 분이셨어요. 친척들이 언제 결혼시킬 거냐고 하면 "그걸 왜 네가 얘기하냐?"라고 하시고, 다시는 우리 집에서 혜정이 결혼하네 마네, 나이가 몇인데 아직도 저러고 있네 어쩌네 그딴 얘기 하지 말라고 하셨죠. "네가 할 것도 아니고, 네 딸도 아닌데 남의 자식 갖고 그런 얘기 하지 마라" 하시고요. 그 이후에는 친척들이 그런 말씀을 안 하세요.

딸에 대한 기대가 상당히 큰 것 같아요.

예. 기대가 크시죠. 부모님의 기대가 부담이 되지는 않아요. 네가 무엇을 하든 너를 지지한다고 하시니까요.

여전히 로드리고 프리에토 촬영감독님처럼 되고 싶으세요? 원하는 비주얼을 구현하되 약간의 장르도 따르고 자신의 확고한 인장을 남기는 분?

『아메리칸 시네마토그래퍼』에 실린 기사를 보니까 로드리고 프리에토 촬영감독님이 많이 늙으셨더라고요. 〈프리다〉(2002), 〈브로크백 마운틴〉(2005), 〈알렉산더〉(2004), 〈색, 계〉(2007) 등을 보면 어떤 영화든 자신의 인장을 슬쩍 남기는 분이에요. 최근에는 마틴 스콜세지 감독과 다섯 번째 협업을 한 〈아이리시 맨〉(2019)의 촬영이 정말 좋았죠. 솔직히 관객들은 알잖아요. 30~40대의 알 파치노와 로버트 드니로를. CG로 아무리 젊게 만들어도 40대인지 50대인지 좀 애매하기도 하고, 움직임도 좀 다른데 크게 개의치 않고 그냥 흘러가는 것 같았어요. 촬영도 쭉 그냥 넘어가잖아요. 전혀 특이하지 않게 찍고, 세 층의 시간대가 같이 가는데 그냥 쓱 넘어가는 느낌이 있어요. 그 짧은 시간 안에 시간여행을 같이하고 온 느낌? 그래서 〈아이리시 맨〉이 참 좋았어요. 설명하기보다는 이미지로 툭, 툭 보여주잖아요. 특히 딸의 시선으로 아빠를 보여주는 장면들이 무척 좋았어요.

감독님께 롤 모델 같은 여성 촬영감독이 있다면요?

미국의 첫 여성 촬영감독으로 꼽히는 분이 있어요. 브리안 머피라는 분인데, 1980년에 미국촬영감독협회에서 실력을 인정해서 멤버로 영입했다고 해요. 그때 협회에서 "그녀가 첫 번째 여성 촬영감독입니다She is the first ever woman cinematographer"라고 했어요. 브리안 머피는 TV 쪽에서 일을 시작해서 에미상 후보에도 많이 오르고, 유방암에 대한 다큐멘터리도 촬영하고, 〈콜롬보〉(1968~2003)라는 형사 드라마도 찍는 등 꾸준히 오래 활동을 했어요. 또 다른 분은 〈블랙 팬서〉(2018)를 촬영한 레이철 모리슨이에요. 이분이 촬영상 후보에 올라서 인터뷰를 했는데 "내가 이제 문을 열었다"라고 말했어요. "우리가 막 시작해서 가고 있어요"가 아니라요. 그분이 같이 일한 감독들은 흑인 감독 아니면 여성 감독이에요. 레이철 모리슨이 〈블랙 팬서〉를 촬영한다고 했을 때 저는 정말! (박수) 만약 〈블랙 팬서〉 연출을 백인 감독이 했다면 아마도 그분에게 기회가 주어지지 않았을 거예요. 블록버스터를 여자가 처음 찍은 거잖아요. 블록버스터를 여자 촬영감독에게 준 적이 없어요, 미국에서도.

예. 특강을 하는데 질문 중 하나가 뭐냐면 "〈아수라〉 같은 작품이 들어오면 하겠습니까?"예요. "무조건 합니다. 왜 안 해요?"라고 말해요. 나한테 찍으라고 하면 잘 찍을 자신이 있다고 하죠. 하지만 감독과 얘기하겠죠. "감독님, 여자 캐릭터를 요런 식으로 쓰면……." 그런 얘기를 통해서 조금씩 바뀌어가겠죠. 조금 다른 시선으로 얘기해주면 달라질 수 있는 부분들이 생길 테니까.

계속 작품을 많이 했으면 좋겠어요, 정말.

저희끼리, 그러니까 김선령, 이선영 촬영감독이랑 다 같이 모여서 "각자 꿈이 뭐야?" 하면 "어디 가서 촬영상을 받고……" 뭐, 예전에는 그랬어요. 요새는 1년에 한 작품씩 (웃음) 매년 꾸준히 찍는 게 꿈이죠. 할리우드나 유럽처럼, 클레어 드니의 촬영감독 아녜스 고다르도 거의 일흔이고, 모든 촬영감독의 롤 모델인 로저 디킨스도 일흔이 넘었는데도 촬영을 하시잖아요.

이젠 현장에서 순발력이나 판단력 같은 것들이 중요해지겠죠. 그래서 드라마 하신다는 말 듣고 좀 좋더라고요. 감독님들과는 성격이 잘 맞나요?

웬만한 감독님 성격은 다 맞춰요.

2년 전 특강할 때보다 많이 유연해지신 느낌이고, 또 점점 달관해가는 것 같네요. (웃음)

그걸 안 거죠. 드라마를 하면 돈이 생기는구나. (웃음) 영화보다는 좀 많이 받아요.

더 좋은 영화와 드라마를 만났으면 좋겠어요, 이제.

올해 여성 감독들이 만든 영화들을 보면 전반적으로 무척 개인적인, 여성들이 예민하게 느꼈던 부분들에 대한 이야기가 많잖아요. 여성 관객들이 자신들의 서사를 다룬 영화에 무척 목말라 하니까 그런 경향은 좋다고 생각해요. 극장에서 상영하는 영화들이 대부분 액션이고, 여성이 주인공으로 나오는 얘기가 드물잖아요. 하지만 〈원더우먼〉(2017)이나 〈블랙 위도우〉(2020) 등 할리우드나 유럽에서도 점차 여성이 주인공인 액션영화들이 많이 나오고 있어요. 솔직히 똑같은 얘기를 남자, 여자 캐릭터만 바꿔도 다른 디테일이 나올 수 있는데 우리한테는 너무 없으니까 안타깝죠.

방은진 감독의 〈오로라 공주〉(2005), 변영주 감독의 〈화차〉(2012) 같은 작품은 어떤가요?

두 영화 다 극장에서 봤어요. 〈화차〉는 김동영 촬영감독이, 〈오로라 공주〉는 최영환 촬영감독이 찍었죠. 둘 다 재미있게 봤어요. 촬영도 좋았고요. 기회가 된다면 방은진, 변영주 감독님과도 작업해보고 싶어요.

비주얼적으로 무척 강렬했는데요.

네, 두 영화 모두 비주얼적으로 무척 강렬하고 인상 깊어요. 시간이 지났는데도 몇몇 장면은 아직도 기억에 남아 있어요. 이 두 영화 속 여성 캐릭터는 새로운 면이 있었고, 다른 시선으로 보여지죠. 넷플릭스 오리지널 드라마 〈믿을 수 없는 이야기〉(2019)를 보면, 시선이라는 문제에 대해 생각해볼 수 있어요. 어떤 내용이냐면 10대 여성 청소년이 성폭행을 당하고 경찰에 신고를 하는데, 아무도 안 믿어줘요. 그녀에게 피해자다움을 강요하면서 2차 가해가 발생하죠. 그녀는 피해자가 아니라 허위 신고를 한 사람이 된 거예요. 얼마 후, 비슷한 범죄가 다른 도시에서도 일어나 여형사 둘이 범인을 잡죠. 그리고 범인이 찍은 피해자의 사진들을 발견하는데 거기에 그 소녀의 사진이 있었어요. 1부의 성폭행당하는 장면을 보면 피해자의 시선으로 촬영이 되었어요. 그리고 7부에서 여형사 둘이 그 사진들을 보는 장면에서는 표정 변화만 보여주다가 정말 아주 순식간에 사진들이 지나가요. 일반적인 범죄 스릴러 영화는 가해자의 눈에 보이는 피해자의 모습이나 범죄 장면을 노골적으로 전시하는 경우가 많아요. 이 드라마는 제작할 당시에 프로듀서가 여성 감독, 여성 촬영감독 등 대부분의 스태프를 여성으로 꾸려서 찍었다고 해요. 그렇게 하니까 화면에서 보이는 시선들이 달라진 거죠.

여성영화인모임 20주년 행사에서 역대 수상자들이 소감을 말하는 영상을 보여줬어요. 2017년에 나문희 선생님이 수상한 후에 감독님이 뭐라고 하셨는지 기억하세요?

오래된 일이라. (웃음)

나문희 선생님처럼 늙을 때까지 카메라를 놓지 않겠습니다!

김일란

다큐멘터리 감독

성적소수문화인권연대 연분홍치마 활동가

사건의 복잡성,
인간의 다면성을 기록하는 사람

영화과 대학원에서 영화 이론과 페미니즘을 공부하는 한편, 서울문화이론연구소를 드나들며 문화 연구에도 심취했다. 그는 1990년대 지적, 문화적 담론의 수혜를 받은 세대에 속한다. "지적으로 유복한 환경"에서 공부하던 중에 기지촌 성매매 여성들의 인권 실태조사에 참여한 것을 계기로 다큐멘터리 제작에 발을 들였다. 2004년에 동료 활동가들과 '인권과 연대'를 두 축으로 한 사회운동단체 연분홍치마를 만들고 현장에서 다큐멘터리를 찍어왔다. 기지촌 성매매 여성들을 다룬 〈마마상: Remember Me This Way〉(2004)를 시작으로 연분홍치마에서 그가 연출한 작품은 〈3×FTM〉(2008), 〈두 개의 문〉(2012), 〈공동정범〉(2016) 등 총 네 편이다.

"저는 영화의 관객을 확실히 시민으로 상정하는 것 같아요. 관객을 시민으로 보면서 광장의 언어를 만든다는 느낌이죠. 이 사회가 피해자와 가해자의 구도로 만들어졌다기보다는 각자의 사연들이 있는데 그것이 전달되는 과정에서 합리성이 필요한 것이다. 그것이 감정적 합리성일 때도 있고 제도적 합리성일 때도 있지만 어쨌든 그 합리성 안에서 이야기가 되면 얼마든지 연대가 가능하다는 낭만성이 저에게 있는 것 같아요."

남자 없이 사는 것이 꿈이었던 할머니

● 이순진
● 김일란

영화에 입문하기까지, 그러니까 성장 과정이라고 할 수도 있고 수련 과정이라고 할 수도 있는, 그 과정에 대해서 이야기해주세요.

제가 영화를 하게 된 이유를 가끔 생각해보는데 그때마다 빼놓지 않고 떠오르는 분이 우리 할머니예요. 영화를 진짜 좋아하셨거든요. 저는 별로 기억이 없는데, 엄마 말에 의하면 제가 걷기 시작할 때쯤부터 할머니가 저를 데리고 극장엘 그렇게 다니셨대요. 제가 기억하는 건 할머니랑 일요일 아침마다 목욕하러 갔다가 밥을 먹고 극장에 갔던 일이에요. 거의 코스처럼 다녔던 기억이 나요. 제가 초등학교 들어가기 전이니까 1970년대였는데 할머니는 홍콩 무협영화를 특히 좋아하셨어요. 나무 아래서 사람들이 무술을 하는 장면이라든가, 소림사 같은 데서 수련하는 거라든가. 스토리는 생각나지 않는데 이미지의 단편들은 남아 있어요. 가장 인상적으로 남은 영화는 〈남자 가정부〉(1979)예요. 너무나 분명하게 기억 나는 장면이 있어요. 아파트 베란다 같은 게 보이고 거기에 집주인 여자가 가정부한테, 그게 나중에 알고 보니까 코미디언 이기동 씨였는데, 그 사람이 어설프게 살림을 하니까 막 화를 내는 장면이었어요. 이기동 씨가 앞치마를 입고 있고, 집주인 여자가 날카로운 표정으로 야단을 치니까 잘못했다고 계속 사과하는 장면이었어요. 그런데 할머니가 그걸 보면서 너무너무 좋아하시는 거예요. 할머니를 보면서 저도 극장에서 팔짝팔짝 뛰면서 통쾌하게 웃었던 기억이 나요.[1]

1960년대 말부터 그런 영화들이 인기가 있었죠.

대학원 다닐 때 영화사적으로 그게 어떤 의미가 있는지를 알게 되면서 더 흥미로운 기억이 되었어요. 할머니가 워낙에 가부장제에 억눌려 있었고, 할머니한테 저

---

[1] 김일란 감독이 언급한 〈남자 가정부〉는 1979년에 제작된 이형표 감독의 코미디영화로 코미디언 이기동이 동생의 뒷바라지를 위해 가정부가 되는 이야기다. 남녀의 성역할에 대한 고정관념을 뒤집는 남장 여자, 여장 남자 코미디는 1960년대 말에 유행하기 시작해 1970년대까지도 꾸준히 만들어졌다. 서영춘, 구봉서, 이기동 등 당대의 인기 코미디언들이 주연을 맡아 여장을 하고 등장하곤 했다. 당대에는 저질 코미디라고 비난을 많이 받았지만 최근에는 고정된 성역할에 대한 사회적 통념에 도전하는 영화로 재평가되고 있다.

는 첫 손녀이기도 하지만 본인이 못 다 이룬 꿈을 이루어줄 대상이었던 것 같아요. 그래서 항상 저한테 "혼자 살 수 있을 정도로 공부 잘해라" 그러셨어요. 꼬맹이 때부터 할머니가 읊조리듯이 자장가를 불러주셨는데, 토닥토닥 하면서 공부 잘해서 유학 가고, 유학 가서 공부 많이 하고, 김포공항에 내려서 할머니한테 전화를 한다는 그런 내용이었어요. 나중까지도 저한테 계속 공부하라고 했던 분이 할머니고요.

할머니의 못 다 이룬 꿈은 뭐예요? 할머니는 뭐가 되고 싶으셨대요?

남자 없이 사는 거. 할아버지가 워낙 한량에다가 바람을 많이 피우고, 노는 거 좋아하시고, 돈이 좀 있으니 하고 싶은 대로 하고 사셨어요. 가부장으로서 갖는 부양의 의무 같은 거 없이 놀고 싶으면 놀고, 시조 좋아하고, 그림 그리는 거 좋아하고. (같이 웃음) 정말 옛날 한량이셨죠. 돌아가실 때까지도 그랬어요. 말년에 치매가 와서 고생을 좀 하셨는데 치매를 앓으면서도 맨날 난 치고. (같이 웃음) 항상 정갈하게 옷을 입고 놀러 나가셨어요. 여자들 만나러 가야 하니까. (같이 웃음) 그런 할아버지셨거든요. 그래서 정말 속상한 일이 많았고, 그런 배경이다 보니까 할머니는 남자 없이 사는 것, 이런 속 썩지 않고 사는 것을 소원하셨죠. 할머니와의 관계에서 잊히지 않는 일이 또 하나 있는데, 제가 첫 생리를 했을 때였어요. 할머니가 제 손을 붙잡고 막 우시는 거예요. 이제 고생해서 어떡하느냐고. 그런데 그게 생리하는 게 고생스럽다는 의미가 아니라 이제 여자가 됐으니 앞으로 고생스러워서 어떡하느냐는 거였어요. "우리 손녀딸 불쌍해서 어쩌나" 하면서 한참 우시다가 공부 더 열심히 하라고. (같이 웃음) 엄마가 공부 열심히 하라고 말하는 것과는 좀 달랐어요. 엄마도 물론 못 다 이룬 꿈을 제가 이뤄줬으면 좋겠다고 생각하시긴 했지만, 할머니는 공부라는 무기가 있어야 여자가 자기 인생을 살 수 있다는 뜻으로 말씀하신 거였어요. 제가 영화과 대학원에 가고 싶다고 했을 때 엄마는 결사반대를 했거든요. 엄마가 "너 그거 해서 뭐하냐?"라고 했을 때도 할머니가 나서서 대학원 보내야 한다고, "쟤 공부시켜야 된다. 쟤 하고 싶은 대로 하게 해줘라" 하시면서 첫 학기 등록금도 내주셨어요.

할머니께서 영화 만드는 것도 보셨어요?

아니요. 그전에 돌아가셨어요.

저한테 대학 시절은 이전과 다른 환경에 놓이고, 다른 자극에 노출되는 시간이었어요. 여성학과 여성운동을 만나면서 내가 차별이라고 느꼈던 것들을 표현할 언어를 배웠죠. 전부터 영화에 대한 꿈이 있었기 때문에 그렇게 흘러가는 과정에서 변영주 감독님이 만든 영화에 당연히 마음이 가게 됐는데, 우연한 기회에 사석에서 뵐 일이 있었어요. 당시에 변 감독님은 〈낮은 목소리 2〉를 만들면서 한참 100피트 운동을 하실 때였어요. 영화를 만들겠다는 꿈을 가진 대학교 1, 2학년생들한테 선배로서 해주신 이야기가 제게 각인이 된 거예요.[2]

무슨 얘기였는데요?

"영화는 사회 변혁의 도구다." 대학에서 문화운동이 활발할 때였는데, 변 감독님도 다큐멘터리를 만드는 일의 의미가 무엇인지 알려주고 싶었던 것 같아요. 영화라는 매체에 대해 이야기하면서 영화를 만드는 것이 얼마나 진중해야 하는 행위인지, 그리고 어떤 책을 읽어야 하는지를 말씀해주셨죠. 또 라디오 인터뷰에서 하신 말씀도 기억이 나는데, 여자들이 영화를 만들기 위해서는 "벚꽃이 피고 사람들이 자신의 삶을 살고 있을 때 나는 겨울 점퍼를 입고 편집실이나 촬영 현장에 있어도 내 삶을 초라하게 느끼지 않는 마음이 필요하다"라고 하셨어요. 아마도 본인 얘기였겠죠. 저한테는 그게 너무나 인상적이었어요. 그런 그림이 그려지면서 '그 정도의 각오가 필요하구나, 영화를 한다는 건' 하고 생각했었죠. 그게 대학교 때였는데, 그래도 저는 현장에서 작업할 생각은 전혀 없었어요. 영화 이론을 공부하려고 대학원에 갔죠. 어떤 면에서는 사회에 나가는 시간을 좀 더 유예하고 싶은 마음도 있었고요.

---

2   변영주 감독은 여성영화운동 단체인 바리터에서 영화 일을 시작했다. 기록영화제작소 보임을 설립하고 1995년부터 위안부 문제를 다룬 다큐멘터리 〈낮은 목소리〉 3부작을 만들었다. 〈낮은 목소리〉는 1980년대 이후 독립다큐멘터리로는 처음으로 필름으로 제작해 일반 극장에서 개봉했으며 '100피트 운동(필름 100피트에 해당하는 제작비를 후원할 후원자를 모집하는 운동)'을 통해 제작비를 조달했다.

김
일
란 **대학원 공부를 하면서 영화학과 여성학이 행복하게 만나지던가요? 그 시기에 페미니즘 영화 이론 공부를 많이들 하기는 했었죠.**

대학원이 저한테는 정말 좋은 환경이었다고 생각하는데, 선배들의 세례가 분명히 있었어요. 영화 이론과 문화 이론, 한편에서는 페미니즘. 이런 게 저한테는 굉장히 유복한 환경이었다는 생각이 들어요. 중앙대학교 영화과 대학원에는 시네페미니즘을 공부해온 선배들이 있었고, 주진숙 선생님은 여성 교수로서 제자들이 영화 이론 안에서 페미니즘을 하겠다는 것을 지지해줄 수 있는 분이었어요. 또 다른 한편에서는 『문화과학』을 출간했던 서울문화이론연구소에서 문화 이론을 공부할 수 있었고요. 문화 연구 안에서 영화 이론을 고민하고 시네페미니즘을 공부할 수 있다는 건 굉장히 조화롭고 유복한 환경이었죠. 그때는 지적으로 성장하는 데 필요한 다양한 자극이 있어서 공부하는 게 정말 재미있었어요.

지적으로 풍요로운 환경에 있다가 어떻게 만드는 쪽으로 가게 됐어요? 이론을 더 공부해보고 싶은 욕심도 있었을 것 같은데.

사실 공부를 더 하고 싶어서 대학원 박사 과정에 들어갔는데, 또 다른 한편으로는 내가 공부한 것들을 가지고 어떤 실천을 할 수는 없을까 하는 생각이 들어서 연분홍치마라는 단체를 만들었어요. 연분홍치마는 처음에는 세미나 모임이었어요. 모여서 공부하다가 점차 현실에 개입할 수 있는 실천적인 단체가 되면 더 좋겠다는 기대가 생겼어요. 그러니까 어중간했던 거죠. 제가 흔들림 없이 왔을 거라고 생각하는 분들이 좀 계시는데, 솔직히 말하자면 결코 그렇지 않아요. 30대에 막 접어드는 불안한 시기여서 여기에도 걸쳤다가, 저기에도 걸쳤다가 그랬던

거죠. 공부를 더 하고 싶은데 비전은 무엇이어야 하는지, 과연 이걸로 먹고살 수는 있는지 하는 고민이 있었고, 다른 한편으로는 실천을 하고 싶은데 어떻게 시작해야 할지 몰랐고요. 그러다가 우연히 국가인권위원회에서 실태조사를 위탁받은 여성단체에 조사원으로 참여하게 됐어요. 그 실태조사가 연구의 성격과 현장의 성격이 같이 있는 문화 연구였기 때문에 저한테는 부담스럽지가 않았어요. 더구나 주제가 기지촌 성매매 여성의 자녀들의 인권 실태조사였기 때문에 해볼 만하다, 하고 싶다고 생각했고요. 그게 굉장히 큰 자극이 됐어요. 현장에 들어가서 인터뷰하는 것이 저한테는 새로운 세계를 만나는 것이었는데 매번 너무나 놀라웠고, 하루하루 인터뷰할 때마다 엄청 자극이 되었죠. 돌아와서 보고서를 쓰는데 뭔가 미흡한 거예요. 인터뷰 현장에서 봤던 그들의 표정이나 목소리, 분위기 같은 것들이 빠져나가는 게 너무 아쉬웠거든요. 그래서 영상으로 만들어봐야겠다는 생각을 하게 됐어요. 정말 몰라서 용감했던 것 같아요. (같이 웃음) 그게 다큐멘터리의 모순이기도 한데 문턱이 좀 낮게 느껴졌어요. '그냥 찍으면 되겠지, 뭐. 어려울까? 극영화도 아닌데?' 이러면서 진짜 쉽게 생각했어요. 일단 카메라가 있어야 하는데 어떻게 할까 의논했더니 대학원의 안지혜 선배가 카메라를 줬어요. 그때 지혜 선배는 "쓸 일 있으면 나도 쓸게"라고 했지만 한 번도 쓰겠다는 말을 안 했어요. 지지하는 마음으로 그냥 주셨던 것 같아요. 그래서 그 카메라를 들고 실태조사를 했던 송탄의 현장에 가서 찍기 시작한 거죠.

다큐멘터리가 당대의 이슈와 만났을 때

기지촌 성매매 여성 중에 마음에 들어왔던 분이 있는데 그분이 송탄에 사셨어요. 그분을 주인공으로 해야겠다고 생각하고 송탄으로 내려갔죠. 다큐에 대해서는 아는 게 거의 없었지만, 주인공이 속한 공동체 안에 들어가서 살아야 한다는 이야기를 어디선가 들었던 것 같아요. 어쩌면 김동원 감독님이 〈상계동 올림픽〉(1998)에서 취한 방법론이었을 수도 있고요. 송탄에 내려가서 한 2~3개월 정도 살았어요. 혼자 작업한 것은 아니었고, 연분홍치마를 같이 시작했던 조혜영, 촬영감독 겸 조연출로 이혁상, 이렇게 셋이서 작업을 했죠. 그렇게 〈마마상: Remember Me This Way〉(이하 〈마마상〉)를 만들게 된 거예요.[3]

연분홍치마는 처음부터 다큐멘터리 제작을 염두에 두었던 것은 아니죠?

여성주의 문화운동을 하겠다고 만들었는데, 처음에는 매체운동은 아니었어요. 특정한 매체를 중심으로 한 것이라기보다는 성소수자 관련 문화운동과 인권 감수성에 관한 운동을 해보자는 취지로 모인 거였어요. 그래서 다큐멘터리를 제작하는 문제를 놓고 논의를 많이 했던 기억이 나요.

처음에 연분홍치마의 멤버는 어떻게 구성이 되었나요?

전부터 함께 공부하던 사람들도 있었고, 공고를 내기도 했고요. 세미나팀이 추후 조직 체계를 갖추게 되면 비전을 가지고 사회 활동까지 같이할 사람을 찾는다는 공고를 몇 군데 냈어요. 처음에는 여덟 명 정도가 모여서 세미나를 했어요. 그중에 이혁상 감독하고 저하고 한영희 감독, 이렇게 셋이 지금까지 남아 있는 멤버고요.[4]

논의한 결과 매체운동을 하는 걸로 결론이 나서 〈마마상〉을 제작하게 된 거예요?

우리가 감수성 정치를 한다고 했을 때 다큐멘터리를 보고 사람들의 마음이 움직이는 것도 운동의 일환이 되지 않겠느냐는 얘기를 하면서 한번 해보자 했던 거죠. 과정이 쉽지는 않았어요. 부정적이었던 멤버들도 있었고, 저 역시도 대단한 확신이 있는 것은 아니었고, 제작을 해본 적이 없으니 어떤 프로세스로 진행하는지도 모르겠고……. '해보는 데 큰 문제는 없지 않을까? 안 되면 말고' 이렇게 멤버들을 설득했어요. 〈마마상〉이 그렇게 환영받으면서 시작한 프로젝트는 아니었어요.

〈마마상〉 이후에 두 번째 작품을 할 때는 더 장기적인 비전을 가지고 매체운동으로 가게 된 거죠? 〈마마상〉이 그런 계기가 된 거예요?

---

3   독립다큐멘터리영화운동의 본격적인 시작을 알린 김동원 감독의 〈상계동 올림픽〉은 88올림픽을 앞두고 상계동 지역에 대한 폭력적인 철거 작업이 이루어지던 시기에 이에 저항하는 주민들의 모습을 담았다. 김동원 감독은 실제 상계동에 거주하면서 철거의 과정을 기록했고, 상계동 철거민들 또한 작품 제작에 참여했다.

4   연분홍치마는 '성적소수문화환경을 위한 모임'을 표방하며 2004년에 발족했다. 2015년에 '인권과 연대'라는 두 가지 원칙을 정하고 '성적소수문화인권연대 연분홍치마'로 재정비했다. 2005년 〈마마상〉을 시작으로 〈3×FTM〉, 〈레즈비언 정치 도전기〉(2009), 〈종로의 기적〉(2010), 〈두 개의 문〉, 〈노라노〉(2013), 〈공동정범〉, 〈안녕 히어로〉 등을 제작했다.

우연이었을까, 필연이었을까 잘 모르겠는데 〈마마상〉을 제작할 당시에 성매매 특별법 제정을 둘러싼 논쟁이 일고 있었어요. 그때 반反성매매운동 진영 내에서 주류 여성운동과 신진 여성운동 사이에 시각차가 있었는데 그게 충돌을 했죠. 논쟁이 막 불 붙을 즈음에 저희가 〈마마상〉을 제작했고, 여성영화제에서 상영이 되면서 논쟁의 한복판에 놓이게 된 거예요. 이 영화의 주인공도 한때 성매매를 했던, 나이 든 중간 포주잖아요. 그러니까 이분법적인 가해-피해 구도가 아니고, 또 그분의 생애사 안에서 나이 듦의 문제를 중요하게 다루다 보니까 그 논쟁에서 일정한 역할을 하게 됐죠. 저는 그 논쟁의 한가운데 있었던 사람은 아닌데 아마도 제가 문화 연구와 영화 이론을 베이스로 하고 있었기 때문에 그런 감각이 있었던 모양이에요. 〈마마상〉은 제가 의도한 것은 아니지만 다큐멘터리가 당대의 이슈와 만났을 때 어떤 역할을 하게 되는지를 생각해보는 계기가 되었어요. "영화가 사회 변혁의 도구"라고 했던 변영주 감독님의 말도 떠올리면서 '다큐멘터리가 사회적 실천의 한가운데에 들어갈 수 있다면 매체운동은 지속적으로 해볼 만한 일이다'라는 생각도 하게 됐고요.[5]

그러면서 저는 대학원 박사 과정을 그만뒀어요. 프로그래머였던 남인영 선배가 작품을 모니터링해주다가 "이번 섹션에 이거 넣자"라고 해서 워크숍처럼 만든 작품이 여성영화제에서 상영된 건데, 제가 갖고 있는 문화 자원들에 대해 경계해야 한다는 생각을 그때 많이 했어요. 누군가에게는 여성영화제에 출품하는 것 자체가 문턱이 높을 수도 있는데 저는 그 네트워크 안에 있는 사람이었으니까요. 안지혜 선배가 카메라를 주는 순간부터 여성영화제에 걸릴 때까지 제가 갖고 있던 네트워크 안의 자원들이 계속 활용되고 있었던 거죠. 그게 긴장이 되기도 하고, 경계해야 한다는 생각을 많이 했어요. 또 남인영 선배가 〈마마상〉을 상영할 때 모더레이터를 해줬는데 관객들에게 "이 친구들이 단체를 만들어서 영화를 찍었고, 영화제 부스에서 이 영화와 관련한 배지를 팔고 있으니 나가면서 좀 사줬으면 좋겠습니다"라고 말했거든요. 선배 입장에서는 응원의 말이었는데 그게 비

---

5   〈마마상〉의 주인공인 '양희 이모'는 업소에 고용되어 성매매 여성들을 관리하는 여성이다. 마마상은 바로 그와 같은 중간 포주를 일컫는 은어다. 이 작품은 양희 이모를 중심으로 송탄 기지촌의 성매매 여성들과 그 주변 환경, 성매매와 관련한 사회적 논쟁들을 다룬다. 한때 기지촌에서 성매매에 종사했던 나이 든 여성의 생애사라는 측면이 있고, 업소 주인과 성매매 이주 여성들 사이에 놓인 중간 포주가 주인공이라는 점에서 〈마마상〉은 새로운 시각을 제시하는 다큐멘터리라고 할 수 있다.

판을 받았대요. 카르텔처럼 느껴졌나 봐요. 누군가의 시선에서는 얼마든지 그렇게 독해될 수도 있었을 거예요. 그런 일들을 겪으면서 내가 선택을 해야 하는 상황에 놓인 느낌이었어요. 그래서 그때 박사 1학기를 마치고 영화 제작 때문에 잠깐 휴학을 했는데, 재등록을 안 하는 것으로 결정했죠.

연분홍치마는 매체운동을 본격적으로 하기로 하면서 조직을 재편했나요? 사람도 새로 들어오고?

아뇨. 사람이 새로 들어온 게 아니라 미디어 교육을 했죠. 당시에 노무현 정권에서 미디어운동 관련 투자를 많이 하던 시기여서 미디어 워크숍이 많았어요. 저희가 직접 하기도 하고, 의뢰를 받기도 했어요. 이주 여성이나 장애 여성을 대상으로 한 미디어 워크숍을 하면서 우리도 미디어 교육에 대한 공부를 했어요. 우리가 함께하고 싶은 집단의 사람들과 접촉면을 넓히는 운동을 한 거죠.

배제되는 목소리를 환기하는 것이 페미니즘이다

〈마마상〉뿐만 아니라 〈3×FTM〉, 그리고 〈두 개의 문〉이나 〈공동정범〉까지 공통으로 느껴지는 게 감독이 주인공과 자신을 완전히 동일시하지 않고, 비판적 거리를 두는 것처럼 보인다는 거예요. 영화가 흑백논리로 빠지지 않는 데 중요하게 작용하는 그런 태도가 실제로 작품을 만들 때는 어려움을 야기하지 않나요? 예컨대 〈마마상〉 같은 영화를 보면, 양희 이모한테 그냥 감정적으로 퐁당 빠지는 게 사실은 쉬운 접근이잖아요.

그것에 대해서 저도 좀 생각해본 적이 있는데, 제가 여성운동을 통해 받은 훈련이 그랬던 것 같아요. 무슨 말이냐면 '이 사람의 주장에 동의할 때 배제되는 다른 사람은 없는가?'를 항상 환기하는 감각이 여성운동이라고 저는 배워왔어요. 양희 이모에 집중하는 순간, 다른 한편으로는 이주 여성들이 눈에 밟히는 거예요. '이모의 얘기가 옳다고 가정하면 이주 여성은 여기서 뭐라고 대답을 할까? 이모의 얘기에 동의할까?' 이런 생각을 동시에 하게 되는 거예요. (같이 웃음) 예를 들면 이런 일이 있었어요. 인터뷰를 하고 나서 출근하는 이모랑 헤어지면서 "이모, 오늘 장사 잘되세요" 이렇게 인사를 한 거예요. 그런데 순간적으로 당황했어요. '어? 장사 잘되라고? 성매매 장사 잘되라는 게 무슨 의미지?' 누군가한테는 그냥 편하게 할 수 있는 인사말 안의 모순이 제게 훅 들어오면서 이모한테 장사가 잘되려면 이주 여성들은 2차를 나가야 하는데 그럼 이게 어떻게 되는 거지 싶었던 거죠. 내가 이모를 좋아하는 것과는 별개로 이모가 성매매의 구조에 복무한다는 사실, 이모와 이주 여성들 사이의 갈등이 계속 눈에 밟히는 거예요. 아마도 그게 영화에 들어 있는 톤이 아닐까 하는 생각이 들어요. 〈3×FTM〉은 FTM을 처음으로 다룬 다큐라고 알고 있는데, 이들의 얘기가 너무 정형화되거나 대표성을 부여받으면 다른 FTM들은 '어, 그건 내 경험과 다른데'라고 느낄 수 있다는 생각이 있었어요. 이들은 FTM으로서 자기 경험을 얘기하는 거고 FTM 내에서도 차이가 있을 수밖에 없다는 것을 보여주고 싶었죠. 그래서 세 명의 다른 지점을 보여주면서 약간 흩트리는, 하지만 정체성을 얘기해야 하니까 모아주기도 하는 두 가지 작업을 동시에 해내야 한다는 게 이 프로젝트의 과제라고 계속 생각했어요. 그래야 다른 FTM들이 '저 영화가 내 경험을 얘기하지는 않지만 배제하지도 않는다'라고 느낄 수 있을 테니까요.[6]

세 사람이 매우 다르지만 다 수긍이 가더라고요.

그런 톤을 유지하는 게 생각보다는 어려웠어요. 초짜 감독한테는. (웃음)

균형 감각이라고 할까? 그런 게 있는 것 같아요. 어떤 인터뷰를 보니까 그게 페미니즘의 세계관에서 비롯한 거라고 얘기를 하셨던데요. 사실 〈두 개의 문〉처럼 소재만 놓고 봐서는 페미니즘과 아무 관계가 없는 영화에서도 흑백논리에 빠지지 않고 국가 폭력을 이야기할 수 있었던 것은 그런 균형 감각 때문인 걸로 보여요. 감정적으로 누구한테 빠지지 않기 때문에 어떤 작품도 센티멘털하지가 않아요. 그런데 사실 한국 독립다큐멘터리의 전통을 봤을 때, 특히 〈상계동 올림픽〉이후의 다큐멘터리를 보면 폭력적인 상황에 놓인 피해자들에게 감정 이입을 하게 해서 폭력에 분노하게 하는 방식이 대부분이었어요. 그 시기에는 그것이 필요한 미학이기도 했고요. 운동의 차원에서 대의가 있고 그것을 위해 다큐멘터리가 어

---

6   FTM은 'Female to Male'의 약자로, 여성에서 남성으로 전환한 성전환자를 일컫는 말이다. 김일란 감독의 두 번째 작품 〈3×FTM〉은 FTM 세 사람의 이야기를 담고 있다.

떤 역할을 해야 한다는 전통적인 사유 방식이 있었다면, 〈두 개의 문〉이 보여준 균형 감각에 대해 저항감이나 불편함도 있지 않았을까 싶은데요.

**김
일
란**

〈마마상〉하고 〈3×FTM〉은 그런 방식으로 생각해본 적은 없는데 〈두 개의 문〉과 〈공동정범〉은 확실히 그렇게 생각하고 나름 기획해서 만든 작품이에요.

저는 앞의 두 작품도 그렇게 느꼈어요.

그런 얘기를 듣긴 했어요. 인물 다큐멘터리인데도 보는 사람이 그 인물에 푹 들어가게 되지 않는다는 얘기요. 그때마다 저는 약간 의아했거든요. '나는 열심히 몰입했는데 왜 영화가 차갑게 느껴지지?' 하고요. 말씀을 들어보니 그럴 수도 있겠네요. 그런데 그건 제가 문화 연구와 영화 이론, 페미니즘을 함께 공부했기 때문일 거예요. 저는 영화의 관객을 확실히 시민으로 상정하는 것 같아요. 관객을 시민으로 보면서 광장의 언어를 만든다는 느낌이죠. 이 사회가 피해자와 가해자의 구도로 만들어졌다기보다는 각자의 사연들이 있는데 그것이 전달되는 과정에서 합리성이 필요한 것이다, 그것이 감정적 합리성일 때도 있고 제도적 합리성일 때도 있지만 그 합리성 안에서 이야기가 되면 얼마든지 연대가 가능하다는 낭만성이 저에게 있는 것 같아요. 처음부터 그랬다기보다는 서울문화이론연구소에서 좌파 문화 이론가들의 해석 틀을 배우고, 또 영화 관객성 이론을 공부하면서 그렇게 훈련을 받은 거죠. 제가 석사논문을 영화 관객성에 대해서 썼거든요.

저는 1980년대의 운동 논리와 1990년대 이후 문화 이론의 세례 속에서 성장한 세대의 운동 논리가 어디서 만날 수 있는가에 대해 생각을 많이 했어요. 단절적으로 느껴진 경우도 많았고요. 그런데 김일란 감독은 그동안의 작품들을 통해서 두 시대의 접점을 잘 만들어왔던 것 같네요.

아마도 제가 그 두 시기가 디졸브dissolve되었던 세대인 것 같아요.

용산참사를 다룬 다큐멘터리 〈두 개의 문〉과 〈공동정범〉

〈두 개의 문〉과 〈공동정범〉에 대해서는 인터뷰가 굉장히 많던데요. 그 두 작품에 대해서 지금 하고 싶은 이야기가 있으면 해주세요.

두 영화를 만들면서 많은 혜택을 받았고 많은 경험을 했어요. 그 10년의 시간 동안 감사한 일도 많고, 가슴 아팠던 일도 많고, 저 개인의 변화도 컸어요. 제가 연출한 작품이 그렇게 많지는 않거든요. 네 작품이 전부이고, 작품 사이에 간격이 길다 보니까 준비도 하고 공부도 하면서 저 나름대로는 조금씩 성장해왔던 과정이 있어요. 〈마마상〉은 멋모르고 했고, 〈마마상〉에 대해 반성하면서 스스로에게 부여했던 과제를 〈3×FTM〉에서 했고, 〈3×FTM〉 하면서 실수라고 생각했던 걸 〈두 개의 문〉에서는 다르게 해봤고요.

그 실수가 뭐예요?

되게 많은데 〈마마상〉 때는 인터뷰한다는 것과 대화한다는 것이 어떻게 다른지에 대한 개념이 없었어요. 같은 것을 또 물어보면 안 되는 줄 알았어요. (같이 웃음) 대화의 고유성을 깨뜨리는 거라고 생각해서. 또 내가 열심히 만들면 그게 진정한 것인 줄 알았어요. 진정성도 구성되는 것이고, 관객이 어떻게 해석하느냐는 나의 의지와 무관할 수도 있다는 것을 몰랐어요. 그리고 〈마마상〉을 할 때는 인터뷰 공간에 대해서는 생각조차 못했는데 〈3×FTM〉 때는 인터뷰 공간이 주는 의미들을 고민해서 어떤 공간에서 인터뷰를 해야 할지, 배경은 어떠해야 할지, 질문은 어떤 방식으로 해야 할지 등을 계산하기 시작했죠. (웃음) 〈두 개의 문〉에서는 이미지의 논리, 사운드와의 관계도 고민하고, '인터뷰 공간을 지을 수도 있다. 꼭 삶의 공간에서 인터뷰하지 않아도 된다'와 같은 생각을 하게 됐어요. 〈공동정범〉을 할 때는 이른바 '피해자다움'이라는 것에 대한 도전을 염두에 두었고요.

'피해자다움'에 대한 통념과 싸우는 것은 굉장히 어렵지 않았어요?

어렵죠. 혁상과 저 둘만의 사투이기는 했는데, 그게 한편에서는 한국의 독립다큐멘터리 역사와의 싸움이기도 했던 거예요. (웃음) 너무 거창해서 내 입으로 차마 하기 부끄러운 말인데요.

거창한 게 아니라 정확한 얘기예요. 국가 폭력의 희생자, 피해자가 다큐멘터리에서 재현되어왔던 역사가 있으니까. 지배적인 재현에 도전하는 건 너무 힘든 일이죠.

맞아요. 우리는 현장에서 피해자를 정말 많이 만났지만, '피해자의 진짜 얼굴은 어떤 모습일까? 인간의 얼굴로서 피해자를 본 적이 있나?' 그런 고민이 있었고,

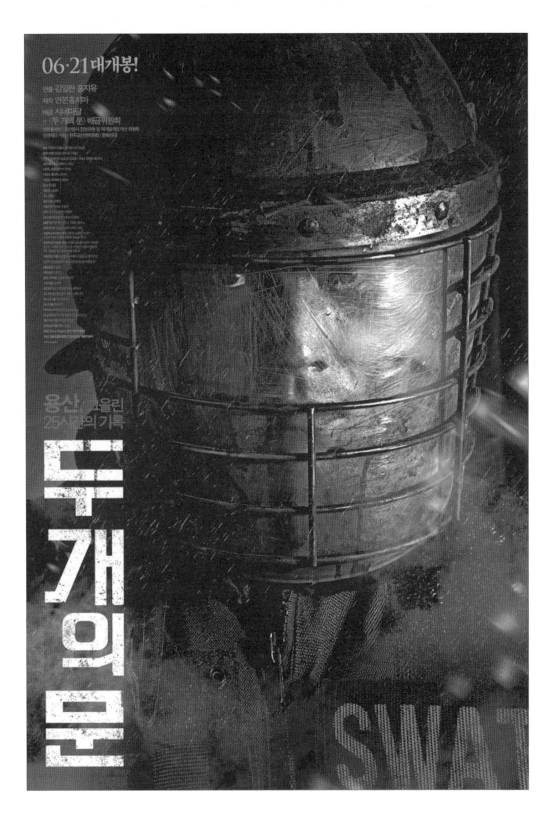

그것을 표현하는 게 역사와의 싸움으로까지 느껴질 정도였어요. 작품이 넷밖에 안 되지만 전작에서의 과제들을 해결하면서 성장해온 여정이 있는데, 〈공동정범〉 끝나고 나니까 막다른 골목에 온 것 같은 느낌이에요.[7]

〈공동정범〉과 관련해서 한 가지 더 드는 생각이 그건 물론 재현의 역사와 싸우는 문제이기도 하지만, 다른 한편으로는 당대의 운동판과도 싸워야 하는 거잖아요. 그러니까 '피해자다움'이라고 하는 건 재현의 문제일 뿐만 아니라 현실 운동에서 피해자들이 배치되는 방식과도 관계가 있을 텐데요. 그걸 기존과 다르게 접근했을 때 운동 진영 내부에서 당혹스러워하는 반응이 있을 수도 있거든요.

저는 늘 운이 좋다고 생각하는데, 용산참사진상규명위원회의 활동가들이 지지해준 게 컸어요. 사실 〈공동정범〉은 운동의 당사자들에게는 당시에 투쟁했던 과정, 또 피해자의 일부분을 이미지화하면서 했던 운동 방식을 부정당하는 다큐멘터리일 수도 있잖아요. 그에 대해서 여러 번 토론을 했는데 '운동 사회가 변화하기 위해서는 이런 논의도 필요하다'는 이야기가 있었어요. 물론 처음부터 환영받은 건 아니었고, 의견차가 있었죠. 하지만 토론의 시간을 거쳐 결과적으로는 지지를 얻었어요. 그분들이 세월호 투쟁을 함께했던 사람들이기 때문에 그게 가능했던 것 같아요. 세월호 참사에는 500명의 유가족이 있기 때문에 다양한 얼굴이 있어요. 유가족은 한 번도 생각해보지 못한 참사를 당한 사람들인데, 본인이 참사 피해자가 되었다고 해서 어느 날 갑자기 모든 사회적 소수자의 고통을 다 이해할 수 있게 되는 것은 아니잖아요. 어쩌면 피해 유가족들에게 그런 모습을 기대하는 것 자체가 부당한 일이죠. 누구든 다른 삶을 살았던 사람들을 이해하기 위해서는 시간이 필요한 법이죠. 피해 이전의 삶이 있고, 그 삶 가운데 참사 이후에도 연장되는 것들이 있어요. 그것을 인정하는 일이 중요하죠. 백남기 농민의 피해 유가족 분들도 유가족에 대한 차별과 혐오 때문에 상처받고 힘든 시간을 보

---

7   〈두 개의 문〉과 〈공동정범〉은 모두 2009년에 발생한 용산참사를 다룬 다큐멘터리이다. 〈두 개의 문〉은 철거민 다섯 명과 경찰 한 명이 숨진 남일당 건물 화재 당시의 상황을 재구성한 다큐멘터리로 2012년에 개봉하여 7만 명이 넘는 관객을 동원하며 용산참사에 대한 사회적 관심을 다시 불러일으켰다. 2018년에 개봉한 〈공동정범〉은 용산참사 당시 공동정범으로 기소되어 수감되었던 철거민들의 출소 이후의 삶과 투쟁을 보여주는 작품이다. 철거민들은 죄의식과 서로에 대한 원망이 뒤엉킨 채 화재 발생 순간의 고통스러운 기억을 조금씩 꺼내놓는데, 이 다큐멘터리는 그 과정에서 발생하는 철거민들 사이의 갈등과 반목을 솔직하게 드러냈다.

내셨다고 들었어요. 그런 일들에 대한 사회적 경험이 어느 정도 쌓였기 때문에 〈공동정범〉도 받아들여질 수 있었던 것 같아요.

매체운동의 현재와 미래

연분홍치마의 현재 상태는 어때요? 운영 상황이나 앞으로의 계획이나.

일단은 재정적 안정이 제일 중요한데 너무 어렵고요. 독립영화는 최저 임금이라는 것을 지키기가 불가능에 가까운 구조예요. 이 얘기만으로도 일주일은 말할 수 있을 것 같은데. (같이 웃음) 그래도 어쨌든 자구책을 마련해보려 애쓰고 있어요. 또 멤버들끼리 이야기를 나누면서 활동 기반으로서 조직의 필요성을 서로에게 확인시켜준다는 의미도 있어요. 조직을 계속 유지하는 건 함께 있으면서 서로 힘을 얻기 때문이죠. 그건 재정적인 것보다는 정서적인 측면이 더 커요. 다들 너무 힘드니까 정서적 공동체가 필요한 상황이고, 그 기반 위에서 재정적 안정성을 어떻게 마련할지 계속 고민하고 있어요. 신입 활동가의 영입도 생각하고 있는데, 어떻게 세대를 왔다 갔다 하면서 공존할 수 있는가도 중요한 미션이라고 생각해요. '연분홍치마가 만드는 영화는 낡은 느낌이 아니다.' (같이 웃음) 이런 생각은 창작자들에게 중요한 것이기도 하고, 운동이 낡으면 안 되잖아요. 인권운동을 하는 활동가이자 창작자로서 새로운 이슈와 스타일을 어떻게 계속 만들어낼 것인가가 제일 중요한 문제인 것 같아요.

〈공동정범〉을 끝내고는 막다른 골목에 온 것 같다고 하셨지만 그런 가운데서도 미래에 대해서 생각해본 것들이 있을 텐데요. 예컨대 내가 늙어서 어떻게 먹고살 것인가, 연분홍치마는 언제까지 이런 방식으로 운영할 수 있을까, 또는 지금 운동에서 중요한 것은 무엇인가? 개인적인 일부터 운동에 이르기까지 여러 가지 생각이 있을 것 같아요.

딱 40대 중반에 제가 위암 수술을 했잖아요. 그러면서 마치 시즌 2가 시작된 기분이었어요. 후반전이라고 해야 할까? 한편에서는 사람들이 "충분히 많은 걸 했어"라고 말하지만 아무것도 한 게 없는 것 같기도 하고, 또 '연분홍치마도 있고, 옛날에 없었던 이런 공간도 있고, 우리 냥이들도 있고, 나 가진 거 되게 많은데?'라는 생각이 들기도 하고……. 이런저런 생각이 왔다 갔다 하면서 시즌 2라면 뭘 더 어떻게 해야 하나 고민이 돼요. 지금은 연분홍TV라고 유튜브를 열심히 하고 있어요. 물론 다른 연분홍 활동가들과 어떻게 하면 조금 더 안정적으로 오래 활동할 수 있을까도 계속 고민하고 있고요. 연분홍치마가 정서적인 공동체를 넘어서 경제 공동체로서 안정적으로 먹고살 수 있었으면 좋겠다, 그걸 어떻게 해낼까가 지금 저한테는 가장 중요한 과제예요.

독립다큐멘터리가 재생산되는 구조를 어떻게 만들 것인가라는 고민은 다른 다큐멘터리 작가들도 하고 있을 텐데요. 그렇다면 제도적인 틀이나 새로운 플랫폼을 모색한다거나 하는 움직임은 없나요?

문제의식은 다 있을 텐데 그게 잘 모아지지는 않아요. 그런 필요성에 대해서도 온도차가 크고요. 온도차가 엄청 큰데 그럴 수밖에 없는 건 제작 환경이 각자 너무 다르거든요. 카메라 한 대 들고 하는 사람부터 팀을 열다섯 명 이상씩 꾸리고 하는 사람까지. 제작비도 천차만별이고요. 어쨌든 그런 모든 조건을 넘어서 고민하는 사람들이 모여야 하는데 그게 잘 안 돼요. 저 개인적으로는 이런 의문이 있어요. 사람들이 다큐멘터리영화는 잘 안 보는데 유튜브에 있는 다큐멘터리적인 영상은 또 엄청 좋아하는 거예요. 이 간극이 저에게는 지금 과제로 다가와요. 유튜브를 해보면 사람들이 감각적으로 빠르고, 쉽게 좋아하고, 코멘트도 적극적으로 달면서 다큐멘터리적인 영상에 호의를 보이거든요. 다들 환영하고, 즐거워해요. 그런데 왜 다큐멘터리영화에 대해서는 그런 환영하는 마음이 별로 없을까요? 이게 저의 의문이에요. 영화라는 매체의 틀에 들어가 있는 다큐멘터리적인 것을 안 좋아하는 건지, 극장에서 만나는 것을 안 좋아하는 건지, 아니면 장편이라는 형태를 안 좋아하는 건지 등등. 그런 걸 생각하고 있어요. 그런 고민을 하면서 유튜브를 일단 시작해봤는데요, 아직까지 확인한 것은 사람들이 다큐멘터리 영상을 좋아한다는 것 정도예요. 그런데 그 좋아하는 마음이 왜 다큐멘터리영화로까지 이어지지는 않는가에 대한 답은 아직 못 찾았어요.

마지막으로 2018년에 〈아름다운 생존〉 전시 영상 만들었던 얘기 좀 해주세요. 한국 여성 영화인의 역사 안에서 자신이 어떤 영화인으로 살고, 또 남고 싶은지도 들려주시면 좋겠어요.[8]

그 작업을 할 때는 60년이 지났는데도 어쩜 이렇게 계속 똑같은 얘기를 해야 하나 싶다가도 그래도 좀 나아진 것이 있구나 생각하기도 했어요. 박남옥 감독님부터 임순례 감독님에 이르기까지가 한 40년이 넘죠? 그 세월 동안 데뷔한 감독이 여섯 명밖에 안 된다고? 이런 생각들을 다 비슷하게 하실 텐데, 더불어 저는 이런 생각도 들더라고요. 다큐멘터리영화를 개봉했던 변영주 감독님이라든지, 여성 실험영화 집단인 '카이두'와 같은 더 많은 여성 감독들이 있는데, 영화의 역사적 틀을 좀 더 확장해야 하지 않을까? 실험영화나 다큐멘터리영화를 했던 분들의 이야기가 야사나 부록처럼 다루어지는 것이 안타깝다는 생각이 많이 들었어요. 사실 독립다큐멘터리의 역사에서 핵심적인 순간들은 여성 감독이 많이 만들었거든요. 지금도 그쪽에는 여성 감독이 진짜 많아요. 여성이 두각을 나타냈던 영역은 이쪽인데 이 부분은 너무 많이 빠져 있는 것 같아요. 〈아름다운 생존〉 영상을 만들 때도 그런 생각이 들었어요.

---

8   김일란 감독은 2018년 한국영상자료원 영화박물관에서 했던 기획 전시 〈아름다운 생존〉의 전시 영상을 연출했다. 1955년에 〈미망인〉을 내놓은 한국 최초의 여성 감독 박남옥 이래로 1990년대까지 장편 극영화를 연출했던 여성 감독은 총 여섯 명이었는데, 이들을 조명하는 전시가 바로 〈아름다운 생존〉이었다. 6인의 여성 감독은 박남옥, 홍은원, 최은희, 황혜미, 이미례, 임순례 등이다.

윤가은
영화감독

어린이가 스스로 골라서
보러 오는 영화를 만들고 싶다

중학교 3학년 때 처음으로 장래희망란에 영화감독이라고 적었다. 20대 내내 영화에 접근해보려고 애쓰다가 영화에 대한 오랜 짝사랑을 끝내자는 심정으로 만든 단편 〈사루비아의 맛〉(2009)으로 한국예술종합학교 영상원 예술전문사 과정에 입학하면서 영화의 길에 본격적으로 들어섰다. 졸업 작품이었던 단편 〈콩나물〉(2013)이 크게 주목받았고, 장편 독립영화 〈우리들〉과 〈우리집〉이 흥행과 비평 모두에서 좋은 성과를 거두었다. 남다른 감수성으로 어린이영화의 새로운 영역을 개척하면서 '윤가은 유니버스'를 만들어가고 있다는 평가를 받는다.

"오히려 그때는 여러 종류의 어린이영화들이 있었어요. '저게 뭐야. 유치해' 하면서 낄낄 웃는 영화들이 있었고, 동시에 열광하며 앓듯이 사랑하는 영화들도 있었고요. 어린이들이 '나 저 영화 보고 싶어'라며 스스로 선택해서 엄마 손을 잡아끌고 극장에 가서 보는 영화들이 분명히 있었거든요. 한동안 그런 영화가 너무 없었다는 걸 〈우리들〉 때 알았어요. 〈우리집〉 때 좀 놀라웠던 건 '딸이 오자고 해서 왔어요'라는 부모님이 무척 많았다는 거예요. 어렸을 때 내 맘을 동하게 해서 나를 극장으로 이끌었던 어린이영화들 같은 그런 영화를 만들고 싶다, 온 가족이 다 같이 볼 수 있는 영화를 만들고 싶다는 마음이 계속 있어요."

영화를 통해서 무언가를 표현하고 싶다는 생각이 처음으로 들었던 시기는 언제였나요?

초등학교 때부터 영화를 정말 좋아했는데 중학교에 올라갈 때쯤 집에 비디오플레이어가 생겼어요. 그때부터 비디오 가게에 들락날락하면서 영화를 많이 보기 시작했죠. 그러다가 장래희망란에 처음으로 영화감독이 되고 싶다고 썼던 게 중학교 3학년 때였어요. 그런데 그때는 영화를 통해 어떤 얘기가 하고 싶다거나 그런 건 아니었고 그냥 영화 팬이었어요. 제가 중학교 때 PC통신이 유행했는데, 사실 중학생들이 PC 통신을 많이 하지는 않을 때였죠. 반에서 한두 명 정도? 저희 집이 신문물을 비교적 빠르게 받아들이는 집이라 컴퓨터가 일찍부터 있었거든요. 그래서 PC통신도 또래에 비해서 일찍 시작했는데, 저는 한창 영화를 보던 시절이어서 자연스럽게 영화 동호회에 가입했어요. 동호회에서는 제가 막내였죠. 주로 대학생이었던 언니, 오빠들이 영화에 대해 토론하는 걸 접하니까 그 세계에 대한 동경 같은 게 생겼어요. 저는 사실 되게 평범한 학생이었고 모범생에 가까웠거든요. 나도 좀 특별한 일을 하고 싶다는 생각이 들었는데, 영화가 그렇게 멋있어 보였어요. 예술이면서 지적인 활동 같기도 하고. 고등학교 때도 계속 영화를 하고 싶다고 얘기하고 다녔는데 동호회 언니, 오빠들이 "영화감독이 되려면 인문학을 공부해야 돼"라는 얘기를 해주셨어요. 그래서 사학과에 진학했는데 오히려 대학교에 들어가면서부터 고민이 시작됐어요. '영화감독이 되려고는 하는데 무슨 얘기를 하지? 시나리오도 써야 한다고 그러던데.' 그때부터 본격적으로 고민하면서 방황도 많이 했죠, 20대 내내.

대학교를 졸업하고, 영화를 만들겠다고 생각해서 한예종 영상원 전문사 과정에 들어가신 건가요?

예. 그런 셈인데 그 사이에 좀 긴 공백기가 있었어요. 2005년에 대학을 졸업했는데 영상원에 들어간 게 2010년이니까.

그 사이에는 어떤 일들을 하셨어요?

그 사이에 방황을 오래 했죠. (같이 웃음) 대학 다닐 때 연극 동아리를 했던 인연으로 대학로에서 조연출 생활을 한 2, 3년 했어요. 무대감독도 했고요. 그러고 나서 좀 오래 방황을 했어요. 학교 졸업하기 직전에는 한겨레문화센터에서 2개월짜리 영화 워크숍을 들었는데, 그때 단편영화를 만들다가 중간에 엎어지는 일이 있었어요. 영화를 만들려다가 잘 안 되고 그렇게 현실의 벽에 부딪치니까 '내가 재능이 없구나'라는 생각을 많이 했지요. 방향을 바꿔야 할 것 같아서 영상작가교육원에 들어가서 한 6개월 공부하기도 했고, 학원 강사를 하면서 이것저것 해봤어요. 그때는 박찬욱, 봉준호, 최동훈 감독님의 영화가 한창 인기가 있었거든요. 그런데 그 영화들은 굉장히 스케일도 크고 제작비 규모도 엄청난 작품들이잖아요. 그런 영화를 좋아하기는 하는데, 제가 쓰게 되지는 않고 만들 자신도 없더라고요. 그러니까 심정적으로 더 멀어지는 시기가 왔던 것 같아요. 이것도 아닌 것 같고 저것도 아닌 것 같고, 20대 후반까지는 그랬어요. 그러다가 영상미디어센터 미디액트[1]에서 하는 독립 극영화 워크숍이 큰 전환이 되었어요. 거기 참여해서 만든 영화를 가지고 영상원 예술전문사 과정에 지원했는데, 합격이 되어서 본격적으로 영화를 시작하게 됐어요.

미디액트에서 만든 게 〈사루비아의 맛〉인가요? 제가 그 영화는 못 봤어요. 아무리 찾아도 볼 수가 없어서.

예. 그 영화 아무 데도 없어요. 제 하드에 있어요. (같이 웃음) 저는 많이 좋아하는 작품이고 영화를 다시 시작할 수 있게 해준 의미 있는 작품인데, 사실은 볼 때마다 너무 부끄러워요. 하지만 그 영화를 만들면서 정말 좋았기 때문에, 그다음부터 '영화를 해야지' 하는 마음이 아니라 '한 편만 더 만들어보자' 하면서 지금까지 올 수 있었어요.

현장에서 작업하는 경험이 좋았다는 말씀이신가요?

1 　미디액트는 시민들의 영상 창작을 북돋우고 독립영화 제작을 활성화하기 위해서 2000년에 설립된 비영리 공공미디어센터이다. 영상 교육 프로그램 운영과 영상 제작을 위한 기자재 대여가 주요 사업 영역이다. 한국독립영화협회와 영화진흥위원회의 협의를 통해 설치되었으며, 2000년에 '퍼블릭 액세스(매스미디어를 통해 의사표현을 할 수 있는 대중의 권리)'를 보장하는 관련 법(통합방송법)이 통과되어 그 필요성이 뒷받침되었다. 1980년대 말 이후 비디오 매체가 활성화되면서 영상 매체에 대한 대중의 접근성이 확장된 시대적 상황, 필름뿐 아니라 비디오 매체를 적극적으로 활용해온 영화운동의 성과가 제도적인 결실을 맺은 것이라 할 수 있다.

저는 영화과 출신이 아니니까 변방에서 영화를 오래 좋아한 사람이라는 정체성이 커요. 그래서 영화 강의를 찾아다니면서 듣고, 영화제도 열심히 다니고, 대학교에서 하는 단편영화제에도 다 갔어요. 오랫동안 변방에 있으면서 '정작 나는 아무것도 몰라' 하는 두려움이 컸는데 미디액트의 교육 과정이 정말 좋았어요. 초심자들을 위해서 다섯 컷 영화 만들기부터 시작해서 그다음에는 열 컷을 만들고, 또 그다음에는 팀 작업으로 단편 하나 만들어보고, 마지막에 자기 영화 만들고 하는 식으로 촘촘하게 짜여 있던 프로그램이었어요. 그때 부지영 감독님이 선생님이셨는데 정말 잘 가르쳐주셨어요. 그분 영화가 굉장히 좋았기 때문에 선생님에 대한 신뢰도 컸고요. 당시에 열두 명이 같이 수업을 들었거든요. 그런데 그 열두 명이 다 저 같은 사람인 거예요. 그때 저희 기수 막내가 대안학교를 다니다가 온 열아홉 살 친구였는데 바로 남순아 감독이에요. 그때 모인 사람들 모두 나름의 절박함을 가지고 온 거라 그 시너지가 참 좋았어요. 사실 저는 확인 사살하려고 들어간 거였거든요. 영화를 너무 오래 짝사랑해왔으니까 마지막으로 한 편 만들어보고 꿈을 접어야겠다는 마음이었어요. 큰 꿈이 아니라 '내가 만들 수 있는 이야기를 만들고 싶은 사람들이랑 만들자' 그렇게 마음을 먹은 거죠. 그래서 아주 작은 이야기를 선택해서 시나리오를 썼고, 스태프도 친구들을 모아서 꾸렸어요. 무리하지 않아도 될 만한 스태프들을 데리고 오니까 촬영 현장이 즐거웠고 편집도 즐겁게 할 수 있었어요. 그동안 모아둔 돈을 거기다 쓰면서 '나는 이걸로 영화에 대한 꿈을 접어야지' 하는 마음으로 만들었어요. 마치 나한테 주는 선물처럼.

그 이후의 작업에서도 그런 즐거움을 유지하는 편이셨던 것 같아요.

예. 그때의 경험이 저한테 기준이 됐어요. 실패했을 때의 괴로움이 아직도 기억이 나는데, '그렇게는 찍지 말아야지' 하는 생각을 많이 하게 됐어요.

포털 사이트 다음에 연재한 영화 〈우리집〉 제작기를 읽어보니까 현장이 굉장히 행복하고 즐거워 보였어요.

아, 매일이 그렇지는 않았는데……. (같이 웃음) 그런데 저한테는 현장의 분위기와 같이하는 사람들이 정말 중요해요. 시나리오나 영화를 구성하는 다른 요소만큼이나 그게 중요하다고 생각해요.

유난히 선명한 어린 시절의 기억들

윤
가
은

〈사루비아의 맛〉으로 영상원 전문사 과정에 들어가셨고, 거기서 만난 분들이 이후에 〈우리
들〉, 〈우리집〉까지 이어지는 팀인가요?

학교 동기들, 선후배들이 장편 작업까지 이어졌는데, 함께 하는 팀 중의 절반은
미디액트 때 만난 친구들이에요.

〈콩나물〉은 학교 다닐 때 찍은 영화죠? 그 영화로 굉장히 주목을 받으셨더라고요. 베를린
영화제에서 상도 받으시고.

〈콩나물〉은 졸업 작품이에요. 그전에 〈손님〉(2011)이라는 단편을 만들었는
데, 두 작품 다 학교에서의 반응은 영화제 때와 많이 달랐어요. 학교에서는 제
가 주목받는 학생이 전혀 아니었거든요. 저도 학교도 별 기대가 없었지요. 제
가 할 수 있는 얘기를 하는 수밖에 없겠다는 생각으로 한 거라서 '잘 만들면 어
딘가에서는 틀 수 있겠지, 뭐' 하는 정도였어요. 그런데 이 단편들이 해외 영화
제에서 주목을 받으니까 저 자신은 사실 혼란스러웠어요. 〈콩나물〉 만들 때도
주위에서는 이제 다른 이야기를 해야 되지 않느냐는 말을 많이 했거든요. 계
속 아이들이 주인공인 영화를 만들어서 그런지 나중엔 "이걸 마지막으로 하
고, 나가서 영화다운 영화를 만들어라. 학생영화 같은 거 그만 만들고"라는 이
야기를 들었어요. 겨우 통과돼서 만든 영화가 상을 받으니까 '이걸 어떻게 해
석해야 하지? 이런 영화를 계속해도 된다는 건가?' 싶었어요. 그러다가 CJ랑
한예종이 함께하는 산학협력프로젝트에 트리트먼트[2]를 냈는데, 그것도 아이
들이 나오는 거였어요. 이창동 감독님이 멘토셨는데 거기서 계속 발전시켜서
결국 〈우리들〉이 된 거죠. 그런데 사실 그 과정에서도 저는 계속 혼란이었어

---

2 **트리트먼트**treatment는 시놉시스를 좀 더 발전시킨 것으로 각 장소에 등장하는 주요 인물과
사건 등을 써놓은 원고이다.

요. 정리가 잘 안 됐어요, 저는. 오랜 시간 동안.

아이들 이야기를 그렇게 열심히 하시는 데는 뭔가 이유가 있다고 생각하시나요? 아이들 얘기를 잘할 수 있는 건 특별한 재능인 것 같은데요. (같이 웃음)

당연한 질문인데, 저한테는 정말 어려운 질문이에요. 그냥 제일 하고 싶은 얘기인 것 같아요. 그런데 왜 그런지 저도 계속 들여다보려고 애를 쓰는데……. 요즘 드는 생각은 이게 반쯤은 제 취향이라는 거예요. 그리고 이 안에서 시도해볼 수 있는 게 아직도 너무 많이 남았다는 생각을 하게 됐어요. 어린이 이야기 자체가 저를 매혹시키는 면이 있어요. 〈우리들〉 개봉하고 인터뷰하면서 알게 된 건데 제가 유별나게 어린 시절을 선명하게 기억하는 사람이더라고요. 저는 다 저만큼 기억하고 있는 줄 알았거든요. 저는 한 살 때 기억이 있어요. 제 시선으로 바라보고, 그때 어떤 것을 느꼈고, 어른들이 어떤 얘기를 했고……. 이런 것들이 기억에 남아 있어요. 이게 꿈인지 뭔지 모르겠지만 선명하게 남아 있는 어린 시절의 기억들이 아주 많아요. 예를 들면 지나가는 어린 친구들의 뒷모습을 보는데 갑자기 저의 어린 시절로 돌아가서 제가 봤던 것이나 느꼈던 것, 어떤 기억들을 끄집어 낼 때도 있어요. 어린이, 청소년 문학도 좋아해서 아직도 꾸준히 읽고 있는데 그런 것들을 볼 때도 속에서 뭔가 건드려지고 길어올려지는 게 있어요. 그런 것에 훨씬 더 예민한 감각이 있기는 한 것 같아요. 어린 시절의 저는 밖으로 마음을 표출하는 사람이 전혀 아니었고, 내향적인 사람이었어요. 지금도 그렇기는 하지만요. '속에 담아뒀던 풍경이나 감정을 꺼내려고 영화를 하나?' 그런 생각을 지금도 가끔 해요.

말씀 들어보니까 〈콩나물〉에서 아이의 얼굴을 클로즈업으로 보여주면서 어른들끼리 제사 이야기를 하다가 콩나물이 없다고 말하는 소리가 화면 밖에서 들리던 오프닝 장면이 생각나요. (같이 웃음) 어렴풋이 기억나는 어린 시절의 어떤 장면 같기도 하고요. 제사를 준비하는 어른들 사이에 있는 아이의 모습이요.

사실 기독교 집안이라 저희 집은 제사를 지낸 적이 없거든요. (같이 웃음) 그건 어른들 틈바구니에서 어른들을 관찰하는 아이의 마음 같은 거죠. 저는 지금도 영화를 보다가 어른들이 주인공인 이야기인데, 아주 잠깐 나오는 아이한테 감정 이입을 더 많이 할 때가 있어요. 그냥 제 감수성이 그런가 봐요. 취향이고 성격인 것 같아요.

〈콩나물〉뿐만 아니라 〈우리들〉과 〈우리집〉도 아이의 얼굴 클로즈업으로 시작하잖아요. 감독님은 아이들 얼굴의 미묘하고 풍부한 뉘앙스를 포착하는 능력이 있으세요. 클로즈업으로 사람의 얼굴을 그렇게 가까이 들여다볼 수 있는 것도 영화 매체의 매력이지만, 또 다른 한편으로 감독님의 영화에서는 공간도 영화적인 재미가 있다고 느꼈어요.

말씀을 듣고 보니까 제가 가장 신경 쓰는 게 그 두 부분인 것 같네요. 배우랑 공간.

자전적 얘기 아니냐는 질문을 많이 받으실 것 같은데, 자전적이라는 게 소재 차원의 얘기가 아니라 그런 감각 같은 거 있잖아요. 옛날 동네에 대한 감각? 그걸 자기 눈으로 보았던 시각적 기억이랄까? 그런 면에서 자전적인 것 아닐까라는 생각을 했어요. 엄청 많은 계단을 가파르게 올라가야 하고, 다세대 주택이 빼곡히 박혀 있고, 빌라들이 있고, 그런 옛날 동네의 디테일이 잘 살아 있어요. 예를 들어 〈우리집〉을 보면 골목길에 재활용 쓰레기가 잔뜩 쌓여 있고 거기서 아이들이 종이상자를 가져오잖아요. 그런 골목길의 모습은 아파트에 살면 구경할 수 없는 거거든요. 그런 디테일이 나오는 건 옛날 동네에 익숙해서 그런 건가 싶었어요. 어릴 때 사셨던 동네는 어땠어요?

저는 태어나서 초등학교 5학년 때까지는 대단지 아파트에 살았어요. 그 이후에는 계속 단독주택의 2층이라든가 다세대 주택에 살았는데, 저한테는 아파트에서 여기로 넘어올 때 어마어마한 충격이 있었어요. '내가 사는 공간이 이렇게까지 미로 같을 수 있다니.' 이런 것에 적응하는 데 시간이 꽤 오래 걸렸어요. 그런데 적응하고 나서는 아파트로 못 돌아가겠더라고요. 그런 공간에 대한 애정도 있지만, 사실 그건 저한테는 영화적 선택이기도 해요. 가장 보편적인, 전혀 특별하지 않은 친구의 가장 특별한 이야기를 하고 싶은 마음이 있는데, 공간 자체는 영화적이었으면 좋겠다는 생각을 하거든요. 주인공이 어린이다 보니까 공간이 너무 한정적이잖아요. 어린이들이 갈 수 있는 공간이 학교, 집 아니면 동네밖에 없는데 이 공간이 너무 단조로우면 영화적 재미가 떨어진다는 생각을 하는 거죠. 아이의 마음을 움직임으로 표현할 수 있는 공간을 찾다 보니까 여러 세대가 같이 어울려 사는 곳으로 자꾸 가게 되는 것 같아요. 영화적으로도 그게 아름답다는 생각이 들고, 다른 한편으로는 '나름의 아카이빙이 되지 않을까' 하는 생각도 있어요. 저희가 영화를 찍고 나서 동네가 대부분 없어졌거든요. 〈손님〉 찍은 데는 다 없어졌어요. 그 자리에 아파트가 들어섰죠.

이화여대역에서 충정로 넘어가는 대현동이요. 마지막에 주인공이 집을 나와서 노을을 보면서 넘어가는 장소가 있는데, 거기 빼고는 집이랑 뭐랑 다 없어졌어요. 〈우리들〉 찍었던 집도 없어지고. 그래서 '우리가 역사를 기록하는 것이다'라고 생각하기로 했지요. (웃음) 사심이죠.

그런 장소들은 현실적인 공간이기도 하지만, 한편으로는 감독님 이야기에 맞는 공간이라는 생각도 들어요. 그 아이들이 오르락내리락하면서 놀기 좋은. (같이 웃음)

그렇죠. 그런데 실제로 사람들이 살고 있기도 해요. 아파트가 많아졌지만 사실 서민층은 여전히 다세대나 빌라에 살고 있잖아요. 아파트 얘기를 할 거면 제대로 해보고 싶은 마음도 있는데 모르겠어요. 참 어려워요, 아파트에서 찍기가.

그 아이들이 사는 공간 자체가 보여주는 계급적 위치가 있잖아요. 공간의 그림이 보여주는 계급적인 것. 그다음에는 연배요. 제가 사는 성북동은 노인들이 굉장히 많거든요. 그분들이 그 오르막길을 오르내리면서 사셔야 하는 거죠. 골목에서 뛰어노는 일도 골목이 남아 있는 성북동 같은 동네에 사는 아이들의 이야기일 거예요.

예, 맞아요. 그런데 한편으로 저한테는 '그런 데서 살아야 하는 거 아니야?' 하는 마음도 있어요. 공간이 정확히 구획되어 있어서 놀 수 있는 장소가 따로 정해져 있는 곳보다는 친구들과 만나서 놀 장소를 새로 발견하고 스스로 만들기도 하는, 골목이 많은 곳이 사람 사는 동네 아닌가? 그런 데서 살아야 하는 거 아닌가, 우리? 이런 희망, 바람 같은 게 있기도 해요. 그래서 영화에 그런 공간을 담게 되나 봐요. 지나가다가도 좋은 공간을 보면 '저건 무조건 영화로 찍어야 해. 이런 데서 사람들이 살아가고 있다는 것, 앞으로도 계속 살아가는 게 더 좋다는 것을 알려줘야 해' 하는 마음을 먹곤 해요. 저랑 단편부터 10년째 같이 하고 있는 김세훈 피디님도 그런 데 관심이 많고, 저보다 훨씬 감각이 좋아서 늘 좋은 로케이션을 발굴해내곤 하고요.

〈우리집〉은 아이들의 시선에서 진행되는 가족, 특히 집에 대한 이야기이지만 이야기가 아이들의 세계를 넘는 부분이 있잖아요. 아이들끼리 고군분투하고 어떻게든 해보려고 하지만 어쩔 수가 없고. 아이들의 세계를 지배하는 다른 큰 힘이 작동하고

있다는 걸 보여준다고 생각해요.

**윤
가
은**

제가 주목하는 건 어린이가 처한 환경이에요. 어린이에게 영향을 끼치는 너무나 많은 이슈들이 있잖아요. 제가 그런 일상의 일들, 생활사, 미시사에 워낙 관심이 많다 보니 아이의 삶을 좌우하는 문제들에 대해 생각을 많이 하는 편이에요. 무엇보다 가족은 어린이에게 거부할 수 없는 영향력을 행사하는 기초 단위이니까요. 그 안에서 아이들의 문제에 집중해보고 싶었어요. 아이의 입장에서 가족 문제를 제대로 다루는 영화가 많지 않았으니까요.

저는 〈우리집〉을 남편하고 같이 봤는데, 남편은 짧게 나오는 오빠랑 자기가 동일시된다더라고요. 그런데 오빠가 너무 불친절하잖아요. 아빠는 필요 없고, 오빠는 소통이 안 되고. (같이 웃음) 오빠나 아빠가 그런 식으로 그려졌다고 남편이 말하길래 제가 "실제로 어린 여자애들은 다 그렇게 느껴"라고 했어요. 새삼스럽게 '여자애들이 느끼는 소소한 것들을 우리는 보면 그냥 바로 아는데, 남자들은 그런 재현을 별로 본 적이 없구나' 싶었어요.

저도 개봉하고 많이 느껴요. 제 주위에서도 남자 분들은 찬이한테 많이 이입을 하세요. 마케팅팀 중에 남자 분이 있는데, 그분이 "나도 여동생이 있는데 어렸을 때 여동생의 마음을 이제야 이해할 수 있을 것 같다"고 말씀하시더라고요. '아, 그렇구나. 모두가 다 이 마음에 이입되는 건 아니구나. 보여줘야 이입할 수 있는 통로가 생기는 거구나'를 저도 개봉한 이후에 많이 느꼈어요.

독립영화의 제작 환경과 윤가은의 제작 방식

작업하는 환경에 대한 이야기, 그리고 동료들 이야기를 듣고 싶어요. 〈우리들〉은 산학협력 프로젝트로 하셨다고 했는데 구체적으로 어떻게 진행된 건가요?

한예종에서 CJ와 함께 산학협력프로젝트로 전문사 재학생 및 예술사 졸업생들을 대상으로 장편 트리트먼트 공모전을 했어요. 이창동 감독님이 멘토를 맡으셨는데, 그분이랑 같이 1년 동안 시나리오를 개발해서 제작이 결정된 작품은 CJ에서 지원하는 거였죠. 그러니까 학교를 졸업하고 독립 장편영화를 바로 만들 수 있게 하는 프로젝트였어요. 저는 2기에 뽑혔는데 1기 때는 권오광 감독의 〈돌연변이〉, 정주리 감독의 〈도희야〉 같은 작품이 개발되었죠. 이창동 감독님이 저를 포함한 네 명의 시나리오를 봐주셨는데, 2주에 한 번 정도 9개월 동안 만나며 서로 피드백을 주고받았어요. 그렇게 시나리오를 완성해서 마지막에 한 편을 선정했죠. 최종 당선작이 제 것이었는데, 제 작품이 예산이 제일 적었어요. (웃음)

이창동 감독님이 가짜 같다고 하셔서 충격받으셨다는 인터뷰를 봤어요.

(웃음) 충격이라기보다는 그 얘기를 진짜 많이 하셨거든요. 제일 많이 들은 말이 그 말이었어요. 공모전에서 뽑혔으니까 저는 조금씩 수정하면서 시나리오로 만드는 줄 알았는데 감독님이 재미없다고, 이야기가 가짜 같으니까 완전히 다시 쓰라고 하셨어요. 그래서 속으로는 '그럴 거면 왜 뽑았지?' 했죠. 어디서부터 다시 써야 할지도 모르겠고요. 혼란스러운 마음으로 2주에 한 번씩 새로운 트리트먼트를 써서 가면 또 가짜 같다고 하시고, 또 쓰고……. 이 과정을 오래 반복했어요.

〈우리들〉은 투자가 CJ고 제작이 아토가 되는 건가요?

그렇죠. CJ 콘텐츠개발팀 안에 독립영화를 지원하는 버터플라이프로젝트가 있었어요. 한예종하고 계약한 것도 버터플라이프로젝트의 일환이었죠. 거기서 제작품을 지원하는 것이 결정되기 전에 아토에서 먼저 연락이 왔어요. 아토의 공동 대표 가운데 한 분인 이진희 대표님이 전문사 과정에서 기획을 전공한 동기였는데, "너 시나리오 다 썼다며? 한번 볼 수 있어?" 하셔서 보여드렸더니 "기획 전공자들끼리 모여서 영화사를 만들려고 하는데 다들 네 작품이 좋대. CJ에서 연락이 오든 안 오든 우리랑 같이 했으면 좋겠다" 하고 얘기해주셨어요. 그러다가 지원작으로 결정이 됐는데 생각했던 것보다 제작비 지원이 너무 적은 거예요. 1억도 안 되는 금액이어서 충격을 받았죠. 그래도 아토에서 제작을 하겠다고 해주셨어요. 김순모 대표님이 사방팔방 뛰어다니시고, CJ랑도 더 협상을 해서 마침내 표준근로계약을 하는 조건으로 예산이 1억 5000만 원으로 늘어나 제작할 수 있었어요. 그때까지 저는 혼자서 단편을 만들었으니까 정확히 어떤 방식으로 투자, 제작, 배급이 되는지에 대한 개념이 없었거든요. 제작비를 마련하려고 대표님이 뛰어다니시는 걸 보면서 제작사가 어떤 일을 하는지 알게 됐어요.

〈우리들〉은 독립영화로는 꽤 흥행이 잘된 편이잖아요. 그렇죠?

아! 그렇죠. 독립영화는 항상 흥행의 기준을 어떻게 잡을 것인가가 문제인데, 극장 손익분기점을 따지면 그건 못 넘었어요. 독립영화는 길게 정산을 해야 하니까, 길게 봤을 때는 다행히 수익이 생겨서 아직까지도 차곡차곡 정산을 받고 있어요.

윤
가
은

독립영화는 정산을 길게 해야 한다는 건 다른 방식의 상영에서도 계속 정산이 된다는 이야기인가요?

그렇죠. 공동체 상영 같은 것도 많고, 영화제도 그렇고요. 그리고 저희 영화는 해외에 세일즈가 좀 된 편이라 중국 같은 데서도 수입이 들어오기도 했어요. 그리고 작년에 교과서에 수록된 이후에는 문제집 같은 데서도 좀 들어와요.

교과서에 들어갔다는 게 무슨 얘기예요?

아, 저희의 자랑인데 〈우리들〉이 초등학교 4학년 국어 교과서에 들어갔어요. 작년 8월 말인가 갑자기 〈어벤져스 3: 인피니티 워〉(2018)를 누르고 〈우리들〉이 IPTV 1위를 한 거예요. 물론 하루였지만. 우리가 "이게 도대체 무슨 일이야?" 그랬는데 알고 보니까 4학년 2학기 첫 수업 날 〈우리들〉을 전국의 초등학교에서 봤나 봐요. 그래서 "아이고, 우리가 살다 보니 이런 일을 겪는구나" (웃음) 했지요. 그런데 사실 많지는 않아요. 사무실 운영비도 아마 안 나올 거예요. 그래도 어쨌든 저희는 스태프들까지도 지분을 다 나눠 가져서 돈을 계속 조금씩 받고 있어요.

스태프들도 지분을 나눠 가졌어요?

예. 〈우리들〉 때는 스태프들에게 최대한 챙겨준다고 챙겨준 건데도 지금 같으면 절대 그렇게 찍으면 안 되는 금액이었어요. 저나 스태프나 거의 다 똑같은 금액을 받았는데, 그게 너무 적어서 도의적으로 "미안하니까 우리 지분 계약하자" 이렇게 했어요. 사실은 미안함의 제스처였죠. 그랬는데 다행히 수익이 조금씩 나오고 있어요.

상업영화 쪽은 표준근로계약서가 도입되어서 스태프들이 개별 계약을 하는 등 전반적으로 좋아지는 것 같은데 독립영화 쪽 제작 환경은 어떤가요?

독립영화는 정말 '케이스 바이 케이스'인 것 같아요. 〈우리집〉 촬영할 때도 〈우리들〉과 마찬가지로 표준근로계약을 적용했고요, 거기다 주 52시간 노동까지도 지켜보려고 노력했어요. 〈우리집〉이 아토의 다섯 번째 영화였는데, 김지혜 대표님이 '어차피 바꿔야 하니까 우리도 지금부터 적용해야 앞으로 살아남을 수 있지 않을까?' 이런 생각을 갖고 계셨어요. 그래서 마음먹고 하루 10시간이 넘지 않고, 주 52시간이 넘지 않는 촬영을 적용하고 지키려고 애를 썼는데 완벽하지는 않았죠. 100퍼센트라고 말할 수는 없지만, 그래도 70~80퍼센트는 지키는 것을 목표로 삼는 현장 작업을 처음으로 해봤어요.

〈우리들〉 스태프가 거의 그대로 〈우리집〉에도 참여한 것 같아요.

네. 이번엔 아토의 김지혜 대표님과 함께했고, 각 분야의 헤드들은 거의 똑같아요. 김세훈 피디님, 김지현 촬영감독님, 안지혜 미술감독님, 강나루 동시녹음 기사님, 박세영 편집감독님, 고아영 믹싱감독님, 연리목 음악감독님 등등이요. 〈콩나물〉 때부터 조감독, 스크립터 등으로 늘 함께해준 황슬기 감독이 이번에도 같이 해줘서 정말 고마웠죠. 물론 팀원들은 새로운 친구들이 오기도 했고요. 그렇게 구성이 됐어요.

그런 협업 관계가 특별한 것 같기도 하고, 독립영화들은 다 그런가 싶기도 한데 어떤가요? 계속 이어지는 협업 관계의 장단점이 있겠지요?

그것도 영화마다 다르더라고요. 그런데 저는 이런 방식이 좋아요. (웃음) 영화는 감독 혼자서 만들 수 없잖아요. 저는 집단지성의 힘으로 만드는 것 같다는 느낌을 매번 받거든요. 시나리오는 제가 쓰더라도 그걸 읽고 피드백을 해주는 사람들이 없으면 앞으로 못 나가요. 촬영할 때도 앞이 트이면서 쭉쭉 나가야 하니까 작품의 결이나 지향하는 바에 동의하는 스태프들이랑 같이하는 게 큰 도움이 되죠. 그리고 우리 팀 안에 노하우가 생긴다는 기분이 들어요. 특히 제가 어린이들이랑

영화 〈우리집〉 촬영 현장.

작업을 하다 보니까 노하우가 쌓이고 그걸 공유하면서 개선할 수 있는 부분을 함께 찾아가는 게 중요하거든요.

어린이 배우와 관련해서 특히 노하우가 많이 쌓였을 것 같아요. (같이 웃음)

알게 모르게 쌓이는 것은 분명 있을 텐데, 진짜 획기적인 노하우는 정말 안 쌓여요. 그래도 감수성은 생기는 것 같아요. 감수성은 아이들을 만나야 쌓이는 거잖아요. 그런데 저도 매번 놀라는 게 아이들이 너무 빨리 변해요. 아이들의 삶의 조건이 너무 빨리, 많이 바뀌니까 매번 새로운 인종이 오더라고요. (같이 웃음) 예를 들면 좋아하는 아이돌도 진짜 빨리 바뀌어요. 작년에 좋아했던 아이돌은 이미 기억도 잘 못하고, 두 달 전에 좋아했던 아이돌이랑 지금 좋아하는 아이돌이랑도 다르니까. 두 달 전에 인기 있었던 누구 얘기를 하면 이미 지나간 거예요. 〈우리집〉 할 때 한 서너 달을 아이들만 하루 종일 만났는데 꿈이 뭐냐니까 다들 크리에이터라는 거예요. '어, 무슨 창작하는 사람이 되고 싶나 보다' 했죠. 크리에이터니까. 그런데 그게 유튜브 크리에이터라서 유튜버가 되고 싶다는 말인 줄을 제가 일주일이 지나서 알았어요. 너무 창피한 거예요. 예전에는 어린이 콘텐츠를 저도 좋아했거든요. 30대 초반까지만 해도 저도 같이 즐길 수 있었어요, 어떤 식으로든. 그런데 이제는 콘텐츠가 너무 많아서 쫓아갈 수도 없고, 사실 전처럼 큰 재미가 느껴지지도 않아요. 그나마 이렇게라도 감수성을 계속 길러나가지 않으면 못하겠다는 생각도 많이 들고 진짜 어려워요.[3]

그런데 아이들이 연기를 너무 잘해요. TV 광고 같은 데서 나오는 얼굴이 아니라 진짜 초등학교에서 뽑아 온 것 같은 얼굴이고요. (같이 웃음) 연기를 시키는 노하우랄까, 그런 게 있나요?

---

3   윤가은 감독은 〈우리집〉을 촬영하면서 어린이들과 함께하는 현장에서 지켜야 할 수칙을 정하고 이를 실천했다. 당시에 이 촬영 수칙이 SNS상에서 큰 화제가 되었는데, 이에 대해 윤가은 감독은 한 인터뷰에서 "〈우리들〉을 촬영하면서 놓친 부분이 많았는데 배우들에게 미안한 마음이 오래 가더라. 〈우리집〉 촬영 때는 모든 스태프가 함께 적어놓고 기억하기 위해 수칙을 만들었다"고 말했다(유현지, 「아이들 영화 촬영장에 특별 수칙이 생긴 이유」, 『맥스무비』, 2019년 8월 11일).

〈우리집〉 촬영 수칙

: 어린이 배우들과 함께하는 성인 분들께 드리는 당부의 말

0. 〈우리집〉의 현장은 어린이와 성인이 서로를 믿고, 존중하고, 도와주고, 배려하는 것을 제1 원칙으로 합니다. 어린이 배우들을 프로 배우로서 존중하며, 성인과 동등한 인격체이자 삶의 주체로서 바라봐주세요. 항상 어린이 배우들의 말에 귀 기울여주시고, 함께 영화를 만들어가는 동료이자 든든한 보호자가 되어주세요.

1. 어린이 배우들과 신체 접촉을 할 때는 주의해주세요. 머리를 가볍게 쓰다듬거나 손을 잡는 행위 등의 가벼운 접촉도 조심하셔야 합니다. 혹시 진행상 필요한 부분들(의상과 헤어 정리, 와이어리스 마스크 착용 등)이 있을 때도 어린이 배우들 본인 혹은 보호자와 스태프에게 미리 공지하고 사전에 동의를 구해주시기를 꼭 부탁드립니다.

2. 어린이 배우들 앞에서는 전반적인 언어 사용과 행동을 신경 써주세요. 자신도 모르게 쓸 수 있는 욕설과 음담패설 등을 자제해주시는 것은 물론, 어린이들의 외모나 신체를 어른의 잣대로 평가하는 단어는 신경 써주시기 바랍니다. 못생겼다, 뚱뚱하다, 키가 작다 같은 부정적인 표현들뿐만 아니라, 얼굴이 부었다. 뾰루지가 났다 같은 묘사들조차 어린이 배우들에게는 큰 영향을 줍니다. 어린이들이 자신의 신체에 대해 고민하더라도, 지금 그대로도 충분히 좋다고 가볍게 넘겨주세요.

3. 어린이 배우들을 칭찬을 할 때는 외적인 부분보다는 배우로서의 태도와 집중력 등에 더욱 초점을 맞춰주세요. 예쁘다, 날씬하다, 말랐다, 귀엽다 같은 외모 칭찬 시에도 어린이들이 집착하지 않도록 주의해주셔야 합니다. 또한 여러 배우들이 함께 있을 때에는 서로 비교되어 상처받지 않도록 모두 고루 칭찬해주는 것이 필요합니다. 성별과 연령대, 주조연의 위치와 상관없이 성실한 태도와 집중력, 건강한 생각 등을 칭찬해 자존감을 높여주세요.

4. 어린이 배우들이 촬영장에서(대기 시간과 셋업 시간 포함) 혼자 충분한 시간을 갖고 준비할 수 있도록 도와주세요. 어린이들의 경우 종종 프로 배우로 인식되지 않아 성인 스태프들이 되려 잡담을 유도할 우려가 있습니다. 그리고 어린이들 본인들도 배우로서 촬영을 준비하고 집중해야 할 때를 놓쳐 산만해지기 쉽습니다. 그런 때는 가볍게 주의를 주시고 정신을 흐트러뜨릴 수 있는 대화를 피해 최대한 집중할 수 있도록 도와주세요.

5. 어린이 배우들이 하루 10시간 정도의 촬영 시간만큼은 오직 촬영 자체만 생각할 수 있도록 도와주세요. 쉬는 시간, 점심시간에 대화를 나눌 시에도 자극적인 요소가 없는지 한 번 생각해주세요. 촬영 중에는 보호자로서 옆에 가만히 있어주는 것만으로도 배우들에게 충분히 도움이 됩니다. 사담은 최대한 촬영장 밖에서 나눠주실 것을 부탁드립니다. 그때에도 물론 대화 내용은 꼭 점검해주세요.

6. 어린이 배우들의 건강 문제에 늘 신경 써주세요. 무더운 여름이라 특히 어린이들의 체력과 건강이 염려됩니다. 아주 작은 문제라도 언제든 감독과 피디, 연출 제작부, 혹은 보호자 등께 반드시 공유를 부탁드립니다. 또한 어린이들이라 생리 현상을 해결하는 것에 눈치를 많이 보고 큰 부끄러움을 느끼기도 합니다. 생리 현상이 절대 창피한 일이 아님을 알려주고, 사람이 많은 곳에서는 더욱 신중하게 물어봐주시기 바랍니다.

7. 어린이 배우들의 안전 문제를 각별히 신경 써주세요. 특히 외부 촬영이나 이동 시 정신없을 때 어린이 배우들이 스태프나 보호자 없이 홀로 남겨지는 경우가 있습니다. 어떤 상황에서라도 어린이들이 혼자 있는 일이 없어야 하며, 항상 스태프나 보호자가 동반되어야 합니다. 차량에 의한 교통사고, 외부인들의 접근, 각 스태프들과의 사적인 관계 또한 각별히 신경 써주시기 바랍니다.

8. 어린이들은 항상 성인 여러분을 지켜보고 있습니다. 매 순간 여러분의 모든 것을 배우고 있습니다. 여러분의 아주 작은 말과 행동 하나까지도 어린이들에게 아주 훌륭하거나 아주 나쁜 영향을 끼칠 수 있습니다. 어린이들의 멋진 거울이 되어주세요. 존중할 수 있고 믿을 수 있는 좋은 어른이 있다는 것을 직접 보여주세요.

제가 감독으로서 연기를 시키는 식의 개념이 아니라서 같이할 수 있는 것 같아요. 구조적으로 이야기가 어떻게 흘러가야 하는가에 대한 균형은 당연히 제가 잡지만 아이들하고 공동 작업을 해나가는 느낌이 저한테는 좀 있어요. '아이들이 나오는 영화의 생명이 뭘까'에 대해서 계속 고민하거든요. 사실 누구나 다 아는 이야기를 하고 있는 건데 이걸 굳이 영화로 봐야 하는 이유가 무엇인지를 찾아야 하잖아요. 정말로 진실한 순간을 영화에서 발견하는 것? 이창동 감독님이 계속 질문하셨던 것도 그런 게 아닌가 싶어요. 이야기를 진실한 것이라고 믿을 수 있어야 하는 거죠. 그러려면 아이들의 연기를 믿을 수 있어야 하는데, 아이들이 성인처럼 훈련된 연기 기술을 선보일 수는 없잖아요.

저는 아이들이 할 수 있는 연기를 해야 한다고 생각해요. 그건 제가 주입해서 나올 수 있는 게 전혀 아니에요. 가장 자연스러운 환경에서 아이들이 스스로 믿을 수 있는 연기를 해야 하는 거죠. 대사를 외워서 하는 건 보통은 효과적이지 않아요. 대사는 제가 쓴 말이니까. 즉흥극을 반복적으로 연습하면서 아이들의 언어로 장면을 만들어가다가 시나리오를 수정하는 경우도 있어요. 저로서는 아이들한테 어떤 것을 부탁할 때 그것이 최대한 자연스러운 방식으로 보이게 하려면 어느 부분을 수정해야 하나를 고민하는 과정이죠. 그러다 보니까 우리 영화에서는 어떤 캐릭터를 연기한다기보다는 그 아이 본인이 드러나는 경우가 좀 많아요. 관객들도 연출적인 요소가 덜 들어가고, 아이들이 뭔가를 만들어내는 장면을 좋아하시는 것 같아요.

예컨대 어떤 장면들이죠?

〈우리들〉 때보다 〈우리집〉에서 조금 더 시도해본 장면들이 있어요. 예를 들어 밥을 먹는다든가, 장을 본다든가, 같이 노는 장면처럼 대사를 안 줘도 되는 단순한 장면들이 있어요. 이런 아주 심플한 행위를 하는 장면들은 제가 최대한 지시를 안 주고 그 상황에서 아이들끼리 즉흥적으로 연기를 하도록 해요. 저도 한번 실험을 해본 건데 편집할 때 너무 힘들어요. 단편 때부터 계속 작업을 같이하고 있는 박세영 편집감독님이 진짜 죽을 고생을 하세요. (웃음) 왜냐면 소스가 너무 많은데 그걸 내러티브로 만들어야 하니까. 그런데 그걸 또 편집감독님이 기가 막히게 잘 만들어주세요. 힘들어도 어떤 순간들을 캡처하는 방식으로 영화를 찍을 때 아이들도 살아 움직이니까 그게 너무 재미있어요. 장을 볼 때도 '여기서 이 과자를 꺼내서 저리로 가' 이런 식의 액션이나 대사를 주지는 않아요. 자기가 꺼내고 싶은 과자를 꺼내서 자기가 보고 싶은 대로 보고, 말하고 싶은 대로 말할 때 아이들이 보이는 자유로움을 발견하는 재미가 엄청나거든요. 그렇게 모인 소스들 가운데서 편집감독님이랑 좋은 장면들을 골라 내러티브로 만드는데, 그 작업도 어렵지만 진짜 재미있어요.

디지털로 바뀌면서 카메라를 여러 대 쓰고, 비용 부담이 덜하니까 최대한 많이 찍으면서 촬영 소스가 너무 많아졌다고들 하잖아요. 필름으로 찍을 때는 계획을 정확하게 세워서 정해진 동선대로 움직이면서 영화를 찍었는데 지금은 소스를 너무 많이 만들어내는 촬영이 되었죠. 감독님이 말씀하시는 그런 식의 연출은 말하자면 디지털적인 방식 아닌가요?

디지털이 아니었으면 이렇게 못 했을 거예요. 〈손님〉은 제가 우겨서 필름으로 찍었거든요. 초단위로 재면서 프레임을 만드는 작업을 하고 싶어서 그렇게 했는데 필름 돌아가는 게 돈 넘어가는 소리처럼 들리는 거예요. 그러다 보니까 저 배우의 다른 걸 시도해보고 싶은데 그걸 못 하겠더라고요. 사실 제가 완전히 즉흥으로 하는 스타일은 아니에요. 리허설을 많이 해서 장면을 최대한 만들어놓고 그걸 현장에서 구현하는 방식으로 하거든요. 하지만 그렇게 할 때도 결국 현장에 가야 나오는 것들이 있어요. 예를 들어 밥 먹는 장면이라면, 리허설 때 밥을 먹으면서 하지는 않거든요. 현장에 가서 실제로 밥을 먹을 때 아이가 짓는 표정은 당연히 다르죠. 그리고 아이들이 즉흥적으로 움직이다 보니까 카메라 두 대를 동시에 돌려야 하는 경우가 많아요. 그렇게 하지 않으면 똑같은 연기를 한 번 더 하라고 해야 하는데, 그건 어려운 일이잖아요. 사실 어린이영화에서 많이 주목받지 못해서 아쉬운 게 편집감독의 역할이에요. OK도 NG도 없는 소스를 제가 계속 갖다 주는데 (웃음) 그러면 편집감독님이랑 저랑 같이 앉아서 다 보고 그 안에서 어떤 부분들을 떼어 와서 이야기를 만들어나갈 때가 있어요. 그건 정말 편집이 하는 일이거든요. 우리 편집감독님 하시는 거 보면, 편집에 대한 연구가 또 다른 방식으로 되어야 하는 것 아닌가 싶을 정도로 새로운 개념의 편집을 하고 계세요. 사실 편집감독님께는 정말 힘든 작업일 텐데, 가만히 보다 보면 또 엄청 신나서 하시는 게 느껴지긴 해요. (같이 웃음)

어린이들이 스스로 보러 오는 영화를 만들고 싶다

〈우리들〉이나 〈우리집〉은 모두 GV를 많이 하셨잖아요. 기억에 남는 관객 반응이나 감독

영화 〈우리집〉 촬영 현장.

마음이
통했으면 좋겠어

우리들

베를린영화제 2연속 공식 초청 윤가은 감독

2016.06.16

윤가은

〈우리들〉 때는 GV를 두세 달 동안 계속했는데, 그러면서 관객에 대한 인식을 처음 했어요. 단편을 만들 때는 완성하는 것까지로 영화를 다 알았다고 생각했어요. 그런데 〈우리들〉을 만들고 배급, 개봉하는 과정을 겪으면서 영화 작업의 나머지 반이 더 있다는 걸 처음 알았어요. 작은 영화니까 홍보 마케팅 회의 초반에는 저도 들어갔어요. 어떤 방식으로 이 영화를 팔 수 있을까를 같이 고민하고, 극장에서 상영하는 과정도 함께 겪었죠. 저희는 작은 극장에서 근근이 계속 상영을 했잖아요. 큰 영화들은 "하루에 10만 들었어, 너무 조금 들었어" 이런 얘기를 하는데 (같이 웃음) 우리는 "356명이 들었어. 와! 이 숫자가 어디서 왔을까?"라며 막 흥분하고, 어느 날은 "이 극장은 150명이 드는 극장인데 꽉 찼어"라며 좋아하기도 했고요. GV를 통해 관객 앞에서 이야기하는 경험을 하면서 관객이 그냥 수치가 아니라 내 눈에 실제로 보이는 사람이라는 인식을 처음 했어요. 너무나 소중하다는 생각이 들었고요. 또 관객층이 정말 다양하다는 것도 처음 알았어요. 〈우리들〉을 만들고 개봉을 준비할 때까지만 해도 다양성영화를 좋아하는 20~30대 여성을 기준으로 삼았는데, 개봉하고 나서 보니까 학부모나 선생님들도 많이 오시고 아이와 함께 온 관객들이 많이 눈에 띄더라고요. 공동체 상영으로도 이어지면서 어린이 관객도 많이 만났어요. 그럴 때의 GV는 또 완전히 다른 경험이에요.

그래요? 아이들이 질문도 하고 그러나요?

예, 완전히 달라요. 항상 격렬한 반응이 있어요. 그래서 초반에는 초등학교에 GV 가는 걸 무서워했어요. 아이들 반응이 너무 솔직한 거예요. 아이들끼리만 영화를 볼 때는 어른하고 같이 극장에 가서 볼 때하고는 반응이 좀 달라요. 굉장히 즉각적이고, 좋아하는 부분은 적극적으로 좋아해주고, 모를 때는 친구들한테 물어보는 소리가 여기저기서 들리고, 특히 엔딩에 대한 반응이 성인 관객들하고 많이 달라요. 성인들은 오픈 엔딩을 여운이라고 생각하고 좋아하시는데, 이 친구들한테는 이게 너무 충격인 거예요. "어우, 뭐야? 왜 끊어? 끝났어요?" 이러면서 아수라장이 돼요. (같이 웃음) 그래서 GV를 하러 나가면 첫 질문이 그거예요. "왜 영화를 끝까지 안 찍었어요?" "이 영화 2탄 언제 나와요? 이건 도대체 뭐가 어떻게 된 건지 알 수가 없어요. 설명을 해주세요." 이런 식의 격렬한 질문이 막 나오는데, 초반에는 어떻게 반응을 해야 할지 모르겠더라고요.

〈우리집〉에 대해서도 똑같은 질문이 나오기는 하는데, 교과서에서 〈우리들〉을 보고 오는 경우가 많으니까 오픈 엔딩에 조금 익숙해진 친구들도 있어요. 그러면 또 거기에 맞춰서 이야기를 해줄 때도 있고요. 어쩌면 저도 어린이 관객으로서 영화를 좋아한 시절이 있었기 때문에 영화를 하게 된 것일 수도 있는데, 그동안 어린이 관객을 한 번도 생각해보지 않았다는 걸 깨닫고는 반성과 성찰을 하게 되었어요. 〈우리집〉을 만들 때는 그게 영향을 많이 끼쳤어요. 그러니까 어린이 관객들도 같이 볼 수 있는 영화를 내 스타일로 만들 수 있을까를 처음으로 고민해본 거죠. 그래서 관객들이 어떻게 볼지 많이 궁금했고, 떨리기도 했어요. 여전히 어린이 친구들은 "아, 그래서 뭐야? 엔딩은 어떻게 되는 거야?"(같이 웃음) 그러기는 하지만요.

옛날에 〈우뢰매〉(1986~1994) 같은 어린이영화가 있었잖아요. 그런 걸 좋아하지는 않았나요?

제가 〈우뢰매〉 세대예요. 극장에서 〈우뢰매〉 시리즈를 다 봤죠. (같이 웃음) 제가 초등학교 1, 2학년 때 〈나 홀로 집에〉(1990), 〈마이 걸〉(1992) 같은 영화가 나왔어요. 오히려 그때는 여러 종류의 어린이영화들이 있었어요. '저게 뭐야. 유치해' 하면서 낄낄 웃는 영화들도 있었고, 동시에 열광하며 앓듯이 사랑하는 영화들도 있었고요. 어린이들이 "나 저 영화 보고 싶어"라며 스스로 선택해서 엄마 손을 잡아끌고 극장에 가서 보는 영화들이 분명히 있었거든요. 한동안 그런 영화가 너무 없었다는 걸 〈우리들〉 때 알았어요. 〈우리집〉 때 좀 놀라웠던 건 "딸이 오자고 해서 왔어요"라는 부모님이 무척 많았다는 거예요. 어렸을 때 내 맘을 동하게 해서 나를 극장으로 이끌었던 어린이영화들 같은 그런 영화를 만들고 싶다, 온 가족이 다 같이 볼 수 있는 영화를 만들고 싶다는 마음이 계속 있어요.

아이들은 현실적인 것뿐만 아니라 〈우뢰매〉 같은 판타지를 좋아하잖아요. 그런 쪽으로 영화를 만들어보고 싶은 마음은 없으세요?

그런 마음도 있어요. 그래서 하나씩, 둘씩 시도해보면서 나름대로 확장할 수 있으면 좋겠다는 생각을 해요. 동시에 아주 현실감 있는 영화를 계속 만들면서 아이들과 함께하는 작업을 어떻게 변주할 수 있을 것인가 하는 고민도 계속 있어요.

아이들이 나오는 영화를 중심으로 생각하시는 거예요? 앞으로의 영화도?

예. 이건 저한테 약간 '코어core' 같은 거라는 생각을 〈우리집〉 만들고 나서 더 하
게 됐어요. 〈우리집〉 만들 때까지만 해도 한 편만 더 해보려고 했는데, 그리고 영
화는 어쨌든 수요가 있어야 만드는 거라고 생각하는데, 이런 영화를 찾는 분들이
계시더라고요. 그게 큰 힘이 되었어요. '어쨌든 이 영화가 가치는 있구나. 이 영화
를 필요로 하는 어린이들 혹은 가족들이 있구나' 이런 생각까지는 할 수 있게 되
어서 다행이죠. '그러면 앞으로도 이런 이야기를 꾸준히 만들어도 되지 않나?' 이
런 생각은 있어요. 한편 제작 자체와 관련해서는 고민도 많아요. 차라리 규모를
줄여야 하나 하는 생각도 들고요.

규모를 줄인다는 건 제작비를 줄인다는 뜻인가요?

판타지나 장르물로 표현되는 어린이영화는 제작비를 많이 들일 수도 있겠지만
현실감 있는 일상 속 아이들의 이야기는 독립영화 방식을 택하는 게 맞는 것 같
거든요. 〈우리집〉을 할 때는 전체 예산이 〈우리들〉의 세 배가량이 되었어요. 제작
비가 확 뛴 거죠. 총 제작비가 5~6억 사이고, 그중에서 3억을 지원받았어요. 환
경은 비슷한데 인건비가 올라가고, 전체 제작비가 커지니까 그에 상응하는 돈을
벌어야 하잖아요. 물론 이 영화를 100만이 봐준다면 정말 좋겠지만 독립영화로
만들어졌으니 그렇게 되기가 쉽지 않고, 수익 계산이 아직 잘 안 되는 것 같아요.
그래도 영화를 꾸준히 만들려면 손익분기점을 넘어서 계속 순환이 되는 구조를
만들어야 하잖아요. 그래서 어디서 품을 줄여야 할까 계속 고민하게 돼요. 만들
고 싶은 영화를 최적의 방식으로 만들면서 수익도 내고, 그렇게 해서 다음 영화
를 또 준비할 수 있는 시스템을 찾고 싶어요.

전고운

영화감독

광화문시네마 공동 대표

내 꿈은 귀엽고 재미있고
주체적인 여성 캐릭터의 대가

광화문시네마의 구성원들이 연출한 〈1999, 면회〉(2013), 〈족구왕〉(2014), 〈범죄의 여왕〉 (2016) 등의 각색, 제작, 프로듀서로 일하며 '품앗이' 방식의 제작 집단을 일구어왔다. 동료들의 작업을 지원하며 연출을 미루던 끝에 스스로 시나리오를 쓰고 연출한 첫 장편 〈소공녀〉를 선보였다. 〈소공녀〉는 국내 주요 영화제의 신인감독상, 뉴욕아시아영화제 타이거 언케이지드 최우수 장편 영화상, 부산국제영화제 CGV아트하우스상을 수상하며 새로운 여성 캐릭터와 이야기로 큰 주목을 받았다. 그 밖에 넷플릭스 영화 〈페르소나〉 중 '키스가 죄'를 연출했다.

"제가 환장하는 영화들의 공통점은 캐릭터가 아주 좋다는 거예요. 영화는 마음을 가져가는 게 중요하다는 생각으로 캐릭터에 집착했어요. 또 제가 여성이다 보니까 기존의 여성 캐릭터들이 다양하지 않아서 재미가 없는 거예요. 너무 다행히도. 제가 할 일이 있으니까 다행인 거죠. 여자들의 다양한 직업과 캐릭터를 보여주는 것만으로도 저는 이 사회에 도움이 되지 않을까 싶어요."

20대의 분열을 영화로 풀다

● 주진숙
● 전고운

영화를 어떻게 좋아하게 되었고, 영화 공부를 어떻게 하게 되었는지 말씀해주세요.

영화를 해야겠다고 마음먹은 것은 고등학교 2학년 때고요, 어릴 때는 부모님이 맞벌이를 하셔서 오빠랑 할 일이 영화 보는 것밖에 없었어요. 〈동방불패〉(1992) 같은 홍콩 무협영화를 엄청 좋아했고요. (웃음) 중학교 때 사춘기가 빨리 왔어요. 그래서 반항을 세게 했고, 외로움이나 우울함도 컸어요. 고향이 울진인데, 거기서는 중학교 때 공부를 잘하면 고등학교 올라갈 때 포항으로 유학을 가거든요. 저도 공부를 제법 잘해서 포항으로 갔어요. 부모님과 일찍 떨어져 살아서인지 예민했어요. 그게 복합적으로 작용했어요. 친구들이 부모가 해주는 밥 먹고 다니는 게 부러웠거든요. 그런 외로움에 더해 나만 별난 것 같은 마음이 있었고요. 기숙사에 살면서 주말마다 포항에 사는 외삼촌댁에 가서 영화 보는 게 낙이었어요. 비디오 가게에 있는 시간이 가장 행복했고요. 사전 정보 하나 없이 그림이랑 제목만 보고 아무거나 보면서 영화를 알아가는 재미가 있었고, 그러다 영화 잡지를 모으기도 했죠. 그때 창간된 『필름2.0』을 정기구독하고, 이것저것 찾아본 것이 제가 접할 수 있는 영화의 모든 것이었어요. 영화의 종류가 너무 많더라고요. 쉬운 영화도 있고, 어려운데 왠지 멋있는 영화들도 있고, 야하거나 폭력적인 영화도 있고요. 그런데 영화 만드는 사람들은 별난 것 같았던 저보다 더 특이해 보이는데도 꽤 존경을 받는 것처럼 보였어요. 그래서 나도 영화를 하면, 내 이런 면이 장점으로 발휘되지 않을까 생각했죠.

자신의 어떤 면이?

어릴 때부터 엄마가 어디 가서 말 좀 함부로 하지 말라고 하셨고……. (웃음)

'키스가 죄'의 한나 캐릭터인가요?

아뇨. 그 친구는 훨씬 밝고 건강한데 저는 진짜 어두웠어요. 어릴 때부터 죽음에 대한 생각도 많이 하고요. 집안에 불화가 있거나 한 것은 아니고, 아버지가 무척 엄하시긴 했지만 유복했고 공부도 잘했는데 소위 '돌아이'라는 얘기를 좀 들었으니까요. 저는 숨어 살려고 많이 노력했어요. 최대한 '정상적인' 사람으로 보이기 위해 노력하고 교우 관계도 좋았는데, 친구들이 '돌아이'라고 놀리는 게 아주 싫었어요. 또 엄마가 저러러 너무 예민하다, 특이하다, 별나다고 하시는 게 싫었고요. 별나다는 얘기가 듣기 싫어서 제 딴엔 최선을 다해 노력하다가 사춘기가 오면서 다 집어치웠어요.

엄마가 그런 반응을 하게 한 가장 기억나는 일은 뭐가 있어요? 속 썩인 경험 같은 거.

아, 있죠. 있는데 말할 수는 없고. (웃음) 크게 한 게 있는데 부모님 돌아가시면 얘기할 수 있지 않을까. (웃음)

다양한 영화들을 보다가 정말로 영화가 하고 싶다는 자극을 준 작품이 있다면요?

딱 한 편, 이런 거는 없어요. 그냥 영화의 다양성 자체가 재미있었을 뿐 인생 영화 같은 건 없었어요. 그런 낭만적인 스타일은 아니어서. (웃음)

공부를 잘했으면 집에서도 기대가 컸겠네요.

저희 부모님은 공무원이나 교사가 되기를 바라셨지만 제가 영화를 하고 싶다고 했을 때 폭력적으로 뜯어말리지는 않았어요. 아버지가 무뚝뚝한 분이었는데, 제가 영화를 하겠다니까 뜻밖에 캠코더를 사주기도 하셨죠. 고2 때 사주셨는데 '의외다'라고 생각했어요. (웃음) 그때는 아버지가 싫었으니까. 그런데 그 기억이 강렬하게 남아 있어요. 캠코더로 뭘 찍어보지는 못했고 그냥 부적처럼 집에 두었죠.

『필름2.0』 같은 잡지를 보면서 영화를 해야겠다는 생각이 확실해졌나요?

예. 고2 때는 진로를 결정해야 하잖아요. 저는 이과였거든요. 저희 학교가 공부를 잘 시키는 학교였는데 예체능 계열이 없었어요. 예체능 쪽으로 간다고 하는 것 자체가 또 별난 애, 그러니까 소수자가 되는 일이었죠. 그러다 선생님한테 상담도 당하고요. 그래도 제가 약간 동물적이고 즉흥적이고 한 번 꽂히면 쭉 가는 스타일이라서 그냥 밀어붙였어요. "저는 예체능 시험을 보겠습니다!" 그런데 제가 포항에서 격변의 사춘기를 보내면서 놀았거든요. (웃음) 공부 잘하는 애들 사이에서 노는 희열이 있더라고요. 경쟁이 너무 심하다 보니 '아, 난 도저히 못하겠다'라며 포기하고, 연애도 하고…… 좀 바빴어요. 그랬으면 성적 맞춰서 아무 학교나 가면 되는데, 또 욕망은 있어서 영화과 외에는 지원을 안 했으니 다 떨어졌죠. 그런데 재수를 하러 서울에 와서는 더 신나게 논 거예요. 서울을 처음 보니까.
그때는 서울 남자에 대한 판타지도 있었어요. 그러니 진짜 너무너무 신나게 놀았
죠. 결국 대학은 점수 맞춰서 갔어요. 그해에 건국대에 영화학과가 생겨서 1기로
들어갔죠.

뭐 하고 놀았어요?

저는 연애를 많이 했어요. 저를 키운 것의 8할은 연애였죠. 연애를 하면 정말 바
쁘잖아요. 다양한 캐릭터를 가장 밀접하게 볼 수 있고, 나 자신도 가장 뜨겁고요.
그리고 지금보다 덜 다듬어졌을 때의 좋은 점이랄까, 엄청난 분노나 슬픔 같은
건 유일하게 연애에서만 나왔던 것 같아요. 연애만큼은 그 누구보다 열심히 했다
고 자부해요.

**남자 캐릭터를 만들 때 도움이 많이 됐을 것 같아요. 〈소공녀〉에 나오는 남자들이나 '키스
가 죄'의 아버지는 흥미롭고 귀엽잖아요. 많은 이해를 바탕으로 나온 캐릭터 같
거든요.**

남자 캐릭터는 그래도 많이 어려워요. 왜냐면 제가 관찰한 것이나 경험한 것만
가지고 쓸 수 있는 게 아니라 감정 이입이 되어야 하니까요. 관객들이 좋아하도
록 만드는 정도일 뿐 좀 평면적이고 납작하다는 생각이 들어요. 어려워요. 입체
적인 캐릭터 만들기는 항상 어려워요.

〈범죄의 여왕〉에 나왔던 남자 캐릭터들은 입체적으로 보이던데요.

〈범죄의 여왕〉의 남자 캐릭터는 이요섭 감독이 쓰고, 저는 여자 캐릭터인 주인공
미경이 전담이었어요. 그 캐릭터를 쓸 때 진짜 신났어요.

그건 나중에 얘기하기로 하고, 그래서 대학에 들어갔어요. 그다음에는요?

일단 선배도 없고, 건물도 없고…… 어떤 건물의 구석을 빌려 쓰는 과에 가게 될
줄은 정말 몰랐어요. 가장 실망했던 건 저처럼 영화가 너무 하고 싶은 인간들이
바글바글할 줄 알았는데 별로 없는 거예요. 저희가 1기여서 더 그랬고요. 거기서
도 저는 또 소수, 영화과에서 영화를 하고 싶어 하는 소수가 되었죠. 또 그때는 제

가 작고, 부끄러움도 무지 많은 애였기 때문에 스태프도 잘 안 붙고 항상 소외되었어요. 글도 못 쓰고요. 1, 2학년 때 뭘 잘하겠어요. 학교생활이 좀 실망스러웠죠. 그래도 한 가지 좋았던 점은 매 학기마다 한 편씩 총 여덟 편의 영화를 작업해야 하는 시스템이었어요. 힘들기도 했지만 빨리 깨달았어요. 나에 대한 객관화, 그러니까 나의 바닥, 좌절, 재능 없음을 깨닫고 수정하고, 깨닫고 수정하는 게 좀 빨랐어요.

그 여덟 편을 하면서 자신의 재능이 확인되었나요?

저는 영화를 해야겠다고 결심할 때부터 '아, 나 잘할 것 같다'는 확신이 있었어요. 그냥 못 찍어도 '내가 엄청 똑똑하다'는 확신, 근거 없는 자신감이 있었죠. 2009년에 서울국제여성영화제에서 〈내게 사랑은 너무 써〉(2008)라는 제 단편을 상영했거든요. 혼신을 다해 만든 졸업 작품이었죠. 당시 그 작품은 저에게 커밍아웃 같은 거였어요. 울진이라는 보수적인 곳에서 자랐고, 공부 잘하는 유지의 딸이지만 호박씨를 까는 캐릭터인 (웃음) 저를 잘 숨기고 살았는데, '나는 섹스 경험이 있다'는 걸 커밍아웃하는 엄청난 용기를 낸 거거든요. 약간 독특한 캐릭터의 두 인물이 등장해요. 남자 고등학생을 좋아해서 그의 고시원에 들어가 첫 경험을 하는데, 고시원이 방음이 안 되잖아요? 남자가 뭘 사러 나간 사이에, 옆방의 남자가 들어와서 성폭행을 하게 되죠. 핵심은 이 여자가 소리를 못 지르게 하는 것이 칼이나 총이 아니라 '너 엄마한테 이른다'라는 협박인 거예요. 여고생이 엄마에게 자신의 섹스 경험을 들키는 게 두려워 성폭행을 당할 수도 있는 상황이 존재한다는 것, 정말 말도 안 되는 일이잖아요. 남자들한테는 전혀 고민될 이야기가 아닌데 여자들한테는 충분히 그럴 수 있다는 이야기를 담았죠.

그 영화로 아시아단편경선 우수상을 받았잖아요. 이 정도의 졸업 영화면 부모님께도 보여드렸겠네요.

그러니까요. 아, 정말 잊을 수가 없어요. 아무래도 아버지는 극장 하나 없는 촌에서 온 사람이니까 신촌 아트레온에 와서 완전 감격하셨죠. "우리 딸 영화가 이렇게 큰 극장에서!" 영화제에 사람도 많잖아요. 얼마나 좋아하시던지. 또 아버지는 나름 작품 분석을 잘하시더라고요. 아버지가 약간 그런 센스는 있으세요. 그런데 엄마는 아무 말이 없었어요. 당시에는 차마 묻지 못하다가 몇 년 지나서 "너 혹시 남자랑 자봤니?"라고 물어보시더라고요. 엄마에겐 그렇게나 오랜 시간이 걸린

거죠. (웃음)

그 시나리오는 혼자 썼나요?

보통 단편 시나리오 작업은 혼자 하는 경우가 많고, 저 역시도 그랬어요. 같이 하는 섹스임에도 여성에게만 씌워지던 프레임에 대한 답답함과 분노가 주를 이루던 시기였어요. 저 역시도 연애를 많이 했으니까 나를 소위 '싼' 여자 취급하지 않을까 하는 공포가 크기도 했고, 다른 한편으로는 제 안에도 관습적인 보수성이 있었고요. 20대는 그 두 가지가 싸우던 시기였어요. 단편영화 작업을 통해 정리가 되었죠. 시원했어요, 상까지 받아서.

광화문시네마, 말이 통하는 나의 동지들

졸업 후가 인생 최고의 암흑기였던 것 같아요. (같이 웃음) 중고등학교 때는 아버지에 대한 미움이나 때이른 사춘기 때문에 매일 죽음을 생각했다면, 이제 두 번째 격변기가 온 거죠. 영화제에서 상도 받고 뭔가 인정을 받아서 이젠 준비가 되었는데, 1기라 선배가 없다 보니 연출부는 다 떨어지고 뭐라도 하고 싶은데 불러주는 데는 없고요. 필름 메이커스에서 '연출부를 뽑습니다' 하기에 서류를 내봤어요. 그런데 제가 사람을 모집해보니까 그때 왜 떨어졌는지 알겠더라고요. 인맥도 없고, 경력도 없으니 한 번도 면접 기회가 없었어요. 그냥 감감무소식. (웃음) 세상이 나한테 영화 만들어달라고 부탁한 적이 없다는 것을 그때 깨달았어요. 그냥 혼자 해야 하는구나. 내가 세상을 설득할 만한 이야기를 계속 만들어야 한다는 것을 그때 이해했어요. 영화아카데미에 지원해서 면접까지는 갔는데 떨어지고, 그 후로 한예종에 가기까지 그 1년 정도가 찬 겨울이었지요.

영화아카데미는 왜 떨어졌을까요?

저도 면접하는 분들의 마음은 잘 모르겠지만 딱 들어가는 순간 답답했어요. 심사위원이 남자만 다섯 명이었거든요. 저는 기본적으로 아버지에 대한 공포심이 컸기 때문에 그런 중년 남성들 앞에 서면 마음이 쪼그라들면서 공격성이 나와요. 아주 공격적으로 면접을 봤죠. 건방져 보여서 떨어진 게 아닐까 혼자 생각했어요.

광화문시네마 구성원들. 왼쪽부터 김태곤, 권오광, 이요섭, 김지훈, 전고운, 우문기.

지금은 그렇지 않지만, 어릴 때 제가 느끼기에는 아버지가 무서운 사람이었어요. 당시에는 애들이 잘못하면 때리는 문화였는데, 제가 봤을 때는 잘못이 아닌데 때린다거나 때릴 때 아버지의 모습이라거나 이런 것들에 대한 공포가 있었어요. 많이 맞지는 않았지만, 저도 성깔이 아버지랑 똑같았거든요. "잘못했습니다" 하는 스타일은 아니어서……. 중학교 때 아버지가 제가 남자랑 통화하는 걸 엿듣고는 누구랑 통화했느냐며 뭐를 던진 적이 있는데, 그러면 저도 '빡'이 돌잖아요. 그러면서 커지는 싸움. (웃음)

다시 면접으로 돌아가죠.

저는 그들의 태도가 솔직히 이해가 안 됐어요. 고압적으로 느껴졌고, '왜 나한테 예의 있게 대하지 않지?'라는 생각도 들었어요. 충격적이었던 질문은 "그동안 여성 학우들이 있었고, 남자들에 비해 성과가 좋지 않았다. 어떻게 할 생각이냐?"였어요. '아니, 그 질문을 왜 나한테 하는 거지? 어쩌라고'라는 생각만 들었죠. (웃음) 그런 질문을 하는 걸 보면서 '나 여기 다니기 싫다'라고 생각했어요. 제 의사와 상관없이 면접에서 떨어져서 못 다닌 것이지만 차라리 잘 됐다 싶었죠. 그 질문은 '너 여자니까 어떻게 할 거야?'인 거잖아요. 정확한 기억은 아니지만, 아마 그해에 여자를 안 뽑았을 거예요.

한예종 영상원에서는 연출을 전공했어요?

네. 연출 전공이에요. 한예종에 대한 판타지가 있었어요. 고등학교 3학년 때 예술사 시험을 보러 온 적이 있거든요. 그때는 서울 오는 것이 아주 큰일이어서 온 가

ⓒ 광화문시네마.

족이 저 시험 보는 일에 총출동했던 기억이 나요. 한예종 근처 모텔방에서 다 같이 잤던 날을 잊을 수가 없어요. 그 난리를 쳤는데, 떨어져서 너무 창피했죠. 그리고 대학 졸업 후 전문사로 지원을 했어요. 한 번은 떨어지고, 다음 해에 붙었어요. 같은 작품을 포트폴리오로 냈는데, 첫 해에는 아무 경력이 없었고 두 번째에는 서울국제여성영화제 수상 경력이 붙은 후였어요. 제 입장에서는 서울국제여성영화제에서 상 안 줬으면 큰일 날 뻔했다 싶었죠. 합격이나 수상이나 다 운인 것 같아요.

한예종 영상원에서는 사람을 많이 만났겠죠?

물 만난 고기 같았어요. '대학교는 이런 곳일 거야'라고 생각했던 것을 거기 가서 본 거죠. 영상원은 남자고 여자고 다 담배 피우고 뭐든지 하고 싶은대로 해도 되는 거예요. 다 이상하니까 내가 이상하다는 느낌도 없고, 너무 편했어요. 커리큘럼 같은 건 관심도 없었고요. 대학교 다닐 때는 '저런 걸 영화라고 만들어?' 하는 태도였다면, 이때는 우울함도 겪고 제 바닥도 본 후라서 각자의 장점을 존중하는 태도를 갖게 되었지요. 그러다 보니 친구들이 또 저를 알아봐주고요. 저는 사실 여성영화제에서 처음으로 칭찬을 들었고, 그 영화를 좋다고 한 사람들은 다 여성이었거든요. 그런데 영상원에서 처음으로 제 영화를 남자애들이 좋다고 하는 거예요. 그게 너무 좋았어요. '아, 애들…… 얘기가 좀 통하네.' (웃음) 그러다 마음 맞는 친구들과 광화문시네마까지 만들게 되고 결혼도 하고.[1]

광화문시네마는 졸업하고 만든 거죠?

아니, 저 졸업 안 했어요. 그러니까 1년 학교 다니고 겨울방학 때, 김태곤 감독이 시나리오 쓰는 것을 도와달라고 했어요. 그런데 시나리오가 좀 제 스타일이 아니

---

1   광화문시네마는 김태곤, 전고운, 우문기, 이요섭, 권오광, 김지훈이 만든 독립영화 프로덕션 또는 영화 공동체다. 김태곤 감독의 〈1999, 면회〉를 시작으로 〈족구왕〉, 〈범죄의 여왕〉, 〈소공녀〉 등 화제작을 잇달아 내놓으며 제작사 아토와 더불어 독립영화계에서 가장 주목할 만한 집단이라는 평을 얻고 있다. 광화문시네마의 멤버들은 서로의 연출작에서 프로듀서, 미술, 출연 등의 역할을 나눠 맡으며 독특한 공동 작업의 형태를 보여주고 있다.

어서 쓰기가 싫었어요. 어느 날 술 마시다가 김태곤 감독이 군대와 관련된 여러 이야기를 하는데 그게 훨씬 재미있더라고요. "그거 내가 돈 댈 테니까 영화로 만들자"고 했죠. 그렇게 해서 김태곤, 저, 촬영감독이 500, 300, 300씩 모아 1100만 원으로 〈1999, 면회〉를 진짜 국수 말아먹듯이 찍었거든요. 그게 광화문시네마의 시작이었고, 그 후로 뭔가 계속 해나가다 보니 학교로 돌아가지 못했어요. 2년 이상 휴학하면 제적이라 자동으로 제적이 되었어요.

〈1999, 면회〉에 투자도 하고, 생활은 어떻게 한 거예요?

제가 아르바이트를 하기도 했지만, 그걸로 부족해서 부모님이 도와주기도 하셨어요. 부끄럽지만. 심지어 〈1999, 면회〉를 찍을 때도 제가 돈이 없으니까 엄마한테 돈 빌려달라고 했거든요. 제가 우울증을 겪던 시기라서 엄마는 뭐든 그냥 해주고 싶어 하셨어요. '얘가 뭐라도 하면 기쁘다' 하는 시기였기 때문에 500만 원을 빌려주셨고, 갚았죠. 이익을 내서 이자 쳐서 갚았어요. 투자도 하고, 할 사람이 없으니 피디라는 것도 처음 해봤어요. 누가 1000만 원짜리 영화의 피디를 하겠어요. 김태곤 감독이 전화로 "네가 해라, 그냥" 그랬어요. 하면서 많이 배웠어요. 영화 한 편을 만들며 전체 살림을 책임지는 엄청난 압박과 스트레스를 경험했고, 생각보다 놀라운 제 능력을 발견하기도 했죠.

광화문시네마에 관한 인터뷰를 보면서 좀 의아하게 생각했어요. 그 뒤에 여성 피디가 하나 있는데 왜 이 사람은 제작만 하고 있을까. 남자들은 다 연출하는데.

저는 그 일이 재미있었어요. 엄청 외로웠던 시기를 보낸 다음, 고기가 물을 만났으니 얼마나 신났겠어요. 저는 다 퍼주는 스타일이기도 해요. '이렇게 마음 맞는 친구들을 만나기까지 얼마나 오랜 시간이 걸렸는데 뭘 못 주겠어?' 이런 마음. 게다가 계속 성과가 나니까 재미있더라고요. 그래서 김태곤 감독이 〈1999, 면회〉만든 후에 "이제 네가 찍어"라고 하는데 "아, 나 안 찍어. 안 찍어." 〈족구왕〉만든 후에도 "이제 네가 찍어" 했는데 "어, 나 안 찍어." 〈범죄의 여왕〉 만들고는 드디어 마지막으로 저만 남았어요. 그때서야 겨우겨우 시나리오를 써서 찍었죠.

욕먹지 않으려 택한 영리한 돌려 까기

전 고 운

〈소공녀〉 연출하고 나서도 연출이 별로 재미없다고 했어요.

연출은 재미없죠. 왜냐면 고통스러우니까요. 나의 어떤 면이 계속 박살나고, 붕괴되고, 아픈데 그 고통을 감내하면서 찍는 거라서요. 제가 기본적으로 상당히 시니컬하고, 사람 만나는 걸 안 좋아하는데 영화를 찍으려면 많은 사람을 만나야 하고, 그 사람들을 다 정성스럽게 대해야 하잖아요. 그리고 이야기를 생각할 때는 상당히 순수해야 하고, 찍기 시작하면 상당히 세속적이어야 하는 이 간극이 저는 좀 힘들었어요. 누구나 힘들겠지만 뭐 예민 떠는 거죠. (웃음) 너무 힘들고, 못 볼 것도 봐야 하고, 그럼에도 가야 하고……. 어떤 것에 독을 쌓아두고 살다가 그걸 푸는 시간이 좀 필요한 인간이 저라고 생각했어요.

〈소공녀〉가 어떤 면에서는 그렇지 않나요? 여성 캐릭터가 자신의 분노를 표출하는 과정을 담았잖아요. 자기한테 쌓인 분노를 이 영화의 착한 여자를 통해서 다 풀어버린 것처럼 보이는데, 이 작업을 하면서 약간의 희열이라도 느끼지 않았나요?

제 분노를 정면으로 다루어보고 싶었는데 겁이 났죠. 돈도 안 되는 이야기로 주연 배우를 다치게 할까 봐서요. 쓴 사람은 저인데, 주연 배우가 같이 욕먹잖아요. 여성 캐릭터가 막 나가면 욕먹기가 쉬운 문화라서 일부러 착하게 그려야 한다는 강박이 있었어요. 말하자면 좀 돌려 까느라고 힘들었죠. 제 성격은 그렇게 돌려서 하는 걸 잘 못하거든요. 그래서 영화가 좀 더 귀여움을 받을 수 있었던 것 같아요. 만약 제가 느낀 대로, 하고 싶은 대로 질렀으면 더 심하게 호불호가 갈렸을 거예요. 요즘에는 거의 이분법으로 나뉘어 이쪽에 서고, 저쪽에 서고 난리가 나잖아요. 영화에 대한 담론은 없고 그냥 페미니즘 아니면 '한남', 이것만 있으니까요. 저는 그런 이슈에 관심이 많지만 영화를 좋아하는 사람이라서 영리하게 계산하려고 노력했어요. 제가 한국 사회에서, 특히 남자들이 많은 이 영화판까지 오면서 본능적으로 인식하는 게 있었기 때문에 그게 그렇게 어렵지는 않았어요. (웃음) 득시글득시글한 남자들, 가부장적인 아버지, 가부장적인 남성 중심 문화에서 나고 자라서 당연히 비위가 강해져 있죠.

광화문시네마의 우문기, 김태곤, 권오광 감독 모두 만나봤는데 이요섭 감독만 못 만나봤어요. 어떤가요?

WRITTEN & DIRECTED BY
JEON GO-WOON

STARRING
LEE SOM
AHN JAE-HONG

KANG JIN-AH
KIM KUK-HEE
LEE SUNG-WOOK
CHOI DUCK-MOON
KIM JAI-HWA
CHO SOO-HYANG
KIM YE-EUN

소공녀
Microhabitat

A GWANGHWAMUN CINEMA PRODUCTION
A MOTTO PRODUCTION

요섭 감독은 저의 남편인데 정말 희귀해요. 우리나라에서 보기 힘든 남성 캐릭터예요. (웃음) 그의 언행에서 제가 거슬리는 게 거의 없어요. 때로 젠더 감수성이 없어서 거슬릴 때는 있죠. "왜 몰라? 왜 분노하지 않아? 왜 이렇게 나이브한 태도로 문제를 바라봐?"라고 저 혼자 화를 내죠. 그 정도일 뿐 저를 누르려고 하거나 밥을 해주길 바란다거나 하지 않아요. 이요섭 감독은 제가 결혼하면서 광화문시네마에 데리고 온 새 식구였어요. 영상원에서 만났지만 그때는 안 친했어요. 그 사람은 저를 무서워했죠. 제 영화를 보고 '아, 쟤랑 친하지 말아야겠다. 되게 센 애일 것 같다'라고 생각했대요. 그 사람이 한예종 애니메이션과 출신이어서 콘티를 도와주는데 말이 너무 많더라고요. '아, 긴장하면 말을 많이 하는 걸 보니 자존감이 무척 낮구나'라고 생각하고 저도 친하게 지내지 않았어요. 그러다 어느 날 저한테 갑자기 연락을 한 거예요. 차 한잔하고 싶다고. 그때 잠깐 만났는데 제가 반한 이유는 요리를 잘해서였어요. 저는 그게 너무 중요했거든요. 왜냐하면 연애하다가 헤어지는 이유 중 하나가 제가 요리를 못하는데 밥을 해 먹어야 하는 상황이 되면 제가 너무 스트레스를 받는다는 거였어요. 나는 이렇게는 살 수 없다는 걸 깨달았어요. 그래서 요리 잘하고, 순하고, 예민하고, 온화한 애랑 살면 괜찮겠다고 생각했죠. 그런데 너무 고기 요리만 해서 힘들어요. (웃음) 술자리에서 놀고 영화 이야기도 하고, 그러다가 광화문시네마 식구가 된 거죠.

거장과 딴따라 사이에서

제 생각에 광화문시네마에서 나온 영화 중에서 〈소공녀〉 빼고, 이요섭 감독의 〈범죄의 여왕〉이 최고예요. 첫 장면 하수구 묘사가 특별했는데 애니메이션 전공이라는 배경을 들으니 이해가 가네요.

제 남편은 저랑 성격이 완전히 다른데, 한 가지 비슷한 건 자기 작품에 대한 혐오가 엄청 심해서 누가 아무리 그런 얘기를 해줘도 부끄러워한다는 거예요. 그는 눈이 예민한 것 같아요. 저는 눈이 그렇지 않거든요. 그래서 서로 보는 면은 영화적으로 달라요.

이제까지 감독님과 남편인 이요섭 감독님이 한 편씩 연출하고, 또 감독님이 여러 편 제작을 하셨는데 생활이 가능했나요?

아유, 이건 정말 저의 아킬레스건인데……. 저는 부모님이 도와주셨어요. 제가 〈소공녀〉를 쓸 수 있었던 건 부모님 덕분이에요. 사실 저의 가장 큰 치부가 결혼해서도 부모 용돈을 받아쓴다는 거였죠. '아, 나는 뭐지? 벌레인가?' 이런 자괴감이 컸지만 여성영화제에서 상을 받은 다음 저희 부모님이……. (같이 웃음) 이후에는 〈소공녀〉로 받은 상이 많은데 전부 울진 집에 있어요. 매일 엄마가……. (같이 웃음)

트로피를 닦고 계신 거네요.

네. 부모님께는 엄청난 경험이었나 봐요. 촌에서 내가 낳은 딸이 혼자 서울 가서 뭔가를 이루었다는 게 감격스러우셨겠죠. 여성영화제에서 상을 받은 게 '쟤가 언젠가는 뭔가 하겠지'라는 유예 기간을 연장해준 것 같아요. 그래서 결혼한 이후로도 최대한 뭐든지 하라고 하셨어요. 광화문시네마를 만들어서 나름대로 뭔가 하고, 부산영화제에도 가니까 굉장히 좋아하시면서 많이 후원해주셨어요. 〈소공녀〉 찍고 나서 처음으로 부모님의 지원을 다 끊었어요. 엄청 많이는 아니고, 그냥 근근이 입에 풀칠할 수 있는 돈을 꽤 오랫동안 지원받았거든요. 〈소공녀〉 개봉하고 가장 신기했던 건 부모님이 딸의 일상을 뉴스로 볼 수 있다는 거였어요. 제가 일일이 말하지 않거든요. 부모님은 딸이 들떠 있는 것을 항상 경계하시고 저도 그러지 않으려고 많이 노력하는데, 그러면서도 두 분은 제가 무슨 대단한 사람이라도 된 것처럼 항상 구름 위를 걷고 계시는 거예요. 그래서 통화를 잘 안 하려고 했어요. 얘가 또 오늘은 어디에 가고, 누구를 만나고, 어디서 상을 받고, 외국 어디를 가고 이런 걸 듣는 게 약간 대리만족이었나 봐요.

부모님으로서는 뿌듯하죠. 자랑스럽고. 감독님이 〈소공녀〉를 잘 만드셨잖아요. 굉장히 좋지 않아요?

저는 〈소공녀〉 가편집본 보고 진짜 오열했어요. 진심으로. 너무 속이 상해서 술 먹고 울었어요. 모두 꿈이라는 게 있잖아요. 제가 야망이 큰 건지는 몰라도 '저는 그냥 영화감독이라면 할 생각이 없다. 나는 거장이 될 거다' 했었어요. 저는 진짜 거장이 꿈이었어요. 그런데 나름 최선을 다해서 첫 장편을 찍었는데, 거장이 될 수 없다는 것을 깨닫고 엄청 실망해서 많이 울었어요. 최선을 다해서 수습한 게 여기인 것 같아요.

전고운

내공이 다르고, 무엇보다 밀도요. 영화 한 숏에 담기는 밀도죠. 저도 눈이 있거든요. 그 당시에는 최선을 다했어요. 왜냐면 예산도 없고, 시간도 없고, 그 안에서 밸런스를 잡아가는 것만 해도 너무 힘들었기 때문에. 또 제가 생각보다 그렇게 예술적인 사람은 아니라는 것을 깨달았어요. 그래서 이상과 현실의 간극을 깨닫고 오열했던 거죠. 저는 〈소공녀〉가 망할 줄 알았어요. 재미가 없었거든요. 내가 좋으면 좋은 거고, 내가 별로라고 하면 아닌 거죠. 기준에 대해 자신보다 솔직한 사람은 없잖아요. 그렇기 때문에 그것만 믿어야 한다고 저는 생각해요.

보통 감독들은 영화 만들고 GV 다니면서 자신 있게 자기 영화에 대해 얘기하지 않나요?

저는 그게 진짜 신기하고 부러웠어요. 저는 GV 다니는 게 고역이었거든요. 영화를 위해서는 해야 하는데 말이죠. 모르는 사람 앞에서 마이크를 잡는 것도 싫고, 사실 영화를 보고 느끼면 그걸로 끝이라고 생각하는데 뭔가 얘기를 해야 하니까요. 게다가 성질대로도 못 하고 무지 내숭을 떨어야 하고요. 제가 만난 질문 중에 그렇게 이상한 질문은 없었는데도 저는 그냥 그것 자체가 싫은 거예요. 계란이 무슨 의미인지 내가 설명해야 하는 거, 미소는 나중에 한솔이랑 어떻게 되느냐고 묻는 거. 그래도 1년 동안 열심히 하다 보니까 늘더라고요. 그냥 쇼맨십이고, 나도 '딴따라'구나 생각하게 되었어요. 이것도 감독이라는 직업이 하는 일이라는 걸 받아들이는 시간이었죠. 나도 반은 '딴따라'라는 것을 받아들이는 시간. 이제는 괜찮아요. 〈소공녀〉는 호불호가 좀 갈렸던 것 같아요. 저도 영화 자체의 완성도에는 자신이 없고 아쉽지만, 이 영화가 던진 화두에 대해서는 자신이 있었어요. "하루 한 잔의 위스키와 한 모금의 담배, 그리고 사랑하는 사람만 있으면 충분하다. 집은 없어도 생각과 취향은 있어!" 별난 저를 넘어서는 화두였고, 가치 있

다고 생각했기 때문에 열심히 찍었어요. 저는 이야기가 남기는 화두가 좋아야 한다고 생각하거든요. 그런데 이 화두가 논쟁적이잖아요. 저희 어머니는 미소의 삶을 이해하지 못하셨어요. 담배를 피우는 것부터 시작해서 왜 더 치열하게 살지 않는지도요. 저희 어머니처럼 주인공 미소나 이 영화의 결을 부정적으로 보는 분들도 꽤 있었죠. 하지만 저처럼 외로웠던 인간, 주류가 되지 못해서 괴로웠던 인간들이 좋아해준 것 같아요. 사실 그런 교감을 하고 싶었고, 그게 저의 숙명이라고 생각했어요. 제가 외롭게 자랐으니 외롭게 어디선가 쭈그러져 있는 사람들에게 신호를 보내는 영화를 하고 싶었거든요. 그런 의미에서는 만족해요. 어쨌든 보수적인 시각이 너무 싫었어요. 외국에서 GV 할 때는 그런 시선이 없더라고요. 유머도 같이 편하게 즐겨줘서 재미있었고, 미소를 훨씬 사랑해주셨어요.

나의 DNA를 나눠 가진 귀여운 캐릭터들

〈소공녀〉는 페미니스트적이며 정치적인 영화인데, 이런 면에서 감독님이 대가의 작품이라고 생각하는 영화가 있나요?

제인 캠피온의 〈피아노〉(1993)요. 그건 마스터피스라고 느낀 진짜 소중한 조각이고, 매우 아름다운 완성품이에요. 마스터피스는 화두만으로도 안 되고 완성도만으로도 안 되고, 둘 다 좋아야 하는 거라서. 멀고 먼……. (웃음)

그렇게 멀지는 않을 것 같은데요. 그 영화를 생각할 때 여자 주인공의 이상과 결기에 찬 얼굴 같은 게 떠오른다면 〈소공녀〉도 충분히 이루어낸 거죠. 첫 장편 연출인데 분명히 앞으로 더 잘하실 거라고 생각해요. 칭찬하려는 게 아니라 진심으로요. 의기소침해질 필요는 없어요.

캐릭터를 남기는 것이 사실 저의 포인트였기는 해요. 좋은 여성 캐릭터들이 쭉 수집되는 영화들을 하고 싶다고 생각하고요. 영화감독은 자신의 정신을 유지하는 게 중요한 직업이라는 생각이 들어요. 진짜 기름 끼는 게 한순간이니까요. 그러기 위해서는 차라리 나를 학대하는 게 낫다고 생각해요. 제가 어떤 면에서 결벽증적이라 행복한 순간을 즐기지 못하거든요. 예를 들어 상을 받으면 즐거워야 하는데 항상 그렇지가 않아요. 그래도 저는 이런 태도가 작품을 만들 때는 훨씬 필요할 것 같아요. 감독이라는 자리가 나의 말이나 태도로 인해 타인에게 충분히 상처를 줄 수 있기 때문에 이런 태도를 견지하는 게 낫다고 생각해요.

지금 준비하고 있는 작품이 있나요? 시나리오는 어떻게 준비합니까?

저는 성격이 급하지만 생각을 오래 하는 편이에요. 그 생각은 말하자면 설득의 과정 같아요. 내가 재미없으면 남도 재미없고, 나한테 가치가 없으면 남에게도 가치가 없으니 나를 설득하는 것이죠. 그리고 영화를 만든다는 게 제가 지금 당장은 가질 수 없는 집을 몇 채나 살 수 있는 돈을 쓰는 일이니까 엄청 따져야 하거든요. 거기에 시간을 거의 다 써요. 이 단계를 통과하면 기쁘게, 열심히 하죠. 오래 생각하고 빨리 써요. '빨리 써야지, 빨리 써야지' 하면서요.

〈범죄의 여왕〉의 주인공 미경은 어떻게 만드셨어요? 사람을 관찰하는 걸 좋아한다고 하셨는데, 그게 도움이 되나요?

인물을 만들 때는 논리적으로 하는 게 아니라 어딘가에는 있을 사람이라 여기고 약간 빙의하려고 노력해요. 좀 웃긴 말이지만. (웃음) 어떤 상황에서 뭘 원하는지를 정하는 게 캐릭터의 기본인데 사실 원하는 것을 찾는 게 제일 어렵거든요. 이 인간의 욕망이 뭔지, 장애물이 뭔지 알면 캐릭터가 보이잖아요. 그런 다음에 이 사람이 선택하는 액션만 정해지면 캐릭터가 다양해지는데, 그것을 정하는 게 가장 어려워요. 그래서 캐릭터에 빙의하려고 해요. 그게 되는 순간엔 엄청 재미있게 써져요. 저는 각색이든 뭐든 글 쓰는 것을 진짜 힘들어하는데 미경이 캐릭터를 쓸 때는 제일 신났어요. 처음으로 '키키' 하면서 썼던 캐릭터예요.

어떤 작품에서도 본 적 없는, 정말 예측하기 힘든 캐릭터였어요. 이요섭 감독은 페넬로페 크루즈가 맡은 육감적인 스페인 엄마 느낌도 생각했다던데, 그런 점이 아들 또래 캐릭터들과의 연기에서 잘 드러나서 재미있었어요.

제가 참여하는 작품에서는 무조건 기존의 방식에서 벗어난 여성 캐릭터를 그리는 게 저의 숙명이라고 생각했어요. (웃음) 전형적인 아주머니로 안 보이려 노력했고, 주체적인 중년 여성으로 그리는 게 포인트였어요. 그런 점이 생각보다 어렵더라고요. 거기에 장르영화다 보니 독립영화지만 흥행 요소로 모성애를 이용하거나 개그도 넣었고요.

주체적이고 독립적인 여성 캐릭터를 그리고자 하는 숙명은 언제 느끼게 되었어요?

언제라기보다는 제 안에 누적되어온 것이고, 그냥 제가 잘할 수 있는 거라고 생각했어요. 제가 제일 잘해서가 아니라 영화 작업의 여러 종류 가운데 캐릭터에 관심이 있고, 제가 환장하는 영화들의 공통점은 캐릭터가 아주 좋다는 거예요. 영화는 마음을 가져가는 게 중요하다는 생각으로 캐릭터에 집착했어요. 또 제가 여성이다 보니까 기존의 여성 캐릭터들이 다양하지 않아서 재미가 없는 거예요. 너무 다행히도. 제가 할 일이 있으니까 다행인 거죠. 여자들의 다양한 직업과 캐릭터를 보여주는 것만으로도 저는 이 사회에 도움이 되지 않을까 싶어요. (웃음) 그래서 판타지든 뭐든 상관없고, 다양하고 주체적인 여성의 모습을 그냥 노출시키는 게 중요하다고 생각해요.

이제 미래에 대해서 묻자면 대가가 되고 싶은 거죠?

대가도 판타지일 뿐이라는 생각이 들었고요. 고등학생에서 대학의 영화과 학생으로, 또 독립영화 현장에서 메이저로 들어갈수록 내가 올려다봐온 건 그냥 다 판타지라는 걸 깨달았어요. 그냥 앞으로도 재미난, 내가 좋아하는, 내가 의미를 가질 수 있는 캐릭터들을 만들어내려고요. 〈페르소나〉에서 제가 연출했던 '키스가 죄'의 캐릭터들도 누가 뭐래도 전 귀엽거든요. 심달기 씨가 맡은 혜복이와 아이유가 맡은 한나라는 캐릭터는 저의 개인 취향이기도 해요. 그렇게 혜복, 한나, 미소, 그리고 남편 영화지만 제가 많은 DNA를 준 미경, 이런 여자들을 모아놓으면 너무 귀여운 거예요. 이런 캐릭터들을 최대한 늘리고 싶은 마음이 있어요.

제인 캠피온 얘기할 때는 불가능한 꿈처럼 말하다가 갑자기 꿈이 소박해지네요. (웃음)

그게 엄청 어렵지만 하다 보면 어느 순간 될 거라고 생각해요. '아, 어떻게 그런 큰 영화를 찍지?' 하기보다 나이는 계속 먹을 테니까 '이 나이의 내가 이 사회에서 느끼는 것들을 차용한 캐릭터가 계속 쌓이면 재미있지 않을까? 재미있는 작품이 나오지 않을까?' 이렇게 생각해요.

전
고
운

행복해 보이네요.

저요? 제가 연기를 잘해서. (웃음) 맞아요. 행복해요.

천우희

영화배우

'왜 안 되는데?'라는 물음을
놓지 않는 배우

고등학교 연극반에서 무대에 처음 섰을 때 숨이 탁 트이는 느낌을 받았다. 2004년 〈신부수업〉으로 데뷔했고 이후 오디션을 통해 캐스팅되어 〈마더〉, 〈써니〉(2011) 등의 화제작에서 조연이지만 개성 있는 역할로 주목받았다. 처음으로 주연을 맡은 독립영화 〈한공주〉(2013)에서 강렬한 연기를 선보여 여러 영화제에서 주연상을 받았다. 웹드라마 〈출중한 여자〉(2014), TV 드라마 〈멜로가 체질〉(2019)과 영화 〈카트〉, 〈손님〉(2014), 〈곡성〉(2016), 〈우상〉(2018) 등에 출연하며 활발하게 활동하고 있다. 2019년에는 영화 〈앵커〉를 찍었다.

"사실 지금까지의 캐릭터는 '특이하다, 드물다, 낯설다' 하는 것들이 많았어요. 사람들이 꺼리는 역할도 '왜 하면 안 돼? 여자는 왜 이러면 안 돼? 내가 하고 싶은 것은 굉장히 다양하고 표현할 수 있는 것도 많은데?'라는, 어떻게 보면 반골 기질이라고 할 만한 것을 항상 가지고 있었어요. 예전에는 여배우라는 지칭이 단순하게 남자, 여자를 나누는 것이 아니라 조금은 다른 식으로 인식될 때가 있었잖아요. 그런 것들이 싫어서 한 4년 전까지만 해도 오직 '배우 천우희'로만 불리는 걸 목표로 했었어요."

처음 연기를 했을 때 숨이 탁 트이는 느낌이었다

●이순진
●천우희

성장 과정에서 기억할 만한 것이나 예술적 경험 혹은 연기를 처음 시작하셨을 때의 이야기를 먼저 들려주세요.

저는 경기도 이천에서 태어났고요. 저희 집은 산속에 있었어요. (웃음) 마당에서는 항상 개를 키웠고, 반딧불을 볼 수 있고, 멧돼지랑 고라니가 나타나기도 하는 그런 산속에서 살았어요. 어렸을 때부터 산에서 뛰어놀고 오빠랑 가재 잡고 했던 경험이 저의 기본적인 정서를 만든 게 아닌가라는 생각을 해요. 그런 환경에서 자랐기 때문에 자신을 괴롭힌다거나 스트레스를 심하게 받는 일이 없는 긍정적이고 온화한 태도를 갖게 된 것 같아요. 부모님의 성향도 그랬고, 또 우리는 항상 가족이 우선이었거든요. 정말 부모님의 사랑을 많이 받으면서 그다지 어렵지 않은 가정환경에서 편안하게 자랐어요. 그런데 한편으로는 그게 갑갑하기도 했어요. 기본적인 성향 자체는 좀 독립적인데 집에서는 항상 고분고분 착하게 말 잘 듣는 딸로만 있었으니까. 그래서 그랬는지 연기를 처음 했을 때 숨이 탁 트이는 느낌이었어요. 누구누구의 딸이 아니라 그냥 천우희로서 존재하는 순간을 그때 처음 느꼈거든요. 그런 자유에 대한 갈망이 연기를 하게 된 가장 원초적인 힘이 됐을 수도 있어요.

어릴 때 어떤 영화를 봤는데 너무 재미있었다거나, 아니면 만화나 음악을 좋아했다거나 하는 예술적 경험은 어땠나요?

만화를 좀 좋아하기는 했어요. 어렸을 때부터 세 살 터울 오빠랑 만화책을 많이 봤어요. 만화책을 보면서 상상력을 키운 것 같기도 하고요. 생각해보면 만화가 콘티랑 비슷하잖아요. 그래서 영화에 빨리 적응했나 싶기도 해요. 지금은 물론 영화를 너무 사랑하지만 인생에 남을 만한 영화가 있어서 배우가 됐다기보다는 세상을 잘 모를 때 연기를 접했고, 그것을 통해서 저를 표현할 수 있었기 때문에 배우의 길에 들어서게 되었어요. 만약 그 순간에 나를 표현할 수 있는 다른 무언가를 만났다면 달라졌겠죠? 그랬을 것 같아요. 원래 배우를 해야겠다는 꿈이 있던 건 아니었거든요. 고등학교 때 학교생활을 재미있게 하려고 가벼운 마음으로 연극반에 들어갔는데, 처음 무대에 올라가서 완전히 다른 세계를 만난 거예요. 스스로 느끼기에 저는 평범하고 무얼 좋아하는지도 잘 모르고 쑥스러움도 많이 타는 아이였어요. 그런데 무대의 암전에 서 있을 때 심장이 터질 것처럼 떨리다가 갑자기 조명이 들어오는 순간 다른 세계가 열리는 느낌이었어요. '아, 연기라는 게 이런 거구나'라는 걸 깨달았죠. 그렇게 시작해서 3년 동안 연극반 생활을 했어요. 고등학교 연극제 같은 데서 상도 받으면서 '내가 나쁘지 않은 자질을 갖고 있나 보다' 싶었고, 그래서 대학교도 연기 전공으로 진학을 했어요. 그런데 대학교에 다니면서도 배우가 되어야겠다는 생각을 깊이 있게 하지는 못했어요. 여전히 '나는 뭘 해야 할까?'를 질문하면서 길을 찾던 중에 영화를 접하게 되었죠. 저는 아주 단역부터 시작했는데 영화는 연극 무대와는 또 다른 매력이 있더라고요. 그런 경험을 하면서 배우로서 살아보고 싶다는 마음이 점점 커졌던 것 같아요.

어느 순간에 배우가 되겠다고 결심한 게 아니라, 일하면서 배우가 되고 싶은 마음이 점점 커진 거네요.

특히나 같이 연기하는 배우들, 같이 작업했던 감독님들한테 영향을 받으면서 연기에 대한 욕심이 점점 커졌어요. 어떤 것에 몰두하는 모습이나 모든 것을 다 던져버리고 뛰어들 수 있다는 게 멋져 보이더라고요. 그런 마음을 처음 느꼈던 건 〈마더〉를 찍을 때 김혜자 선생님을 뵈면서였어요. 그분은 선생님이시잖아요. 저하고는 연배 차이가 크고, 대하기 어려울 수 있는 분인데 현장에서는 마냥 소녀 같은 모습이었어요. 그러다가 카메라 앞에 딱 서시면 정말 배우로서 모든 것을 다 보여주시는 거예요. 그 모습이 진짜 멋있었어요. 한 직업을 20년, 30년 동안 한다는 게 쉽지 않을 텐데, 일을 하면 할수록 그런 생각이 점점 더 크게 느껴져요.

그 순간 있잖아요. 촬영장에 대기하고 있다가 슛 들어가면 다른 사람이 되는 것. 그게 조금 전에 말씀하셨던 두근두근하고 숫기도 없는 아이였다가 무대에 딱 올라서는 순간 말은 배역이 되는 것과 통하는 것 같은데요. 그 돌변하는 순간, 그러니까 이 사람이었다가 저 사람으로 옮겨 가는 순간에 무엇을 느끼는지는 배우가 아니면 알 수 없는 거잖아요. 그 느낌을 좀 더 자세하게 설명해주실 수 있나요?

연기할 때 무슨 생각을 하느냐고 물어보시는 분들이 많아요. 그런데 저는 단순하게 접근하는 편이에요. 그게 뭐냐면 그 인물로서 그 순간을 믿는 거죠. 그 상황이 진짜라고 느끼고 진실되게 받아들이는 것이 중요한데 인물에 동화되는 그 순간의 느낌이 있거든요. 그러니까 말로는 좀 설명하기 어렵지만. (같이 웃음) 물론 예전에는 '난 다른 사람을 표현하고 있어'라고 생각했던 적도 있는데 연기를 하면 할수록 결국은 나 자신을 바라보는 거라는 생각이 들 때가 많아요. 결국은 저로부터 출발하는 거잖아요. 수많은 캐릭터를 저를 통해서 체화하고 구현해내는 거니까. 제가 몰랐던 저의 모습, 어딘가 숨겨놨던 모습, 봐줬으면 하는 모습, 그런 모든 게 결국은 제 자신이 아닌가 하는 생각이 점점 커지고 있어요. 처음 접근할 때는 '나랑 많이 다른 면이다'라고 생각했다가도 그 인물을 계속 연기하다 보면 제가 몰랐던 제 모습을 볼 수 있는 거죠.

실제 자신의 삶과 연기 안에서의 삶을 넘나드는 일이야말로 배우라는 직업이 누릴 수 있는 특권이라고 할까, 독특한 삶의 방식인 것 같은데요. 영화 바깥으로 빠져나왔을 때 영화 속 인물이 느끼는 행복이나 고통이 현실의 내 삶에 영향을 주지는 않나요?

배우로서 연기하는 것 자체가 너무 재미있다 보니까 실제 삶에서 재미를 못 찾을 때도 있었어요. 연기하는 순간만 진짜로 살아 있는 것 같았어요. 그 순간이 저를 확장시킨다는 느낌이 좋았거든요. '현실의 나는 별로 재미가 없어'라고 느껴지니까 오히려 계속 영화 속에, 작품 속에 숨고 싶은 거예요. 무언가를 창조하려고 고민하는 순간은 괴로워도 재미있잖아요. 그런 순간을 계속 만들고 싶으니까 작품 안에서만 살고 싶은 시기도 있었어요. 그런데 시간이 지날수록 결국은 내 삶과 나 자신이 올바르게 중심을 잡아야 연기도 잘할 수 있다고 깨닫게 되더라고요.

작품 안에 숨고 싶은 적도 있었다고 하셨는데, 반대로 영화 안에서의 삶이 너무 고통스러우면 현실로 돌아왔을 때 그 인물의 고통이 연장될 수도 있지 않나요?

제가 너무 힘든 캐릭터들을 해왔으니까 많은 분들이 걱정을 해주셨어요. 그런데 저는 캐릭터의 고통을 제 삶으로 끌고 들어오지는 않는 편이에요. 저는 온오프를 하는 느낌으로 연기를 하거든요. 그게 자신을 보호하는 길이기도 하고, 또 그래야만 제 연기를 객관적으로 볼 수 있으니까요. 물론 지칠 때는 있는데, 그게 그 캐릭터에 동화되어서라기보다는 '나한테는 다른 얼굴도 많은데 왜 항상 어떤 강렬함만을 원하는 걸까?'라는 생각 때문이죠.[1]

천우희

지금까지 주로 현실 속에서 저런 경험이 일반적이지는 않겠다 싶은 캐릭터를 연기해오셨는데 그 안에서 자신을 발견한다는 건 어떤 건가요? 예를 들어 〈한공주〉 때를 돌이켜 본다면요?

〈한공주〉는 그냥 느껴졌어요. 시나리오를 받았을 때 '아, 이거는 내 거다' 싶을 때가 가끔 있거든요. 〈한공주〉는 처음 시나리오를 받았을 때부터 무슨 근거 없는 자신감이었는지 모르겠지만 (웃음) 이건 내 거고 나밖에 할 수 없다는 마음이 들었어요. 그런 확신 때문에 오디션에서 더 명확하게 보여줄 수 있었던 것 같은데, 그냥 그 끌림이 무척 컸어요. 처음에는 그 끌림으로 시작했지만 이야기 자체가 사회성도 있고 가볍지 않으니까 이 캐릭터를 정말 섬세하게 하나하나 잘 표현했으면 좋겠다는 마음으로 어느 한 장면도 허투루 연기한 적이 없어요. 진심을 다해서 연기했고요. 그래서 그 영화가 관객들에게도 많이 각인이 되었지만 저한테도 가장 마음에 오래 남는 작품이에요. 많은 분들이 그 인물을 연기하면서 힘들지 않았느냐고 물어보셨는데, 오히려 제가 그 인물에게 기대고 의지했다고 말하는 게 더 맞을 것 같아요. 그때가 저한테는 좀 힘든 시기였거든요. 처음으로 슬럼프를 겪을 때여서요. 물론 제가 가지고 있던 힘듦과 갈증, 아픔은 전혀 다른 것이었지만, 그 친구의 아픔을 나눈다는 것 자체가 저한테는 의지가 되었어요. 힘든 순간에 '넌 잘될 거야' 같은 위로나 격려의 말이 없어도 그냥 함께해주는 것만으로도 교감이 될 때가 있잖아요. 그런 것 같았어요. 연기하는 순간에 제가 혼자가 아닌 느낌이 들었고, 그래서 위로받는다고 느꼈어요.

〈한공주〉 전에 〈써니〉나 〈마더〉 같은 화제작에 출연하셨지만, 영화를 책임지고 끌고 가는 역할은 아니었잖아요. 그런 역할들을 하면서 배우로서의 미래에 대한 불안감도

---

1   배우 천우희가 대중에게 각인된 것은 〈써니〉의 '본드너 상미' 역할을 통해서였다. 일상적으로 본드를 흡입하고 주인공 나미를 괴롭히는 비행 청소년 역할을 훌륭하게 소화한 천우희는 이후 〈한공주〉에서 집단 성폭행을 당하고도 오히려 숨어 다녀야 하는 여고생 역할을 맡으며 개성 있는 주연급 배우로 올라섰다. 〈곡성〉에서는 영적인 에너지를 가진 신비로운 존재를, 〈우상〉에서는 남편의 사고 현장에서 비밀을 안고 사라져버린 연변 출신의 최련화 역할을 맡아 강한 존재감을 드러냈다. 여성 노동자들의 투쟁기를 담은 〈카트〉에서는 당차고 자기주장이 강한 신세대 여성 노동자 역할을 소화했다. 배우 천우희는 로맨스의 아름다운 여주인공 같은 20대 여배우의 전형적인 역할보다는 풍부한 해석이 가능한 다면적인 캐릭터나 일상의 관습적인 틀을 깨는 강렬한 연기를 선보이면서 독특한 입지를 확보해왔다.

막연했기 때문에 오히려 불안은 크게 없었어요. (웃음) 아무것도 없는 상태니까 두려울 게 없잖아요. 그게 저의 기질일 수도 있는데 좀 긍정적인 편이에요. 제가 일기를 쓰거든요. 매년 정말 막연한 목표를 일기에 적어요. '올해는 단역을 했지만 이제는 이름이 있는 인물을 맡고 싶다'고 했는데 그렇게 됐고, '주연을 맡고 싶다'고 했는데 주연을 맡게 됐고, '상을 받아봤으면 좋겠다'고 했는데 상을 받게 됐고, '해외 영화제에 가봤으면 좋겠다'고 했는데 그렇게 됐어요. 제가 일기에 적은 대로 그렇게 차근차근 이뤄진 거예요. 물론 저도 노력은 했지만 그 정도는 누구나 하는 거니까 '아, 나는 진짜 운이 좋구나'라고 느끼면서 그 시간들을 지나왔어요. 특히나 초반에는 더 그랬어요. 감히 꿈꾸기 어려울 정도로 거창한 성취를 목표로 했던 것이 아니라, '연기가 재미있는데 어떻게 하면 이 일을 계속할 수 있을까?'를 막연히 생각했기 때문에 그렇게까지 두렵지는 않았어요.

오디션에도 열심히 참여하셨나요?

재미있는 건 데뷔작부터 〈한공주〉까지 기간이 길었고 독립영화로 이름을 알렸으니까 '무명 생활이 많이 힘들었겠구나', '오디션도 굉장히 많이 봤겠구나'라고 생각하시는 분들이 많아요. 그런데 저는 정말 운이 좋은 편인 게 오디션을 그렇게 많이 보지 않았는데도 결과가 대체로 괜찮았어요. 〈마더〉, 〈써니〉, 〈한공주〉 다 오디션을 통해서 캐스팅이 되었거든요. 오디션을 할 때는 그 잠깐 동안 모든 걸 보여줘야 한다는 압박감이 있기 마련인데, 저는 그런 압박감을 많이 느끼지 않았어요. 내가 여기서 보여줄 수 있는 것은 정말 빙산의 일각인데 이 사람들한테 내가 최대한 어필한다고 해서 나를 알아볼 수 있을까, 내 본연의 모습이나 내가 진짜 잘할 수 있는 연기를 볼 수 있을까라는 의구심이 있기는 했지만요. 저는 그냥 내가 할 수 있는 것들만 간결하게 하고 오자는 마음이었어요. 대사를 외운다거나 장면을 분석한다든가 하는 준비에는 최선을 다 했지만 오디션 현장에서 간절함을 보여주려고 애쓰지는 않았어요. 하고 싶은 사람, 간절한 사람은 너무 많잖아요. 정말 여기서 보여주어야 하는 것이 무엇일까, 이 인물이 표현해야 하는 것을 짧은 한 문장으로 보여주려면 어떻게 해야 할까만 생각했는데 그게 오히려 다르게 보이지 않았나 싶어요. 오디션을 보러 가면 당연히 누구나 긴장하고 어떻게든 어필하려고 하는데 저는 그냥 운명에 맡기련다 하면서 (웃음) 너무 편안한 마음으로 하니까, '쟤는 도대체 뭘까? 뭔가 대단한 게 숨겨져 있나?' 하고 다

들 속아서 발탁이 된 게 아닌가 싶기도 하고. (웃음)

천
우
희

〈한공주〉 오디션 때는 어떤 걸 보여주셨어요?

대부분의 오디션은 한 장면을 발췌해서 연기하잖아요. 〈마더〉도 그랬고, 〈써니〉도 그랬고, 〈한공주〉도 대본의 한 부분을 준비해 갔죠. 사실은 한정된 부분을 가지고 캐릭터를 만든다는 게 쉽지는 않아요. 앞뒤의 장면들이 없으니까 제 상상으로 만들어야 하는데, 그 안에서 내가 표현할 수 있는 게 무엇일까 고민했어요. 일단은 제가 고등학생의 시선으로 그 상황과 대사를 흡수하고 연기하는 것이 가장 중요하다고 생각했어요. 나름의 준비라면 제가 갖고 있던 교복을 입었던 것 정도? (웃음) 그때 제가 스물여섯이었거든요. 최종 오디션에서 나이 때문에 한 번 떨어졌어요. 그런데 제가 너무 확신을 하고 있었거든요. 그 대본을 받는 순간 이건 '내 거다'라고 생각했으니까. 그래서 '왜 떨어졌지? 그럴 리가 없는데' 했는데 결국 일주일 뒤에 다시 연락이 오더라고요. 그래서 '아, 역시 운명은 따로 있구나'라는 생각이 들기도 했죠. (같이 웃음)

〈한공주〉 전에 〈써니〉에서도 고등학생 역할을 하셨잖아요. 연기하실 때 자신의 학창 시절 경험도 참조하셨나요?

전혀 안 했어요. 고등학교 때 저는 정말 평범했고요, 뭔가 특별함을 찾고 싶어서 연기를 했기 때문에 저를 대입한다기보다는 그냥 새로운 인물에 대해서 탐구한다고 생각했어요. 제가 농담으로 이런 이야기를 했어요. "학교 다닐 때 못 놀았던 한을 푸는 거다." (같이 웃음) 그러니까 완전히 새로운 인물을 만드는 것, 글로만 쓰여 있는 것들을 가지고 살아 있는 인물을 만드는 것이 너무 즐거웠어요. 시나리오에 숨어 있는 것들, '이 사람은 어떻게 살아왔는지, 이런 상황에서 어떤 제스처를 취하는지' 그런 걸 하나하나 만드는 게 정말 재미있었어요.

고등학교 때 평범했다고 계속 말씀하시지만 영화 속 모습을 생각하면 상상이 잘 안 돼요.

저는 스스로 평범하다고 생각했는데, 요 근래 들어서 어린 시절을 돌이켜 보면서 이런 생각이 들기도 해요. '내가 가진 남다른 생각이나 조금 독특한 면이 삐죽삐죽 튀어나와 남들 눈에 띄는 게 싫어서 평범하다고 나를 숨겨왔던 게 아닌가?' 인터뷰할 때마다 늘 "저는 진짜 평범했고 집에서도 말썽 한 번 안 피웠고……" 이렇게 말했거든요. 그런데 이제 와서는 배우를 하는 것도 그렇고, 뭔가 다른 생각이 분명히 머릿속에 있었는데 표현하지 않았을 뿐이라는 생각도 들어요. 부모님은 제가 자랄 때 너무 순해서 키우기 쉬웠다고 말씀하세요. 그렇게 착하다는 말을 들으면서 컸으니까 저도 그냥 그런 줄 알았어요. 그래도 혼자 공상하는 시간은 정말 많았어요. 사춘기가 빨리 오기도 했고요. '내 존재는 뭘까? 나는 뭘 하기 위해 태어났나?' 이런 걸 초등학교 때부터 많이 고민했어요. 즐겁고 긍정적으로 지내다가도 뭔가…… 모르겠어요. 고독하다는 감정에 휩싸여서 혼자 골똘하게 생각한 적도 많았고요. 그냥 그때는 '내가 사춘기여서 그런가 보다' 생각했는데 그것만은 아니었던 것 같아요.

일기를 쓴다고 하셨는데요, 고등학교 때도 쓰셨나요?

네. 고등학교 때부터 지금까지 계속 써왔어요.

옛날 일기를 요즘도 가끔 보세요?

고등학교 때 일기는 안 봐요. (같이 웃음) 보면 손발이 오그라들 것 같아서. 그런데 연기 일기는 또 따로 써요. 연기와 관련해서 메모를 하거나 일지를 쓰거나 해요. 뭔가 답답하거나 '내가 예전에 무슨 생각을 했었지?' 싶을 때 연기 일기를 가끔씩 들춰보기는 해요.

연기 일기는 데뷔할 때부터 쓰셨던 거예요?

네. 그런데 저는 사실 일기를 쓰는 이유가 건망증이 심해서거든요. 어제 일도 잘 기억이 안 날 때도 있어요. 그런데 정말 어떤 순간을 기억하고 싶을 때가 있잖아요? 감정이든 상황이든. 그러다 보니까 쓰기 시작했고, 쓰다 보니까 나름의 뿌듯함이 있더라고요. 그래서 연기를 안 할 때 쓰기도 하고, 현장에서 무언가를 느낄 때 쓰기도 해요.

연기 일기를 써왔다면 내가 왜 이 역할을 선택했고, 그걸 연기하면서 어떻게 느꼈고, 그다음 작품은 어떤 이유로 선택을 했다는 내용이 잘 정리가 되어 있겠네요.

어떤 작품을 선택했을 때 기준이 무엇인가라고 묻는다면, 매번 다르기는 한데 어쨌든 제 마음에 동요가 일어야 하는 건 사실이에요. 스토리가 흥미롭든가 캐릭터에 호기심이 간다든가. 물론 가장 중요한 것은 이 이야기를 왜 하려고 하는지, 그리고 그것을 어떻게 담을 것인지 하는 문제죠. 그런데 작품을 선택할 때 미션처럼 접근하지는 않아요. '이번 작품에서는 이런 한계를 느꼈으니까 다음 작품에서는 이만큼 도달해봐야지' 그렇게 생각하지는 않아요. 어떤 장르나 캐릭터를 하고 싶다고, 혹은 좋은 영화를 보고 나서 나도 저런 작품에서 연기하고 싶다고 생각한다고 그런 작품이 저한테 바로 오지는 않잖아요. (웃음) 그러니까 어떤 미션을 갖고 접근한다기보다는 작품을 받았을 때 하나라도 제 마음에 동요가 일어나는 부분이 있다면 선택해왔던 것 같아요.

〈한공주〉에서의 연기로 상도 받고 잘했다는 칭찬도 많이 받으셨잖아요. 다음 작품 선택이 중요하다고 생각하셨을 텐데요.

사실은 저 스스로 적응하지 못하는 시간도 있었어요. 〈한공주〉는 촬영한 지 2년이나 지나서야 개봉을 하고 상을 받았거든요. 그러니까 저는 그냥 계속 제 길을 가고 있었는데 상을 받고 나니까 사람들이 저를 다르게 본단 말이죠. 물론 '들뜨지 않고 내가 하던 대로 하면 되겠구나'라고 생각은 했지만 쉽지는 않았어요. 인정을 받고 상을 받는 일이 제가 생각했던 것보다 너무 빨리 왔기 때문에 사람들의 기대치를 충족시키는 것이 부담스럽기도 했어요.

데뷔한 지 10년이 지나고 나서야 주연도 맡고 수상도 하셨는데, 그게 너무 빨리 왔다고 느끼신 거예요?

그 10년 동안 쉬지 않고 연기를 해온 것도 아니고 '정말 배우를 해야겠다'라는 확고한 의지가 있었던 것도 아니었으니까요. 돌이켜 보면 '20대에 왜 많은 도전을 해보지 않았을까'라는 후회가 남기도 해요. 요즘 친구들은 독립영화를 해보기도 하고 영화아카데미 같은 학교 작업에도 참여하고 그러잖아요. 저는 그런 데 무지했어요. 오디션도 안 보려고 했던 게 아니라 정보를 잘 몰랐어요. 배우가 연기를 해나가는 작업 환경도 몰랐고요. 그래서 경험이 부족하다고 느끼고 있을 때 갑자기 주목을 받으니까 스스로 아직 준비가 안 된 것 같았어요. 저는 차근차근 한 스텝, 한 스텝 밟고 싶은데 사람들은 더 많은 것을 기대하니까 '내가 거기에 발을 맞춰야 하는 건가? 내 속도대로 갈 수는 없는 건가?' 하는 고민을 하게 되었어요.

저는 제 속도대로 온 것 같아요. 물론 서른 살을 넘기니까 조급함이 생길 때도 있더라고요. 말씀드린 것처럼 다른 친구들보다 경험이 부족하니까 그만큼 경험치를 쌓아야겠다는 생각도 들고, 또 일을 하면 할수록 욕심이 나잖아요. 더 잘하고 싶고, 더 많은 것을 해보고 싶고…… 그런 욕심이 생기다 보니까 조급할 때도 사실은 있었어요. 그런데 그 시기가 지나고 나니까 그냥 내가 지금까지 해왔던 대로 하면 되지 않을까, 남들보다 경험은 적을지언정 한 번의 경험에서 많은 것을 쌓을 수 있었으니까, 그리고 운이 좋아서 좋은 사람들과 좋은 작품을 해왔으니까 '앞으로도 그냥 내 속도대로 내 길을 가면 되지 않을까'라고 생각해요.

순간의 존재감을 넘어 다양한 얼굴을 가진 배우로

2000년대부터 2010년대까지 쭉 활동해오셨잖아요. 그동안 영화계가 어떻게 변했다고 느끼시나요? 그리고 단역에서 시작해서 존재감 있는 주연 배우로 자리매김하셨는데, 본인의 위상이 달라지면서는 또 어떤 변화가 있었나요?

물론 그 시기들을 거쳐왔지만, 제가 아주 오랫동안 해온 것도 아니고 그런 변화들을 제대로 판단해서 이야기할 위치는 아닌 것 같아요. 개인적으로 변화라고 느끼는 건 물론 많죠. 제가 서른에 접어들었을 때 나이 이야기를 정말 많이 들었거든요. 지금은 30대 여배우들이 가장 왕성하게 활동하고 있지만, 그때만 해도 나이 때문에 애매하다는 이야기를 많이 들었어요. 청춘물을 하기에는 나이가 있고, 엄마 역할이나 사회에서 자리 잡은 여성 역할을 연기하기에도 애매한 나이라는 거죠. 그런 애매한 상황에서 난 뭘 해야 하지 하는 고민을 좀 많이 했어요.

그 문제는 한국 영화의 장르나 경향과 관련이 있을 거예요. 사실 그 나잇대 여성 캐릭터를 요구하는 영화들이 있다면 애매한 나이라는 이야기가 나올 이유는 없잖아요. 예를 들어 첫사랑, 여고생, 아이 엄마, 전문직 여성, 이런 식으로 정형화된 역할만 있으니까 그런 거죠.

정형화된 역할들이 많죠. 그렇다 보니까 여성이 할 수 있는 이야기, 처해 있는 위치나 표현할 수 있는 것들이 제한적이에요. 예를 들어 청순가련한 첫사랑의 모습이라든지, 아니면 모성애가 있는 엄마의 모습이라든지. 그런데 지금은 사회도 많이 변했고 여성 감독이나 여성 작가들이 많이 나오니까 표현할 수 있는 것이 전보다는 다양해졌어요. 앞으로는 더 많이 달라지겠죠. 저도 그 다양한 걸 좀 느끼고 싶어요. (웃음) 지금까지는 애매하다는 이야기를 들으면서도 약간의 반항심으로 계속해왔던 부분이 있거든요. 사실 지금까지의 캐릭터는 '특이하다, 드물다, 낯설다' 하는 것들이 많았어요. 사람들이 꺼리는 역할도 '왜 하면 안 돼? 여자는 왜 이러면 안 돼? 내가 하고 싶은 것은 굉장히 다양하고 표현할 수 있는 것도 많은데?'라는, 어떻게 보면 반골 기질이라고 할 만한 것을 항상 가지고 있었어요. 예전에는 여배우라는 지칭이 단순하게 남자, 여자를 나누는 것이 아니라 조금은 다른 식으로 인식될 때가 있었잖아요. 그런 것들이 싫어서 한 4년 전까지만 해도 오직 '배우 천우희'로만 불리는 걸 목표로 했었어요.

여배우가 아니라 그냥 배우 천우희.

네. 그냥 배우로서 불리는 것. 나이와 성별에 대한 통념을 타파해버리겠다! (웃음) 단순하게 얘기해서 '40대 남자 배우는 멜로 하는데 40대 여자 배우는 멜로 못 할게 있나? 액션 못 할게 있나? 나이에 대한 그런 고정관념도 내가 앞으로 깨뜨렸으면 좋겠다'라는 생각을 했어요. 더 어렸으니까 더 열정적이었죠.

배우는 일단 선택을 받아야 하잖아요. 선택을 받아야 하는 입장에서 나한테 주어지는 캐릭터가 갑갑하다는 생각이 들지는 않으셨어요?

지금까지 선택한 캐릭터들이 그렇게 갑갑한 종류가 아니었기 때문에. (같이 웃음) 물론 배우는 선택을 받지만 그 와중에도 최종적으로는 자신이 선택을 하는 거잖아요. 저는 정형화된 인물이나 대상화된 캐릭터는 흥미가 가지 않았어요. 제 스

나무엑터스 제공.

영화 〈카트〉의 한 장면. 명필름 제공.

스로 흥미가 떨어지면 그게 연기에 묻어날 것이고, 그 연기를 보는 것 자체도 용납이 안 될 것 같아서 내가 정말 재미있게 할 수 있는 것, 내가 정말 최선을 다해서 열심히 할 수 있는 것들을 선택하려고 노력했어요. 물론 촬영하는 과정에서 어떤 순간이나 시나리오의 어떤 한 부분은 지루하게 느낄 수도 있지만, 그런 부분에 대해서는 그냥 받아들이기보다는 소통을 하면서 뭔가 새롭게 만들려고 시도해왔다고 생각해요.

캐릭터를 만들 때 다른 분들하고 많이 상의하는 편이세요? 감독님하고 이야기하고?

물론 제가 만드는 것은 오로지 저만의 작업이니까 비밀스럽고 재미있어요. 혼자서 상상해보고 만든다는 거 정말 재미있잖아요. 그런데 영화는 모든 사람과 하는 공동 작업이니까 특히 감독님과는 이야기를 많이 나누려고 하죠. 전체를 담는 연출과 시각에 따라 제가 표현하는 방향도 달라질 수밖에 없으니까요. 최대한 교감하고 소통하는 게 중요하다고 생각해요. 그래서 준비 단계 때는 이야기를 많이 하는 편이에요. 감독님이나 같이 연기하는 배우들과 교감해야 신뢰가 생기고, 신뢰가 있어야 편안하게 연기할 수 있거든요.

캐릭터에 대한 이해가 직관적으로 잘 되는 작품도 있고, 그렇지 않은 작품도 있을 것 같아요.

그렇죠. 맞아요. 아, 그럴 때는 정말 좋아요. 어떤 이야기를 나누지 않아도 '연출과 배우가 같은 방향으로 가고 있구나. 내가 어떤 연기를 하는데 모니터에서 그걸 정확하게 봐주고 있구나' 싶을 때는 진짜 말로 표현할 수 없는 엄청난 쾌감이 있어요. 당연히 그렇지 않을 때도 있고 포기하고 싶을 때도 있지만 그래도 최대한 시도는 하려고 해요. 이건 작품으로 남는 거니까 책임감을 가져야죠.

그런 쾌감을 느꼈던 작품은 어떤 것들이 있나요?

작품마다 그런 순간이 한 번씩은 있었던 것 같은데, 그래도 그 쾌감이 가장 컸던 건 〈한공주〉예요. 이 작품은 독립영화여서 촬영이 26회차밖에 안 됐어요. 준비 단계에서는 감독님과 이야기를 많이 나눴지만 제작비가 워낙 적다 보니까 현장에서는 그럴 시간이 없었거든요. 그런데 촬영하다가 어떤 순간이 딱 올 때가 있잖아요. '지금은 진짜 느꼈다' 하는 순간. 그런 순간을 정확하게 잡아서 오케이를 하셔서 '아!' 할 때가 많았어요. 어떤 걸 표현하기 위해서 캐릭터 분석을 많이 하지만 현장에서는 그런 것들을 생각하면 오히려 방해가 될 때가 있더라고요. 그래서 아무 생각 없이 그 순간에만 집중하는데, 사실 연기라는 게 액션과 리액션이 있으니까 상대 배우가 연기를 다르게 하거나, 이 상황이 다르게 느껴질 때는 또 다른 감정이 나올 수가 있어요. 그런데 진짜로 무언가를 느꼈을 때 그걸 명확하게 잡아내서 오케이를 한다는 건 감독님도 그 순간을 봤다는 거죠. 〈한공주〉 때는 꽤 많은 장면이 그랬고, 다른 영화들도 그런 순간은 항상 있었어요.

〈곡성〉에서의 캐릭터는 일반적으로 이해할 수 있는 현실적인 느낌의 인물은 아니었어요. 나오는 시간은 짧지만 엄청난 존재감을 뿜어내야 하는 인물이었죠. 그런 인물을 표현할 때는 어떠셨어요?

맞아요. 〈곡성〉도 마찬가지였어요. 감독님이 하나의 세계를 그리는데 그것을 말로 디렉션하기는 쉽지 않을 때가 있잖아요. 저도 감독님하고 얘기를 나누고 싶은데, 영적인 에너지가 있는 인물이다 보니까 그걸 말로 표현하기가 어렵더라고요. 그래서 제가 행동으로, 연기로 보여드렸거든요. 감독님도 말로는 설명을 못하겠고 서로 '느낌적인 느낌'으로 한번 해보자고 했었어요. 〈곡성〉에서는 나오는 시간이 길지는 않지만 매직 아워[2] 때마다 제가 항상 나타나요. 닭이 울면 그 어두컴컴한 골목길에서 등장하는 건데, 제가 나오는 모든 장면이 다 매직 아워이다 보니 연기할 수 있는 순간이 정말 찰나였어요. 감독님도 저도 초집중할 수밖에 없었죠. 그냥 존재하는 것만으로도 에너지의 발산이 표현되어야 하니까 쉽지 않았는데, 어떤 느낌과 호흡과 에너지를 갖고 있으면 되지 않을까 하고 그냥 카메라 앞에 섰어요. 그런데 그런 느낌을 감독님이 딱 캐치를 하시더라고요. 나홍진 감독님이 워낙 섬세하시기도 하고, 굉장히 고민을 많이 하세요. 그런 순간을 잘 잡아주시고 디테일을 봐주시니까 그때도 꽤 짜릿하게 연기했어요.

---

2   매직 아워magic hour는 촬영에 필요한 일광이 충분하면서도 인상적인 효과를 낼 수 있는 여명 혹은 황혼 시간대를 말한다.

〈우상〉이나 〈손님〉에서도 어느 순간 임팩트 있게 등장해서 존재감을 보여주는 역할을 하셨잖아요.

**천
우
희**

제게 그런 부분을 많이 기대하시는 것 같아요. 연출이나 스토리로 설명되지 않는, 축약된 것들을 배우가 표현해내야 할 때가 있어요. 캐릭터의 발현이 연출에 기대거나 스토리를 통해서 이루어지는 것이 아니라 배우가 온전히 해내야 하는 경우요. 그럴 때는 스스로 창조해서 보여줄 수밖에 없는데, 그런 캐릭터를 많이 맡기는 했죠. 존재감으로 그 인물을 다 표현해야 하는 역할이요. 배우에게 그만큼 신뢰가 있지 않으면 선택하기 어려운 것이니까 감사하기도 하고, 그렇게 존재감으로 연기해야 하는 캐릭터를 제가 잘 해낼 수 있다는 자부심도 있어요. 하지만 다른 한편으로는 인물을 하나하나 잘게 쪼개서 표현할 수 있는 섬세함이 제게도 있다고 믿거든요. 앞으로 다양한 연출자, 작가, 제작자 등 좋은 영화인들을 만나서 함께 작업하고 교류하며 제가 가진 잠재력과 여러 얼굴을 작품에서 이끌어내고 싶어요.

평범함과 반골 기질 사이의 괴리

드라마는 좀 다른 경험이죠? 최근에 한 〈멜로가 체질〉에서는 좀 더 일상적인 모습을 보여주셨는데요.

네. 그런 일상적인 모습을 보여드리고 싶어서 드라마를 선택한 것도 있어요. 저는 드라마를 조금 늦게 시작해서 현장 분위기가 많이 바뀌는 중이었고, 또 〈멜로가 체질〉은 이병헌 감독님도 그렇고 다른 스태프들도 다 영화를 하던 분들이었어요. 그래서 매체가 다르다는 느낌은 별로 없었는데 연기에서는 일상적인 것을 표현할 수 있었죠. 딱 제 나이 또래에서 느끼는 것들을 많은 사람들이 공감할 수 있게 표현해보고 싶었어요.

최근에 출연한 작품은 〈앵커〉죠? 아직 개봉을 하지 않았으니까 작품에 대한 소개와 앞으로의 계획을 같이 말씀해주시면 좋겠어요.

저는 대체로 나이가 잘 안 보이거나, 아니면 이제 막 뭔가를 시작하는 사회 초년생, 아직 완성되지 않은 캐릭터를 많이 했는데 〈앵커〉에서는 처음으로 전문직 여성을 연기했어요. 그게 좀 다를 것 같고요. 이 인물이 갖고 있는 결핍, 욕망 같은 것들이 엄청나게 응집돼 있는 작품이에요. 아주 냉정하게 시작했다가 열정적인 모습이 되고, 그것을 넘어서 광적인 것까지 충분히 다 보여줄 수 있는 작품이겠다 싶어서 선택했어요. 앞으로를 생각하면, 포기하지 않는 게 제일 중요한 것 같아요. 예전에는 실패나 실수를 남한테 보이는 걸 정말 싫어했거든요. 이제는 그런 실패, 시행착오가 있을 수밖에 없고 완전한 작품이나 완벽한 연기란 없다는 것을 인정하지만, 그래도 거기에 도달하려고 계속 추구하는 마음이 중요하다고 생각해요. 또 실패나 실수의 순간에도 포기하지 않고 계속해서 해나가는 게 중요하다는 걸 아니까 앞으로도 저 자신을 믿으면서 진실되게 연기했으면 좋겠어요.

〈한공주〉도 그랬지만, 최근에 참여한 영화 중에 독립영화도 여러 편이 있잖아요. 예컨대 〈메기〉에서 메기 목소리를 연기하신 것처럼 독립영화 쪽에서 새로운 흐름이 있다는 것을 어떻게 보시나요?

제가 독립영화의 발전에 앞장서고 그럴 정도는 못 되고요, 좋은 움직임이 있거나 좋은 프로젝트가 있을 때 저한테 제안이 온다면 지금과 똑같이 흔쾌히 선택할 거에요. 신선하거나 조금은 남다른 프로젝트라거나 독특한 발상이 있는 작품을 같이한다면 너무 좋죠.

작년에 〈메기〉 이외에도 여성 감독이 만든 여러 독립영화가 많이 화제가 되었잖아요. 〈벌새〉도 있고 〈우리집〉도 있고.

그런 움직임이 더 많아지는 것 같아서 좋아요. 저도 부지영 감독님의 〈카트〉를 했었는데, 여배우 분들이 많이 나오는 작품이어서 운이 좋다고 생각했어요. 사실 그런 경험을 할 기회가 많지는 않거든요. 앞으로도 좋은 여성 영화인이 많이 나왔으면 좋겠다는 생각은 늘 하고 있어요.

〈카트〉의 부지영 감독님도 그렇고, 〈앵커〉의 정지연 감독님도 그렇고 여성 감독과 작업을 좀 하셨잖아요.

여성 감독님들이 두각을 나타낼 수 있게 되어 기쁘고 서로 연대감을 갖는 것도 정말 멋진 일이에요. 그런데 여성 감독님과 작업할 때마다 이 작품을 선택한 이유나 여성 감독님과 함께해서 편안한 점이 있는지에 대한 질문을 자주 받아요.

여성 연출자의 작업이 상대적으로 적기 때문에 이런 질문을 받는다는 것은 잘 알아요. 하지만 단순히 '같은 여성이라서'라기보다는 제 각기 다른 감독님들의 능력과 연출적 시각을 경험해보고 싶어서 작품을 하는 것이죠. 그리고 저는 작품 안에서, 촬영장 안에서 제가 편안했던 이유는 감독님의 감정과 배우인 저의 감정이 잘 공유되었기 때문이라고 생각해요.

전형 내지는 틀, 관습적인 생각에 대한 저항감이 기질적으로 좀 있으신 것 같아요. 반골 기질. (웃음)

맞아요. 반항심이 좀 있어요. 뭔가 정형화되거나 관습적인 것들이 불편할 때가 있잖아요. 저뿐만 아니라 요즘 젊은 세대가 대체로 그런 것 같아요. 그런데 그런 것들이 괜한 반항심이 아니라 왜 그런지를 본질적으로 물어보고 싶은 거거든요. '왜 안 돼?' 물론 아티스트라고 유난스럽게 객기를 부리는 건 정말 좋아하지 않지만, 다른 시각으로 보는 일은 항상 필요하다고 생각해요. 관습적으로 본다거나 정형화되어 있는 것, 아니면 평소에 일상적으로 봐왔던 것들을 새로운 시각으로 보고 어떤 경우에는 파괴해보려고까지 하는 게 예술인으로서 가져야 하는 태도가 아닌가라는 생각이 들어요. 저 자신에게도 '일반적인 생각에서 벗어나자, 왜 이런 고정관념에 갇혀 있을까'라고 자주 물어봐요. 그렇게 고민하고 깨뜨려보려고 하는 시도가 중요하다고 생각해요. 최대한 틀에 갇히지 않으려고 노력해요.

계속 본인이 평범하다고 말씀하시면서 또 전형적인 것을 굉장히 싫어하는 그 사이의 갭 있잖아요. 오늘 이야기하면서 그 괴리가 저한테는 가장 재미있었어요.

그 괴리가 진짜 큰 것 같기는 해요. (같이 웃음) 그래서 연기할 때 더 희열을 느끼는 것 같아요. 예술에는 한계가 없잖아요.

1986	채윤희, 양전흥업 기획실 입사
1987	심재명, 서울극장 입사 외국인 또는 외국 법인의 영화업 참여를 허용한 개정 영화법 시행
1988	안정숙, 『한겨레신문』창간 참여, 문화부 영화 담당 기자 UIP의 〈위험한 정사〉로 미국 영화 직배 시작. 영화인들의 직배 반대 투쟁
1990	채윤희 기획, 이명세 연출 〈나의 사랑 나의 신부〉 개봉
1992	심재명, 영화 마케팅 전문회사 명기획 설립
1994	임순례 연출 〈우중산책〉 서울단편영화제 대상 수상 채윤희, 영화 마케팅 전문회사 올댓시네마 설립, 첫 홍보작 〈컬러 오브 나이트〉 흥행 성공 박곡지, 김성홍 연출의 〈손톱〉으로 대종상영화제 신인기술상 수상
1995	심재명, 이은과 명필름 설립 영화진흥법 제정 『씨네21』, 『키노』창간 예술영화 전용관 동숭시네마텍 개관
1996	명필름 창립작, 정병각 연출 〈코르셋〉 개봉 헌법재판소 영화 검열제도 위헌 판결 부산국제영화제 출범 임순례 연출 〈세 친구〉 한국 영화로는 처음으로 아비드 편집기 사용
1997	명필름 제작, 장윤현 연출 〈접속〉 개봉 서울국제여성영화제 출범 부천국제판타스틱영화제 출범 전도연, 〈접속〉으로 대종상영화제 신인여우상, 청룡영화제 여자신인상 수상
1998	김영덕, 부산국제영화제 프로그램 팀장으로 영화계 입문
1999	영화진흥위원회 설립 명필름 제작, 전도연 주연, 정지우 연출 〈해피엔드〉 개봉 올댓시네마 마케팅, 박곡지 편집, 강제규 연출 〈쉬리〉 개봉, 580만 관객 동원 문소리, 이창동 연출의 〈박하사탕〉으로 영화계 데뷔
2000	여성영화인모임 창립(대표 채윤희) 명필름 제작, 박찬욱 연출 〈공동경비구역 JSA〉 개봉 김영덕, 유니코리아에서 홍상수 연출의 〈오! 수정〉, 이창동 연출의 〈박하사탕〉 해외 마케팅 담당

2001
임순례 연출, 명필름 제작 〈와이키키 브라더스〉 개봉
남진아, 이시명 연출의 〈2009 로스트 메모리즈〉로 한국 최초의 여성 조명감독 데뷔
류성희, 송일곤 연출의 〈꽃섬〉으로 미술감독 데뷔
최은아, 〈와이키키 브라더스〉로 다이얼로그 에디터 데뷔
임순례 연출 〈아름다운 생존: 여성 영화인이 말하는 영화〉 부산국제영화제에서 공개
김영덕, 부천국제판타스틱영화제 프로그래머 시작
『여성영화인사전』 출간

2002
문소리, 이창동 연출의 〈오아시스〉로 베니스국제영화제 신인배우상 수상
제정주, 박광춘 연출의 〈마들렌〉 제작부원으로 영화 일 시작

2003
신민경, 권칠인 연출의 〈싱글즈〉 편집감독으로 데뷔
박혜경, 영화사 봄에 입사. 김지운 연출의 〈장화, 홍련〉,
　　　이재용 연출의 〈스캔들: 조선남녀상열지사〉 마케팅 진행

2004
임순례, 심재명, 문소리 등 이라크 파병 반대 영화인 선언
스크린쿼터 사수와 한미 FTA 저지를 위한 영화진흥법 개정 촉구 및 대국민 보고대회
김영덕, 부천국제판타스틱영화제 사태 대응
김일란, 동료 활동가들과 성소수자를 위한 문화운동 단체 연분홍치마 결성
류성희 미술, 박찬욱 연출 〈올드보이〉 칸국제영화제 심사위원 대상 수상
천우희, 허인무 연출의 〈신부수업〉으로 영화배우 데뷔
엄혜정, 〈핑거프린트〉로 미장센단편영화제 촬영상 수상, 〈즐거운 우리집〉으로
　　　벨그레이드국제다큐멘터리&단편영화제에서 대상 수상
채윤희, 여성부 주최 제9회 여성주간 기념 대통령 표창

2005
안정숙, 영화진흥위원회 3기 위원장 취임
강혜정, 류승완과 영화사 외유내강 설립
김일란, 〈마마상: Remember Me This Way〉로 서울국제여성영화제 여성신문사상 수상

2006
스크린 쿼터 축소(146일→73일)
문화 침략 저지 및 스크린 쿼터 사수를 위한 영화인 대회
엄혜정 연출 〈즐거운 우리집〉 앙리 랑글루아 국제단편영화제 대상 수상

2007
한국영화제작가협회와 전국영화산업노동조합 영화산업 임금 및 단체협약 합의안 타결
전도연, 이창동 연출의 〈밀양〉으로 칸국제영화제 여우주연상 수상
독립영화 전용관 인디스페이스 개관

2008
임순례 연출, 명필름 제작, 문소리 주연 〈우리 생애 최고의 순간〉 400만 관객 동원
김일란, 〈3×FTM〉으로 서울독립영화제 우수작품상 수상

2009
전도연, 프랑스 문화예술훈장 슈발리에 수상
박혜경, 영화 마케팅 회사 앤드크레딧 설립
전고운, 〈내게 사랑은 너무 써〉로 서울국제여성영화제 아시아단편경선 우수상 수상

2010
남진아, 장철수 연출의 〈김복남 살인사건의 전말〉 이후 조명감독, 촬영감독 겸직

2011
류성희, 장훈 연출의 〈고지전〉으로 청룡영화상 미술상, 부일영화상 미술상 수상

2012
인디스페이스 재개관(관장 안정숙)
김일란, 홍지유와 연출한 〈두 개의 문〉 언론인권상, 국제앰네스티언론상,
　　　한국영화평론가협회상 수상
전고운, 한예종 영상원 동기들과 영화창작집단 광화문시네마 설립
신민경 편집, 최동훈 연출 〈도둑들〉 1200만 관객 동원
윤가은 연출 〈손님〉 클레르몽페랑국제단편영화제 국제경쟁부문 대상 수상
부천국제판타스틱영화제 명필름 특별전 개최

2013	한국영화마케팅사협회 출범
	앤드크레딧 마케팅, 봉준호 연출 〈설국열차〉 920만 관객 동원
	외유내강 제작, 류승완 연출 〈베를린〉 710만 관객 동원
2014	명필름 제작, 권칠인 연출 〈관능의 법칙〉 현장에서 최초로 표준근로계약 도입
	명필름 제작, 부지영 연출 〈카트〉 개봉
	임순례, 심재명, 문소리 등 세월호 특별법 제정 촉구 영화인 동조 단식
	전도연, 칸국제영화제 심사위원 위촉
	제정주, 한예종 영상원 출신 프로듀서들과 영화사 아토 설립
	윤가은 연출 〈콩나물〉 베를린국제영화제 제너레이션 K플러스 수정곰상(최우수단편상) 수상
	천우희, 이수진 연출의 〈한공주〉로 청룡영화상, 한국영화평론가협회상,
	올해의 여성영화인상 여우주연상 수상
	신민경, 조의석·김병서 연출의 〈감시자들〉로 아시안필름어워드 편집상 수상
	신민경, 브라운아이드걸스의 '아브라카다브라' 이후 뮤직비디오로 활동 분야 확장
2015	외유내강 제작, 류승완 연출 〈베테랑〉 1300만 관객 동원
	신민경 편집, 최동훈 연출 〈암살〉 1300만 관객 동원
	뉴욕아시안영화제 명필름 특별전 개최, 심재명·임순례·부지영 참석
2016	문소리, 베니스국제영화제 심사위원 위촉
	류성희, 박찬욱 연출의 〈아가씨〉로 칸국제영화제 벌컨상 수상
	윤가은 연출, 아토 제작 〈우리들〉 베를린국제영화제 제너레이션 K플러스 초청,
	청룡영화상 신인감독상, 한국영화평론가협회상 신인감독상 수상
2017	앤드크레딧 마케팅, 장훈 연출 〈택시운전사〉 1200만 관객 동원
	김영덕, 부천국제판타스틱영화제 특별전 '무서운 여자들: 괴물 혹은 악녀' 기획
	엄혜정, 이수연 연출의 〈해빙〉으로 촬영감독 데뷔, 올해의 여성영화인상 기술상 수상
2018	한국영화성평등센터 든든 개소
	임순례 연출 〈리틀 포레스트〉 한국영화제작가협회 감독상,
	한국영화감독조합 올해의 베스트영화 수상
	신민경, 한재림 연출의 〈더 킹〉으로 아시안필름어워드 편집상 수상
	제정주, 신동석 연출의 〈살아남은 아이〉로 올해의 여성영화인상 제작상 수상,
	베를린국제영화제 포럼 부문 초청
	김일란, 〈공동정범〉으로 올해의 여성영화인상 대상 수상
	한국영상자료원 영화박물관 〈아름다운 생존: 한국여성영화감독 박남옥·홍은원·최은희·황혜미·
	이미례·임순례〉 기획 전시
	전고운 연출 〈소공녀〉 뉴욕아시아영화제 최우수장편상, 한국영화평론가협회상 신인감독상,
	대종상 신인감독상 등 수상
2019	외유내강 제작, 이상근 연출 〈엑시트〉 940만 관객 동원
	최은아, 대중문화예술 제작스태프대상 문화체육관광부장관 표창
	김일란, 이혁상과 연출한 〈공동정범〉으로 들꽃영화상 대상 수상
	앤드크레딧 마케팅, 봉준호 연출 〈기생충〉 1000만 관객 동원
	전고운, 넷플릭스 오리지널 영화 〈페르소나〉 중 '키스가 죄' 연출
	엄혜정, 넷플릭스 드라마 〈인간수업〉 촬영
	윤가은 연출, 아토 제작 〈우리집〉 개봉, BFI런던국제영화제, 홍콩아시안영화제 등 초청
2020	여성영화인모임 창립 20주년